Cathleen Kantner

Kein modernes Babel

Bürgergesellschaft und Demokratie
Band 21

Herausgegeben von

Ansgar Klein
Ralf Kleinfeld
Frank Nullmeier
Dieter Rucht
Heike Walk
Ulrich Willems
Annette Zimmer

Die Schriftenreihe wird unterstützt vom
Verein Aktive Bürgerschaft e. V. (Berlin)

Cathleen Kantner

Kein modernes Babel

Kommunikative Voraussetzungen
europäischer Öffentlichkeit

VS VERLAG FÜR SOZIALWISSENSCHAFTEN

VS VERLAG FÜR SOZIALWISSENSCHAFTEN

VS Verlag für Sozialwissenschaften
Entstanden mit Beginn des Jahres 2004 aus den beiden Häusern
Leske+Budrich und Westdeutscher Verlag.
Die breite Basis für sozialwissenschaftliches Publizieren

Bibliografische Information Der Deutschen Bibliothek
Die Deutsche Bibliothek verzeichnet diese Publikation in der Deutschen Nationalbibliografie;
detaillierte bibliografische Daten sind im Internet über <http://dnb.ddb.de> abrufbar.

Zugl. Diss., Humboldt-Universität zu Berlin, 2002

1. Auflage Oktober 2004

Alle Rechte vorbehalten
© VS Verlag für Sozialwissenschaften/GWV Fachverlage GmbH, Wiesbaden 2004

Der VS Verlag für Sozialwissenschaften ist ein Unternehmen von Springer Science+Business Media.
www.vs-verlag.de

Umschlaggestaltung: KünkelLopka Medienentwicklung, Heidelberg

ISBN-13: 978-3-531-14294-4   e-ISBN-13: 978-3-322-80589-8
DOI: 10.1007/978-3-322-80589-8

Inhalt

Vorbemerkung

Das vorliegende Buch ist die leicht überarbeitete Fassung meiner an der Humboldt-Universität zu Berlin am Institut für Sozialwissenschaften im Sommer 2002 abgeschlossenen Dissertation. Mein Dank gilt allen, die das Entstehen dieses Buches durch ihre Ermutigung, Unterstützung und konstruktive Kritik befördert haben. Ich danke meinem langjährigen Lehrer und Betreuer Klaus Eder, dem es immer wieder gelingt, ein lebendiges Arbeitsklima und Offenheit für unkonventionelle Ideen in seinem Arbeitsumfeld zu erzeugen, von dem ich nun bereits über viele Jahre profitiere.

Für intensive Gespräche und vielfältige Anregungen bin ich Friedhelm Neidhardt, Bernhard Giesen, Thomas Risse, Ruud Koopmans, Patrizia Nanz, Hans-Jörg Trenz, Marianne van de Steeg und Bernhard Peters zu Dank verpflichtet. Aber auch in zahlreichen Diskussionen auf Tagungen, Konferenzen und Forschungscolloquien habe ich viel gelernt und meine Argumente verbessern können. Ich danke insbesondere den Teilnehmern der Konstanzer Meisterklassen 1999 und 2002, den Mitgliedern der Arena Oslo sowie den Organisatoren und Teilnehmern der Tagungen „Bürgergesellschaft, Öffentlichkeit und Demokratie in Europa" (2001) und „Europeanisation of public spheres" (2003) am Wissenschaftszentrum für Sozialforschung Berlin. Rainer Schmalz-Bruns, Ansgar Klein, Ulrich Willems und Dieter Rucht danke ich für die freundliche Zusammenarbeit bei der Publikation dieser Arbeit.

Kritisch haben Harald Bluhm, Cornelia F. Dereje und Birgit Glock das Manuskript begleitet und kommentiert und so zu seiner Weiterentwicklung beigetragen. Unschätzbar war auch die Hilfe von Frau Cordula Röper bei der Fertigstellung des Manuskripts. Herzlichen Dank dafür! Mein ganz besonderer Dank gilt jedoch Udo Tietz, der einer meiner wichtigsten Gesprächspartner ist und mich tagtäglich unterstützt.

Berlin im Mai 2004   Cathleen Kantner

7

1. Europäische Öffentlichkeit – Defizite und normative Erwartungen

> „Gibt es eine europäische Öffentlichkeit? Die einhellige Antwort in der wissenschaftlichen Literatur lautet: Nein! Sollte es eine europäische Öffentlichkeit geben? Die ebenfalls einhellige Antwort lautet: Ja!" (Blöbaum 1999: 35)

Noch vor wenigen Jahren schien es utopisch, die verfassungsmäßige Konstituierung der Europäischen Union als mittelfristiges politisches Ziel zu diskutieren. Inzwischen reden amtierende europäische Staatschefs, Minister und Europa-Politiker öffentlich über diese Frage und es vergeht fast kein Tag, an dem nicht der eine oder andere Politiker seine Vorstellungen zur künftigen Gestalt der politischen Union vorträgt. Und obwohl keineswegs Einigkeit unter den politischen Eliten darüber herrscht, ob eine Konstitutionalisierung der Europäischen Union überhaupt gewünscht wird und falls sie gewollt wird, wie die künftige demokratische Rechts- und Institutionenordnung Europas aussehen solle, scheint klar zu sein, dass man um eine Demokratisierung der Union nicht herumkommen wird, wenn neben der wirtschaftlichen und rechtlichen auch die politische Integration weitergetrieben werden soll.

Eine zentrale Frage, die Bürger, Politiker und Sozialwissenschaftler in diesem Zusammenhang bewegt, lautet: Ist die Europäische Union „demokratiefähig"? An dieser Frage ist beunruhigend, dass sie die Möglichkeit impliziert, verneint werden zu können, was in dramatischer Weise den institutionalisierten normativen Erwartungen und liberalen Intuitionen widerspräche, welche die Bürger demokratischer Gemeinwesen mit der Legitimation politischer Herrschaft verbinden. Wie soll man den Bürgern erklären, dass sie sich europäischem Recht beugen müssen, auf dessen Zustandekommen sie keinen politischen Einfluss hatten? Der europäische Einigungsprozess erfolgt von vornherein unter der Prämisse, dass die europäischen Bürger bereits demokratiegewohnte und selbstbewusst ihre Rechte wahrnehmende Staatsbürger und keine geduldigen Untertanen sind. Aus der Sicht solcher Bürger ist nicht einzusehen, warum für politische Herrschaft auf der europäischen Ebene plötzlich gänzlich andere Spielregeln als im Nationalstaat gelten sollten. Oder wie Schmitter es ausdrückt:

> „How long will Euro-proletarians, Euro-professionals, Euro-consumers, Euro-environmentalists, Euro-feminists, Euro-regionalists, Euro-youths or just plain Euro-citizens tolerate such a benevolent hegemony before demanding a greater voice?" (Schmitter 1993: 38)

Die Diskussion zum europäischen Demokratiedefizit orientiert sich daher ganz zurecht, was Fragen der historischen Genese, der institutionellen Gestalt und Funktionsweise sowie der normativen Geltung politischer Herrschaft in der Europäischen Union anbelangt, an den Maßstäben moderner nationalstaatlicher Massendemokratien. Das ist notwendig, sind dies doch die einzigen Maßstäbe, die man überhaupt heranziehen kann, wenn von politisch-institutionellen Erfahrungen mit demokratischen Prozeduren die Rede ist und nicht allein von Ideen oder Utopien. Die *formalen Anforderungen* an demokratisches Regieren lassen sich in drei Punkten zusammenfassen: Demokratische Herrschaft setzt Rechtsstaatlichkeit und einen konstitutionell abgesicherten institutionellen Rahmen voraus. Sie basiert auf repräsentativen Mehrheitsentscheidungen[1] und institutionalisiert mit dem Parlamentarismus das Verfahren demokratischer Herrschaftskontrolle schlechthin. Ist die konkrete Form der Übertragung dieser Kriterien auf Europas Institutionen politisch auch noch umstritten, so bilden sie doch die Bewertungsmaßstäbe einer transnationalen Demokratie.[2] Die Geltungsgründe politischer Herrschaft, die in nationalstaatlich verfassten Gesellschaften ausgebildet wurden, machen nicht an nationalen Grenzen halt.[3]

Grundsätzlich strittig ist jedoch, ob demokratische Prozeduren nur auf der Grundlage bestimmter vorpolitischer *sozialer Voraussetzungen* greifen. Für die Europäische Union wird insbesondere die transnationale politische Kommunikationsfähigkeit der EU-Bürger bezweifelt. Ohne funktionierende politische Öffentlichkeit wären die Bürger nicht in der Lage, ihre politischen Rechte kompetent in Anspruch zu nehmen und wirksam gegen Verletzungen zu verteidigen. Eine solche Bürgerschaft wäre kein würdiger Souverän. Können Bürger unterschiedlicher nationaler Identität, die unterschiedlichste Sprachen sprechen und so gut wie ausschließlich nationale Medien benutzen, eine Öffentlichkeit bilden? Man kann dies mit guten Gründen bezweifeln. Das *Öffentlichkeitsdefizit* der Europäischen Union gilt darum in der Fachdiskussion als wichtigste Ursache der befürchteten *Demokratieunfähigkeit* der transnationalen europäischen Bürgerschaft.

Aus der Sicht der sozialwissenschaftlichen Demokratietheorie wäre allerdings die bloße Möglichkeit, dass es moderne politische Gemeinwesen gibt, die *nicht* demokratisch integriert werden können, der Anfang vom Ende. Schließlich lässt sich das Argument, dass die Demokratie der entscheidende Mechanismus zur Integration funktional differenzierter und kulturell heterogener Gesellschaften ist, bis zu Tocqueville, Weber und Parsons zurückverfolgen. Bei allen Zweifeln dieser soziologischen Klassiker an der Massendemokratie schien doch die starke liberale Überzeugung Bestand zu haben, dass wenn es in der Moderne überhaupt Gegen-

---

1   Der demokratische Rechtsstaat sichert auf der Basis der Grundrechte die politische Teilhabe der Bürger und institutionalisiert angefangen mit allgemeinen, freien, gleichen und geheimen Wahlen und dem Parlamentarismus Verfahren, die die normative Unterstellung erlauben, dass sich die Bürger nicht nur als Adressaten, sondern in ihrer Gesamtheit auch als Urheber der Gesetze, denen sie unterworfen sind, verstehen können (Habermas 1992: 52).

2   Vgl. Zürn (1998: 235). Weiler (1995, 1998) sprach sich gegen die Orientierung am nationalstaatlichen Modell aus. Sein Argument richtet sich im Kern jedoch nicht gegen die Orientierung an demokratischen Normen, sondern gegen die Engführung von nationaler Identität und Staatlichkeit und ist somit kompatibel mit der hier entwickelten Position.

3   Vgl. Eder (2000: 173). Entweder, demokratische Maßstäbe sind für uns verbindlich oder eben nicht. Im letzteren Falle wären sie dann keine gültigen normativen Maßstäbe, sondern schlichte Konventionen oder gesatzte rechtliche Regeln, die widerrufen werden könnten.

gewichte zu schwindenden traditionalen Ressourcen der Legitimität von Herr-schaft gibt, diese im Felde rechtsstaatlich-demokratischer Institutionen zu finden seien.

Gegen eine solche von Liberalen und Prozeduralisten vertretene Position wurden und werden häufig Einwände vorgebracht, die darauf insistieren, dass auch für moderne Gesellschaften gewisse vorpolitische Voraussetzungen gegeben sein müssten, damit die demokratischen Rechte und Pflichten von den Bürgern überhaupt ausgefüllt werden. Die Kommunitarismusdebatte hat diese Argumente jüngst eindrucksvoll erneuert. Sollte sich die kommunitaristische Kritik am Liberalismus nun paradoxerweise gerade am „neoliberalen" Projekt Europa bewahrheiten? Sollten diejenigen recht behalten, die behaupten, dass auch moderne Gesellschaften nicht durch liberale Institutionen, sondern vorpolitische gemeinschaftliche Ressourcen zusammengehalten werden? Aus einer kommunitaristisch geprägten Perspektive auf den demokratischen Prozess birgt der Vergleich von nationaler und transnationaler Demokratie massive Probleme.

Auch wenn aus der Sicht von – im Rahmen des Nationalstaates – an Rechts-staatlichkeit und demokratische Teilhabe gewohnter Bürger zunächst nur zählen mag, dass Herrschaft demokratisch legitimiert werden müsse, fragt sich, ob eine multinationale Demokratie überhaupt möglich ist. Die moderne Demokratie existiert in den verschiedenen europäischen Nationalstaaten schließlich stets in Symbiose mit spezifischen kulturell geprägten und historisch gewachsenen Lebensformen. Damit die Bürgerschaft eines politischen Verbandes sich als Volk selbst regieren kann, muss sie zumindest minimal sozial integriert und kommunikationsfähig sein.[4] Was aber ist das Minimum an Sozialintegration, das gegeben sein muss, damit eine multinationale politische Gemeinschaft von ihren Mitgliedern mit Leben gefüllt wird und demokratische Prozeduren funktionieren können? Sind Gesellschaften, die dieses Minimum nicht erreichen, nicht demokratiefähig? Gibt es moderne Gesellschaften, die nicht demokratiefähig sind? Stellt die Europäische Union einen solchen Fall dar?

Die freiwillige Bildung eines multinationalen politischen Gemeinwesens stellt einen historisch wohl beispiellosen Präzedenzfall dar. Die Frage nach den *sozialen Voraussetzungen der Demokratisierbarkeit* der Europäischen Union berührt darüber hinaus jedoch auch *Kernfragen eines modernen Demokratieverständnisses.* Wenn dieses nämlich tatsächlich radikaler kommunitaristischer Korrekturen bedürfte, hätte dies weitreichende Konsequenzen: Die demokratische Lösung politischer Konflikte wäre nur vor dem Hintergrund massiver Gemeinschaftsidentität möglich und die demokratische Praxis gälte allein dem Ausgleich vergleichsweise marginaler Binnendifferenzen vor dem Hintergrund „substantieller" vorpolitischer Gemeinsamkeiten. Man dürfte dann von der Erprobung demokratischer Prozedu-

---

4 Die von der klassischen Modernisierungstheorie identifizierten demokratiefördernden Faktoren, wie allgemeine Bildung und eine demokratische politische Kultur, Rechtsstaatlichkeit und ein gewisses sozioökonomischer Entwicklungsniveau können in den Mitgliedstaaten der Union vorausgesetzt werden.

ren in transnationalen Kontexten nicht erwarten, tatsächlich zur Lösung der Problemlagen, für die sich der Krisenterminus „Globalisierung" eingebürgert hat, beizutragen. Denn aufgrund der vorpolitischen Unterschiede zwischen den Beteiligten unterschiedlicher Herkunft wäre das Scheitern demokratischer Experimente wahrscheinlicher als ihr Gelingen.

Ich werde auf der Ebene der normativen Theorie Argumente für die These zusammentragen, dass die kommunitaristische Kritik am prozeduralen Demokratiekonzept nicht bestätigt werden kann, so sie sich auf die hermeneutischen Grundlagen politischer Vergemeinschaftung bezieht. Da die Frage, ob und wie öffentliche politische Kommunikation jenseits vertrauter nationaler Öffentlichkeiten möglich ist, in diesem Zusammenhang zum Probierstein wird, steht sie im Zentrum dieser Arbeit. Müssen wir sie verneinen, haben wir einem an vorpolitischer Gemeinschaftlichkeit orientierten Demokratieverständnis in Fragen der Politik jenseits des Nationalstaats nicht mehr viel entgegenzusetzen. Können wir sie bejahen, stehen die Chancen für demokratische Projekte jenseits des Nationalstaats nicht gar so schlecht.

Zwar stimme ich der kommunitaristischen Annahme zu, dass es bestimmte minimale soziale Voraussetzungen der modernen Demokratie gibt, schlage jedoch vor, diese Voraussetzungen als hermeneutisch-pragmatistische sowie verfassungsrechtlich-prozedurale zu verstehen. In der hier vorgestellten theoretischen Perspektive bestehen die *minimalen sozialen Voraussetzungen der modernen Demokratie* insbesondere darin, dass es (1) Rechtssubjekte gibt, die in einem durch eine hohe Interaktionsdichte ausgezeichneten sowie rechtlich integrierten gemeinsamen Handlungsraum zusammen leben und dass es diesen Rechtssubjekten (2) möglich ist, an öffentlicher politischer Kommunikation zu gemeinsamen politischen Themen teilzunehmen. Wenn sich diese Rechtssubjekte zudem (3) wechselseitig als Bürger einer politischen Gemeinschaft anerkennen und sich die gleichen politischen Rechte zugestehen, sind die Voraussetzungen für eine gemeinsame demokratische Praxis gegeben.

Ich behaupte, dass in der Europäischen Union die ersten beiden minimalen sozialen Voraussetzungen der Demokratie gegeben sind. Weder eine gemeinsam geteilte vorpolitische Identität, noch eine gemeinsame Sprache, noch gemeinsame Massenmedien stellen notwendige Vorbedingungen demokratischer Prozeduren dar, auch wenn man die vorhandenen kulturellen und sonstigen Eigenheiten der verschiedenen Individuen und Gruppen einer höchst heterogenen europäischen Gesellschaft in Rechnung stellt und mit allem gebotenen Respekt behandelt. Das ist die zentrale These der vorliegenden Arbeit. Nur die dritte, politisch-rechtliche Voraussetzung demokratischer Praxis ist bisher noch nicht geschaffen worden.[5]

---

5 Der Zuschnitt der Problematik auf die Frage der Öffentlichkeit schließt andere Stränge der Diskussion um die Demokratiefähigkeit der Union aus. So werde ich nicht versuchen zu klären, ob die Eigendynamik der Gemeinschaft zur Staatlichkeit dränge oder nicht. Auch die Diskussion um die Kompatibilität der nationalen politischen Systeme (z. B. Kielmansegg 1996) oder eine Verselbständigung der EU-Bürokratie (Bach 1998, 2000a) findet keine Berücksichtigung.

Ich schlage damit eine demokratie- und öffentlichkeitstheoretisch angemessene sowie empirisch anschlussfähige Konzeption europaweiter politischer
Massenkommunikation jenseits der „No-Demos-These" vor und zeige, wie gerade
die unterschiedlichen nationalen Perspektiven auf europapolitische Konflikte
transnationale Kommunikationsprozesse strukturieren. Theoretisch und methodisch trägt diese Arbeit damit zu neuesten Entwicklungen in der politischen Soziologie bei: zum einen leistet sie einen hermeneutisch begründeten theoretischen
Beitrag auf dem Gebiet der Europastudien und zum anderen eröffnet sie Perspektiven für die empirische Analyse transnationaler Kommunikations- und Identitäts-
bildungsprozesse. Damit versucht sie, eine zentrale Forschungslücke zu schließen.

Die Arbeit gliedert sich in die Einleitung und vier weitere Kapitel: Im *zweiten
Kapitel* wird der Begriff der Öffentlichkeit eingeführt. Die Debatte zwischen Liberalen, Kommunitaristen und Prozeduralisten wird unter besonderer Berücksichtigung der Stellung von Öffentlichkeit im demokratischen Politikprozess sowie der
jeweils diskutierten hermeneutischen Voraussetzungen öffentlicher politischer
Kommunikation nachvollzogen, um den theoretischen Boden für die Analyse der
Diskussion um das Öffentlichkeitsdefizit der Europäischen Union vorzubereiten
und den hermeneutisch-pragmatistisch präzisierten Diskursbegriff der Öffentlichkeit zu skizzieren, der die eigene Argumentation leitet.

Die *liberale Position* versteht den demokratischen Prozess strikt legalistisch.
In einem rechtlich institutionalisierten Rahmen, der die „Spielregeln" zur Austragung politischer Interessenkonflikte vorgibt, verfolgen die Akteure ihre vorpolitisch gegebenen Präferenzen und pflegen ihre Gemeinschaftsidentitäten im privaten Bereich. Die öffentliche Debatte hat in diesem Modell allein die Funktion, die
Regierung zu überwachen und dient der Aufrechterhaltung der „Spielregeln". Interessen und Identitäten dagegen werden nicht öffentlich ausgehandelt; sie werden
als privat und vorpolitisch konstituiert angesehen. Das Gemeinwohl wird durch die
Aggregation unterschiedlicher Interessen in repräsentativ-demokratischen Verfahren realisiert. Kommunikative Barrieren werden in diesem Modell nicht thematisiert.

Im *kommunitaristisch-republikanischen Verständnis* des demokratischen Prozesses kommt öffentlichen Selbstverständigungsdiskursen eine zentrale Bedeutung
zu, denn in diesen konstituiert und reproduziert sich die Identität der politischen
Gemeinschaft. Der politische Kommunikationsprozess ist außerdem ein höchst
voraussetzungsvolles Geschehen. Er baut auf einem breiten, vorpolitischen Hintergrundkonsens gemeinsam geteilter Überzeugungen auf, der sich keinesfalls auf
die Kenntnis und Akzeptanz der „Spielregeln" demokratischer Verfahren beschränkt, sondern vorpolitische Identitäten, gemeinsam geteilte Werte, Traditionen, gemeinsam genutzte Kommunikationsarenen und Sprachspiele einschließt.
Die Möglichkeit öffentlicher Kommunikation wird eng an ein bereits gegebenes
substantielles Einverständnis der Bürger gebunden, das vorpolitischer Natur ist.
Von den vorgefundenen Gemeinschaftsressourcen zehrt der politische Diskurs der
Gegenwart nur, er kann sie selbst nicht in ausreichendem Maße generieren.

Das *prozeduralistische Verständnis* teilt mit den Kommunitaristen die Kritik an einem rein formalen Verständnis der Demokratie. Ein legalistisches Verständnis demokratischer Verfahren wird der Teilnehmerperspektive der beteiligten Bürger nicht gerecht. Es grenzt viele Fragen aus dem politisch verhandelbaren Bereich aus und lässt darum gerade unkonventionelle politische Akteure daran zweifeln, wie ernst es dem repräsentativ-demokratischen Modell mit der Partizipation aller Bürger und der Selbstregierung ist, wenn der rechtliche *status quo* per se über den Sorgen und Nöten, Projekten und Anerkennungsbedürfnissen der Individuen und Gruppen steht. Auch im prozeduralistischen Modell kommt der öffentlichen Debatte eine zentrale Bedeutung bei, weil hier Interessen- und Anerkennungskonflikte, Machtkämpfe und kollektive Selbstverständigungsdiskurse von den Bürgern ausgetragen werden. Die in solchen Debatten und Auseinandersetzungen vollzogenen Argumentationen und die sichtbar werdenden Kräfteverhältnisse generieren kommunikative Macht. An dieser Stelle endet jedoch die Koalition mit den Kommunitaristen. Politische Entscheidungen werden dem prozeduralistischen Verständnis nach nicht bereits in der Öffentlichkeit getroffen. Die in öffentlichen Diskursen generierte kommunikative Macht erzeugt legitime administrative Macht erst durch ihre Anbindung an demokratische Verfahren. In diesen Verfahren wird sie vielfach gefiltert und in ihrer Allmacht durch verfassungsrechtliche und gesetzliche Bestimmungen begrenzt. Diese rechtlich institutionalisierten Verfahren haben zudem ein Primat vor den vorpolitischen Identitäten und Interessen der Mitglieder der politischen Gemeinschaft. In allen diesen Punkten ist die Übereinstimmung mit den Liberalen größer als die mit den Republikanern.

Wie die Liberalen zweifeln auch die Prozeduralisten nicht an der Kommunizierbarkeit politischer Fragen zwischen Angehörigen verschiedener Gruppen in einer heterogenen Gesellschaft. Das prozeduralistische Modell mit seinem diskurstheoretischen Öffentlichkeitsbegriff versucht, eine vernünftige Mittelposition zwischen dem kommunitaristischen und dem liberalen Modell zu beziehen. Es möchte wie das liberale Modell nicht auf vorpolitische Ressourcen des demokratischen Prozesses zurückgreifen und dennoch stellt es normativ ebenso anspruchsvolle Voraussetzungen an verständigungsorientierte politische Kommunikation wie das kommunitaristische Assoziationsmodell der Öffentlichkeit. Darum wird gerade das Diskursmodell zur Zielscheibe machttheoretischer und verstehensskeptischer Einwände, wie sie von postmodernen Philosophen vorgetragen wurden. Weil das Diskursmodell dem öffentlichen Diskurs in der Gegenwart die entscheidenden politischen und sozialen Integrationsleistungen aufbürdet, ist es von diesen Einwänden weitaus stärker betroffen als liberale und republikanische Modelle.

Um die begriffliche Grundlage für die Konzeptionalisierung transnationaler Öffentlichkeit zu gewinnen, müssen insbesondere die verstehensskeptischen Einwände gegen das Diskursmodell entkräftet werden. Dies wird mit sinnkritischen und *hermeneutisch-pragmatistischen* Argumenten erreicht. So zielt diese Arbeit darauf ab, einen hermeneutischen Universalismus in Fragen der Kommunizierbarkeit politischer Fragen zu verteidigen und ein erweitertes Diskursmodell der Öffentlichkeit zu entwickeln, das Verstehens- und Begründungsprobleme entdramatisiert. Auf diese Weise können Begriffe gewonnen werden, die sich auf transnationale politische Kommunikationsprozesse anwenden lassen.

Im Anschluss an den im Ergebnis dieser Diskussion ausgearbeiteten pragmatistisch-hermeneutischen Diskursbegriff der Öffentlichkeit wird im *dritten Kapitel* gefragt, worin das europäische Demokratiedefizit heute besteht. In Analogie zu den drei im zweiten Kapitel unterschiedenen demokratietheoretischen Zugängen werden eine liberale, eine eher kommunitaristische und eine eher diskurstheoretisch-prozeduralistische Sicht auf das Demokratiedefizit der Europäischen Union unterschieden. Dies ermöglicht eine theoriegeleitete Sondierung der umfangreichen Literatur zum europäischen Demokratie- und Öffentlichkeitsdefizit.

Zunächst wird die *liberale Position* vorgestellt, die sich auf die Diskussion der formal-rechtlichen Aspekte des Demokratiedefizits beschränkt. Die normativen Anforderungen an die Legitimität europäischen Regierens werden dem liberalen Paradigma zufolge unter den Stichworten einer europäischen Verfassung und einer vollen Parlamentarisierung des politischen Systems der Europäischen Union verhandelt. Aus liberaler Sicht besteht das Demokratiedefizit der Union in ihrem *Parlamentarismusdefizit*. Doch bereits die Autoren, die das Problem aus dieser Perspektive angehen, haben starke Bedenken ob der Realisierbarkeit einer Konstitutionalisierung und Parlamentarisierung der Union, denn ohne öffentliche Partizipation ist die Demokratie nicht zu haben. Das leitet zum kommunitaristischen Paradigma über.

Die dominierenden Paradigmen im Diskurs um die sozialen Voraussetzungen der Demokratisierung der Europäischen Union sind das kommunitaristische und das prozeduralistische. Der Übersichtlichkeit halber sollen die zahlreichen Diskussionsbeiträge darum zwei kontroversen Metapositionen zugeordnet werden: Die erste dieser beiden Positionen, die in bezug auf das Demokratiedefizit eher *kommunitaristisch* argumentiert, bezeichne ich im Folgenden als *Partikularismus des Nationalen*. Darunter möchte ich jenes sich aus unterschiedlichen theoretischen Quellen und politischen Präferenzen speisende Konglomerat von Argumenten fassen, die auf Sprache, Identität und Kultur als unverzichtbare kommunitäre Voraussetzungen für eine demokratische Praxis rekurrieren und auf dieser Grundlage für eine Beschränkung der Demokratie auf den nationalen Rahmen argumentieren.[6] Dieser Metaposition zufolge fehlen in der Europäischen Union wichtige Voraussetzungen der Demokratie. Das Demokratiedefizit besteht in dieser Sicht in einem Öffentlichkeitsdefizit, denn die Bürger können ihre demokratische Souveränität nur dann kollektiv ausüben, wenn sie ein Demos bilden. Über ihre Zugehörigkeit zu diesem Demos müssen sie sich verständigen – ein Demos existiert für sie nur im Medium öffentlicher kollektiver Selbstverständigungsdiskurse. Die Partikularisten des Nationalen lenken die Aufmerksamkeit also auf die Frage nach den Konstitutionsbedingungen einer europäischen Öffentlichkeit, die essentiell für die

---

6   Die Vertreter dieser Positionen wurden auch als „Intergouvernementalisten" (Eder 2000: 168) oder „Westphalen" (Kraus 2000) bezeichnet.

Beantwortung der Frage nach der Demokratiefähigkeit europäischen Regierens ist. Unter den Stichworten einer *europäischen Identität*, einer *europäischen Zivilgesellschaft* sowie einer *europäischen Perspektive, transnationaler Massenmedien* und einer *gemeinsamen Sprache* werde ich die Argumente der Partikularisten des Nationalen darstellen. Im Durchgang durch diese Argumente wird deutlich, dass die stärksten Einwände der Partikularisten des Nationalen auf verstehensskeptisch begründete Zweifel an der Möglichkeit transnationaler Kommunikation zurückführbar sind.

Die zweite, in demokratietheoretischer Hinsicht als prozeduralistisch zu bezeichnende Position in der Debatte über die Demokratiefähigkeit der Europäischen Union nenne ich *prozeduralistischen Europaföderalismus*.[7] Darunter fasse ich wiederum ein sich aus verschiedenen theoretischen Quellen und politischen Präferenzen speisendes Konglomerat von Argumenten, das sich auf ein im Kantischen Sinne liberal-formalistisches und prozeduralistisches Demokratieverständnis stützt und die Demokratisierbarkeit der Europäischen Union auch in naher Zukunft für möglich hält.[8] Es wird sich jedoch zeigen, dass die Argumente der Europaföderalisten nicht überzeugen, weil sie auf den harten Kern der partikularistischen Argumentation, nämlich auf den Verstehensskeptizismus, der in bezug auf eine vielsprachige transnationale Gesellschaft hohe Plausibilität für sich beanspruchen kann, nicht in befriedigender Weise eingehen.

Das *vierte Kapitel* liefert – auf der Grundlage der theoretischen Vorarbeit des zweiten Kapitels – die Gründe, welche die Europaföderalisten den Verstehensskeptikern bislang schuldig blieben. Die entscheidenden Argumente der „Partikularisten des Nationalen" für die Unmöglichkeit öffentlicher Kommunikation in der Europäischen Union, beziehen sich auf das Sprachenproblem. Sie werden mit Anleihen aus der modernen philosophischen Hermeneutik von Hans-Georg Gadamer und Donald Davidson entkräftet. Europa ist kein Babel, da Kommunikation nicht an kulturell zu bestimmende „logische Räume des Begründens" (Sellars) gebunden ist. Zwar fehlt den EU-Bürgern eine gemeinsame Sprache, das lässt sich nicht bestreiten, aber politische Kommunikation scheitert nicht daran und somit auch nicht die Demokratiefähigkeit der Union. Es gibt nur einen „logischen Raum des Begründens" und er umfasst alle sprach- und handlungsfähigen Subjekte.

---

7   Die Vertreter dieser Positionen wurden auch als „Integrationisten" (Eder 2000: 168) oder „Kosmopoliten" (Kraus 2000) bezeichnet.

8   Damit soll nicht behauptet werden, hier seien zwei politische Lager identifiziert worden. Unter den prozeduralistischen „Europaföderalisten" mögen sich Autoren finden, die im Rahmen des Nationalstaats liberal oder prozeduralistisch argumentieren und es gibt sicher auch „Partikularisten", die die Demokratisierbarkeit der Europäischen Union durchaus als politisches Nahziel befürworten. So vertritt beispielsweise Häberle (2000: 16) einen recht kulturalistischen Öffentlichkeitsbegriff und kommt gleichwohl zur Schlussfolgerung, es sei möglich und geboten, die europäische Verfassung behutsam fortzubilden. Viele weitere Kombinationen sind denkbar und mit der Ausdifferenzierung der fachlichen und öffentlichen Diskussion werden neue Varianten auftreten. Mir geht es hier nicht darum, Theorien und politische Positionen kurzzuschließen, sondern darum, im Interesse der Übersichtlichkeit der Darstellung zentrale Argumente zu kategorisieren.

Im Anschluss an Jürgen Habermas' neuere Arbeiten zur medialen politischen Kommunikation mache ich deutlich, dass moderne Medien in einem anonymen Massenpublikum die Kommunikation über gemeinsame Themen und das freie Flottieren von Meinungen dazu ermöglichen. Ich schlage daher vor, politische Kommunikation als Kommunikation *gleicher (hier: europapolitischer) Themen zur gleichen Zeit unter gleichen Relevanzgesichtspunkten* soziologisch zu operationalisieren. Damit wird die theoretisch gewonnene Perspektive an die methodischen Instrumente der Kommunikationssoziologie anschlussfähig und in durch empirische Forschung falsifizierbare Hypothesen überführt.

Dass diese zunächst sehr theoretischen Argumente ein neues Licht auf die Europadiskussion werfen und durchaus empirisch anschlussfähig sind, werde ich am Ende des vierten Kapitels anhand bereits vorliegender empirischer Studien zum Gegenstand transnationaler politischer Kommunikation in der Europäischen Union zeigen. Dabei orientiere ich mich an den Eckpfeilern des öffentlichen Raumes, dem *Publikum,* den *Sprechern* und den *Massenmedien,* zu deren Analyse sich die wichtigsten Forschungsfelder der empirischen Soziologie der Öffentlichkeit ausdifferenzierten. Dies ermöglicht eine kompakte und systematische Darstellung der bislang vorliegenden Forschungsergebnisse sowie der Leerstellen. Im Lichte der vorgetragenen theoretischen Überlegungen zeigt sich dabei, dass politische Kommunikation zu europäischen Themen in Europas Medien durchaus stattfindet. Werden die dabei auftretenden Dissense als perspektivenbedingte unterschiedliche Positionen zu gemeinsamen Themen verstanden, lässt sich die Behauptung nicht aufrecht erhalten, hier werde chronisch „aneinander vorbei geredet".[9] Das jeweilige Ausmaß an Übereinstimmung und Differenz zu bestimmen, ist Aufgabe weiterer empirischer Forschungen, doch in einigen größeren neuen empirischen Forschungsprojekten scheint eine geänderte Forschungspraxis zum Gegenstand europäischer politischer Kommunikation auf, die sich diesen Fragen zuwendet und die sich mit den in dieser Arbeit zusammengetragenen Argumenten theoretisch viel besser begründen und gegen Einwände verteidigen lässt, als seine Protagonisten bislang zu hoffen wagen.

Im *fünften Kapitel* wende ich mich der Erklärung des überraschenden empirischen Befundes zu, dass solche Kommunikationsprozesse in Europa ohne gemeinsame Sprache, Identität (in einem starken Sinne) und Massenmedien bereits angelaufen sind. Die theoretische Diskussion hatte zwar gezeigt, dass öffentliche politische Kommunikation über Sprachgrenzen hinweg möglich ist, das heißt jedoch noch nicht, dass sie auch tatsächlich stattfindet. Mit Verweis auf den amerikanischen Pragmatismus und die im Zusammenhang mit der liberalen Kritik am Parlamentarismusdefizit zusammengetragenen Fakten zum Integrationsgrad europäischen Rechts kann gezeigt werden, dass Europa durch die systemintegrativen Effekte der ökonomischen und vor allem der zunehmenden rechtlichen Integration

---

9   Ich werde dabei keineswegs behaupten, dass diese Kommunikation zu konsensual geteilten Meinungen über die strittigen Materien führt. Im Gegenteil: Meinungsstreit und Dissens machen den öffentlichen Diskurs notwendig und interessant.

bereits ein *gemeinsamer Handlungsraum* geworden ist. Im Anschluss an John Dewey argumentiere ich, dass in einem solchen Handlungsraum Probleme entstehen, die nur kommunikativ und kooperativ gelöst werden können. Es sind solche gemeinsamen Handlungsprobleme, von denen einige zu Gegenständen öffentlicher politischer Kommunikation gemacht werden.

Wer hinter den hermeneutischen Argumenten, die die zweite oben genannte Voraussetzung moderner Demokratie betreffen, die verwegene These witterte, politische Öffentlichkeit gäbe es in unserer globalisierten Welt unterschiedslos zwischen allem und jedem, wird in diesem Kapitel beruhigt (oder aber enttäuscht) und auf ein Kriterium zur Abgrenzung potentieller politischer Gemeinschaften verwiesen: Nur dort, wo ein gemeinsamer Handlungsraum ausreichend stark integriert ist – wofür rechtliche Integration der beste Indikator ist –, finden sich Akteure, die motiviert sind, in den Diskurs über von ihnen für wichtig erachtete Probleme in diesem gemeinsamen Handlungsraum einzutreten.

Öffentliche politische Kommunikation wird nur dann demokratietheoretisch relevant, wenn sie garantierten Eingang in demokratische politische Institutionen findet. Solche Institutionen bewirken dann ihrerseits, dass sich das Meinungsspektrum entlang politischer Alternativen strukturieren kann. In bezug auf diese Dimension gibt es in der Europäischen Union tatsächlich ein Öffentlichkeitsdefizit zu beklagen. Insofern gibt es zwar über den nationalen Rahmen hinaus *öffentliche politische Kommunikation* zu europäischen Themen, eine europäische *Öffentlichkeit* im Vollsinne des Wortes gibt es hingegen noch nicht. Dieses Öffentlichkeitsdefizit besteht nicht auf der Ebene der politischen Kommunikation, sondern auf der institutionellen Ebene der Anbindung öffentlicher Kommunikation an die politischen Entscheidungsprozesse, auf der die Funktion demokratischer Öffentlichkeiten als „vierte Gewalt" zur Debatte steht. Und diese Funktion kann erst dann erfüllt werden, wenn die Ergebnisse öffentlicher Deliberation verfassungsmäßig garantierten und prozedural gesicherten Eingang in die politischen Entscheidungsprozesse finden.

Allerdings haben sich die EU-Bürger noch nicht darüber verständigt, ob sie bereit sind, sich die gleichen Rechte, in gemeinsamen Angelegenheiten mitzuentscheiden, zuerkennen werden oder nicht. Sie haben sich noch nicht entschieden, ob sie die dritte oben genannte Voraussetzung demokratischer Politik schaffen wollen oder nicht. Eliten können den Mitgliedern eines gemeinsamen Handlungsraums die zur Etablierung solcher Verfahren notwendigen Selbstverständigungsprozesse nicht abnehmen. *The Problem of the Public* besteht auch im europäischen Fall darin, öffentliche politische Kommunikation sinnvoll an politische Entscheidungsprozesse anzuschließen, kollektiv Verantwortung für politische Entscheidungen zu übernehmen und einen reflexiven politischen Gemeinschaftsbildungsprozess zu ermöglichen. Die Europäische Union ist keinesfalls demokratieunfähig, aber sie verharrt an der Schwelle zu einer europäischen „*progressiven Ära*", der Gründerzeit einer echten europäischen Demokratie.

2. Öffentlichkeit und demokratischer Prozess

Die Frage nach den sozialen Voraussetzungen der Demokratisierbarkeit einer transnationalen europäischen Politie berührt Kernfragen eines modernen Demokratieverständnisses. Damit sich die Bürger selbst regieren können, müssen sie eine Art „Demos" bilden, das heißt kommunikationsfähig sein und – in einem genauer zu bestimmenden Maße – sozialintegriert sein. Aber wann ist eine Gruppe von Menschen „kommunikationsfähig" und was ist das Minimum an Sozialintegration, das gegeben sein muss, damit eine sozioökonomisch, politisch, ethnisch und kulturell heterogene Gruppe von Menschen eine lebendige politische Gemeinschaft bilden kann? Sind Gesellschaften, die dieses „Minimum" nicht erreichen, nicht demokratiefähig? Werden moderne Gesellschaften durch demokratische Politik sozial integriert oder ist es umgekehrt: setzen demokratische Rechte ein hohes Maß an vorpolitischer – kultureller und sprachlicher – Gemeinschaftlichkeit voraus? Diese klassischen Fragen der politischen Soziologie werden durch die Herausforderungen von Globalisierung, Europäisierung und Multikulturalismus neu aufgeworfenen.[10]

In den folgenden Abschnitten werden drei normative Demokratiemodelle, das liberale, das republikanische und das diskurstheoretische Modell, vorgestellt und insbesondere auf ihre Konzeption öffentlicher politischer Kommunikation und deren Voraussetzungen befragt.[11] Es wird deutlich, dass alle drei Modelle keine befriedigenden Antworten auf verstehensskeptische Einwände zu geben imstande sind, die die Möglichkeit kulturübergreifender Kommunikation bestreiten. Doch lassen sich die in einer langen theoretischen Tradition gewonnenen Einsichten in die Funktionsweise von Öffentlichkeiten in ein hermeneutisch-pragmatistisches Modell öffentlicher politischer Kommunikation integrieren. So wird der theoretische Rahmen für die Analyse des Demokratie- und des Öffentlichkeitsdefizits der Europäischen Union geschaffen.

2.1 Das liberale Erbe der Demokratietheorie

Das Argument, dass die Demokratie der entscheidende Mechanismus zur Integration funktional differenzierter und kulturell heterogener Gesellschaften ist, lässt sich bis zu Alexis de Tocqueville, Max Weber und Talcott Parsons zurückverfolgen. Bei aller Skepsis der soziologischen Klassiker gegenüber modernen Massen-

---

10 Vgl. Habermas (1996: 142–153).
11 Da die Frage nach der Demokratiefähigkeit einer Gesellschaft eine *normative* Frage ist, verzichte ich auf die Diskussion einer Vielzahl weiterer wichtiger, aber *nicht normativer* Demokratietheorien und ihrer Konzeption öffentlicher politischer Kommunikation. Insbesondere Luhmanns Systemtheorie wird aus diesem Grund nicht diskutiert.

demokratien, schien doch die starke liberale Überzeugung Bestand zu haben, dass wenn es in der Moderne überhaupt Gegengewichte zu den schwindenden traditionalen Ressourcen der Legitimität von Herrschaft gibt, diese im Felde rechtsstaatlicher und demokratischer Institutionen zu finden seien.

In politikwissenschaftlichen Beiträgen zur Demokratietheorie wird in der Tradition von Tocqueville, Weber und Parsons eine funktionale und teilweise auch eine motivationale Notwendigkeit der demokratischen Legitimation moderner Herrschaftsverbände angenommen. Die Demokratie sei unter den Bedingungen der Moderne funktional notwendig, um die immensen Integrationsprobleme einer heterogenen und sich dynamisch entwickelnden Gesellschaft zu lösen und sie sei motivational nötig, um das Individuum als an den kollektiven Geschicken partizipierenden Staatsbürger in die gesellschaftliche Ordnung einzubinden. In diesem Sinne wirkt sie sozialintegrierend und gemeinschaftsbildend.

Alexis de Tocqueville gilt als der erste Theoretiker der modernen Massendemokratie.[12] Als er in den dreißiger Jahren des 19. Jahrhunderts die Vereinigten Staaten von Amerika besuchte und anschließend seine beiden Bände *Über die Demokratie in Amerika* publizierte, versuchte er, seinen europäischen Zeitgenossen die Angst vor den sozial desintegrativen Wirkungen von Modernisierung und Demokratisierung zu nehmen, die im Gefolge der Französischen Revolution auftraten und nicht wieder abzuklingen schienen. In Amerika dagegen, unbelastet von einem zähen feudalen Erbe, fand seiner Einschätzung zufolge die (soziale) Gleichheit in der (politischen) Freiheit einen neuen Integrationsmodus. Die demokratischen Institutionen wiederum werden rechtsstaatlich gebändigt.[13]

Den sozialen Wandel zu einer Gesellschaft ohne ständische Sozialstruktur und ohne entsprechende politische Ungleichheiten hielt Tocqueville für unausweichlich. Es käme nun darauf an, die Demokratie zu „belehren", um den in ihr schlummernden Gefahren eines modernen Despotismus zu begegnen. In diesem Punkt ist Tocqueville ein Pragmatist und Proceduralist.

„Die politische Welt wandelt sich; von nun an müssen wir für neue Übel neue Abhilfe finden. Der staatlichen Gewalt weitere, aber sichtbare und unverrückliche Grenzen zu stecken; den Einzelnen gewisse Rechte einzuräumen und ihnen den unangefochtenen Genuss dieser Rechte garantieren; dem Individuum das bisschen Unabhängigkeit, Kraft und Originalität, das ihm verbleibt, zu bewahren; ihm neben dem Staat seinen Platz anzuweisen und ihn gegenüber dem Staat zu schützen: das halte ich für die vornehmste Aufgabe des Gesetzgebers in der kommenden Zeit." (Tocqueville 1985: 358)

Max Weber griff die Verknüpfung von funktionaler und motivationaler Integration

---

12 Fetscher (1993: 280). Ich schlage im folgenden eine eher prozeduralistische Lesart Tocquevilles vor. Eine kommunitaristische Lesart seiner Schriften findet sich exemplarisch bei Taylor (2002).

13 Vgl. Tocqueville (1985 [Orig. 1835/40]: 30 f). Tocqueville (1985: 225 ff) scheint der Rechtsstaat allein nicht stark genug zu sein, um das Umschlagen von Freiheit und Gleichheit in Gewalt und Anarchie zu verhindern. Daher misst er der Religion oder auch einer Zivilreligion große Bedeutung bei. Sein Argument ist jedoch genau besehen eines für einen gewissen Wertkonservatismus: Wenn die Menschen bestimmte Veränderungen von vornherein nicht anstreben, weil geteilte fundamentale Einstellungen den Wunsch nach Veränderung beschränken, stünden die Chancen für eine stabile Ordnung günstiger als in einer Gesellschaft, in der nichts als sakrosankt gilt.

mit der Legitimitätsproblematik auf. Legitimität einer politischen Ordnung verstand er als deren Anerkennung durch die Betroffenen als „verbindlich oder vorbildlich". Für Weber ist eine „*nur* aus zweckrationalen Motiven innegehaltene Ordnung ... im allgemeinen weit labiler als die lediglich kraft Sitte, infolge der Eingelebtheit des Verhaltens, erfolgende Orientierung an dieser: die von allen häufigste Art der inneren Haltung. Aber sie ist noch ungleich labiler als eine mit dem Prestige der Vorbildlichkeit oder Verbindlichkeit, wir wollen sagen: der ‚*Legitimität*', auftretende."[14]

Jede dauerhafte Herrschaftsordnung ist nach Weber eine legitime Ordnung. Sie beruht auf dem generalisierten Einverständnis auch der Beherrschten mit der Ordnung. Eine legitime politische Ordnung ist also eine, die nicht nur auf Zwang beruht oder routinemäßig fortbesteht, sondern eine, die auf einem normativ verbindlichen Fundament ruht, an dem die Betroffenen ihr Verhalten tatsächlich orientieren. Als *Legitimitätsglauben* bezeichnet Max Weber den Glauben der Beteiligten, also sowohl der Herrscher und ihrem Verwaltungsstab, als auch der Beherrschten, an die Rechtmäßigkeit einer Herrschaft.[15]

„... Sitte oder Interessenlage so wenig wie rein affektuelle oder rein wertrationale Motive der Verbundenheit könnten verlässliche Grundlagen einer Herrschaft darstellen. Zu ihnen tritt normalerweise ein weiteres Moment: der *Legitimitätsglaube*. ... Keine Herrschaft begnügt sich ... freiwillig mit den nur materiellen oder nur affektuellen oder nur wertrationalen Motiven als Chancen ihres Fortbestandes. Jede sucht vielmehr den Glauben an ihre ‚Legitimität' zu erwecken und zu pflegen. Je nach *Art* der beanspruchten Legitimität aber ist auch der *Typus* des Gehorchens, der zu dessen Garantie bestimmten Verwaltungsstabes und der Charakter der Ausübung der Herrschaft grundverschieden. ... Mithin ist es zweckmäßig, die Arten der Herrschaft je nach dem ihnen typischen *Legitimitätsanspruch* zu unterscheiden." (Weber 1980: 122)

Weber unterschied drei Legitimitätsgründe: den Glauben an eine eingelebte Tradition, an das Charisma von Personen und an die „*formal* korrekt ... zustandegekommene" legale Satzung.[16] Die unterschiedlichen Idealtypen[17] der Herrschaft, die sich aus den verschiedenen Arten der beanspruchten Legitimität ergeben, sind: 1. Die *legale* Herrschaft, die sich auf den Glauben an die Legalität gesatzter Ordnungen und des Anweisungsrechts der durch sie berufenen Amtsträger stützt. 2. Die *traditionale* Herrschaft, die auf dem Alltagsglauben an die Heiligkeit der jeher geltenden Traditionen und der Legitimität der durch sie zur Autorität Berufenen ruht. 3. Und die *charismatische* Herrschaft, die auf der außeralltäglichen Hingabe an die Heiligkeit oder Heldenkraft oder Vorbildlichkeit einer Person und der durch sie offenbarten oder geschaffenen Ordnungen fußt.[18]

---

14 Weber (1980: 16).
15 Ebd.: 122, 124.
16 Ebd.: 19.
17 Idealtypen sind heuristische Werkzeuge. Für die in ihnen zusammengefassten wesentlichen Merkmale lassen sich in der Geschichte der Tendenz nach Entsprechungen finden, jedoch treten sie empirisch nie in Reinform auf. Empirische Fälle sind Mischformen.
18 Ebd.: 124.

Weber formuliert in seiner Herrschaftssoziologie[19] den modernisierungstheoretischen Gedanken, dass für die Moderne ein Modus der Legitimation von Herrschaft konstitutiv wird, der in traditionalen Gesellschaften stets nur additiv wirksam war: die legale Herrschaft. Bereits seit der Entstehung staatlicher Gesellschaften konnten Herrschaftsapparate aus Effizienzgründen nicht mehr auf Elemente legaler Herrschaft verzichten, doch erst in ausdifferenzierten modernen Gesellschaften wird die Politik aus ihren religiösen Fesseln freigesetzt. Gleichzeitig wird
sie damit jedoch ihrer bis dahin unverzichtbaren Stützen beraubt. So basierte auch
die „legale Herrschaft", deren Ausübung sich durch das rationale – also der Tendenz nach rechtsförmige – Zustandekommen von Gesetzen sowie die sachliche
Befolgung einer solchen legalen Satzung legitimiert, Jahrhunderte lang auf traditionalen oder aber charismatischen Fundamenten.[20] Weber glaubte sogar, dass auch
in modernen Gesellschaften ein Rest Tradition und Charisma unverzichtbar sei:

„Er ist bei der ‚legalen' Herrschaft *nie* rein legal. Sondern der Legalitätsglauben ist ‚eingelebt', also
selbst traditionsbedingt: – Sprengung der Tradition vermag ihn zu vernichten. Und er ist auch charis-
matisch in dem negativen Sinn: dass hartnäckige eklatante Misserfolge *jeder* Regierung zum Verderben
gereichen, ihr Prestige brechen und die Zeit für charismatische Revolutionen reifen lassen." (Weber
1980: 154)

Die legale Herrschaft „borgt" sich sozusagen den Legitimitätsglauben von der
Tradition oder vom Charisma. Weber konnte sich wegen diesem in seinen Augen
ergänzenden Auftreten der legalen Herrschaft auch nicht so recht vorstellen, wie
die moderne Demokratie, deren Herrschaftsausübung in seinen Augen zuallererst
durch eine rechtsstaatliche Bürokratie erfolgte, anders als mit starken charismatischen Elementen versehen vorstellbar sei, zumal sie im Unterschied zur traditionalen Herrschaft vor dem zusätzlichen Problem steht, ein permanent änderbares,
nämlich das positiv gesatzte Recht durchzusetzen.[21] Während Weber die spezifischen Leistungen des Rechtsstaats also durchaus zu erkennen und zu würdigen
wusste, war die Demokratie für ihn immer etwas Irrationales mit Tendenz zum
Populismus oder gar Cäsarismus.[22]

„Demokratisierung und Demagogie gehören zusammen. Aber: ganz unabhängig – das sei wiederholt –
von der Art der Staatsverfassung, sofern nur die Massen nicht mehr rein als passives Verwaltungsobjekt
behandelt werden können, sondern in ihrer Stellungnahme aktiv irgendwie ins Gewicht fallen. (...) Die
Bedeutung der aktiven *Massendemokratisierung* ist, dass der politische Führer nicht mehr auf Grund

---

19 Ebd.: 122–176, 551–579.
20 Ursprünglich wurde die Legitimität „der Gesetze" auf ihre göttliche Offenbarung gegenüber einem
    charismatischen Führer zurückgeführt. In diesem Fall ermöglichten „Gesetze" den Übergang von
    einer intrinsisch instabilen – weil an die Person des Führers gebundenen – Herrschaftsform zur
    hyperstabilen traditionalen Herrschaft. Am Beispiel des Feudalismus illustriert Weber diesen
    Punkt (Weber 1980: 153).
21 Nur vor diesem Hintergrund macht sein Eintreten für den Notstandsparagraphen der Weimarer
    Verfassung Sinn. Weber war zutiefst davon überzeugt, dass gerade in einer Legitimationskrise
    Raum für starke charismatische Elemente vorhanden sein müsse, um wieder in die geregelten
    Bahnen der bürokratisch-rationalen Herrschaftsausübung zurückzufinden.
22 Für diese Interpretation finden sich zahlreiche Belege. Vgl. Weber (1980: 554 f, 665, 853).

der Anerkennung seiner Bewährung im Kreise einer Honoratiorenschicht zum Kandidaten proklamiert, dann kraft seines Hervortretens im Parlament zum Führer wird, sondern dass er das Vertrauen und den Glauben der Massen an sich und also an seine Macht mit massendemagogischen Mitteln gewinnt. Dem Wesen der Sache nach bedeutet dies eine *cäsaristische* Wendung der Führerauslese. Und in der Tat neigt jede Demokratie dazu." (Weber 1980: 861-862)

Diese Irrationalität der öffentlichen Auseinandersetzung resultierte für ihn nicht zuletzt daraus, dass die Emotionalität der Masse etwas zutiefst Anarchistisches an sich habe, das den Legitimitätsglauben gleich welchen Typs untergrabe.[23]

„Denn die staatspolitische Gefahr der Massendemokratie liegt in allererster Linie in der Möglichkeit starken Vorwiegens *emotionaler* Elemente in der Politik. Die ‚Masse‘ als solche (einerlei, welche sozialen Schichten sie im Einzelfall zusammensetzen) ‚denkt nur bis übermorgen‘. Denn sie ist, wie jede Erfahrung lehrt, stets der aktuellen rein emotionalen und irrationalen Beeinflussung ausgesetzt." (Ebd.: 868)

Eingeschränkt werde diese Gefahr nur in streng repräsentativen parlamentarischen Demokratien ohne plebiszitäre und präsidentielle Elemente, also genau dann, wenn das demokratische Element minimalistisch verstanden wird.[24] Aber trotz aller Skepsis gegenüber dem demokratischen Prozess war Weber klar, dass der Legitimitätsglaube, der sich in vormodernen Gesellschaften auf vorpolitische hyperstabile traditionale oder aber – meist in Phasen sozialen Wandels – auf relativ instabile charismatische Ressourcen stützte, in modernen differenzierten Gesellschaften nicht mehr vorausgesetzt werden kann.[25]

Talcott Parsons fügte dieses modernisierungstheoretische Motiv, also dass beim Übergang zur Moderne die Legitimationsgrundlagen, die Jahrhunderte lang politische Ordnung und die normative Integration des Individuums in die Gesellschaft bewerkstelligten, radikal auf neue Mechanismen umgestellt werden, in seine funktionalistische Evolutionstheorie ein. Im Unterschied zu vielen europäischen Autoren schwangen bei ihm weder ein Bedauern über diese Umstellung noch prin-

---

23 Wie gesagt, für Weber kann keine Herrschaft allein auf Sitte oder emotionale Unterstützung eines Führers aufbauen. Charismatischer Legitimitätsglaube ist im Vergleich zum Affekt geradezu berechenbar, da er sich auf stabile Wertorientierungen stützt.

24 Ebd.: 868.

25 Fast alle soziologischen Klassiker nehmen die Auflösung der für vormoderne Gesellschaften Legitimität von Herrschaft verbürgenden Grundlagen besorgt zur Kenntnis und diskutieren mögliche Äquivalente. So beschrieb Durkheim (1988, 1990) anomische Zustände in durch Modernisierungsprozesse desintegrierten Gesellschaften am Beispiel von Arbeitsteilung und Selbstmordraten und suchte in der Berufsgruppenmoral ein funktionales Äquivalent, um der Gefahr gesellschaftlicher Anomie entgegenzuwirken. Der demokratische Rechtsstaat schien auch ihm als neue Gemeinschaft angesichts der sozialen Frage und heftiger Klassenkämpfe nicht auszureichen. In den *Physik der Sitten und des Rechts* beschreibt er die Demokratie trotz aller Skepsis gegenüber den Massen als die Herrschaftsform der Reflexion und betont die ausgleichende Rolle des Räsonnements sowie der Kommunikation zwischen Bürgern und Staat (Durkheim 1999: 131).

zipielle Zweifel an der Massendemokratie mit.[26] Parsons behauptete, dass die demokratische Form der Legitimation politischer Herrschaft ein „evolutionäres Universale" sei, welches wie die verwandtschaftliche soziale Organisation für archaische oder die soziale Schichtung für intermediäre Gesellschaften eine Funktionsbedingung und eine Voraussetzung für weiteren Fortschritt sei, das ab einem bestimmten Komplexitätsgrad der Gesellschaft um den Preis gesellschaftlicher Stagnation oder gar des Niedergangs schlichtweg unverzichtbar sei.[27]

„Evolutionäre Universalien sind ... Komplexe von Strukturen und entsprechenden Prozessen, deren Ausbildung die langfristige Anpassungskapazität von lebenden Systemen einer bestimmten Klasse derartig steigert, dass nur diejenigen Systeme, die diesen Komplex entwickeln, höhere Niveaus der generellen Anpassungskapazität erreichen." (Parsons 1970: 56)

Die *demokratische Assoziation* – Parsons' Ausdruck für moderne demokratische Regierungssysteme – ist diejenige soziale Innovation, die eine effektive politische Organisation mit der Mobilisierung breiter Unterstützung für eine universalistische Rechtsordnung sowie mit der Vermittlung von Konsens über die Ausübung von Macht und Herrschaft verbindet. Allein über vorpolitische gemeinsam geteilte Überzeugungen wie Religion, Kultur[28] und Ideologien, die Herrschaft noch in intermediären Gesellschaften legitimieren konnten, ist politische Integration in der Moderne für Parsons nicht mehr herstellbar.[29]

„Nicht die allgemeine *Legitimierung* von Macht und Herrschaft ist die besondere Leistung demokratischer Institutionen, sondern die Vermittlung von *Konsensus über die Ausübung* von Macht und Herrschaft durch ganz bestimmte Personen und Gruppen und ganz bestimmte, bindende Entscheidungen; keine Institution, die sich von den demokratischen Institutionen grundlegend unterscheidet, ist zu dieser Leistung in der Lage. Eine nur allgemeine Legitimierung reicht zumal in hochdifferenzierten Gesellschaften und Regierungssystemen nicht aus. In dieser Hinsicht ist die entscheidende Funktion des Systems demokratischer Assoziation: die Beteiligung der Mitglieder bei der Auswahl der Führer und der Formulierung der Grundlinien der Politik zu regeln; zu sorgen für die Möglichkeit, sich Gehör zu verschaffen, Einfluss auszuüben und eine echte Wahl zwischen Alternativen zu haben." (Ebd.: 70)

Klarer kann man den funktionalen Zusammenhang von moderner Gesellschaft und Demokratie nicht herausarbeiten. Die „allgemeine Legitimierung" von Macht und Herrschaft, welche Religion, Kultur und Tradition für die Bedürfnisse vormoder-

---

26 Auch Parsons war sich der Gefährdungen der Demokratie durch Korruption, „populistische" Verantwortungslosigkeit und „De-facto-Diktatur" durchaus bewusst, schien sie jedoch für rechtlich zu verfolgende Mängel von Massenassoziationen, ob privat oder öffentlich, zu halten (Parsons 1970: 70). Die positiven evolutionären Potentiale wiegen seiner Ansicht nach die organisatorischen Probleme auf.

27 Unter die „*evolutionären Universalien*" zählt Parsons für „primitive und fortgeschritten primitive Gesellschaften" die *Religion*, die menschliche *Sprache*, die *Verwandtschaftsordnung* als erstes System sozialer Ordnung und die einfache *Technologie*, für „intermediäre Gesellschaften" die soziale *Schichtung* und die *kulturelle Legitimierung* zum Ausgleich der Spannungen, welche die soziale Schichtung erzeugt und schließlich für Industriegesellschaften die moderne *Bürokratie*, die *Geld- und Marktorganisation*, *generelle universalistische Normen* (modernes Recht) und die *demokratische Assoziation* (ebd.).

28 Kultur wird hier verstanden im Sinne von Tradition.

29 Daraus folgert Parsons, dass der Kommunismus eine evolutionäre Sackgasse sei (ebd. 71).

24

ner Gesellschaften in ausreichendem Maße bereitstellen konnten, reicht in modernen Gesellschaften nicht mehr hin, um kollektiv verbindliche Entscheidungen zu legitimieren. Für Parsons stehen moderne Gesellschaften, die permanenten sozialen Wandel hervorzubringen und zu verkraften haben, vor dem Problem, einen zeitlich und sachlich limitierten Konsens über die Ausübung von Macht herzustellen, der sich auf konkrete Personen und konkrete politische Probleme bezieht.[30]

Einerseits bewirkt das positive wandelbare Recht die funktionale Integration einer ausdifferenzierten Gesellschaft, andererseits macht allein die Inklusion der Staatsbürger in den politischen Prozess ein solches – nicht mehr wie das traditionale Recht unwiderruflich geltendes – Recht einsichtig und legitim.[31] Der zeitlich und sachlich begrenzte Konsens über die politischen Führer und die Formulierung der Grundlinien der Politik muss widerrufen werden können, um das System reflexiv zu halten. Dieser zeitlich und sachlich limitierte Konsens ist die Form politischer Legitimität, die für Parsons nur demokratische Verfahren generieren können.

Parsons begründet die Stellung der repräsentativen Demokratie als evolutionäres Universale einerseits mit ihrer Effizienz bei der Selektion von Führern und zu lösenden Problemen beziehungsweise Problemlösungen. Und andererseits damit, dass Gewalt, Tradition und Charisma knappe Ressourcen und viel zu unspezifisch sind für die politischen Prozesse komplexer moderner Gesellschaften. Legitimität (im Sinne faktischer Akzeptanz, wie sie Weber definierte) muss in der Moderne zunehmend rechtsstaatlich und demokratisch generiert werden, um Legitimationskrisen vorzubeugen und damit die Handlungsfähigkeit des politischen Systems trotz chronischer Unsicherheit zu gewährleisten.[32]

So modern diese Aussagen auch klingen, dieses funktionalistische Demokratieverständnis nähert sich dem demokratischen Prozess jedoch weitgehend aus der Beobachterperspektive der an diesem Prozess unbeteiligten dritten Person. Wie stellt sich das liberale Demokratiemodell jedoch aus der Teilnehmerperspektive der in den demokratischen Prozess involvierten Bürger dar? Welche Rolle spielt ihre politische Auseinandersetzung, die sich in offenen Gesellschaften in der Öffentlichkeit abspielt, im liberalen Modell?

---

30 In dieser Argumentation spielt die Rechtsordnung eine entscheidende Rolle: Das positiv gesetzte, von religiösen Instanzen bereits relativ unabhängige und von politischen Machthabern nicht ohne weiteres manipulierbare Recht leitet die moderne Ära ein (ebd. 66 f).

31 Diesen bei Weber und Parsons bereits erkennbaren Zusammenhang von säkularem, positiv gesatztem Recht und Demokratisierung von Herrschaft, die zusammen einen neuen Modus sozialer und politischer Integration bilden, hat Habermas deutlich herausgearbeitet (Habermas 1992: 90–103).

32 Demokratie wird also gerade nicht vorrangig normativ gefordert, sondern als „evolutionäres Universale", als funktionales Äquivalent für das geborstene religiöse und traditionale Fundament vormoderner Gemeinwesen in die Mechanik moderner gesellschaftlicher Systeme eingebaut.

Das legalistische Modell der Öffentlichkeit

Die funktionale Begründung der modernen Massendemokratie, die für die liberalen Stammväter in der Sicherstellung des inneren Friedens und der öffentlichen Ordnung bestand und für die Ermöglichung kollektiv verbindlicher Entscheidungen in heterogenen und dynamischen Gesellschaften bürgte, resultiert in einem normativ und hermeneutisch nicht allzu voraussetzungsvollen Modell der Öffentlichkeit: Politische Öffentlichkeit dient in der repräsentativen Demokratie allein zur Auswahl und Legitimation der herrschenden Elite sowie zwischen den Wahlen zur kritischen Überwachung der politisch handelnden Eliten.[33] Um rationale Wahlentscheidungen treffen zu können, bedarf es nur einer einzigen Voraussetzung: die Bürger müssen Zugang zu Informationen über das politische Geschehen haben.

„Damit die Bürger überhaupt eine Wahlentscheidung treffen und beim nächsten Mal revidieren können, müssen sie die Möglichkeit haben, sich über die Repräsentanten und deren Konkurrenten hinreichend zu informieren. ... Genau diese Funktion der Informationsvermittlung kommt innerhalb des repräsentativ-liberalen Modells einer politischen Öffentlichkeit zu." (Gerhards 2001: 228-229)

Relevante Beiträge zum politischen Diskurs werden unter diesen Prämissen vom Bürger nicht unbedingt erwartet. In bezug auf seine eigenen Interessen gilt der „typische" Bürger als kompetent, in Fragen des Gemeinwohls dagegen sinkt sein Reflexionsniveau auf ein geradezu „infantiles" Niveau herab.[34] Kollektive Akteure, gewählte Repräsentanten, Regierung und Opposition sind die relevanten Teilnehmer öffentlicher und nicht-öffentlicher politischer Kommunikation. Der Pluralismus der politischen Klasse garantiert, dass jede Meinung eine Marktchance erhält.[35]

„Nach liberaler Auffassung ist die Politik wesentlich ein Kampf um Positionen, die Verfügung über administrative Macht einräumen. Der politische Meinungs- und Willensbildungsprozess in Öffentlichkeit und Parlament ist durch die Konkurrenz strategisch handelnder kollektiver Aktoren um den Erhalt oder den Erwerb von Machtpositionen bestimmt. Der Erfolg bemisst sich an der nach Wählerstimmen quantifizierten Zustimmung der Bürger zu Personen und Programmen. In ihrem Votum bringen die Wähler ihre Präferenzen zum Ausdruck. Ihre Wahlentscheidungen haben dieselbe Struktur wie Wahlakte erfolgsorientierter Marktteilnehmer. Sie lizenzieren den Zugriff auf Machtpositionen, um die sich die politischen Parteien in der gleichen erfolgsorientierten Einstellung streiten. Der Stimmen-Input und der Macht-Output entspricht demselben Muster strategischen Handelns." (Habermas 1996: 282)

Ansonsten dienen die subjektiven Rechte und Freiheiten als negative Rechte dem Schutz *präpolitischer* Individualinteressen. Diese Interessen werden von der libe-

---

33   Vgl. Schumpeter (1993 [Orig. 1942]); Downs (1957); Ackerman (1980, 1989) und Michelman (1988).
34   Vgl. Schumpeter (1993: 413–420, insbesondere S. 416).
35   Vgl. Gerhards (2001: 230).

ralen Theorie als *black box* behandelt.[36] Das bedeutet auch, dass die Legitimität partikularer Interessen keine politische Frage ist. Der Liberalismus kann als politische Kultur verstanden werden, die in „eine[r] Art und Weise, über Macht zu sprechen" besteht, in der der politische Diskurs zuallererst durch massive kommunikative *Beschränkungen* bestimmt ist.[37] Der Staat ist zur *Neutralität* den Interessen gegenüber verpflichtet. Nicht über Fragen des guten Lebens, sondern nur über solche der Gerechtigkeit könne und müsse politisch diskutiert werden.[38]

Bemerkenswerter Weise tauchen im liberalen Modell keinerlei Zweifel an der Kommunizierbarkeit politischer Fragen auf. Gerade weil der politische Diskurs sich auf ganz konkrete und individualisierte Konfliktfälle unter Ausklammerung von Wertfragen beschränkt, sind die hermeneutischen Prämissen des liberalen Modells der Öffentlichkeit äußerst sparsam.[39] Wer sich in seinen Rechten oder Interessen verletzt sieht, wird schon einen Weg finden, um seine Ansprüche vorzubringen, solange Meinungs- und Pressefreiheit gewährleistet sind. Die Presse als „vierte Gewalt" gewährt dem Bürger, selbst wenn politische oder administrative Entscheidungsträger seine Rechte zu negieren versuchen, immer noch eine letzte Appellationsinstanz.

Selbst Tocqueville, der im Konventionalismus der „öffentlichen Meinung" in demokratischen Gesellschaften eine ernste Bedrohung der geistigen Freiheit erblickte, bezieht diese Kritik nicht auf die Medien, die in unserem heutigen Verständnis das Kernstück der Öffentlichkeit bilden.[40] Im Gegenteil, die freie Presse ist – bei aller Kritik im Detail – die Arena, in der Minderheitenpositionen immer noch Gehör finden können, wenn im sozialen Nahraum die „Schweigespirale" die freie Diskussion erstickt.

„Heutzutage hat ein Bürger, den man unterdrückt, daher [weil es keine natürlichen Verbündeten durch die Zugehörigkeit zu einer Klasse, einem Stand etc. gibt, d.A.] nur ein Verteidigungsmittel; er muss an die gesamte Nation appellieren, und, wenn die ihn nicht hört, an die Menschheit; dazu gibt es nur ein Mittel, die Presse. Daher ist die Pressefreiheit bei den demokratischen Nationen ungleich kostbarer als bei allen anderen; sie allein heilt die Mehrzahl der Übel, die die Gleichheit hervorbringen kann. Die

---

36 Die Privatinteressen werden immer schon vorausgesetzt. Ihre Genese in politischen Kontexten – in der Öffentlichkeit oder unter spezifischen institutionellen Rahmenbedingungen – wird nicht berücksichtigt.

37 Vgl. Benhabib (1991: 154).

38 Ackermann (1989: 16–22) vertrat diese Position bei der Verteidigung der liberalen Rechtstheorie gegen ihre kommunitaristische Entdifferenzierung. Auch Luhmanns (1985) Kritik an der Materialisierung des Rechts, also die rechtliche Garantie von Gruppeninteressen, kann als liberale Verteidigung der Neutralität des Rechts gelesen werden. Die Autoren befürchten, dass das Recht in seiner Eigendynamik verletzt und in seiner Funktionsfähigkeit beeinträchtigt wird, wenn Fragen des „guten Lebens" rechtlich kodifiziert werden.

39 Unter den „hermeneutischen Prämissen" werden die expliziten und impliziten verstehens- und begründungstheoretischen Voraussetzungen für die Möglichkeit von Kommunikationsprozessen verstanden, die einem Modell der Öffentlichkeit zugrunde liegen.

40 Vgl. hierzu Tocqueville (1985: 142, 150–153, 222–224). Tocqueville verwendet den Begriff der „öffentlichen Meinung" im Sinne von Kommunikation im sozialen Nahraum und dort dominanter populärer Vorurteile und Einstellungen (ebd. 199 f, 273, 275 f), also im Sinne dessen, was Platon als *doxa* verachtete.

Gleichheit isoliert und schwächt die Menschen; die Presse aber stellt jedem von ihnen eine sehr wirksame Waffe zur Seite, deren sich auch der Schwächste und Isolierteste bedienen kann. Die Gleichheit nimmt jedem Einzelnen die Unterstützung seiner Nächsten; die Presse aber gestattet es ihm, alle seine Mitbürger und Mitmenschen zu Hilfe zu rufen." (Tocqueville 1985: 352)

Die durch bürgerliche Freiheits- und politische Teilhaberechte institutionalisierte ethische Neutralität des Rechts und die Pressefreiheit schützen Minderheiten gegen die Tyrannei der Mehrheit.[41] Diese ethische Neutralität des Politischen drückt die in den blutigen Religions- und Bürgerkriegen der Frühen Neuzeit mühsam gelernte Lektion aus, dass in einer heterogenen Gesellschaft bestimmte Dinge nicht mehr für alle Bürger gleichermaßen verbindlich geregelt werden können und müssen.

Liberale Politik dient dazu, den Rahmen zu schaffen, innerhalb dessen Individuen und vorpolitische Gemeinschaften ihr Glück nach jeweils eigener Façon suchen können. In bezug auf sensible ethische Fragen müssen nicht allgemeinverbindliche Konsense erzielt werden. Die (öffentliche) Regierung gilt solange als legitim, wie sie die präpolitischen Interessen der (privaten) Akteure nicht verletzt und nicht einige (beispielsweise persönliche Interessen der politischen Elite oder die ausgewählter Gruppen von Bürgern) den anderen vorzieht.

Die politischen Rechte und Freiheiten inklusive der Meinungsfreiheit sind – nach liberalem Verständnis – Instrumente, um das System in diese Richtung zu beeinflussen.[42] Die Öffentlichkeit trägt zur Gewaltenteilung bei und dazu, sie aufrecht zu erhalten, aber sie stellt nicht den Dreh- und Angelpunkt des politischen Prozesses dar. Im öffentlichen Diskurs wird eine einverständliche Einigung der Konfliktlager gar nicht angestrebt. Mit Thomas Paine setzen Liberale nicht in erster Linie auf die kommunikative Vernunft des Einzelnen: „Time makes more converts than reason." Akkumulierte individuelle Präferenzen, nicht aber öffentliche Diskurse beeinflussen die Richtung der Politik. Die für begrenzte Perioden gewählten Entscheidungsträger machen die Politik – die Bürger dagegen bewerten lediglich, ob sie das entsprechend der Spielregeln, unter Respektierung der präpolitischen gesellschaftlichen Interessen und sachlich einigermaßen gut machen. Für den klassischen Liberalismus lassen sich alle politischen Konflikte auf Interessenkonflikte zurückführen, die durch rationale Kompromisse über die Verteilung von Kosten und Nutzen oder, wenn basale Rechte in frage stehen, gerichtlich entschieden werden können. Das gerichtliche Urteil, der Wahlsieg des einen Lagers über das andere oder ein fairer Kompromiss stellen den Frieden – auch ohne Annäherung der Positionen – wieder her.[43]

Die feministische Kritik am Liberalismus hat überzeugend herausgearbeitet,

---

41 Bemerkenswert ist, dass es in dem Moment, wo Tocqueville von „Öffentlichkeit" im heutigen Begriffsverständnis spricht, von vorn herein auch um mediale Kommunikation und nicht mehr um *face-to-face* Kommunikation in der ggf. borinierten Nachbarschaft geht. Die Möglichkeit, an Vernunft und Moral des anonymen Massenpublikums zu appellieren, schützt die persönliche Unabhängigkeit der Bürger und die geistige Freiheit eines Landes.

42 Vgl. Michelman (1988: 283).

43 Vgl. auch Luhmann, der in *Legitimation als Verfahren* (1993) ein ähnliches Verständnis des demokratischen Prozesses erkennen ließ.

dass die Ausblendung ethischer Fragen und die Beschränkung auf Fragen der Gerechtigkeit jedoch – entgegen liberalen Intentionen – keine ausreichende Differenzsensibilität dieses Demokratiemodells bewirkt. Die strikte Gegenüberstellung von Staat und Gesellschaft impliziert nämlich eine Trennung zwischen dem Öffentlichen und dem Privaten, die so beschaffen ist, dass sie die Angelegenheiten ausgeschlossener Gruppen zum Schweigen bringt.[44] Politische Beziehungen werden in dieser Sichtweise viel zu eng in Anlehnung an das *Modell verrechtlichter Beziehungen* begriffen.

Die *Neutralität* ist Eckpfeiler moderner positiven Rechts. Und der Sinn der liberalen Rechtsordnung besteht darin, im Einzelfall festzustellen, welchen Individuen welche Rechte zustehen.[45] Damit werden bestimmte Konflikte privatisiert und entpolitisiert. Während dies vor Gericht, wo Gesetze *angewendet* werden, notwendig und vollkommen legitim ist, wirkt sich diese Neutralität in Fragen öffentlicher Diskurse und im demokratischen Gesetzgebungsprozess, wo gesetzliche Normen *generiert* werden, als politische Exklusion aus. Emanzipatorische Politik, das Erkämpfen neuer Rechte und Freiheiten, musste in der Geschichte der modernen Demokratien nur allzu oft durch das Nadelöhr einer Umdefinition von privaten Fragen in öffentliche hindurch.[46] Demokratische Politik, die diesen Namen verdient, muss darum auf einen solchen Wandel kollektiver Überzeugungen eingehen können.

„Demokratische Politik zieht die Trennungslinie zwischen dem Guten und dem Gerechten, dem Moralischen und dem Legalen, dem Privaten und dem Öffentlichen in Zweifel, definiert sie neu und macht sie wieder zum Gegenstand von Verhandlungen." (Benhabib 1991: 155)

Politik, die solche Konflikte um Anerkennung und neue Problemlösungen durch eine unhinterfragbare Ontologisierung der Grenzen zwischen dem Öffentlichen und dem Privaten zu fixieren bemüht ist, verteidigt den *status quo* und ist keineswegs „neutral". Das liberale Modell des öffentlichen Raumes verwandelt den politischen Dialog der Erzeugung von Macht viel zu schnell in einen juristischen Diskurs über das Rechtmäßige.[47]

„Unterscheidungen zwischen Gerechtigkeit und gutem Leben, zwischen Normen und Werten, Interessen und Bedürfnissen werden ‚innerhalb' und nicht außerhalb des Prozesses der diskursiven Willensbildung getroffen." (Ebd.: 160)

Es ist dieses formalistische Verständnis von Demokratie, das die kommunitaristi-

---

44 Benhabib (1991: 154). „Die Unterscheidung zwischen Fragen der Gerechtigkeit und solchen des guten Lebens kann nicht durch eine Art moralische Geometrie vorentschieden werden, vielmehr wird uns der Prozess des uneingeschränkten öffentlichen Dialogs selbst helfen, die Natur der Fragen zu definieren, über die wir streiten." (Ebd.: 153)
45 Vgl. Habermas (1996: 280).
46 Schon die Institutionalisierung der sozialen Frage setzte eine Umdefinition von Armut, die traditionell als persönliches Schicksal galt, in ein gesellschaftliches Problem voraus. Die Anerkennung, die in den Gesellschaften des Westens Homosexuelle, Frauen oder ethnische Minderheiten fordern, entgleitet einem legalistischen Politikverständnis.
47 Vgl. Benhabib (1991: 165).

sche Kritik am Liberalismus auf den Plan rief.[48] Wenn die Einschränkung der öffentlichen Debatte liberale Demokratie zum reinen Legalismus zusammenschrumpfen lässt, geht der emanzipatorische Gehalt demokratischer Politik verloren, aber auch deren sozialintegrierende Wirkung, denn Legalität allein bewirkt noch keine Legitimität.[49] Gesucht werden also normative Demokratiemodelle, die der öffentlichen politischen Kommunikation der Staatsbürger einen höheren Stellenwert beimessen als das liberale Modell.

Zwei Kandidaten stehen hier zur Auswahl: Die sozialen, und insbesondere die kommunikativen Voraussetzungen demokratischer Praxis werden zum einen in republikanischen Modellen der Öffentlichkeit ins Zentrum der Aufmerksamkeit gerückt. Diese Modelle wurden in jüngster Zeit vor allem von kommunitaristischen Kritikern eines legalistischen Demokratieverständnisses weiterentwickelt.[50] Zum anderen widmen sich die Vertreter einer Diskurstheorie des demokratischen Rechtsstaats dem Verhältnis von Öffentlichkeit und Politik. Diese Ansätze werden in den nächsten Abschnitten dargestellt und diskutiert, wobei dem kommunitaristischen Paradigma sozialwissenschaftlicher Demokratietheorie besondere Aufmerksamkeit geschenkt wird, weil in der Diskussion um die Demokratiefähigkeit der Europäischen Union teils reflektiert, teils unreflektiert auf die in der Kommunitarismusdebatte geschärften Argumente zurückgriffen wird.

2.2 Die kommunikativen Voraussetzungen demokratischer Praxis

Die Kritik der liberalen Demokratietheorie insistiert darauf, dass auch für moderne Gesellschaften gewisse vorpolitische Voraussetzungen gegeben sein müssten, damit die demokratischen Rechte und Pflichten von den Bürgern überhaupt ausgefüllt und die demokratischen Institutionen gegen Angriffe geschützt werden. Der pure Rechtsstatus der Mitgliedschaft in einem politischen Verband scheint als motivationale Basis für die Bereitschaft von Menschen, Ressourcen für die Gemeinschaft zu geben, ja im Ernstfall das eigene Leben für sie zu opfern, viel zu schwach

---

48 Auch die marxistische Liberalismuskritik richtete sich gegen einen überzogenen Formalismus des liberalen Demokratiemodells und schüttete bei dieser Gelegenheit das Kind mit dem Bade aus, indem sie gleich jedes Demokratiemodell als Rhetorik im Interesse der Mächtigen entlarven wollte.
49 Vgl. auch Habermas (1992: 541–570).
50 Konservative kritisierten das formale Demokratieverständnis des Liberalismus auch in der Vergangenheit auf der Grundlage hermeneutischer Einsichten in die kommunikativen Grundlagen sozialen und politischen Handelns. Münkler (1996a: 9) bezeichnet das formalistische Verständnis politischer Gemeinschaft bei den Liberalen sogar als Ursprung des politischen Konservatismus.

zu sein.[51] Menschen aus Fleisch und Blut sind keine Monaden, die ausschließlich ihre eigenen Interessen mit rationalen Mitteln verfolgen, sondern Menschen, die unter Umständen bereit sind, für ihre Gemeinschaft, gemeinsame Projekte und ihre fundamentalen Überzeugungen Opfer zu bringen. Sie sind nicht nur Träger individueller Rechte, sondern vor allem in lebensweltlichen Kontexten situierte Individuen, die mit anderen religiöse, kulturelle und eine Menge weiterer Überzeugungen teilen, die ihr Selbstverständnis prägen. Solche Menschen schulden nicht jedem anderen Menschen auf dieser Welt gleichviel, sie fühlen sich den einen mehr verbunden als den anderen.[52]

Dass Herrschaft in der Moderne nur dadurch legitim wird, dass sie demokratisch an ihre Adressaten zurückgebunden wird, wird von den kommunitaristischen Kritikern des liberalen Demokratieverständnisses nicht bestritten.[53] Strittig ist jedoch die Frage, ob die Demokratie ihrerseits auf präpolitische Gemeinschaftsressourcen und bestimmte kommunikative Funktionsbedingungen angewiesen sei. Kommunitaristen und Liberale sind sich also uneinig in der Frage, ob Ethik oder Recht der „Kitt" sind, der moderne Gesellschaften zusammen hält.

Kommunitaristische Positionen kritisieren die liberale Theorie und Praxis dafür, dass sie die ethischen Gemeinsamkeiten, die zwischen den Bürgern einer politischen Gemeinschaft bestehen, nicht angemessen erklären, beziehungsweise eine Gemeinwohlorientierung gar aktiv zersetzen, was Gefahren für den Erhalt der Demokratie mit sich bringe.[54] Sie bestreiten, dass politische Gemeinschaften durch Rechte und Interessenaushandlung zusammengehalten werden und argumentieren, dass eine gemeinsam geteilte Konzeption des Guten normative Priorität vor den individuellen Rechten habe. Ein Wertekonsens oder eine kollektive Identität in einem starken Sinne – eine Identität, die der liberale Individualismus aufgrund seiner Orientierung an einer atomistischen Ontologie immer schon verfehlen muss – sei die Voraussetzung dafür, dass die Bürger überhaupt bereit seien, sich wechselseitig die gleichen politischen und sozialen Rechte zuzuerkennen.[55] Der demokra-

---

51   Freilich haben diese Diskussionen ältere Traditionen in Europa und den USA. Habermas meinte sogar, dass sie letztlich konstitutiv für den philosophischen Diskurs der Moderne sind, der immer wieder um das Motiv des Erlahmens der sozialen Bindekräfte kreiste und nach Äquivalenten für die vereinigende Macht der Religion suchte (Habermas 1985: 166).

52   Der liberale Universalismus erscheint seinen Kritikern als lebensfern und differenzblind. Diese Kritik wird auch gegen den diskurstheoretischen Prozeduralismus, sofern er als purer Formalismus verstanden wird und gegen einen staatsbürgerlichen Verfassungspatriotismus ins Feld geführt.

53   „Die Demokratie ist zu einer Norm geworden, der sich niemand mehr verweigern kann. ... Kurz, es ist heute einzig die Demokratie, die politische Legitimität liefert." (Taylor 2002: 11)

54   Ich folge hier der sehr ausgewogenen Zusammenfassung der Diskussion zwischen Kommunitaristen und Liberalen bei Forst (1993: 182, 196–203).

55   Vier Grundfragen trieben die Kommunitarismus-Liberalismus-Debatte an: 1. Die Konstitution des Selbst. Kommunitaristische Kritiker kritisierten den atomistischen Personenbegriff der liberalen Theorie. 2. Der Vorrang individueller Rechte vor gemeinschaftlichen Konzeptionen des Guten, d. h. das Problem der ethischen Neutralität von Gerechtigkeitsprinzipien. 3. Die Voraussetzungen politischer Integration und Legitimation. 4. Die Möglichkeit und Begründung einer universalistischen und formal-prozeduralistischen Gerechtigkeitstheorie (Forst 1993: 182).

tische Legitimationsmodus funktioniere erst auf dieser Basis.[56] Staatsbürgerrechte und insbesondere die demokratischen Teilnahme- und Kommunikationsrechte sind dem kommunitaristischen Verständnis zufolge positive Rechte, die die Beteiligung an einer gemeinsamen politischen Praxis ermöglichen.[57] Die Gemeinschaft ist in dieser Sicht vorgängig gegenüber der demokratischen politischen Praxis.

„Insofern dient der politische Prozess nicht nur der Kontrolle der Staatstätigkeit durch Bürger, die in Ausübung ihrer privaten Rechte und vorpolitischen Freiheiten eine vorgängige Autonomie schon erworben haben. Ebenso wenig erfüllt er eine Scharnierfunktion zwischen Staat und Gesellschaft, denn die demokratische Staatsgewalt ist überhaupt keine originäre Gewalt. Diese geht vielmehr aus der in der Selbstbestimmungspraxis der Staatsbürger kommunikativ erzeugten Macht hervor und legitimiert sich daran, dass sie durch die Institutionalisierung der öffentlichen Freiheit diese Praxis schützt." (Habermas 1996: 279-280)

Während der demokratische Rechtsstaat in liberaler Perspektive den Rahmen schafft, innerhalb dessen Probleme, die sich gerade aus dem Mangel an gemeinsamen Wertüberzeugungen ergeben, aufgefangen werden können, verkennen Liberale in den Augen der Kommunitaristen den Charakter politischer Gemeinschaften völlig, weil sie die ethische Komponente des Guten als Teil der Privatsphäre verstehen und die politische Komponente als Teil der Sphäre des Rechts. Ethische Elemente gehören essentiell zur Politik: vorpolitische identitäre oder kulturelle Substrate seien der notwendige Nährboden der demokratischen Praxis, auf deren Basis demokratische Institutionen anerkannt werden. Nur auf der Basis eines Gemeinsinns wird Politik mit Leben gefüllt. Demokratische Tugenden entfalten sich nicht im luftleeren Raum. Sie sind abhängig von sozialen Bindungen, sozialer Nähe, gemeinsamer Geschichte und Sympathiegefühlen.[58] So argumentierte Michael Sandel dafür, dass sowohl die liberale Ethik als auch die liberale Politik keine selbsttragenden Konstruktionen seien. Sie ruhten auf kommunitären Fundamenten (wie Tugenden, starken moralischen Verbindlichkeiten und Verpflichtungen der Bürger), welche der Liberalismus vergleichgültige oder gar verleugne.[59]

Kommunitaristische Positionen bestreiten nicht die Bedeutung demokratischer Partizipation für gerechte politische Gemeinwesen unter den Bedingungen der Moderne. Sie bestehen jedoch darauf, dass eine gemeinsam geteilte Kultur, Identität oder Sprache notwendige Voraussetzungen für eine ausreichende soziale und politische Integration dieser Gemeinwesen seien und sie halten die vom Liberalismus präferierten Integrationsmechanismen der repräsentativen Demokratie und des Rechtsstaats ohne identitäre Basis für ungenügend.

Auch weisen sie darauf hin, dass es bei politischen Konflikten gar nicht immer

---

56 Vgl. Putnam (1993, 2000).
57 Zur Darstellung des kommunitaristischen Demokratie- und Öffentlichkeitsverständnisses vgl. Habermas (1996: 279) im Anschluss an Michelman (1988: 284).
58 Vgl. MacIntyre (1987, 1993: 99); Etzioni (1995).
59 Vgl. Sandel (1989, 1993), der konsequenterweise das Jeffersonianische (oder auch Rousseauistische) Argument wiederbelebt, wahre demokratische Selbstregierung sei nur in kleinen, überschaubaren Gemeinschaften möglich.

um Interessenkonflikte gehe, sondern oft genug um Anerkennungsprobleme sich benachteiligt, abgewertet oder exkludiert fühlender Partikulargemeinschaften, seien sie ethnischer, sozialer, subkultureller oder sonstiger Art. Autoren wie Charles Taylor und in Deutschland Axel Honneth, zeigten, dass formale Gleichberechtigung keine Lösung für Anerkennungskonflikte bereitstellt.[60] Wenn Gruppen nicht in erster Linie juristische oder materielle Forderungen stellen, sondern den Respekt der Mehrheit fordern, sind die liberalen Institutionen, das Parlament, Gerichte und Verwaltung machtlos. In die als privat verstandenen Überzeugungen, seien sie noch so vorurteilsbelastet, darf der Staat nach liberalem Verständnis nicht hinein dirigieren. Wenn jedoch Anerkennungskonflikte und die Orientierung auf gemeinsame kollektive Projekte zum kommunitaristischen Demokratieverständnis gehören, nimmt die öffentliche Debatte darin zwangsläufig eine zentrale Stellung ein.[61]

Republikanische Öffentlichkeitsmodelle

Die kommunitaristische Deutung des politischen Prozesses hat Konsequenzen für die Rolle, die öffentlichen Kommunikationsprozessen zugewiesen wird und für die Voraussetzungen öffentlicher Kommunikation, die für unabdingbar gehalten werden. Republikanische Modelle der Öffentlichkeit werden in zwei Varianten vertreten. Zum einen als *Assoziationsmodell der Öffentlichkeit* und zum anderen als *Modell eines agonalen (oder auch performativen) öffentlichen Raumes*. In beiden Fällen sind Aristoteles und Hannah Arendt die Referenzautoren.

In der *Vita Activa* verglich Hannah Arendt den öffentlichen Raum der antiken griechischen Polis mit dem der modernen Politik und entwarf ein Verfallsmodell der Öffentlichkeit.[62] Ausgehend von der antiken Klassifikation der Tätigkeiten in Arbeit (zum Zwecke des biologischen Erhaltes des Lebens), Herstellen (zur Befriedigung der Bedürfnisse, die sich aus der Angewiesenheit menschlicher Existenz auf künstliche Gegenstände und Objekte ergeben) und Handeln (der Auseinandersetzung der Menschen miteinander) erinnert Arendt an die antike normative Hierarchie dieser Tätigkeiten. Während Arbeiten und Herstellen dem Reich der Notwenigkeit angehörten, war allein das Handeln der Bereich, der den Menschen tatsächlich vom Tier unterschied. Nur hier begegneten die Menschen dem Faktum der Pluralität und ihrer Individualität; handelnd gründeten und erhielten sie Gemeinwesen und stellten so eine Kontinuität der Generationen her, in der sich kollektive Erinnerung, also auch geschichtlicher Sinn erreichen ließ.[63]

Das klassisch griechische Verständnis der *vita activa* kennzeichnete ein Le-

---

60   Vgl. Honneth (1992).
61   Interessanterweise spielt die Öffentlichkeit nur bei Walzer (1991, 1993b) und Taylor (2002) explizit eine Rolle. Bei den meisten anderen führenden Köpfen des Kommunitarismus wird Öffentlichkeit als Schauplatz kollektiver Selbstverständigungsprozesse implizit vorausgesetzt.
62   Vgl. Arendt (1981 [Orig. 1958]).
63   Ebd.: 14 f.

ben, das öffentlich dem politischen Handeln gewidmet war.[64] Die Politik fiel nicht unter das Verdikt des Notwendigen, weil das eigentlich Politische nicht notwendigerweise dort entstehe, wo Menschen in geordneten Verhältnissen zusammenleben, sondern erst in der Polis, in der Menschen kollektive Projekte in Angriff nehmen.[65]

> „Griechischem Denken gemäß ist die menschliche Fähigkeit für politische Organisation von dem naturhaften Zusammenleben, in dessen Mittelpunkt das Haus (οιχια) und die Familie stehen, nicht nur zu scheiden, sie steht sogar in einem ausgesprochenen Gegensatz dazu. Das Entstehen der Polis, die durchaus den Rahmen für das griechische Verständnis von Politik hergibt, hatte zur Folge gehabt, dass ein jeder außer seinem privaten Leben noch eine Art zweiten Lebens erhielt, seinen βιοξ πολιτιχοζ. Jeder Bürger gehörte von nun an zwei Seinsordnungen zu, und sein Leben war dadurch gekennzeichnet, dass es genau aufgeteilt war zwischen dem, was er sein eigen nannte (ιδιον) und dem, was gemeinsam war (χοινον)." (Arendt 1981: 28)

Politische Tätigkeiten waren das *politische Handeln* und das *Reden*.[66] Die Polis selbst wurde als der öffentliche Raum verstanden, innerhalb dessen alle Angelegenheiten vermittels der Worte, die überzeugen können, geregelt werden und nicht durch Zwang oder Gewalt.[67] Dies markierte einen scharfen Kontrast zur Außenwelt der Polis, aber auch zum Haushalt.[68] Die privaten Bereiche des Haushalts und der Familie gehörten dem Reich der Notwendigkeit an, ging es hier doch um das pure individuelle Überleben und die Reproduktion der Gattung. Auch waren weder Haushalt noch Familie das, was man mit Weber legitime Ordnungen nennen könnte. Zwang, Gewalt und Ungleichheit galten hier als unvermeidbar. Dagegen war der öffentliche Raum des Politischen, die Polis, das Reich der Freiheit. Hier bestand Gleichheit unter Ebenbürtigen, auch wenn dieses Privileg insgesamt nur eine kleine Zahl von Bürgern auszeichnete.[69] Die Polis war der Bereich des Handelns, der großen Taten und Worte. Hier konnte Ruhm errungen und Sorge für die Unsterblichkeit getragen werden.

Bereits im christlichen Denken fiel alles Handeln und somit auch das politische in der Hierarchie der Tätigkeiten in den Bereich des Notwendigen hinab, nur die Kontemplation erhob sich noch über das Reich des Notwendigen.[70] Aber erst das Entstehen der „Gesellschaft" in der Neuzeit bringt die für Arendt ausschlaggebende Transformation mit sich, denn nun wird der private Bereich als Sphäre persönlicher Freiheit, der Gleichheit und einer neuen Intimität verstanden.[71]

---

64 Da Handeln voraussetzte, dass der Mensch in jedem Augenblick Herr seiner Zeit und seines jeweiligen Aufenthaltsortes war, also die Bedürfnisse der Arbeit und des Herstellens bereits erfüllt waren, waren Sklaven, freie Handwerker, Kaufleute und Herrscher nicht zur *vita activa* befähigt.
65 Ebd.: 19 f.
66 *Reden* als politische Tätigkeit bediente sich der Rhetorik als Kunst des Überredens und Überzeugens. Später bezog sich das politische *Handeln* wesentlich auf die Kriegskunst.
67 Ebd.: 29 f.
68 Ebd.: 31 ff.
69 Der Ausschluss großer Gruppen war für die antike Demokratie konstitutiv. Er betraf Sklaven, Frauen, Kinder und alle Einwohner ohne Bürgerrechte.
70 Ebd.: 20–22.
71 Ebd.: 38 ff.

„Die Gesellschaft ist die Form des Zusammenlebens, in der die Abhängigkeit des Menschen von seinesgleichen um des Lebens selbst willen und nichts sonst zu öffentlicher Bedeutung gelangt, und wo infolgedessen die Tätigkeiten, die lediglich der Erhaltung des Lebens dienen, in der Öffentlichkeit nicht nur erscheinen, sondern die Physiognomie des öffentlichen Raumes bestimmen dürfen." (Arendt 1981: 47)

Die Bereicherung der Privat- und Intimsphäre, in die das Handeln und Sprechen sich verlagert, hat jedoch einen hohen Preis: den *Verfall des öffentlichen Lebens*.[72] Die Gesellschaft schiebt sich in der Moderne zwischen die Bereiche des Öffentlichen und des Privaten. Sie erobert den Bereich des Öffentlichen und drängt es in den engen Bezirk des Staatsapparates zurück.[73]. Sie verzehrt stetig sowohl den öffentlichen Raum, in welchem nun permanent über Bedürfnisse und Sachzwänge verhandelt wird, als auch den privaten Bereich, da private Bedürfnisse nun zu öffentlichen Angelegenheiten – oder treffender: zu sozialen Problemen – werden.

Das Verschwinden des öffentlichen Raumes stellt für Arendt eine Bedrohung der modernen Kultur dar.[74] Das Öffentliche – in seiner ursprünglichen antiken Bedeutung – ist existentiell für die Menschen, da erstens die Realität der Welt von seiner Existenz abhängt (denn real ist, was vor der Allgemeinheit erscheint) und zweitens die Welt selbst öffentlich ist, insofern sie das uns Gemeinsame darstellt. Zusammen mit dem Öffentlichen verschwindet diese gemeinsame Welt. Die berühmte Metapher vom Tisch, der die Gesprächspartner verbindet, aber auch genügend Distanz zwischen ihnen schafft, um sie als autonome Subjekte zu erhalten, die nicht „gleichsam über- und ineinanderfallen", drückt dieses Verhältnis aus.[75] Die Wirklichkeit der Welt erwächst aus der gleichzeitigen Anwesenheit zahlloser Aspekte und Perspektiven im öffentlichen Raum.

„Nur wo Dinge, ohne ihre Identität zu verlieren, von Vielen in einer Vielfalt von Perspektiven erblickt werden, so dass die um sie Versammelten wissen, dass ein Selbes sich ihnen in äußerster Verschiedenheit darbietet, kann weltliche Wirklichkeit eigentlich und zuverlässig in Erscheinung treten." (Ebd.: 57)

Die Differenz der Perspektiven ist konstitutiv für den öffentlichen Raum und jeglicher Versuch der Vereinheitlichung der Perspektiven verdient daher Misstrauen.

„Eine gemeinsame Welt verschwindet, wenn sie nur noch unter einem Aspekt gesehen wird; sie existiert überhaupt nur in der Vielfalt ihrer Perspektiven." (Ebd.)

Die Zerstörung der Vielfalt durch die Tyrannei der kollektiven Bedürfnisse lässt die Moderne am Abgrund zur Massengesellschaft und am Rande des Totalitaris-

---

72 Die Politik wird im modernen Nationalstaat – in Arendts Interpretation – zur Verwaltung der Gesellschaft, die zu einer gigantischen Familie wird, welche ihren kollektiven Haushalt versieht. Die ökonomischen Tätigkeiten werden in der Moderne zu kollektiven Angelegenheiten, private Interessen gewinnen öffentliche Bedeutung, die Politik wird mit der Institutionalisierung des Gewaltmonopols des bürokratischen Wohlfahrtsstaates zum Raum von Zwang und Gewalt. Das Politische wird so zu einer Funktion der Gesellschaft und von der Gesellschaft absorbiert (ebd.: 34 f).
73 Ebd.: 59.
74 Ebd.: 49 ff.
75 Ebd.: 52.

mus balancieren.[76] Der Verfall der Öffentlichkeit ist jedoch nicht nur der Entstehung des modernen Wohlfahrtsstaates geschuldet. Für Arendt ist er bereits im liberalen Politikverständnis angelegt, denn bereits hier hört der Privatbesitz auf, ein privates Anliegen zu sein.[77] Schon die liberale Politik kritisiert sie als Vereinigung von Besitzern, die sich zusammen fanden, um zum Zwecke des Erwerbs von mehr Reichtum aller Verantwortung öffentlicher Art enthoben zu werden. Die Bürger einer solchen Gesellschaft werden in Arendts Augen passiv und abhängig und verlernen das Streben nach Außergewöhnlichem.[78]

Arendts quasi-ontologische Unterscheidung zwischen dem Gesellschaftlichen und dem Politischen ist auch von Sympathisanten ihres Modells massiv kritisiert worden, weil sie in der Moderne weder sinnvoll noch praktikabel ist. Das betrifft die Abgrenzung nach Tätigkeiten genauso wie die Einschränkung der politischen Tagesordnung. In bezug auf die Interessen- oder Anerkennungskonflikte, welche die Bürger oder kollektive Akteure auf die politische Agenda setzen oder zu setzen trachten, müssen die Grenzen zwischen öffentlichen und privaten Angelegenheiten erst ausgehandelt oder sozial konstruiert werden, da sie nicht ontologisch festgelegt sind. In demokratischen Gesellschaften müssen diese Grenzziehungen revidierbar gehalten werden, wenn nicht breite Problembereiche der gesellschaftlichen Diskussion und dem politischen Handeln von vornherein entzogen werden sollen.

„Die Unterscheidung zwischen dem ‚Gesellschaftlichen' und dem ‚Politischen' ist in der modernen Welt nicht sinnvoll, und zwar nicht wie Hannah *Arendt* dachte, weil alle Politik zur Verwaltung und die Ökonomie das wesentlich ‚Öffentliche', sondern vor allem, weil der Kampf, etwas öffentlich zu machen, ein Kampf um Gerechtigkeit geworden ist." (Benhabib 1991: 152)

Werden bestimmte Felder der öffentlichen Diskussion aufgrund einer quasi-ontologischen Trennung zwischen privaten und öffentlichen Problemen, zwischen natürlichen und gestaltbaren Bereichen der öffentlichen Diskussion entzogen, erzeugt dies – wie Seyla Benhabib überzeugend gezeigt hat – politische Exklusion. Ein solches Modell widerstreitet der sozialen Realität der Moderne ebenso wie den modernen politischen Kämpfen um Gerechtigkeit.[79]

Der gleiche Einwand richtet sich gegen Arendts Versuch, das Politische von wirtschafts- und sozialpolitischen Verwaltungsaufgaben frei zu halten, weil dies zu einer Höherbewertung der Gleichheit gegenüber der Freiheit führe und die Politik

---

76 In totalitären Gesellschaften, aber auch angesichts eines alltäglichen Konformismus wird die Subjektivität am Ende zur Isolierzelle. Der Raum der Freiheit schrumpft. Die Verlassenheit des modernen Menschen ist der Beziehungslosigkeit in der Gesellschaft geschuldet, die aus der Zerstörung des *Öffentlichen* sowie des *Privaten* in der verwalteten Massengesellschaft folgt (ebd.: 57 ff).

77 Ebd.: 64 ff.

78 Dennoch verteidigt Arendt – wenn auch aus Resignation – die durch negative Freiheiten gezogenen und befestigten Grenzen des Privaten, die Grenzlinien zwischen Eigentum und Eigentum sowie jene zwischen Privatem und der gemeinsamen Welt, weil sich nur innerhalb dieser Grenzen ein Raum auftut, in dem sich noch hin und wieder politische Initiativen entwickeln (ebd.: 68).

79 Benhabib (1991: 165). Siehe auch Habermas' (1990b: 18 ff) zustimmende Reaktion.

anfällig für die Tyrannei des Pöbels mache.[80] Auch hier würde eine Tabuisierung sozialpolitischer Forderungen zur politischen Exklusion der Armen oder anderer Gruppen führen, denen die sozioökonomischen Ressourcen, derer sie zur demokratischen Partizipation bedürfen, vorenthalten werden würden. Die thematische Einschränkung des Politischen auf nicht-profane Themen würde den Sinn politischen Engagements fragwürdig machen, da viele als besonders drückend erfahrene Problemlagen und Verteilungskonflikte ohnehin nicht thematisierbar und bearbeitbar wären. Durch politische Deliberation und Partizipation müssen sich die Bürger – wie schwierig und langwierig sich dies im politischen Prozess auch gestalten mag – konkrete Verbesserungen ihrer Lebensbedingungen und Lebenschancen erkämpfen können.[81] Die Demokratie braucht „starke" Öffentlichkeiten.

„... the bourgeois conception of the public sphere supposes the desirability of a sharp separation of (associational) civil society and the state. As a result, it promotes what I shall call *weak publics*, publics whose deliberative practice consists exclusively in opinion formation and does not also encompass decision making. (...) the issue becomes more complicated as soon as we consider the emergence of parliamentary sovereignty. With that ... development ... we encounter a major structural transformation, since sovereign parliament functions as a public sphere within the state. Moreover, sovereign parliaments are what I shall call *strong publics*, publics whose discourse encompasses both opinion formation and decision making. As a locus of public deliberation culminating in legally binding decisions (or laws), parliament was to be the site for the discursive authorization of the use of state power. With the achievement of parliamentary sovereignty, therefore, the line separating (associational) civil society and the state is blurred." (Fraser 1992: 24-25)

Bei allem Revisionsbedarf lieferte Arendts Kritik am modernen Politik- und Öffentlichkeitsverständnis interessante Anregungen. Aus dem Loblied auf die griechische Polis lassen sich zwei Vorschläge zur Wiedergewinnung des öffentlichen Raums unter den Bedingungen der Moderne ableiten: Zum einen das postmoderne Projekt eines *agonistischen öffentlichen Raumes* und zum anderen ein *Assoziationsmodell* des öffentlichen Raumes. Arendt testete beide in ihren Schriften.[82]

In der *agonistischen Variante* wird der öffentliche Raum als Marktplatz *(Agora)* oder Bühne verstanden, auf der mit den Mitteln der Rhetorik um Aufmerksamkeit und Gefolgschaft konkurriert wird.[83] Die demokratische Willensbildung hat hier die Funktion, die Gesellschaft als politisches Gemeinwesen zu konstituieren und die Erinnerung an den Gründungsakt zu inszenieren und damit zu revitalisie-

---

80 Vgl. Arendt (1986 [Orig. 1963]). Kritisch dazu Fraser (1992); Fraser/Gordon (1994) und Habermas (1998: 117 f), der davon spricht, dass der Staatsbürgerstatus „einen Gebrauchswert behalten und sich auch in der Münze sozialer, ökologischer und kultureller Rechte *auszahlen*" müsse, um eine Quelle sozialer Solidarität zu bleiben.

81 Arendts polemische Unterscheidung von passiven Klienten und freien Staatsbürgern sowie die Interpretation des Wohlfahrtsstaates als entmündigendes Herrschaftsinstrument machen nur Sinn, wenn soziale Sicherungen nicht als sich von den Staatsbürgern in Ausübung ihrer demokratischen Teilhaberechte selbst verliehene Rechte begriffen werden (Habermas 1990b: 25 ff).

82 Vgl. Arendt (1981, 1986).

83 Die Theater-Metapher wird bemüht, wenn Aspekte der machtpolitischen öffentlichen Inszenierung, der Repräsentation kultureller Differenzen in den Medien und der performativen Politik thematisiert werden, der es eher um kulturelle Anerkennung denn materielle Ziele zu tun ist.

ren. Ein solches Modell ist sehr offen für Aspekte des postmodernen Spektakels und öffentliche Inszenierungen in einer Mediendemokratie. Darum erscheint es manchen moderner als das – in ihren Augen – verknöcherte liberale oder das „naiv aufklärerische" Diskursmodell der Öffentlichkeit.[84] Ein solches Modell bietet Raum für divergierende diskursive Praktiken, Sprachspiele und Artikulationsformen, Pluralität, die nicht zum Konsens drängt oder gedrängt wird, Spontaneität und „*Resistance*". Im öffentlichen Raum wird spielerisch, aber durchaus auch strategisch um Deutungsmacht konkurriert. Das Theater wird zur Metapher öffentlicher Kommunikation:

„It [the public sphere, d.A.] designates a theater in modern societies in which political participation is enacted through the medium of talk. It is the space in which citizen deliberate about their common affairs, hence, an institutionalized arena of discursive interaction. This arena is conceptually distinct from the state; it [is] a site for the production and circulation of discourses that can be critical of the state. The public sphere ... is not an arena of market relations but rather one of discursive relations, a theater for debating and deliberating rather than for buying and selling." (Fraser 1992: 2)

In einem Punkt aber sperrt sich Hannah Arendt der postmodernen Lesart: Sie vertraut in die Möglichkeit der Verständigung. Für die eher der Postmoderne verpflichteten Autoren ist Verständigungsorientierung jedoch kein Kriterium von Öffentlichkeit mehr. Auf der öffentlichen Bühne ist, wie Jürgen Gerhards kritisiert, alles erlaubt:

„Alle Inhalte und Interpretationen sind zugelassen, und auch im Hinblick auf den Stil der Debatte ist ein Mangel an [oder] die Nichteinhaltung von wechselseitigem Respekt kein legitimes Ausschlusskriterium. Polemik und emotional geladene Sprache haben einen berechtigten Platz innerhalb der öffentlichen Debatte. Das für das repräsentativ-liberale Modell konstitutive Merkmal des wechselseitigen Respekts wird eher als mobilisierungshemmend interpretiert und entsprechend abgelehnt. Öffentliche Sprache soll so beschaffen sein, dass sie die Bürger dazu motiviert und mobilisiert, sich an der Debatte zu beteiligen." (Gerhards 2001: 232-233)

Verstehensprobleme werden in der postmodernen Lesart als basal angesehen.[85] Verständigung – im Sinne kollektiver Einigung oder Konsensfindung – gilt als unwahrscheinlich und ist darum in einer performativen Öffentlichkeit kein Ziel. Nach dem Ende der Metaerzählungen (Lyotard) und angesichts eines Pluralismus von inkommensurablen Sprachspielen (Derrida) wird die Möglichkeit von Verständigung grundsätzlich bezweifelt. Hinter Konsens wird prinzipiell falscher Konsens vermutet.[86] Insofern sind die normativen Ansprüche an die Qualität öffentlicher Diskussion auf ein Minimum reduziert. Da jeder sowieso nur sich selbst reden hören will, ist es wichtiger, dass jede Gruppe symbolisch repräsentiert ist, als

---

84 Exemplarisch Villa (1992: 717–719). Hier werden die Parallelen zwischen den Theoretikern der Postmoderne und Arendt hervorgehoben.
85 Die hermeneutischen Zweifel an der Möglichkeit gelingender Kommunikation und Verständigung fußen auf Lyotards und Derridas Verstehensskeptizismus. Ich komme darauf später zurück, weil sich diese Zweifel gegen das Assoziationsmodell, stärker jedoch gegen das Diskursmodell der Öffentlichkeit richten.
86 Zum performativen Modell vgl. Gerhards (2001: 236).

dass verschiedene Individuen oder Gruppen miteinander streiten und dies in Lern-effekte oder gemeinsames reformorientiertes Handeln mündet. Jedes gemeinsame Projekt setzt sich leicht dem Verdacht aus, selbst ein Ausdruck von Vermachtung und Normalisierung zu sein, das kritisches Potential kastriert.

Dieses Modell hat einen anti-institutionellen oder gar anarchistischen Touch. Da die Bedrohung des öffentlichen Raumes von der verwalteten Welt ausgeht, muss der öffentliche Raum nicht gepflegt werden. Vielmehr sind Störpotentiale gefragt und zu verteidigen.

Der Aspekt des gemeinsamen Handelns und der kollektiven Selbstverständi-gung steht in der zweiten Lesart des republikanischen Verständnisses von Öffent-lichkeit, dem *Assoziationsmodell*, im Vordergrund. Diese Variante fokussiert sich auf zivilgesellschaftliche Komponente öffentlichen Engagements. Zivilgesellschaft und Öffentlichkeit werden zu Synonymen – um den Preis, dass Öffentlichkeit da-mit tendenziell mit einer sich durch ihre republikanischen Tugenden und ihr frei-williges Engagement von der lethargischen Masse abhebenden Elite identisch wird. Die Mitglieder dieser pluralistischen, sich selbst auswählenden Elite verste-hen sich als freiwillige Vereinigung, die unabhängig vom Staat ist.[87]

Während Arendt Öffentlichkeit noch als *face-to-face* Kommunikation zwi-schen anwesenden Diskussionspartnern in der *Agora* oder in basisdemokratischen Räten konzipierte, vertritt Charles Taylor ein republikanisch-kommunitaristisches Assoziationsmodell der Öffentlichkeit, das den Bedingungen moderner massen-medialer Öffentlichkeiten angemessen ist und erklären kann, wie es möglich ist, dass Menschen, die sich nie begegnet sind, dieselben Meinungen vertreten. Taylor fasst moderne Öffentlichkeit als *metatopischen* gemeinsamen Raum auf, der nicht lokal gebunden ist, sondern in dem ein gemeinsamer Diskussionsraum durch mas-senmediale Vermittlungsinstanzen möglich wird.[88] Zusammengehalten wird dieser Raum durch das gemeinsame Verständnis der Gesprächsteilnehmer vom gesamt-gesellschaftlichen Charakter ihrer Debatte. Ohne ein solches Gemeinschaftsbe-wusstsein, das die konkretistisch verstandene *face-to-face* Interaktion assoziierter Individuen zumindest als vorgestellte Gemeinschaft auf abstrakterem Niveau re-produziert, gibt es – nach republikanischem Verständnis – keine Öffentlichkeit.

„… ohne dieses gemeinsame Verständnis der Gesprächsteilnehmer vom gesamtgesellschaftlichen Cha-rakter ihrer Debatte wäre es selbst einem Außenstehenden nicht möglich, die Summe der einzelnen Ge-sprächssituationen als eine gemeinschaftliche Veranstaltung mit dem Ziel eines für alle verbindlichen Resultats aufzufassen. Ein allgemeines stillschweigendes Einverständnis darüber, wie dieser Prozess aufzufassen sei, gehört wesentlich zu jener Realität, die wir als Öffentlichkeit bezeichnen." (Taylor 2002: 100)

Wesentlich ist für Taylor die Orientierung der Gesprächsteilnehmer im metatopi-schen Diskussionsraum an einem kollektiven Projekt und an konsensueller Eini-gung. Öffentlichkeit ist ein Raum, innerhalb dessen sich Individuen, die sich nicht

---

87 Paradigmatisch für solche Vereinigungen sind für Arendt (1986) revolutionäre Räte.
88 Vgl. Taylor (2002: 99 f).

persönlich begegnen, „als Teilnehmer einer Diskussion verstehen, in deren Verlauf sie zu gemeinsamen Vorstellungen gelangen" (ebd. 101). „Ihr Interesse ist ein gemeinsames, weil es Bestandteil ihrer gemeinsamen Überzeugung ist, dass es um eine gemeinsame Sache, um dasselbe Ziel geht" und man könne sagen, die Öffentlichkeit verknüpft eine Vielzahl topischer Räume zu einem einzigen größeren metatopischen Raum, in dem selbst keine Zusammenkünfte stattfinden (ebd.).

„Dabei wird unterstellt, dass unsere heutige Debatte, das ernsthafte Gespräch eines anderen von morgen und das Zeitungsinterview vom Donnerstag usw. Bestandteile ein und derselben öffentlichen Diskussion darstellen." (Ebd.: 101)

Die größte Gefahr für die Demokratie geht Taylor zu Folge von einem atomistischen Gesellschaftsbild aus, weil es erfolgreiches Gemeinschaftshandeln vereitelt und so die Erfahrung politischer Ohnmacht vermittelt und zu einer Erosion der politischen Gemeinschaft führt.[89] Der libertäre Atomismus zersetzt das, was öffentliche Kommunikation erst ermöglicht: das bereits gegebene substantielle Einverständnis der Bürger, welches vorpolitischer Natur ist. Der eigentlich sozialintegrierende Teil der öffentlichen Diskussion fand immer schon in der Vergangenheit statt. Von den vorgefundenen Gemeinschaftsressourcen zehrt der politische Diskurs der Gegenwart nur, er kann sie selbst nicht in ausreichendem Maße generieren.

Auch unter Berücksichtigung der Kommunikationsverhältnisse moderner massenmedialer Öffentlichkeiten bleibt das Assoziationsmodell der Öffentlichkeit dem starken Gemeinschaftsmodell der antiken Polis verhaftet.[90] Ein vorgängiger normativer Konsens, eine starke wenn auch keinesfalls unwandelbare kollektive Identität[91] werden als Voraussetzung „sinnvoller" öffentlicher politischer Kommunikation angesehen.

Jürgen Habermas kritisiert beide republikanischen Modelle der Öffentlichkeit als basisdemokratisch und ethisch überfrachtet.[92] Beide haben eine anti-institutionelle Seite. Der Staat hat dem republikanischen Modell zufolge gegenüber der Gesellschaft keine distinkte Stellung. Vielmehr wirkt die politische Gemeinschaft im demokratischen Politikprozess direkt auf sich selbst ein. Die Regierung wird im strikten Sinne als Diener des Volkes aufgefasst.

---

89 Am Beispiel der USA, in der Politik zunehmend nur noch als Verteidigung individueller Rechte verstanden werde, illustriert Taylor den Teufelskreis von libertärem Atomismus und schwindender Identifikation der Bürger mit der politischen Gemeinschaft (ebd.: 131–136).

90 „Was in Wirklichkeit geschieht, ist ein atomisierter Prozess öffentlicher Diskussion durch Medien, die Abgabe von Stimmzetteln für die Wahl von repräsentativen Versammlungen und ausführenden Amtsträgern, von denen dann die Entscheidungen getroffen werden. Angesichts dieser politischen Wirklichkeit kommt es darauf an, dass diese Entscheidungen so verstanden werden, dass sie *als* Entscheidungen der Nation oder der Gesellschaft *gelten*. Notwendige Bedingung hierfür ist ein gewisses gemeinsames Einverständnis." (Ebd.: 120)

91 Ebd.: 110.

92 Vgl. Habermas (1996: 277), dessen Einwände gegen das republikanische Assoziationsmodell der Öffentlichkeit, sich genauso gegen sein ursprüngliches Verfallsmodell der bürgerlichen Öffentlichkeit richten, von dem er sich damit distanziert (Habermas 1990a [Orig. 1962], 1990b).

„Die Regierungen sollten ihre Gesetzgebung und Herrschaft inmitten einer räsonierenden Öffentlichkeit ausüben. Das Parlament oder das Gericht sollte bei seinen Entscheidungen das zusammenfassen und durchführen, was sich bereits aus der aufgeklärten Diskussion unter der Bevölkerung ergeben hat." (Taylor 2002: 103)

In der Moderne steht die Öffentlichkeit (im Unterschied zur Polis) zwar außerhalb der Macht und wird als *an* die Macht appellierender Diskurs der Vernunft *über* die Macht verstanden,[93] die Eigenlogik politischer Institutionen und Politikprozesse steht jedoch unter dem Generalverdacht, das Prinzip der Volkssouveränität zu unterlaufen. Politische Öffentlichkeit wird im Unterschied zum liberalen Modell nicht als strategisches Handeln, Tauschen, Manipulieren und Konkurrieren mit dem Ziel geregelten Interessenausgleichs und friedlichen Wechsels der politischen Eliten begriffen, sondern als öffentlicher Gesprächsprozess, in dem sich die Gesellschaft über sich selbst verständigt und kommunikative Macht generiert.

„Nach republikanischer Auffassung gehorcht die politische Meinungs- und Willensbildung in Öffentlichkeit und Parlament ... den eigensinnigen Strukturen einer verständigungsorientierten öffentlichen Kommunikation. Für Politik im Sinne einer Praxis staatsbürgerlicher Selbstbestimmung ist das Paradigma nicht der Markt, sondern das Gespräch. Aus dieser Sicht besteht zwischen der kommunikativen Macht, die in Gestalt von diskursiv gebildeten Mehrheitsmeinungen aus der politischen Kommunikation hervorgeht, und der administrativen Macht, über die der Staatsapparat verfügt, ein struktureller Unterschied. Auch die Parteien, die um den Zugang zu staatlichen Machtpositionen kämpfen, müssen sich auf den deliberativen Stil und den Eigensinn politischer Diskurse einlassen [...] Darum hat der in der politischen Arena ausgetragene Meinungsstreit legitimierende Kraft nicht nur im Sinne einer Autorisierung des Zugriffs auf Machtpositionen; vielmehr hat der kontinuierlich geführte politische Diskurs auch für die Art der Ausübung politischer Herrschaft bindende Kraft." (Habermas 1996: 282-283)

Normativ ist das Assoziationsmodell, das am radikaldemokratischen Ideal der Selbstorganisation der Gesellschaft festhält, sehr viel anspruchsvoller als das liberale (aber auch als das agonistische). Kollektive Ziele werden nicht nur als Resultante im Kräftespiel antagonistischer Partikularinteressen oder als Geschäft zwischen diesen, sondern als gemeinsame Projekte verstanden.[94] Leider ist dieses Modell angesichts der Komplexität moderner Problemlagen und moderner gesellschaftlicher Differenzierungen in institutioneller Hinsicht unterkomplex und in normativer Hinsicht zu idealistisch. Es macht den demokratischen Prozess von den *Tugenden* gemeinwohlorientierter Staatsbürger und somit von starken vorpolitischen gemeinschaftlichen Ressourcen abhängig. Auch wird der normativ stark aufgeladene Politikbegriff für kollektive Selbstverständigungsprozesse, die sich mit Fragen des guten Lebens befassen, reserviert, was der Vielzahl politischer Fragen und vor allem dem politischen Alltagsgeschäft nicht gerecht wird:

„Denn die Politik besteht nicht nur, und nicht einmal in erster Linie, aus Fragen der ethischen Selbstverständigung. Der Fehler besteht in der *ethischen Engführung politischer Diskurse.*" (Ebd.: 283)

Beide republikanischen Modelle der Öffentlichkeit setzen sich starken Einwänden aus. Liberale und Proceduralisten sind sich einig darin, dass demokratische Politik

---

93   Vgl. Taylor (2002: 104 ff).
94   Vgl. Habermas (1996: 283).

nicht ohne Anerkennung des Primats einer liberalen Rechtsordnung vor der politischen Gemeinschaft zu denken ist. Die Stärke der republikanischen Modelle besteht jedoch in ihrer berechtigten Kritik am repräsentativ-liberalen Modell. Verglichen mit diesem treten sie aufgrund ihrer Sensibilität für das gesamte Spektrum vorpolitischer Gemeinschaften – von der traditionellen Kommune zur subkulturellen Szene, von der Bürgerinitiative zur religiösen Sekte – für den Aspekt der sinnstiftenden Vergemeinschaftung ein und trotzen der differenzblinden Uniformität eines legalistischen beziehungsweise eines an marktförmigen Paketgeschäften zwischen machtvollen Akteuren orientierten Verständnisses von Politik und Öffentlichkeit.

Demokratische Verfahren und Prozeduren als Mechanismen, mittels derer moderne heterogene Gesellschaften über eine Vielzahl von Konflikten befinden, die nicht auf der Basis geteilter Identität, einigender Religion oder opfererheischender Ideologie vorentschieden werden können – und das ist der Normalfall –, finden in den republikanischen Modellen der Öffentlichkeit jedoch nicht genügend Berücksichtigung. Jene vorpolitischen sozio-moralischen Ressourcen, auf die die Republikaner rekurrieren, stehen in modernen Gesellschaften nicht mehr umstandslos zur Verfügung.[95] Demokratische Prozeduren allein können die „Ausfallbürgschaft" für geschwundene traditionelle Ressourcen der Gemeinschaft übernehmen, Konflikte in Argumente transformieren, neue Identitäten und Solidaritäten hervorbringen.[96] In prozeduralistischen Positionen, die die kommunitaristische Kritik aufgenommen haben, wird darum die prozedural im politischen Raum hergestellte Sozialintegration als die entscheidende Leistung eines liberalen und sozial gerechten politischen Systems gewürdigt. Anders als in klassischen liberalen Ansätzen geht es hier nicht mehr nur um einen *modus vivendi* zwischen latent verfeindeten Gruppen, sondern auch um Anerkennungsprobleme und die Identifikation der Gesellschaftsmitglieder mit ihrer politischen Gemeinschaft.

Der kommunitaristische Einwand, eine liberale demokratische Rechtsordnung rechne allein mit nutzenmaximierenden Egoisten, die zwar miteinander Verträge eingingen, um ihre Zwecke zu verfolgen, die jedoch nicht zu intersubjektiv anerkannten Prinzipien kämen, trifft das prozeduralistische Demokratieverständnis nicht, da es weder eine atomistische Auffassung des Individuums, noch einen instrumentalistischen Begriff der politischen Willensbildung als Aggregation gesellschaftlicher Interessen verfolgt.[97]

Das prozeduralistische Modell betont den Vorrang demokratischer Prinzipien vor partikularen Identitäten und Interessen – die das Spiel der Demokratie ja erst notwendig machen und die Bürger motivieren, daran teilzunehmen –, weil nur die-

---

95 Liberale würden bestreiten, dass vorpolitische Ressourcen jemals in der Geschichte unhinterfragt zur Verfügung standen und sehen in der Beschwörung vormoderner Gemeinschaftlichkeit eine idealisierende Projektion. Schon in Webers (1980: 22) Kritik an Tönnies wird die Skepsis gegenüber der Verklärung traditionaler Gemeinschaftlichkeit deutlich.

96 Vgl. Habermas (1996: 142, 158, 189, 292).

97 Ebd.: 165 f.

ses Primat ein friedliches Zusammenleben möglich macht. Nur innerhalb dieses Rahmens haben die Menschen, die ja stets sowohl Mitglieder von partikularen Wir-Gruppen als auch Individuen mit divergierenden Lebenszielen sind, genügend Luft zum Atmen. Welche Rolle spielt Öffentlichkeit vor dem Hintergrund eines solchen Demokratieverständnisses?

Das Diskursmodell der Öffentlichkeit

Das Bestreben, die Einsichten des auf formale Rechte insistierenden liberalen Modells mit denen des kommunitaristischen Modells zu integrieren, das den Eigensinn kollektiver Lebensformen anerkennt, ohne jedoch die jeweiligen Defizite zu übernehmen, resultiert in einer prozeduralistischen Konzeption von Öffentlichkeit.[98] Das Diskursmodell der Öffentlichkeit, wie es von Jürgen Habermas, Bernhard Peters oder Rainer Schmalz-Bruns vertreten wird, stellt die prozeduralen (und damit institutionellen) Bedingungen öffentlicher politischer Kommunikation ins Zentrum der Aufmerksamkeit.[99]

In seiner ursprünglichen Fassung teilte das Diskursmodell allerdings einige anti-institutionelle republikanische Schwächen, ging jedoch bereits davon aus, dass eine vorpolitische substantielle Identität keine notwendige Voraussetzung öffentlicher Selbstregierung sei. Habermas hatte zunächst in kapitalismuskritischer Absicht ein Verfallsmodell des *Strukturwandels der Öffentlichkeit* entworfen.[100] Mit der bürgerlichen Gesellschaft entstand in Salons, Kaffeehäusern und Freimaurerlogen eine autonome öffentliche Sphäre politischen Räsonnements, die sich im Prozess der Entstehung moderner durch massenmediale Kommunikation geprägter Demokratien ausdifferenziert, um – erfolgreich scheiternd – bereits mit der Entstehung moderner Massendemokratien durch Ökonomie und Politik kolonisiert zu werden. Die Vermachtung der Öffentlichkeit lasse das Publikum von einem aktiven kulturräsonierenden zu einem passiven kulturkonsumierenden degenerieren. In dem historischen Augenblick, in dem die politische Kommunikation in der parlamentarischen Demokratie an realem Einfluss gewinnt und die strukturelle Ohnmacht der vordemokratischen Epochen überwindet, in dem Moment, in dem Schritt für Schritt auch die unteren Schichten politisch einbezogen werden und der Sozialstaat entsteht, gerade in diesem historischen Augenblick wurde der irreversible Verfall der Öffentlichkeit angesetzt.

Der normativ-theoretische Versuch, den Begriff und den Bereich der Öffentlichkeit herrschaftsfrei zu halten, an dem schon Hannah Arendts Modell scheiterte,

---

98 Die Positionen von Rorty (1986), Walzer (1992a, 1993a) und Habermas (1996) konvergieren in der Anerkennung der stärksten kommunitaristischen Argumente und ihrer Integration in einen prozeduralen Liberalismus, welcher nicht mehr differenzblind für Anerkennungskonflikte ist.
99 Vgl. Habermas (1992); Peters (1994, 1998) und Schmalz-Bruns (1995a, 1995b).
100 Vgl. Habermas (1990a [Orig. 1962]) sowie die Verfallsmodelle der Öffentlichkeit von Arendt (1981 [Orig. 1958]) und Sennett (1983 [Orig. 1977]).

ließ sich nicht aufrechterhalten.[101] Bereits in der *Theorie des kollektiven Handelns* unterzog Habermas sein ursprüngliches Modell weitreichenden Revisionen. Das Projekt der Moderne wurde nun durch zwei Rationalisierungsstränge gekennzeichnet: den einseitigen Rationalisierungsprozess der zweckrationalen Ausdifferenzierung der gesellschaftlichen Subsysteme, also des Marktes und des Staates, für den die vorgebrachte Kritik aufrechterhalten wurde und einen parallelen Rationalisierungsprozess der Lebenswelt, der emanzipatorische Potentiale freisetzt.[102]

Zunächst hatte Habermas auch die fragwürdige Unterscheidung zwischen dem Privaten (Fragen des guten Lebens) und der Öffentlichkeit (Fragen der Gerechtigkeit) übernommen, was im Widerspruch zur thematische und personelle Offenheit fordernden prozeduralen Diskursethik stand.[103] Aber diese Unterscheidung wurde längst fallengelassen. Der radikale Prozeduralismus des Diskursmodells ist ein wirksames Kriterium, um Diskurse der Macht und ihre impliziten Themenkataloge zu entzaubern.[104] Das Diskursmodell kann mit der Heterogenität moderner Gesellschaften umgehen und ist mit den Ansprüchen emanzipatorischer sozialer Bewegungen vereinbar.[105] Ein solchermaßen von thematischen Einschränkungen restlos befreites Diskursmodell der Öffentlichkeit kann plausibel machen, dass sich eine lebendige Demokratie über demokratische Prozeduren verwirklicht, deren Themen sich auch aus den in lebensweltlichen Öffentlichkeiten thematisierten Problemwahrnehmungen der Bürger speisen. Insofern ist Öffentlichkeit eines der Strukturelemente des demokratischen Verfassungsstaates, „sie ist mehr als bloßes ‚Medium' oder ‚Resonanzboden'."[106]

Die eigentliche prozedurale Neuerung im Diskursmodell der Öffentlichkeit – und nur auf diese neuere Version werde ich mich im Folgenden beziehen – besteht in der Hinwendung zu den rechtlichen Prozeduren, welche den öffentlichen Raum erst aufspannen. Für den Bereich kollektiv verbindlicher politischer Entscheidungen wird nun ein umfassendes Verständnis *diskursiver Willensbildung* leitend. Der

---

101 Das Projekt der Moderne beinhaltet neben der Rationalisierung von ökonomischen und administrativen Funktionen auch die Ausdifferenzierung der Lebenswelt in *Gesellschaft, Persönlichkeit* und *Kultur*, die in zunehmendem Maße der Reflexion zugänglich und so demokratisierbar werden. Hier wird das emanzipatorische Potential der Modernisierung verortet (vgl. Habermas 1981).

102 Weitere Korrekturen beziehen sich auf die zunächst ungenügend berücksichtigte *Pluralität von Öffentlichkeiten*, auch im Fall der frühen bürgerlichen Öffentlichkeiten (Habermas 1990b: 15). Und auch die Unterscheidung von autochtonen und vermachteten Kommunikationsprozessen vertritt Habermas heute nicht mehr in der ursprünglichen Form. Wenn sich die Kriterien zur Unterscheidung „gelingender" von „verzerrter" Kommunikation an der kontrafaktischen *idealen Sprechsituation* orientieren, können reale Kommunikationsprozesse nur noch defizitär sein. Die ideale Sprechsituation ist durch soziale, zeitliche und thematische Offenheit, Reziprozität und Symmetrie gekennzeichnet. Sie ist eine *kontrafaktische* normative Konstruktion.

103 „Aber das Diskurs-Modell kann, gerade weil es von einer fundamentalen Norm der egalitären Reziprozität ausgeht und gerade weil es die Demokratisierung aller gesellschaftlichen Normen entwirft, die Demokratisierung der familialen Normen und der Normen, die die geschlechtliche Arbeitsteilung beherrschen, nicht ausschließen." (Benhabib 1991: 163)

104 Vgl. Ebd.: 165.

105 Habermas (1990b: 19 f) integrierte Benhabibs Einwände problemlos.

106 Häberle (2000: 12).

öffentliche Raum, in dem solche Diskurse stattfinden, entsteht nicht selbstläufig. Er muss durch *Verfahren* institutionalisiert werden, in denen potentiell alle von kollektiven politischen Entscheidungen Betroffenen bei der Normsetzung mitreden können.[107] Dies geschieht mittels einer demokratischen Verfassung und einer Rechtsordnung, die einerseits in politischen Entscheidungsprozessen Begründungspflichten institutionalisiert und andererseits den Bürgern rechtlich einklagbare Partizipationschancen garantiert, über die sie – wenn auch in gefilterter Weise – politische Macht und politischen Einfluss ausüben können. Auf diese Weise bleibt der Pool von Gründen, mit denen kollektiv verbindliche politische Entscheidungen gerechtfertigt werden, öffentlicher politischer Kommunikation zugänglich.

In einem solchen prozeduralistischen Diskursmodell stehen die Kommunikationsbedingungen im Mittelpunkt, „unter denen der politische Prozess die Vermutung für sich hat, vernünftige Resultate zu erzeugen, weil er sich dann auf ganzer Breite in einem deliberativen Modus vollzieht".[108] Ein substantialistisches „tugendhaftes" Volk oder ein kulturell eingespielter Hintergrundkonsens der Bürger müssen – im Unterschied zum republikanischen Assoziationsmodell der Öffentlichkeit – nicht vorausgesetzt werden. Und in den öffentlichen Arenen artikulieren sich nun sowohl Interessen- als auch Anerkennungskonflikte.

„Gewiss bilden Selbstverständigungsdiskurse, in denen sich die Beteiligten darüber klar werden möchten, wie sie sich als Angehörige einer bestimmten Nation, als Mitglieder einer Kommune oder eines Staates, als Bewohner einer Region usw. verstehen, welche Traditionen sie fortsetzen, wie sie miteinander, mit Minoritäten, mit Randgruppen umgehen, in welcher Art von Gesellschaft sie leben wollen, einen wichtigen Bestandteil der Politik. Aber unter Bedingungen des kulturellen und gesellschaftlichen Pluralismus stehen hinter politisch relevanten Zielen oft Interessen und Wertorientierungen, die keineswegs für die Identität des Gemeinwesens insgesamt, also für das Ganze einer intersubjektiv geteilten Lebensform konstitutiv sind. Diese Interessen und Wertorientierungen, die innerhalb desselben Gemeinwesens ohne Aussicht auf Konsens miteinander im Konflikt liegen, bedürfen eines Ausgleichs, der durch ethische Diskurse nicht zu erreichen ist ... Der Interessenausgleich vollzieht sich als Kompromissbildung zwischen Parteien, die sich auf Macht- und Sanktionspotentiale stützen. Verhandlungen dieser Art setzen gewiss Kooperationsbereitschaft, also den Willen voraus, unter Beachtung von Spielregeln zu Resultaten zu gelangen, die für alle Parteien, wenn auch aus verschiedenen Gründen, akzeptabel sind. Aber die Kompromissbildung vollzieht sich nicht in den Formen eines rationalen, Macht neutralisierenden, strategisches Handeln ausschließenden Diskurses." (Habermas 1996: 283-284)

Macht und Herrschaft, die „Faktizität" des Rechts und nicht nur die weiche Seite der normativen „Geltung" legaler Herrschaft, spielen in der öffentlichen Debatte eine wichtige Rolle. Gerade, weil sie das tun, müssen die Fairness des politischen Umgangs miteinander und die Beachtung grundlegender universalistischer Prinzipien wiederum rechtlich institutionalisiert – also erzwungen – werden.

„Allerdings bemisst sich die Fairness von Kompromissen an Voraussetzungen und Verfahren, die ihrerseits einer rationalen, und zwar normativen Rechtfertigung unter dem Gesichtspunkt der Gerechtigkeit bedürfen. Anders als ethische Fragen sind Gerechtigkeitsfragen nicht von Haus aus auf ein bestimmtes Kollektiv bezogen. Das politisch gesatzte Recht muss, wenn es legitim sein soll, mindestens in Einklang

---

107 Vgl. Habermas (1992, Kap. VII und VIII, 1996).
108 Habermas (1996: 285).

stehen mit moralischen Grundsätzen, die über eine konkrete Rechtsgemeinschaft hinaus allgemeine Geltung beanspruchen." (Ebd.: 284)

Dialogische und instrumentelle Politik können sich im Medium von Deliberation verschränken, wenn die Verfahren diskursiver Meinungs- und Willensbildung rechtlich hinreichend institutionalisiert sind.[109] Erst dadurch wird der öffentliche Raum, in dem gesellschaftliche Selbstverständigungsdiskurse und die Diskussion von Problemlösungsoptionen unter Gesichtspunkten sachlicher und sozialer Angemessenheit stattfinden, geschaffen. Erst unter solchen politischen Rahmenbedingungen finden sich Individuen zu zivilgesellschaftlichen kollektiven Akteuren zusammen. Nur hier können sich die Träger gleicher subjektiver Freiheiten in gemeinsamer Ausübung ihrer politischen Autonomie über berechtigte Interessen und Maßstäbe klar werden und sich auf die relevanten Hinsichten einigen, unter denen Gleiches gleich und Ungleiches ungleich behandelt werden soll. Ein solches Modell muss sich weder mit dem polemisch gegen den Staatsapparat gerichteten basisdemokratischen Politikverständnis der Republikaner belasten, noch wie die Liberalen normativ kapitulieren und sich auf ein minimalistisches Verständnis demokratischer Willensbildung selbstinteressierter Bürger zurückziehen.[110]

„In Übereinstimmung mit dem Republikanismus rückt sie [die Diskurstheorie, d.A.] den politischen Meinungs- und Willensbildungsprozess in den Mittelpunkt, ohne jedoch die rechtsstaatliche Verfassung als etwas Sekundäres zu verstehen; vielmehr begreift sie Grundrechte und Prinzipien des Rechtsstaates als konsequente Antwort auf die Frage, wie die anspruchsvollen Kommunikationsvoraussetzungen des demokratischen Verfahrens institutionalisiert werden können. Die Diskurstheorie macht die Verwirklichung einer deliberativen Politik nicht von einer kollektiv handlungsfähigen Bürgerschaft abhängig, sondern von der Institutionalisierung entsprechender Verfahren. Sie operiert nicht länger mit dem Begriff eines im Staat zentrierten gesellschaftlichen Ganzen, das als zielorientiert handelndes Subjekt im großen vorgestellt wird." (Ebd.: 287-288)

Demokratische Verfahren und Institutionen stellen den intersubjektiven Zusammenhang her, in dessen Rahmen öffentliche politische Kommunikation ihren normativen Sinn erhält. Sie sichern die Rationalität öffentlicher Debatten. Der legislative Prozess wird zum Scharnier zwischen Gesellschaft und politischem System, die jedoch in ihrer jeweils spezifischen Eigenlogik intakt bleiben. Insofern ist Politik in einer komplexen Gesellschaft ein ausdifferenziertes System, weder Spitze noch Zentrum der Gesellschaft. Sie ist ein Handlungssystem neben anderen.[111]

„... die Diskurstheorie [rechnet] mit der höherstufigen Intersubjektivität von Verständigungsprozessen, die sich einerseits in der institutionalisierten Form von Beratungen in parlamentarischen Körperschaften sowie andererseits im Kommunikationsnetz politischer Öffentlichkeiten vollziehen. Diese subjektlosen Kommunikationen, innerhalb und außerhalb der politischen, auf Beschlussfassung programmierten Körperschaften, bilden die Arenen, in denen eine mehr oder weniger rationale Meinungs- und Willensbildung über gesamtgesellschaftlich relevante Themen und regelungsbedürftige Materien stattfinden kann. Die informelle Meinungsbildung mündet in institutionalisierte Wahlentscheidungen und legislative Beschlüsse, durch die kommunikativ erzeugte Macht in administrativ verwendbare Macht trans-

---

109 Ebd.: 285.
110 Ebd.: 287.
111 Ebd.: 291 f.

formiert wird. Wie im liberalen Modell wird die Grenze zwischen Staat und Gesellschaft respektiert; aber hier unterscheidet sich die Zivilgesellschaft, als die soziale Grundlage autonomer Öffentlichkeiten, ebensosehr vom ökonomischen Handlungssystem wie von der öffentlichen Administration." (Ebd.: 288)

Der Begriff der Legitimation wird nicht wie im republikanischen Modell identitätspolitisch überladen,[112] noch wird er wie im liberalen Modell auf die Funktion reduziert, den friedlichen Elitenwechsel und Interessenkonflikt zu organisieren. Das prozedurale Diskursmodell der Öffentlichkeit vermeidet somit zwei Fallen: Es muss sich das Subjekt der Volkssouveränität nicht als patriotisch euphorisiertes Volk im Sinne eines Kollektivsubjekts vorstellen, das diese Souveränität grundsätzlich nicht delegieren kann, wie die Republikaner. Und es muss nicht zugunsten der realistischeren Auffassung, dass im demokratischen Rechtsstaat die vom Volke ausgehende Staatsgewalt nur durch in Wahlen und Abstimmungen legitimierte Staatsorgane ausgeübt werden kann, jede normative Bindung an die Möglichkeit der demokratischen Selbsteinwirkung der Gesellschaft auf sich selbst aufgeben.

Legitime Politik ist das Ergebnis der Interaktionen zwischen *rechtsstaatlich institutionalisierter Willensbildung* und *kulturell mobilisierten Öffentlichkeiten*.[113] Solche Öffentlichkeiten finden ihre Basis in den Assoziationen einer von Staat und Ökonomie gleich weit entfernten Zivilgesellschaft. Diese muss staatlich nicht „erzeugt" werden. Ihre Assoziationen bilden sich selbständig.[114] Einige dieser Assoziationen entsprechen dem kommunitaristischen Modell von Wertegemeinschaften, andere sind reine Zweckgemeinschaften, wie sie die Liberalen im Sinn haben. Der Prozeduralismus bezieht sich gerade *nicht* auf das Ganze der Gesellschaft; die deliberative Politik ist nur für die politische Gemeinschaft zuständig, die zahlreiche andere lebensweltliche Gemeinschaftsformen ermöglicht und schützt.[115]

Das prozeduralistische Verständnis öffentlicher Diskurse hat zudem einen enormen kommunikationstheoretischen Vorteil gegenüber der konkretistischen Missverständnissen Vorschub leistenden ursprünglichen diskursethischen Konzeption. Die in der Diskursethik entwickelten normativen Maßstäbe lassen sich weiterhin vertreten, während ihre Kontrafaktizität ernst genommen wird. Und der Dis-

---

112 Bei Arendt diente die demokratische Willensbildung weniger der Problemlösung. Sie hatte vielmehr die Funktion, die Gesellschaft als politisches Gemeinwesen zu konstituieren und die Erinnerung an den Gründungsakt mit jeder Wahl zu revitalisieren.

113 Die verfassungsmäßigen Bürgerrechte ermöglichen erst die Mobilisierung von Öffentlichkeit: „Wenn man die öffentliche Meinung gerne als ‚vierte Gewalt' apostrophiert, dann kommt darin richtig ihr hoher Rang zum Ausdruck. Doch ist sie keine ‚Gewalt', sie bedarf vielmehr der vom Verfassungsstaat geschaffenen und in Geltung gehaltenen, durch sein Gewaltmonopol gesicherten Rahmenbedingungen, die Voraussetzung für pluralistische Demokratie sind." (Häberle 2000: 11)

114 Die Ressourcen der Lebenswelt, auf welche deliberative Politik angewiesen ist, bestehen in einer freiheitlichen politischen Kultur, aufgeklärter politischer Sozialisation und den Initiativen meinungsbildender Assoziationen, „die sich weitgehend spontan bilden und regenerieren, jedenfalls ihrerseits politischer Steuerung nur schwer zugänglich sind". (Habermas 1996: 292)

115 „Das normative Selbstverständnis deliberativer Politik fordert zwar *für die Rechtsgemeinschaft* einen diskursiven Vergesellschaftungsmodus; dieser erstreckt sich aber nicht auf das Ganze der Gesellschaft, in die das rechtsstaatlich verfasste politische System *eingebettet* ist." (Ebd.: 291)

kurs muss nicht mehr am Modell der Kommunikation von Angesicht zu Angesicht modelliert werden: Das Bild des „Volkes" wird dezentriert:

„Dem Diskursbegriff der Demokratie entspricht ... das Bild einer dezentrierten Gesellschaft, die allerdings mit der politischen Öffentlichkeit eine Arena für die Wahrnehmung, Identifizierung und Behandlung gesamtgesellschaftlicher Probleme ausdifferenziert. Wenn man die subjektphilosophische Begriffsbildung preisgibt, braucht die Souveränität weder konkretistisch im Volk konzentriert noch in die Anonymität der verfassungsrechtlichen Kompetenzen verbannt zu werden. Das ‚Selbst' der sich selbst organisierenden Rechtsgemeinschaft verschwindet in den subjektlosen Kommunikationsformen, die den Fluss der diskursiven Meinungs- und Willensbildung so regulieren, dass ihre falliblen Ergebnisse die Vermutung der Vernünftigkeit für sich haben. Damit wird die Intuition, die sich mit der Idee der Volkssouveränität verbindet, nicht dementiert, jedoch intersubjektivistisch gedeutet. Eine wenn auch anonym gewordene Volkssouveränität zieht sich in die demokratischen Verfahren und in die rechtliche Implementierung ihrer anspruchsvollen Kommunikationsvoraussetzungen nur zurück, um sich als kommunikativ erzeugte Macht zur Geltung zu bringen." (Habermas 1996: 291)

Die Angehörigen der dezentrierten Gesellschaft kommunizieren miteinander in den subjektlos gewordenen massenmedialen Kommunikationsformen. Verständigung über politische Themen setzt keine gemeinsam geteilte kollektive Identität in einem vorpolitischen Sinne voraus. Und das reicht durchaus aus, um in politischen Fragen kommunikative Macht zu generieren.

Einwände gegen das Diskursmodell

Das republikanische Assoziationsmodell des öffentlichen Raums, das legalistische und das diskursive Modell werfen kaum Zweifel an der Kommunizierbarkeit politischer Fragen in der Öffentlichkeit auf. Dissens bestand zwischen ihnen bezüglich des Stellenwertes öffentlicher Kommunikation im politischen Prozess, der Art und Weise ihres Einflusses auf die politischen Entscheidungsprozesse und der legitimitätsstiftenden Mechanismen sowie hinsichtlich des Typs von Themen, die öffentlich verhandelbar seien. Vor allem im Umfeld der postmodernen Philosophie wurden jedoch Zweifel an der Differenzsensibilität der normativen Öffentlichkeitsmdelle geäußert. Sind die Differenzen zwischen Liberalen, Kommunitaristen und Diskurstheoretikern nur Binnendifferenzen in einem Diskurs gleichermaßen die Heterogenität moderner Gesellschaften unterschätzender Idealisten?

Da gerade Zweifel an der Kommunizierbarkeit politischer Fragen in den Diskussionen zum europäischen Öffentlichkeitsdefizit eine so herausragende Stellung einnehmen, möchte ich im Folgenden einige verstehensskeptische Einwände gegen die normativen Öffentlichkeitsmodelle vorstellen, die häufig mit machttheoretischen Einwänden verbunden werden.[116] Dana R. Villa fasste die postmoderne

---

116 Die postmoderne Kritik trifft alle normativen Modelle der Demokratie. Da das liberale Modell der Öffentlichkeit jedoch ohnehin keine zentrale und normativ anspruchsvolle Rolle zuweist und den Aspekt des Machtkampfes sowie der Durchsetzung von Interessen in den Mittelpunkt stellt, schien es den postmodernen Kritikern am „ehrlichsten". Arendt und Habermas, die Verständigung ins Zentrum der Aufmerksamkeit stellen, wurden demgegenüber massiv kritisiert.

Kritik am Diskursmodell der Öffentlichkeit treffend in einem machttheoretischen, einem epistemologischen und einem ontologischen Einwand zusammen.[117]

Der erste mit Foucault gegen Habermas aber auch gegen die Arendtsche Konzeption kommunikativer Macht vorgebrachte Einwand wird als *machttheoretischer Einwand* (*power objection*) bezeichnet und richtet sich gegen die Idee und das Ideal eines öffentlichen Raumes gewaltfreier Deliberation. Die ideale Sprechsituation sei eine Illusion, ja man könne sogar sagen, die Theorie der Öffentlichkeit handle geradezu vom normierenden Charakter kommunikativen Handelns.[118] Gerade marginalisierte Gruppen, die ihre Eigenarten verteidigen, verweigern sich den Formen und etablierten Inhalten des „normalen" Diskurses. Sie wollen sich nicht überzeugen lassen oder inkludiert werden, wenn sie sich dazu anpassen müssen. Während jedoch Arendt politisches Handeln nicht ausschließlich an Konsens bindet und die depolitisierenden Effekte eines allgemeinen Wohlstandsdenkens ebenso fürchtet wie Foucault, könne – wird kritisiert – insbesondere Habermas' Konsensmodell nicht erklären, wie gewaltfreier, konsensualer Diskurs angesichts allgemeiner Machtdurchdringung möglich sei.[119]

Habermas hat sich mit diesem Einwand, der in verschiedenen historisch-empirischen Fallstudien sowie in verschiedenen theoretisch-systematischen Varianten vorgetragen wurde, ausführlich auseinandergesetzt.[120] Das Modell, das er heute vertritt, lässt genug Raum für Macht und strategisches Handeln, Kompromisse und unversöhnliche Gegensätze zwischen partikularen Gemeinschaften oder Interessengruppen, die in einer politischen Gemeinschaft zusammenleben.

Allerdings würden Diskurstheoretiker weiterhin bestreiten, dass die Kommunikationsteilnehmer sich selbst durch „*self-surveillance*", internalisierte hegemoniale Konzeptionen des Gemeinwohls sowie internalisierte hegemoniale Konzeptionen dessen, was das „bessere Argument" ausmache, bei der Verständigung im Wege stünden.[121] Der Einwand suggeriert, die Kommunikationsteilnehmer wären nicht in der Lage, sich auszudrücken oder überhaupt die tatsächlichen Probleme zu artikulieren. Aber wer sollte in der Lage sein, zu entscheiden, was ein Kommunikationsteilnehmer sagen will, wenn nicht dieser selbst? Wer will sich anmaßen, die Kommunikationsteilnehmer besser zu verstehen als diese sich selber? Der Generalverdacht macht keinen Sinn, weil er jeden Sprechakt als inkompetent delegitimiert. Und die Anmaßung, die Sprecher verstünden sich selbst nicht, der Analyst jedoch hätte einen privilegierten Zugang zu ihren „objektiven" Positionen, wäre genau das, was Foucault als machthabenden und normierenden Diskurs bezeichnet. Das Phänomen jedoch, dass Sprecher im Diskurs ihre eigene Position entwickeln und gerade durch die Auseinandersetzung mit anderen Positionen besser

---

117 Vgl. Villa (1992).
118 Ebd.: 714.
119 Ebd.: 718.
120 Habermas (1990b: 11-50, 1996: 283 f) kritisiert inzwischen selbst die ethische Überanstrengung eines auf Konsens rekurrierenden Assoziationsmodells öffentlicher Diskurse.
121 Vgl. Villa (1992: 715).

verstehen, kann das intersubjektivistische Verständnis von Kommunikation und Rationalität, das die Diskurstheorie vertritt, gut beschreiben.

Der zweite postmoderne Einwand gegen die Diskurstheorie der Öffentlichkeit ist ein *epistemologischer* und stützt sich auf Argumente Jean-François Lyotards.[122] Lyotard hatte bezweifelt, dass sich die formalen Regeln für das, was einen genuinen Konsens ausmacht, vom Modell der wissenschaftlichen Argumentation auf die politische Sphäre übertragen lassen. Ein solches Modell sei in der Metanarration der Aufklärung befangen, die tatsächlich einmal in der Lage war, die Sprachspiele von Wissenschaft und Politik zu integrieren, indem sie die Erreichung eines Konsenses in der öffentlichen Debatte zum Kriterium legitimen Wissens und legitimer Institutionen machte. Dies funktionierte jedoch nur solange, wie die Metaerzählung selbst nicht hinterfragt wurde. Die Postmoderne jedoch zeichnet sich gerade durch ihre Ungläubigkeit gegenüber jedweder Metaerzählung aus. Es gibt den Metadiskurs nicht mehr, der die Fragmentierung – auch der Öffentlichkeit – in heteronome Sprachspiele verhindern könnte.

Die Annahme, dass alle Sprecher zu einer Einigung über universell gültige Regeln oder Metaregeln für alle Sprachspiele gelangen könnten, reduziert für Lyotard die irreduzible Heterogenität der Sprachspiele und neutralisiert damit die Diversität von Diskursen, die jeweils nur ihrem eigenen Regelset gehorchen.[123] Konsens wird in dieser Perspektive zum altmodischen und gar pluralitätsgefährdenden Wert. Lyotard feiert die Fragmentierung der Öffentlichkeit und glorifiziert die Heterogenität. In der Postmoderne könnten nur lokale und kontextspezifische *first-order*-Narrationen Legitimität begründen. Unter den Prämissen authentischer, aber miteinander inkommensurabler Sprachspiele gäbe es somit keine Verständigung mehr. Die Kommunikationsteilnehmer reden notorisch aneinander vorbei. Öffentliche Kommunikation steht – wie jede andere Kommunikation auch – somit von Seiten der Verstehensskeptiker grundsätzlich unter dem Verdacht, auf der Ebene inkommensurabler Sprachspiele scheitern zu müssen (Lyotard). Oder in anderen Worten, die Kommunikationsteilnehmer bleiben füreinander unergründbar (Derrida). Die hermeneutischen Vorannahmen, die dieser Situationsbeschreibung zugrunde liegen, lassen sich in drei Argumenten zusammenfassen.

(1) Solange *unterschiedliche Sichtweisen* die politische Diskussion bestimmen, werden die Gegenstände der Kommunikation verfehlt. Man kommuniziert zwar irgend etwas, aber eigentlich werden ganz verschiedene Dinge gemeint. Unterschiede, die in einer pluralistischen Gesellschaft die Kommunikationsteilnehmer voneinander trennen, konstituieren so etwas wie *inkommensurable* Paradigmen im

---

122 Ebd.: 715 f. Vgl. Auch Lyotard (1986 [Orig. 1979]).
123 Freilich behauptet niemand, alles ließe sich in Konsens auflösen. Wo die Konsenserwartungen der Diskurstheorie wörtlich genommen werden, offenbart sich ein renitentes Missverständnis der *kontrafaktischen* Präsuppositionen der Diskursethik. Die ideale Sprechsituation ist, *nie* gegeben und stellt auch keinen – sei es auch nur asymptotisch – erreichbaren Zustand dar. Man kann sie nur als ein dem Sinn sprachlicher Interaktion eingeschriebenes Normenset verstehen, mit dessen Hilfe Menschen reale Kommunikationsverhältnisse beurteilen, aber auch das lässt sich bestreiten. Ich halte den Begriff der idealen Sprechsituation aufgrund dieser Schwierigkeiten für irreführend.

Kuhnschen Sinne, Diskursuniversen, über die hinweg Verständigung unmöglich sei.[124]

(2) Die einzelnen Diskursuniversen sind so gegeneinander abgeschottet, dass es *keinen übergreifenden Kommunikationszusammenhang* zwischen ihnen gibt.

(3) Die Abschottung der verschiedenen Sprachspiele gegeneinander bewirkt das Scheitern von Verständigung im öffentlichen Raum, da Kommunikationsbeiträge, auch wenn sie *verstanden* werden, auf der Ebene des *wechselseitigen Begründens* unvermittelbar bleiben, da jeder Diskurs immer nur seinen je eigenen Regeln und Rationalitäten folgt.

Doch diese verstehensskeptischen Argumente fußen auf kritisierbaren hermeneutischen Vorannahmen.[125]

(ad 1) Das Argument, die empirisch gegebenen divergierenden *partikularen Interessen und Identitäten* führten dazu, dass man in den verschiedenen Teilöffentlichkeiten über unterschiedliche Gegenstände kommuniziert, auch wenn von gleichen Themen die Rede ist, setzt paradoxerweise voraus, was es bestreitet – nämlich stattfindende Kommunikation. Unterschiedliche Interessen und kulturelle Sichtweisen konstituieren unterschiedliche Perspektiven auf Gegenstände, welche bereits gemeinsame Gegenstände der Kommunikation sind.[126] In diesem Sinne werden auch die Gegenstände öffentlicher politischer Kommunikation durch die unterschiedlichen Perspektiven der Kommunikationsteilnehmer auf Probleme konstituiert, die sich in einem gemeinsamen Handlungsraum ergeben. Diese Differenz der Perspektiven ist sogar Voraussetzung für alle weiteren Verständigungs- und Begründungsprozesse.

„The very differences which obstruct understanding in the demos view [dem republikanischen Modell der Öffentlichkeit, d.A.], which disappear completely in the liberal market perspective, and which are to be contained by ‚constitutional patriotism' in the discourse-theoretical view, are the engine of understanding, to be achieved through the mutual exploration of difference in a world of pervasive ambiguity." (Nanz 2001: 9)

Der verstehensskeptische Befund übersieht, dass es sich bei unterschiedlichen Perspektiven immer um Perspektiven auf ganz bestimmte, problematisch gewordene Gegenstände in einer gemeinsam geteilten Welt handelt.[127] Die Rede von unterschiedlichen Perspektiven hat nur dann einen Sinn, wenn sich es sich um unter-

---

124 „Inkommensurabel" heißt nach Kuhn und Feyerabend „nicht ineinander übersetzbar". Am Beispiel des Übergangs zwischen naturwissenschaftlichen Paradigmen demonstrieren sie, wie Begriffe so vollständig umdefiniert werden, dass man entweder mit dem alten oder dem neuen, niemals jedoch mit beiden Begriffssets agieren könne. „Obwohl die Zeichen, die vor und nach der [wissenschaftlichen, d.A.] Revolution verwendet werden, größtenteils dieselben sind – z. B. Kraft, Masse, Element, Verbindung, Zelle –, hat sich die Art und Weise, in der sich einige von ihnen auf die Natur beziehen, ... verändert. Aufeinanderfolgende Theorien sind daher ... inkommensurabel." (Kuhn 1970, zit. n. Davidson 1990: 271)

125 Die folgende Argumentation stützt sich auf die Arbeiten von Tietz (1999, 2001a, 2001b).

126 Gadamer zeigte in seiner Rehabilitierung des Vorurteils, dass der hermeneutische Zirkel vom Vorurteil ausgeht. Vgl. Gadamer (1990: 281–290, 1993: 60); Tietz (1999: 42–47).

127 Vgl. Tietz (2001b).

schiedliche Perspektiven *eines* interpretationsbedürftigen *Phänomens* handelt. Eine perspektivenbedingte Interpretation durch einen Sprecher kann sich nur in einer anderen perspektivenbedingten Interpretation, mit der ein anderer Interpret – medial vermittelt oder unmittelbar – widerspricht, als verfehlt oder inadäquat, eingeschränkt oder unterlegen erweisen, weil es keinen privilegierten Zugang zu einer objektiven Welt „an sich" gibt. Die *Perspektivendifferenz* wird so als *Meinungsdifferenz* zwischen Sprechern manifest. Ohne Verankerung in einem problematisch gewordenen Sachverhalt, auf den sich Sprecher in der performativen Einstellung von Teilnehmern in einem Gespräch über etwas in der Welt beziehen, wären gar keine divergenten Perspektiven identifizierbar.

(ad 2) Die vermeintliche Alternative, zwischen einem homogenisierten, damit jedoch vermachteten Gesamtdiskurs mit seiner alles integrierenden Metaerzählung auf der einen Seite und einer pluralistischen Vielzahl ausdifferenzierter Diskurse, die sich wechselseitig nicht mehr füreinander öffnen können auf der anderen Seite, ist falsch gestellt. Es gibt weder den einen, allesverschlingenden machthabenden Diskurs, denn wenn alle Teilnehmer nur noch eine Perspektive hätten, verschwände das Gespräch, noch sind die vielen Einzeldiskurse ohne jede Verbindung. Verstehen ist weder an ein einziges allgemeinverbindliches Sprachspiel, noch an gemeinsame Arenen, beispielsweise die gleichen Medien, gebunden. Notwendig und unvermeidlich ist etwas anderes, etwas, das kein Verstehensskeptiker auf der Rechnung hat: nämlich eine generelle *Rationalitäts- und Verständlichkeitsunterstellung*, wie sie im Kontext der philosophischen Hermeneutik Gadamers und Davidsons eingeführt wurde.[128] Diese Rationalitäts- und Verständlichkeitsunterstellung besagt, dass jeder kompetente Sprecher Überzeugungen hat, die im Großen und Ganzen widerspruchsfrei und wahr sind. Erst damit haben die Kommunikationsteilnehmer eine Grundlage, auf der sie beim Durchschreiten des hermeneutischen Zirkels ihre wechselseitige Interpretation Schritt für Schritt verbessern können. Der zum Verstehen notwendige „Hintergrund massiver Übereinstimmung" in Gestalt gemeinsam geteilter Überzeugungen wird also durch die Rationalitäts- und Verständlichkeitsunterstellung hypothetisch geschaffen. Der Witz dieser Rationalitäts- und Verständlichkeitsunterstellung ist also nicht der, dass Dissense und Meinungsverschiedenheiten unkenntlich gemacht werden, sondern, dass Differenzen erst vor einem Hintergrund massiver Übereinstimmung identifizierbar werden. Indem Meinungsverschiedenheiten identifiziert werden, erfahren die Kommunikationsteilnehmer mehr über die Umstände, die das Verstehen weiterer Äußerungen erleichtern. Dies kann auch medial vermittelt sein, etwa beim Lesen eines Buches oder beim Entziffern uralter Schriften.

---

128 Das anti-skeptische Argument lautet, dass bei der Interpretation von Sprechakten das Nachsichtigkeitsprinzip immer – und nicht nur ausnahmsweise – Anwendung findet (Davidson 1990: 199, Fußnote 16). Das *principle of charity* ist eine generelle Rationalitäts- und Kohärenzunterstellung. Es beruht auf der „durchaus vernünftige[n] Annahme, ... dass die Dummheit des Gesprächspartners über einen bestimmten Punkt hinaus weniger wahrscheinlich ist als eine schlechte Übersetzung oder – im einzelsprachlichen Fall – abweichendes Sprachverhalten." (Quine 1980: 115)

(ad 3) Dagegen könnte man freilich einwenden, dass im Diskurs zwar das Bedeutungsverstehen sichergestellt werden könne, allerdings die kulturellen Konnotationen des Gesagten verfehlt würden und deshalb *ein gemeinsames Sprachspiel* eine notwendige Bedingung für eine *wirkliche* Kommunikationsgemeinschaft sei.[129] Danach könnten wir einander zwar *verstehen* (also die wörtliche Bedeutung von Äußerungen erfassen sowie die kommunikative Intuition des Sprechers erschließen, wie wir dies bei Sprechern unseres eigenen Sprachspiels tun), aber *rechtfertigen* können wir unsere Überzeugungen nur innerhalb unserer eigenen Gemeinschaft.[130]

Die Frage freilich ist, ob sich überhaupt eine Grenze zwischen Kulturen oder Diskursuniversen ziehen lässt.[131] Denn wenn Überzeugungen, die verständlich sind, auf Nachfrage auch gerechtfertigt werden können, dann gibt es solche Grenzen nicht! Sprachliche Äußerungen zu verstehen und zu begründen, sind zwei Seiten einer Medaille. Wenn das Bedeutungsverstehen über die Grenzen partikularer Kulturen und Sprachspiele hinweg möglich ist, dann ist es auch die begründende Argumentation. Der epistemologische Einwand lässt sich also mit guten sinnkritischen Argumenten entkräften. Es gibt keine Grenzen für sinnvolle Kommunikation zwischen Angehörigen verschiedener „Wir-Gemeinschaften". Das gilt für die Kommunikation zwischen Angehörigen sehr entfernter Kulturen genauso wie für die Kommunikation innerhalb einer Familie, einer Nation oder Europas.

Der dritte postmoderne Einwand schließlich wird als *ontologischer* bezeichnet. Postmoderne Philosophen wie Deleuze und Baudrillard sind seine Kronzeugen[132] – wobei Nietzsche als Vorläufer für diese Position reklamiert wird. Deliberation macht nur in einer gemeinsam geteilten Welt Sinn, aber – so lautet eine Grundeinsicht des *linguistic turn* –, Deliberation konstituiert und konstruiert auch diese gemeinsame Welt. Aber was, wenn die Konstruktion der Welt die Welt verfehlt? Was, wenn wir in einer Scheinwelt leben, von *Simulacra* umgeben sind? Für Baudrillard ist die Realität in der (Post-) Moderne grundsätzlich nur als Simulationseffekt gegeben. Reden vermehre die Zeichen und Images, die uns das Gefühl für die Welt verstellen.[133] Öffentliche Kommunikation steht darum – wie jede andere Kommunikation auch – grundsätzlich unter dem Verdacht, ihre Gegenstände in der Welt zu verfehlen.[134] Und ohne gemeinsame Welt sei einem intersubjektivistischen und hermeneutischen Verständnis von Kommunikation über diese Welt, für das der Begriff der Perspektive zentral wäre, der Boden entzogen.

Aber auch diese Position setzt sich sinnkritischen Gegenargumenten aus.

129 Vgl. Rorty (1989: 38 f) der Davidsons Argumente in bezug auf das *Verstehen*problem völlig akzeptiert, jedoch meint, sie träfen nicht auch auf das *Begründung*problem zu.
130 Vgl. Rorty (1989: 307, 1988: 36 f., Fußnote 13). Kritisch dazu Tietz (2001a).
131 Das Problem ist hier keines der Inkommensurabilität, sondern schlicht ein praktisches „der Grenzen von Auseinandersetzungen" (ebd. 37). Wir leben zwar nicht in unterschiedlichen Welten, aber unser Gesprächspartner könnte uns nicht mit Gründen überzeugen (ebd.).
132 Vgl. Villa (1992: 716 f).
133 Ebd.: 717. Vgl. Baudrillard (1983a, 1983b).
134 Villas Referenzautoren sind hier Nietzsche, Deleuze und Baudrillard.

Zwar mag es sein, dass sich nicht wirklich beweisen lässt, dass wir in einer gemeinsamen Welt leben. Es wäre vorstellbar, dass wir Wesen sind, denen ein launischer Gott alles, was wir erleben, nur vorgaukelt. Aber wie ließe sich diese Position unter Geltung stellen? Wenn sich weder die Realität der Welt noch ihre Nichtexistenz beweisen lassen, wir uns jedoch als handelnde und denkende Wesen selbstverstehen, die in der Lage sind, tatsächlich zu handeln, macht der radikale Zweifel keinen Sinn. Übertragen auf politische Kommunikation würde der „Gott" vielleicht durch eine große Verschwörung von Medienmogulen gespielt werden und statt um Erfahrungen ginge es um politische Scheinprobleme, die uns beschäftigen sollen, um uns vom „Eigentlichen" abzulenken. Aber ist ein solcher Fundamentalskeptizismus sinnvoll? Der radikale Skeptizismus der postmodernen Kritik hält sinnkritischen Nachfragen nicht stand und auf seiner Grundlage lassen sich keine Handlungsprobleme diskutieren: Wird beispielsweise über die Umweltproblematik diskutiert, heißt es, wir werden von der neuen sozialen Frage abgelenkt; wird über diese debattiert, ist es das viel „eigentlichere" Problem der Nöte der Dritten Welt, das ausgeblendet wird ... Die politische Diskussion über jedes denkbare Thema wird so delegitimiert. Die negativistische Fundamentalkritik verliert sich so in der Beliebigkeit. Sie kann alles kritisieren und nichts mehr vertreten.

Die machttheoretischen und verstehensskeptischen Einwände der postmodernen Kritik haben die Vertreter normativer Demokratiemodelle gezwungen, ihre Argumente zu schärfen. Diese Arbeit ist sicherlich noch nicht abgeschlossen. Die verstehensskeptischen Argumente sind die eindrucksvollsten und – im Hinblick auf Probleme transnationaler Kommunikation – auch die wichtigsten Einwände gegen das Assoziations- und das Diskursmodell. Darum werden sie im folgenden ausführlicher diskutiert.

2.3 Konturen eines pragmatistisch-hermeneutischen Modells

Um öffentliche politische Kommunikation angemessen konzeptionalisieren zu können, sind im Lichte der verstehensskeptischen Einwände gegen das Diskursmodell einige Korrekturen am normativen Begriff der Öffentlichkeit nötig, die ein Öffentlichkeitsverständnis nach sich ziehen, das man als *hermeneutisch-pragmatistisch* bezeichnen könnte. Ich möchte das agonale mit dem diskurstheoretisch-prozeduralischen Modell der Öffentlichkeit synthetisieren, jedoch beide im Hinblick auf Verstehens- und Begründungsprobleme zu entdramatisieren.[135]

Das diskurstheoretisch-prozeduralische Modell betont, dass der öffentliche Raum durch *Verfahren* institutionalisiert werden muss, in denen die von kollekti-

---

135 Das liberale Modell wird hier nicht mehr diskutiert, da liberale Prinzipien sowohl im Diskurs- als auch im Assoziationsmodell fortleben. Zur Integration normativer Demokratietheorie mit einem pluralistisch-agonalen Verständnis der Mediengesellschaft vgl. Beierwaltes (2000: Kap. 4 und 5).

ven politischen Entscheidungen Betroffenen bei der Normsetzung mitreden können. Diese konstitutionelle und institutionelle Seite sollte ein hermeneutisch-pragmatistisches Modell der Öffentlichkeit beibehalten und stark machen.[136] Durch demokratische Prozeduren werden öffentliche Räume geschaffen und gegen Übergriffe verteidigt, innerhalb derer diskursiv oder strategisch – wie im agonistischen Modell – mit den Mitteln der Rhetorik um Aufmerksamkeit für Themen und um deren Deutung konkurriert wird.[137]

Gleichzeitig sollte die Orientierung des diskurstheoretisch-prozeduralischen Modells auf argumentativ erzielten Konsens zurückgenommen werden.[138] Niemand muss seine vorgängigen Überzeugungen suspendieren, um eine andere Meinung zu verstehen. Im Gegenteil, nur aufgrund ihrer vorgängigen Überzeugungen können Kommunikationsteilnehmer in den hermeneutischen Zirkel eintreten. Die Sicht auf gemeinsame Gegenstände in der sozialen Welt ist perspektivenabhängig. Und da Kommunikation beide Möglichkeiten offen lässt, die einer Ja- und die einer Nein-Stellungnahme, sollte Verständigung nicht am Modell des Konsenses modelliert werden, wenn unter „Konsens" die Einigung auf eine einzige Deutung verstanden wird.[139] Ein in einigen Punkten hermeneutisch und pragmatistisch präzisiertes Diskursmodell der Öffentlichkeit muss *nicht* behaupten, dass die Sprecher die gleichen Überzeugungen vertreten oder sich gänzlich der Wertung enthalten müssten. Kommunikationsteilnehmer beurteilen fremde Überzeugungen stets von ihren eigenen sozial situierten Überzeugungen her. Aber, dass sie zu ihren eigenen Überzeugungen keine hypothetische Einstellung einnehmen können, ist weder für das wechselseitige Verstehen, noch für das wechselseitige Begründen von Überzeugungen hinderlich.

Aber auch das agonistische Modell bedarf hermeneutischer Korrekturen. Anders als einige seiner postmodernen Anhänger behaupten, rechtfertigen die antagonistische Inszenierungspraxis öffentlicher Konflikte und die Unwilligkeit vieler Diskussionsteilnehmer, sich überzeugen zu lassen, keine generelle Verstehens-

---

136 Ohne institutionellen Fokus verlieren normative Modelle der Öffentlichkeit leicht die Bodenhaftung und den kritischen Stachel. Vgl. Fraser (1992).

137 Agonale Metaphern schleichen sich nicht zufällig in die Definition von Öffentlichkeit ein. Auch Habermas (1990a) spricht von „Arenen", Klier (1990) nennt sie eine „Bühne" und Gerhards/ Neidhardt (1991) sprechen von „Foren".

138 Vgl. Neidhardt (1994), der diese Schwäche des Diskursmodells durch eine Synthese mit Luhmanns systemtheoretischem – und empirisch leichter anschlussfähigem – Modell der Öffentlichkeit kompensierte. In seinen Konsequenzen für die empirische Analyse öffentlicher Kommunikationsprozesse korrespondiert Neidhardts Modell voll und ganz mit den hier vertretenen Argumenten, weshalb es im Abschnitt 4.3 als Ausgangspunkt für den empirischen Teil der hier vorgetragenen Überlegungen in Anspruch genommen wird.

139 Auf diesen Punkt stützt sich auch Rortys Kritik an der Diskursethik: Es geht nicht darum, dass tatsächlich Konsens erzielt wird und dass die Kommunikationsteilnehmer schließlich die gleichen Überzeugungen teilen, sondern nur darum, dass sie sich auf der Grundlage kontrafaktischer Unterstellungen wechselseitig klare Vorstellungen über ihre Überzeugungen bilden können. Die eigenen Überzeugungen werden dadurch noch gar nicht in Frage gestellt oder gar suspendiert (Rorty 1988: 22 f). Vgl. Davidson (1990: 199).

skepsis. Die antagonistischen Sichtweisen der Akteure begründen keine Inkommensurabilität ihrer Sprachspiele. Die aus Heterogenität und Pluralismus erwachsenden Schwierigkeiten öffentlicher politischer Kommunikation sollte ein hermeneutisch-pragmatistisches Modell der Öffentlichkeit gelassen zur Kenntnis nehmen. *In the long run* finden dann möglicherweise sogar Überzeugungsprozesse „in jenen subjektlosen Kommunikationsformen [statt], die den Fluss der diskursiven Meinungs- und Willensbildung so regulieren, dass ihre falliblen Ergebnisse die Vermutung praktischer Vernunft für sich haben".[140] Dies ist jedoch weniger auf der Mikroebene der einzelnen Kommunikationsteilnehmer, als vielmehr auf der Makroebene des gesamten Netzes politischer Kommunikation zu verorten.

Das pragmatistische Element schließlich, das den normativen Modellen der Öffentlichkeit hinzuzufügen ist, betrifft die Grenzen der Kommunikationsgemeinschaft. Kommunikationsteilnehmer setzen sich zueinander über die Gegenstände ihrer Kommunikation in Beziehung. Wenn man die Vorstellung eines externen objektiven Standpunktes aufgibt, zeigt sich, dass die Kommunikationsgegenstände *als solche* gerade durch die verschiedenen Perspektiven konstituiert werden, welche die Kommunikationsteilnehmer auf diese Gegenstände haben. Unterschiedliche Perspektiven auf gemeinsame politische Probleme konstituieren die Themen politischer Kommunikation. Die perspektivenbedingten Meinungen resultieren aus sozialen Beziehungen, in die die Sprecher in bezug auf *den jeweiligen Gegenstand*, das betreffende Handlungsproblem, miteinander involviert sind. Unterschiedliche Perspektiven sind immer nur verschiedene Ansichten *eines* Gegenstandes. Im Hinblick auf öffentliche politische Kommunikation sind das Konflikte in einem gemeinsamen Handlungsraum. Solche Handlungsräume können ökonomisch, rechtlich, kulturell etc. entstehen und fallen nicht notwendigerweise mit Staatsgrenzen zusammen. Ein Kommunikationsraum kann sich nur innerhalb eines Handlungsraums entfalten.

Öffentlichkeit und politische Kommunikation

Häufig wurde beklagt, dass die normativen Modelle der Öffentlichkeit ein Eigenleben gegenüber der empirischen Analyse politischer Kommunikationsprozesse führen. Ein hermeneutisch-pragmatistisches Modell der Öffentlichkeit bietet hier Vorteile, da es die disziplinäre Ausdifferenzierung der sozialwissenschaftlichen Forschung über *Öffentlichkeit* als institutionellen Zusammenhang und beobachtbare *politische Kommunikationsprozesse* in sich aufnehmen kann. Das Forschungsfeld der „Öffentlichkeit" (*public sphere*) umfasst normativ orientierte Arbeiten zur rechtlich institutionalisierten und geschützten öffentlichen Sphäre, dem Raum öffentlichen Debattierens und seiner Anbindung an politisches Entscheiden.[141]

---

140 Vgl. Habermas (1992: 626).
141 Öffentlichkeit als verfassungsrechtlich institutionalisiertem Kommunikationsraum ist Gegenstand von Politischer Theorie, Demokratietheorie und politischer Philosophie.

Öffentlichkeit als in demokratischen Verfahren zur Genese von kommunikativer Macht dienendes Kommunikationsnetz bedarf der rechtlichen Institutionalisierung ihres Anschlusses an die administrativen Entscheidungsprozesse. Dies geschieht beispielsweise durch die rechtliche Institutionalisierung vielfältiger Partizipationsmöglichkeiten für Bürger und kollektive Akteure, die Gründung starker intermediärer Organisationen, die solche Partizipationsmöglichkeiten nutzen und eine intensive Kommunikation zwischen Öffentlichkeiten und Experten aus Wissenschaft und Verwaltung organisieren. Die Funktion von Öffentlichkeit als *watch-dog* der Politik kann eben erst dann erfüllt werden, wenn die öffentliche Deliberation nicht mehr „vor ihrem liberalen Sinn, der Entscheidung", halt macht.[142] *Öffentlichkeit* – im normativen Vollsinne des Wortes – kann sich erst dann entfalten, wenn Partizipationsmöglichkeiten rechtlich institutionalisiert sind. Von *Öffentlichkeit* soll im Folgenden nur noch dann die Rede sein, wenn das die politische Kommunikation strukturierende institutionelle Feld gemeint ist.

Auf der anderen Seite hat sich ein Forschungsbereich entwickelt, in dem Studien zur öffentlichen Kommunikation (*political communication* und *public opinion research*) angesiedelt sind, die dem Zirkulieren von Meinungen in der alltäglichen interpersonalen Kommunikation und den Medien mit ausgefeilten empirischen Methoden auf die Spur zu kommen trachten.[143] In diesem Forschungsbereich werden die Funktionsweise der Medien, das Kommunikationsverhalten der Kommunikationsteilnehmer und die Effekte interpersonaler und medialer Kommunikation auf die einzelnen Rezipienten untersucht. Politische Kommunikation vollzieht sich allerdings keineswegs ausschließlich in der Öffentlichkeit, sondern auch hinter verschlossenen Türen, im Privatbereich, in Firmen, Organisationen, Verwaltungen etc. Sie findet überall dort statt, wo über Themen kommuniziert wird, die die Kommunikationsteilnehmer für politisch halten. Ich werde darum von *öffentlicher politischer Kommunikation* sprechen, wenn von öffentlichen interpersonellen oder medialen Kommunikationsprozessen die Rede ist.[144]

Die Auflösung der – Verwirrung stiftenden – synonymen Verwendung der Begriffe „Öffentlichkeit" und „politische Kommunikation" ist eine wichtige Wei-

---

142 Diese Formulierung gebrauchte Dahrendorf (1965: 461) zur Beschreibung der zahnlosen öffentlichen Kritik in autoritären Rgimen. Wenn Liberale, Republikaner und Diskurstheoretiker streiten, sind sie sich stets einig, dass es Demokratie ohne verfassungsrechtlich garantierten Einfluss öffentlicher politischer Kommunikation auf staatliche Entscheidungen nicht gibt. Die dezisionistische Liberalismuskritik Carl Schmitts sieht dagegen in der Deliberation nur eine Beeinträchtigung oder Verhinderung von Entscheidungen und redet einer akklamierenden Öffentlichkeit das Wort.

143 In den USA gilt „*political communication*" als politikwissenschaftliche Teildisziplin, die massenmediale Kommunikationsprozesse, Kampagnen, Medieneffekte und Rezeptionsprozesse untersucht. Graber (1993) gibt einen exzellenten Überblick über Geschichte, Forschungsstand und Methoden des Forschungsfeldes. Unter „*public opinion research*" versteht man dagegen die empirische Erforschung von Bevölkerungseinstellungen, Wertorientierungen und Überzeugungssystemen des Massenpublikums. Vgl. zum Überblick Sniderman (1993).

144 Der ganze Bereich der politischen Kommunikation von Eliten in Politik, Verwaltung und Policy-Netzwerken wird somit nur dann zum Gegenstand dieser Arbeit, wenn er sich in der massenmedialen öffentlichen Kommunikation bemerkbar macht.

chenstellung für den Fortgang der vorliegenden Analyse. Die synonyme Verwendung beider Begriffe ist normalerweise nicht unbedingt von Nachteil. In bezug auf die Diskussion zum europäischen Öffentlichkeitsdefizit ist das Einziehen des Unterschieds zwischen normativ-institutioneller und kommunikativer Dimension von Öffentlichkeit jedoch fatal, weil beide Dimensionen unterschiedlich weit entwickelt sein können.[145]

Ein hermeneutisch-pragmatistisches Modell der Öffentlichkeit kann öffentliche politische Kommunikation nun folgendermaßen definieren: öffentliche politische Kommunikation – sei sie im anonymen Massenpublikum noch so fragmentiert und noch so abstrakt über Prozesse medialer öffentlicher Kommunikation vermittelt – ist anzutreffen, wenn es den Bürgern möglich ist, *zur gleichen Zeit zu gleichen Themen von gleicher Relevanz Stellung zu nehmen.*[146] Unter gleichen „Relevanzgesichtspunkten" verstehe ich dabei keine in einer europäischen kollektiven Identität gründende „europäische" Perspektive, sondern übereinstimmende Problemdeutungen zu einem Thema bei durchaus kontroversen Meinungen dazu.[147] Diese Herangehensweise ist empirisch anschlussfähig, da sie sich in Übereinstimmung mit erprobten *middle range* Theorien und Forschungsdesigns operationalisieren lässt.[148]

Ein normatives Modell der Öffentlichkeit, das – wie das hier vertretene – seine verstehenstheoretischen Prämissen offen legt, kann einerseits im Anschluss an John Dewey und Jürgen Habermas die öffentliche Sphäre, ihre verfassungsrechtlichen und institutionellen Grundlagen konzeptionalisieren, und andererseits mit Rekurs auf Hans-Georg Gadamer und Donald Davidson jene „Kommunikationskreisläufe einer politischen Öffentlichkeit" auch über Kultur- und Sprachgrenzen hinweg ohne Bruch in seine theoretische Konzeption integrieren, „die sich auf der Basis des bürgerlichen Assoziationswesens und über das Medium der Massenpresse" entfalten, so dass „dieselben Themen zur selben Zeit für ein großes, anonym bleibendes Publikum dieselbe Relevanz gewinnen und die Bürger über große Dis-

---

145 Diese Denkmöglichkeit, könnte sich auch für die Analyse der Entwicklung von Öffentlichkeit in postkommunistischen Gesellschaften und in Ländern der Dritten Welt als produktiv erweisen. Möglicherweise ist die politische Alltagsdiskussion auch in undemokratischen Gesellschaften bereits weit entwickelt, stößt jedoch durch ihre mangelnde Anbindung an demokratische Entscheidungsprozesse an Grenzen. So könnte es sein, dass mangelnde Anbindung politischer Kommunikation an institutionelle Entscheidungsprozesse zu geringem Realitätssinn, Institutionenblindheit sowie der Dominanz von gesinnungsethischen Argumentationsmustern führt. Ich habe das an anderer Stelle im Hinblick auf die DDR der 80er Jahre diskutiert (Kantner 1995).

146 Habermas (1996: 190). Vgl. auch – hier durchaus kompatibel – Luhmann (1971: 13 ff, 2000: 278 f, 305) zur Strukturierung öffentlicher Kommunikation durch Themen.

147 Oft werden in der Literatur konfligierende interessenbedingte Meinungen zu europapolitischen Maßnahmen, fälschlicherweise zu Indikatoren scheiternder europäischer politischer Kommunikation stilisiert. Meinungsdifferenzen sind normal. Wir gehen mit ihnen im nationalen Rahmen routiniert um und sollten für die europäische Ebene nicht Homogenitätskriterien anlegen, die wir für die nationale Öffentlichkeit absurd finden würden.

148 Ich denke hier an die Agenda-Setting-Hypothese, das Modell der Issue-Attention-Cycles und das Frame-Konzept.

tanzen hinweg zu spontanen Beiträgen stimulieren" können.[149] Im Anschluss an ein solches Modell kann öffentliche politische Kommunikation in einer Vielzahl unterschiedlicher, aber thematisch verschränkter Arenen konzeptionalisiert werden, ohne dass die Dimension des politischen Systems aus dem Blick gerät.

Ein hermeneutisch-pragmatistisches Öffentlichkeitsverständnis

In diesem Kapitel wurden die Instrumente zur Analyse des europäischen Demokratiedefizits zusammengetragen. Ich habe das liberale, zwei republikanische und das diskurstheoretische Modell der Öffentlichkeit Revue passieren lassen. In Auseinandersetzung mit drei verstehensskeptischen Einwänden gegen das Diskursmodell der Öffentlichkeit konnten einige hermeneutisch-pragmatistische Korrekturen am diskurstheoretischen Öffentlichkeitsbegriff vorgenommen werden, die für Kommunikationsprozesse in heterogenen modernen Gesellschaften von Bedeutung sind, jedoch erst recht im Hinblick auf transnationale Kommunikationsprozesse helfen, die richtigen Fragen zu stellen. Das von mir vorgeschlagene hermeneutisch-pragmatistische Öffentlichkeitsmodell zeichnet sich durch folgende Bestimmungen aus:
1. Ein gemeinsamer Handlungsraum ist konstitutiv für die Entstehung öffentlicher politischer Kommunikation. In ihm entstehen Problemlagen, von denen *einige* zu politischen Themen avancieren können, weil sich Aktivisten oder betroffene Bürger zusammenfinden und organisieren, um die von ihnen wahrgenommenen Missstände öffentlich zu kritisieren, selbst zu ändern oder Abhilfe durch Regierungshandeln zu fordern. Sprecher (Politiker, Aktivisten oder Journalisten) bringen die strittigen Themen in öffentliche Kommunikationsprozesse ein. Wenn die Presse- und Meinungsfreiheit nicht gewährt ist oder die Massenmedien sich dauerhaft neuen Themen und neuen Akteuren verschließen, ersticken solche Initiativen im Keim.
2. Öffentliche Kommunikation und *Verstehen* sind weder an ein einziges allgemeinverbindliches Sprachspiel, noch an gemeinsame Arenen, beispielsweise die gleichen Massenmedien, gebunden. Wenn jedoch das Verstehen über die Grenzen partikularer Kulturen und Sprachspiele hinweg möglich ist, ist es auch die *begründende Argumentation*. Es gibt keine Grenzen für sinnvolle Kommunikation zwischen Angehörigen verschiedener „Wir-Gemeinschaften". Wenn die Akteure sich – direkt oder medial vermittelt – über etwas verständigen möchten, können sie in den hermeneutischen Zirkel einsteigen.
3. Die verschiedenen Akteure (sowohl die Sprecher, als auch all diejenigen, die zusammen das anonyme Massenpublikum bilden) haben legitimerweise unterschiedliche perspektivenabhängige Meinungen zu den Gegenständen politischer Kommunikation. Sie nehmen keine hypothetische Einstellung zu ihren vorgängigen Überzeugungen ein. Dissens ist das Lebenselixier öffentlicher

---

149 Habermas (1996: 183 f).

Kommunikation. Ein vorausgehender Konsens in der Sache ist nicht erforderlich. Öffentliche politische Kommunikation erfordert, dass die Bürger die Möglichkeit haben, zu (im Großen und Ganzen) gleichen Themen, zur gleichen Zeit, unter gleichen Relevanzgesichtspunkten Stellung zu nehmen.

4. Das Ziel öffentlicher politischer Kommunikation ist nicht, Meinungsdifferenzen einzuebnen und in einen substantiellen Konsens zu überführen, sondern besteht darin, solche Differenzen öffentlich sichtbar zu machen.

5. Öffentliche politische Kommunikation übt selbst keine politische oder administrative Macht aus. Dennoch ist sie entscheidungsrelevant. Öffentlichkeit im Vollsinne des Wortes ist auf ein reiches Repertoire von rechtlich institutionalisierten und garantierten Verfahren angewiesen, die eine – vielfach gefilterte – Anbindung öffentlicher Diskussionsprozesse an institutionelle politische Entscheidungen sicherstellen. Solche institutionellen Arrangements machen demokratische Politik legitim.

Vor diesem Hintergrund lässt sich nun fragen, worin das europäische Demokratiedefizit besteht und welche Rolle eine europäische Öffentlichkeit dabei spielt. Das folgende Kapitel dient der Sondierung der umfangreichen Literatur zu diesen Fragen. In Analogie zu den drei in diesem Kapitel unterschiedenen demokratietheoretischen Zugängen werden eine liberale, eine eher kommunitaristische und eine eher diskurstheoretisch-prozeduralistische Sicht auf das Demokratiedefizit der Europäischen Union unterschieden und die jeweilige Bedeutung von Prozessen öffentlicher politischer Kommunikation in diesem Kontext geklärt.[150]

---

150 Dabei ist es notwendig, einige Beiträge auszulassen. Diskussionen über mögliche weitere Gründe für eine „Demokratieunfähigkeit" der Europäischen Union werden in dieser Arbeit nicht diskutiert. So gibt es eine Diskussion über die Schwierigkeiten der Integration von fünfundzwanzig politischen Systemen in eines. Vgl. Kielmansegg (1996); Wessels/Maurer/Mittag (Eds.) (2000). Lepsius (1990, 1991, 1993, 2000) und Bach (1992, 1993, 1995, 1998, 2000a, 2000b) äußern prinzipielle Zweifel an der Demokratisierbarkeit der Brüsseler Bürokratie und beschreiben im Anschluss an Weber die Entwicklung des europäischen Institutionengefüges als institutionellen Ausdifferenzierungs- und normativen Freisetzungsprozess, der von einer Elite getragen wird, die sich von den demokratischen Kontrollmöglichkeiten im Nationalstaat emanzipiert.

3. Das Öffentlichkeitsdefizit der Europäischen Union

> „Demokratie ist ein Name für ein Leben in freier
> und bereichernder Kommunikation." (Dewey
> 1927: 155)

Geht man von liberalen Prämissen aus, lässt sich die Frage, ob es ein europäisches Demokratiedefizit gibt und wenn ja, worin es besteht, zunächst anhand formal-juristischer Kriterien diskutieren. Aus verfassungsrechtlicher Perspektive ergibt sich das Demokratiedefizit der Europäischen Union aus dem Umstand, dass die Gemeinschaft weder der gewohnten Vorstellung eines Staates entspricht, dessen Rechtsgrundlage eine Verfassung bildet, noch der gewohnten Vorstellung von zwischenstaatlichen Einrichtungen, deren Rechtsgrundlage völkerrechtliche Verträge bilden.[151] Einerseits ist die Europäische Union eine durch völkerrechtliche Verträge begründete supranationale Organisation ohne eigene Verfassung – also kein Staat. Andererseits setzen die Gemeinschaftsorgane Recht, welches die Mitgliedstaaten bindet. Insofern üben sie Hoheitsrechte aus, ein Privileg, das bisher dem Staat vorbehalten war. Daraus ergibt sich das demokratische Defizit der Europäischen Union.[152]

In den achtziger Jahren störte dies kaum jemanden, verschwand die Europäische Union doch im „toten Winkel" sozialwissenschaftlicher und öffentlicher Aufmerksamkeit. Die späten siebziger und frühen achtziger Jahre, auch die Jahre der „Eurosklerose" genannt, waren nicht besonders reich an Demokratisierungsvorschlägen. Erst nach 1989 änderte sich dies schlagartig. Mit dem Verschwinden des Ost-West-Gegensatzes fand die Union eine neue Mission und neuen Schwung. Angesichts der befürchteten Migrantenströme aus dem Osten, der Schengener Abkommen, mit dem Projekt einer gemeinsamen Währung und deren „Verzierung" durch eine europäische Staatsbürgerschaft sowie den bald einsetzenden Beitrittsbemühungen der jungen Demokratien in Ost-Mittel- und Süd-Ost-Europa wurden öffentliche Diskussionen um diese Jahrhundertprojekte, deren Billigung oder Missbilligung durch die Bürger laut. Seither boomt die Literatur zum Demokratiedefizit.

In der Diskussion, so fasste es Dieter Grimm zusammen, vertraten die meisten Europarechtler die Position, die europäischen Verträge sicherten die Legitimität der Union in ausreichendem Maße ab und stellten quasi eine „Verfassung" der Gemeinschaft dar.[153] Das Europäische Parlament hielt dagegen, dass die Verträge die Legitimität europäischen Regierens nicht in ausreichendem Maße absicherten

---

151 Vgl. Grimm (1995: 11).
152 Vgl. Habermas (1996: 185).
153 Verfassungsrechtler sahen durch eine Aufwertung des Europäischen Parlaments Errungenschaften des nationalen Verfassungsstaates bedroht. Die Entscheidungen der supranationalen und inter-gouvernementalen Institutionen auf der Basis der Verträge seien legitim, weil sie von gewählten nationalen Politikern getroffen werden.

und dass es deshalb einer Verfassung bedürfe – eine Verfassung, die das Europäische Parlament endlich zur echten Legislative mache.[154]

Aber worum geht es bei diesem Streit – es gibt doch auch Demokratien ohne Verfassung?[155] Eine demokratische Verfassung bildet die rechtliche Grundordnung eines modernen politischen Gemeinwesens. Sie wird durch einen konstitutionellen Akt vom Volk rechtlich in Geltung gesetzt und bindet die Staatsgewalt an den Konsens der Herrschaftsunterworfenen zurück. Zudem hegt sie die öffentliche Gewalt rechtlich ein. So wird neben das bürgerliche Recht, welches die Beziehungen der einzelnen Rechtssubjekte untereinander regelt, eine ranghöhere Normengruppe gestellt, die die Einrichtung und Ausübung der Staatsgewalt regelt und damit die Grundlage des öffentlichen Rechts darstellt.[156] Sie wirkt herrschaftsbegründend, universal und umfassend.[157] Und sie definiert die wichtigsten Ziele sowie den Rahmen der Politik und bleibt im Übrigen für die politische Ausgestaltung offen.[158] Solchermaßen beschränkt, legt die Verfassung die legitimierenden Prinzipien sowie die Organisations- und Verfahrensregeln der Herrschaftsausübung fest und begründet die Grundrechte der Bürger. So wird ein normatives Fundament der politischen Gemeinschaft errichtet, auf dessen Grundlage auch weitere politische und soziale Rechte erstritten werden können.

Um zu klären, ob die europäischen Verträge als Substitut einer europäischen Verfassung gelten können, vergleicht Grimm sie mit den oben eingeführten Kriterien. Er kommt zu dem Ergebnis, dass die Verträge durchaus die Funktion der *Verrechtlichung* der Hoheitsgewalt der Organe der Europäischen Union erfüllen. Sie ordnen ihre Kompetenzen und Verfahren.[159] Den Verträgen fehlen allerdings der Grundrechtskatalog und die Zielbestimmungen.[160] Die Organisations- und Verfahrensregeln sind sogar ausführlicher als in nationalen Verfassungen geregelt. In Dieter Grimms Worten klingt letzteres wie eine Errungenschaft. Das ist es jedoch nicht: Die Verfahren zur Vorbereitung, Findung und Kontrolle von Entscheidungen unterscheiden sich nicht nur zwischen den drei Säulen der Europäischen

---

154 Vgl. Grimm bemerkt, dass beide Positionen keinen Dissens bezüglich der Annahme hegen, die Europäische Gemeinschaft sei, obgleich kein Staat, verfassungsfähig und verfassungsbedürftig (ebd.: 11 f). Grimm bestreitet diese Annahme erst im zweiten, nicht mehr juristisch, sondern soziologisch argumentierenden Teil seines Beitrags (ebd.: 36–51).

155 Die britische parlamentarische Monarchie ist das Paradebeispiel einer Demokratie mit „ungeschriebener Verfassung“. Zwar gibt es in diesem Falle keinen schriftlichen Verfassungstext, der in einem einzigen höchsten Rechtstext niedergelegt wäre und alle anderen Gesetze normiert, doch erfüllt ein umfangreicher Korpus von paradigmatischen Rechtstexten, Konventionen und richterlichen Entscheidungen zusammen diese Funktion.

156 Ebd.: 16–22.

157 „Umfassend“ wirkt eine Verfassung insofern, als keine extrakonstitutionellen Inhaber oder Äußerungsformen öffentlicher Gewalt geduldet werden. Insofern ist die Verfassung auch Ausdruck des Gewaltmonopols des Staates und schreibt dieses Gewaltmonopol fest.

158 Ebd. 22 f.

159 Ebd.: 27 f.

160 Ebd.: 29. Der Grundrechtskatalog fehlt inzwischen nicht mehr. Im Dezember 2000 wurde die Charta der Grundrechte der Europäischen Union feierlich proklamiert.

Union[161], sondern variieren beinahe von Politikfeld zu Politikfeld.[162] So entsteht jenes unübersichtliche und intransparente Regelwerk europäischen Entscheidens. Dennoch, die Verträge haben durchaus den Charakter einer *Grundordnung*. Sie bilden die Grundlage für die Erzeugung, Anwendung und Durchsetzung von sekundärem *Gemeinschaftsrecht*.[163] Das heißt, sie sind für die Europäische Union *herrschaftsbegründend*[164] und sie erheben einen *umfassenden* Geltungsanspruch, da es keine europäische öffentliche Gewalt außerhalb der Verträge gibt. Unter den Prämissen eines minimalistischen liberalen Politikverständnisses könnte die Diskussion an dieser Stelle abgebrochen werden: Solange die europäische Politik rechtsförmig abläuft und sie als „Nachtwächterstaat" funktioniert, in dem sichergestellt ist, dass niemand in seinen bürgerlichen Rechten verletzt wird, gäbe es kein Demokratiedefizit.[165] Angenommen, die Europäische Union wäre ein liberaler Nachtwächterstaat, wäre sie deshalb demokratisch? Konstituierte dies eine gerechte Ordnung?

Sicherlich nicht. Und dies aus einem einfachen Grund: Die europäischen Verträge erfüllen – und das ist für Dieter Grimm der entscheidende Punkt – das dritte Merkmal von Verfassungen als rechtlichen Grundordnungen nicht. Sie konstituieren keine potenziell *universale* Zuständigkeit, da das Prinzip der begrenzten Einzelermächtigung der Organe der Europäischen Union durch die Mitgliedstaaten gilt. Dies ist der wesentliche Unterschied zwischen den europäischen Verträgen und normalen Verfassungen. Die Quelle der europäischen Verträge sind Vereinbarungen zwischen den Mitgliedstaaten und kein konstitutioneller Akt der Bürger.[166] Die Verträge verrechtlichen die Ausübung politischer Herrschaft in der Eu-

---

161 Die *erste Säule* der Europäischen Union umfasst die vertraglich konstituierten supranationalen Institutionen der Europäischen Gemeinschaften und damit den Bereich der Wirtschaftspolitik im weitesten Sinne. Die *zweite Säule* umfasst die Bestimmungen über die Gemeinsame Außen- und Sicherheitspolitik (GASP) und die *dritte Säule* die Zusammenarbeit in den Bereichen Justiz und Inneres (ZJI), was Fragen der Migrationspolitik einschließt. Im Bereich der ersten Säule ist ein hoher Institutionalisierungsgrad mit einem starken Trend zur Supranationalisierung zu verzeichnen, während die Politikfelder der zweiten und dritten Säule bisher schwach institutionalisiert sind und nach intergouvernementalen Prinzipien entschieden werden. Eine künftige Verfassung wird diese Trennung möglicherweise aufheben und die Prozeduren vereinheitlichen.

162 Vgl. Wessels (2002: 110).

163 Das sekundäre Gemeinschaftsrecht umfasst im Unterschied zu den Verträgen, dem primären Gemeinschaftsrecht, eine Vielzahl von bindenden Rechtsakten. Das sind *Verordnungen*, *Richtlinien* und *Entscheidungen*. Hinzu kommen *Empfehlungen* und *Stellungnahmen*, welche das nationale Recht nicht unmittelbar binden, aber rahmensetzend wirken.

164 Da die Verträge Vorrang vor dem sekundären Gemeinschaftsrecht und den Gemeinschaftsorganen genießen, stehen sie als primäres Gemeinschaftsrecht nicht zur Disposition. Auch dies ist ein wesentliches Merkmal der Herrschaftsbegründung (Grimm 1995: 30).

165 Die Verträge sind allerdings selbst unter dem Aspekt der Rechtsstaatlichkeit in einigen Punkten defizitär, da zwischen den europäischen Institutionen keine klare Gewaltenteilung herrscht. Die Legislative ist exekutivlastig. Europäischer Rat und Europäische Kommission sind sowohl gesetzgebende als auch vollstreckende Gewalten. Das Parlament besitzt dagegen keine echte Legislativmacht (Gusy 2000: 138–140).

166 Vgl. Grimm (1995: 31).

ropäischen Union, sie legitimieren diese Herrschaft jedoch nicht, indem sie sich auf ein Unionsvolk zurückführen ließe, das sich politisch als demokratisches Gemeinwesen konstituiert hätte.

„Soweit es bei der Verfassung um Verrechtlichung politischer Herrschaft geht, lassen die Verträge nichts zu wünschen übrig. Grundlegende Forderungen des modernen Konstitutionalismus sind damit in der Gemeinschaft erfüllt. Darin liegt die Berechtigung des Standpunkts, den die Europarechtswissenschaft zur Verfassungsfrage bezieht. Die Verträge sind jedoch keine Verfassung im Vollsinn des Begriffs. Die Differenz liegt in der Rückführung auf den Willen der Mitgliedstaaten statt auf den des Unionsvolks. (...) Die europäische öffentliche Gewalt ist keine vom Volk abgeleitete, sondern eine staatenvermittelte. Da die Verträge auf diese Weise keinen internen, sondern einen externen Zurechnungspunkt haben, sind sie auch nicht Ausdruck der Selbstbestimmung einer Gesellschaft über Form und Ziel ihrer politischen Einheit. Soweit es bei der Verfassung um die Legitimation von Herrschaft durch die Herrschaftsunterworfenen geht, bleiben die Verträge also hinter ihr zurück. Darin liegt die Berechtigung der Position, die den europäischen Diskurs zur Verfassungsfrage bestimmt." (Grimm 1995: 32-33)

Die Verträge sorgen also für die *Legalität* politischer Herrschaftsausübung in der Europäischen Union, nicht jedoch für ihre demokratische *Legitimität*.[167] So kommt es im Mehrebenensystem der Europäischen Union zu einer „demokratischen Kluft", die darin besteht, dass das Demokratieprinzip in den Mitgliedstaaten zur Geltung kommt, deren Entscheidungsbefugnisse im fortschreitenden Integrationsprozess jedoch schwinden, während auf der europäischen Ebene die Entscheidungsbefugnisse wachsen, ohne dass dem eine entsprechende Institutionalisierung des Demokratieprinzips entspräche.[168]

Unter diesem Aspekt zeigt sich, dass die politische Repräsentation auf der europäischen Ebene ungenügend ist. Die *Legitimationskette* vom Bürger zum europäischen Entscheidungsträger ist extrem lang und besonders, was die *in puncto* Gesetzesinitiative und inhaltlicher Gesetzesausgestaltung einflussreichste europäische Institution, die Kommission betrifft, nicht einmal lückenlos zum Bürger hin rekonstruierbar. Die nationalen Regierungen bestellen mit den Kommissaren die entscheidenden Akteure der europäischen Ebene.[169] Es ist die Kommissionsbürokratie, die in enger Zusammenarbeit mit nationalen Bürokratien Entscheidungsvorlagen erarbeitet.

Europäisches Recht tritt dadurch in Kraft, dass die Mitglieder des Ministerrates, also die Fachminister gewählter nationaler Regierungen, die durch die Kommissionsbürokratie ausgearbeiteten Vorschläge annehmen.[170] Die Lehre von der mittelbaren demokratischen Legitimation argumentiert, dass die europäische Poli-

---

167 Bei der Unterscheidung von „Legalität" und „Legitimität" folge ich Habermas (1992: 541-599).
168 Vgl. Grimm (1995: 34).
169 Die Kommissare werden von den nationalen Regierungen ernannt. Es ist umstritten, ob dabei die Präferenzen der jeweiligen Mehrheit oder ein „repräsentativer" Querschnitt der gesellschaftlichen Kräfte eines Mitgliedstaates ausschlaggebend sein sollte. Kommissionsbeamte werden nicht von den Regierungen entsandt, um ihre Unabhängigkeit gegenüber nationalen Interessen zu stärken.
170 Wie bei nationalen Verwaltungen gibt es inzwischen auch Routinebereiche europäischer Politik, in denen die formale Annahme der Entscheidungen durch den Rat nicht mehr stattfindet. Hier entscheidet die Kommissionsbürokratie.

tik die Bürgerschaft der Mitgliedstaaten über diesen Mechanismus ausreichend repräsentiere.[171] Hier gibt es jedoch ein Problem: Nationale Regierungen werden in der Regel nicht für ihr europapolitisches Programm gewählt, sondern für die nationalen Projekte, die sie voranzubringen versprechen und auf europäischer Ebene wird außer den Mitgliedern des Europaparlamentes niemand direkt gewählt.[172]

Diese „demokratische Kluft" oder auch „Schere" zwischen nationaler Demokratie und europäischem Entscheiden verbreitert sich mit jedem weiteren Kompetenzgewinn der Union und jedem beabsichtigten oder latenten Kompetenzverlust der Mitgliedstaaten. Die Systemintegration der Europäischen Union in den Bereichen der Ökonomie und der politischen Verwaltung sowie der Grad der Integration des Rechts sind weit fortgeschritten. In Europa wurde ein gemeinsamer Binnenmarkt etabliert, in dem für bislang zwölf Mitgliedstaaten eine gemeinsame Währung gilt. Diese Nationalstaaten haben damit ihre Souveränität im Bereich der Wirtschaftspolitik in zentralen Bereichen aufgegeben. Im Bereich des Rechts und der Politik ist ein Grad der Integration erreicht worden, der von der Wettbewerbspolitik ausgehend in den meisten Politikfeldern (nämlich denen der ersten Säule) zu einer schleichenden Kompetenzerweiterung der Europäischen Union führte.[173]

Im Prozess der europäischen Einigung wurde auf diese Weise ein Integrationsniveau erreicht, angesichts dessen sich die Frage nach effektiver demokratischer Kontrolle der europäischen Regierungstätigkeit aufdrängt. Die Verordnungen, Richtlinien, Entscheidungen und Empfehlungen, die die Kommissionsbürokratie erarbeitet und die die Ministerräte beschließen, werden von den nationalen Legislativen, Exekutiven und Judikativen sowie vom Europäischen Gerichtshof durchgesetzt. Sie bestimmen die Spielräume nationaler Politik und das Alltagsleben der Bürger in vielen Bereichen.

Ein Großteil der europäischen Politik ist bereits nicht mehr intergouvernemental, d. h. in Form von Verträgen voll souverän bleibender Staaten organisiert, sondern folgt zunehmend Mehrheitsregeln.[174] Zwar ist in der Europäischen Union bislang noch keine Staatlichkeit entstanden, da keine Staatsgründung oder Konsti-

---

171 Vgl. Gusy (2000: 137).
172 Vgl. Zürn (1998: 244). In den einzelnen Mitgliedstaaten gewinnt europäisches Recht Geltung, indem es durch die nationalen Institutionen implementiert wird. Hierbei bestehen je nach Regelungstyp unterschiedliche Gestaltungsspielräume. *Richtlinien* beispielsweise geben den nationalen Parlamenten nur die Ziele vor, die sie auf verschiedensten Wegen im Rahmen der nationalen Rechtsordnung durch ein neues Gesetz oder die Änderung der bisherigen Rechts- und Verwaltungsvorschriften umsetzen können. *Verordnungen* und *Entscheidungen* gelten dagegen verbindlich, sind unmittelbar anwendbar und verdrängen konfligierendes nationales Recht.
173 Der *output* an Entscheidungen der europäischen Institutionen erhöhte sich von 248 innerhalb der zehn Jahre von 1952 bis 1962 auf 15.271 innerhalb der fünf Jahre von 1993 bis 1998. Bis 1998 stieg die Summe legaler Akte auf insgesamt 52.799 (Maurer/Wessels/Mittag 2000: 3).
174 König (1997: 195) wies die Entwicklung des europäischen Verhandlungssystems zum Mehrheitssystem im Zuge von Vertragsänderungen und Beitrittswellen nach und zeigte, dass eine Stärkung des Parlamentes zu Lasten der Kommission die Legitimität europäischen Entscheidens stärkt, ohne den Einfluss nationaler Positionen zu beeinträchtigen.

tutionalisierung erfolgte und den Institutionen der Europäischen Union die Sanktionsmöglichkeiten fehlen, die ein Staat anwenden kann. Dennoch steht es den Mitgliedstaaten in vielen Bereichen nicht mehr frei, ob sie sich an die Rechtsakte aus Brüssel halten oder nicht.[175]

Mit dem Europäischen Parlament, der Kommission und dem Europäischen Gerichtshof[176] entstanden supranationale Institutionen, die nicht mehr nur nach Maßgabe nationaler Interessen, sondern gegebenenfalls auch gegen einzelne Mitgliedstaaten nach Maßgabe gemeinsamer Prinzipien entscheiden.[177] Sie wirken richtungsweisend und rechtsetzend auf nationale Politikfelder ein. Offensichtlich handelt es sich bei der Europäischen Union bereits um ein System, das die Rechte und Pflichten seiner Bürger maßgeblich bestimmt. Und das heißt, auf der europäischen Ebene wird Herrschaft ausgeübt. Zwar sind weiterhin auch nationale und subnationale Institutionen in der Verantwortung, doch werden die europäischen Institutionen zunehmend rechtsetzend aktiv oder definieren den Rahmen für die Rechtsetzung durch nationale und subnationale Einrichtungen. Diese Verlagerung zeigt sich zum Beispiel an der Abhängigkeit, die nationale Gesetzgebung inzwischen kennzeichnet: Jede nationale Gesetzgebung ist einem Notifikationszwang unterworfen, muss also vorab der Kommission mitgeteilt werden, die Gesetzgebungsabsichten auf ihre Kompatibilität mit EU-Recht überprüft.[178]

Die Europäische Union ist bereits eine *Rechtsgemeinschaft*. Es gibt gemeinschaftliche Prozeduren der Rechtsetzung neben den nationalen und solche, die beträchtlich in nationale Gesetzgebungsverfahren intervenieren. Die Vergemeinschaftung des Rechts ist zu einem sich selbst verstärkenden Prozess geworden.

Allerdings ist die Regierungstätigkeit der Europäischen Union auf keinem annähernd vergleichbaren Niveau wie die nationale Regierungstätigkeit durch öffentliche Kontrolle und Partizipation demokratisch eingebunden. Der legislative Prozess auf der europäischen Ebene entspricht noch nicht den für Demokratien geltenden Standards. Darüber hinaus gibt es große Informationsdefizite. Die Intransparenz europäischen Regierens, die hinter verschlossenen Türen erfolgende

---

175 Insbesondere ein staatliches Gewaltmonopol und eine Polizei besitzt die Union nicht. Die Implementation ihrer Entscheidungen erfolgt über die nationalen Sanktionsapparate. In Konfliktsituationen kommt es darüber hinaus gelegentlich zu Sanktionen gegenüber den Mitgliedstaaten in Form zurückgehaltener Fördermittel oder finanzieller Strafen.

176 Der Europäische Gerichtshof wurde bereits mit dem Vertrag von Rom eingerichtet. Er entscheidet in Fragen, die die Verträge und das (sekundäre) Gemeinschaftsrecht betreffen. Der EuGH kann angerufen werden, um Streitfragen zwischen Mitgliedstaaten sowie zwischen Mitgliedstaaten und der Europäischen Kommission zu klären. Aber auch Einzelpersonen oder Unternehmen können hier klagen. Zur Zeit der „Eurosklerose" trug vor allem der EuGH zu einer schleichenden Ausweitung der europäischen Kompetenzen bei (vgl. Pfetsch 1997: 52 ff, 158 ff; Bach 1995). Seine Entscheidungen haben in vielen Fällen nationale Institutionen unter Anpassungsdruck gesetzt. Fallstudien dazu finden sich beispielsweise in Caporaso/Green Cowles/Risse (Eds.) (2000).

177 Vgl. die Diskussion zwischen Weiler (1998) und Mancini (1998) um die Frage, ob in der Union Staatlichkeit entstehe. Andere diskutieren diese Problematik heute unter dem Begriff *governance*, der Ausübung von Herrschaftsbefugnissen ohne Staatlichkeit.

178 Vgl. von Bogdandy (2000).

Feilscherei im Europäischen Rat[179] und im Rat der Europäischen Union (Minister-rat) sowie insbesondere die überbordenden informellen Politiknetzwerke im Um-feld der Kommission entziehen sich weitgehend der öffentlichen Kontrolle. So ist auch die Zurechenbarkeit von Entscheidungen auf konkrete Akteure mangelhaft.

Die zunehmende Einbeziehung transnational organisierter Interessengruppen und NGO's mildert dieses Problem nicht wesentlich, da deren Einfluss im Aus-schusswesen der Kommission nicht rechtlich verankert ist.[180] Ja, die informelle Einbeziehung von kollektiven Akteuren, die in einem ungeklärten Repräsentati-onsverhältnis zur europäischen Bevölkerung stehen, macht das politische Gesche-hen auf der europäischen Ebene sogar noch intransparenter. Solche Lösungen be-heben das momentan bestehende Demokratiedefizit nicht, da hier – selbst wenn inzwischen ein breiteres gesellschaftliches Interessenspektrum von der Kommissi-onsbürokratie angehört wird – nur weitere informelle und intransparente Netzwer-ke geknüpft werden, deren Teilnehmer nicht über den Wahlmodus oder verbindli-che korporatistische Arrangements[181] demokratisch verantwortlich sind.

Es ist Zufall, wenn außerhalb formaler Verfahren „demokratische Ziele" reali-siert werden. Eine Orientierung am Wählerwillen ist keinesfalls garantiert. Und es macht einen himmelweiten Unterschied, ob ein korporatistisches Verfahren bei Interessenskonflikten auf der Basis einer Verfassung geregelt ist und somit die Präsenz aller Beteiligten, die Wahrung der Rechte Dritter und die Einhaltung be-stehender Gesetze kontrolliert wird, oder ob sich ein paar mehr oder weniger legi-timierte, wohl kompetente aber für ihre Handlungen rechtlich nicht haftbare Her-ren treffen und untereinander ausmachen, wie in einer Sache zu verfahren sei. Mö-gen sie in dem einen oder anderen Fall das bessere Ergebnis erzielt haben, ein po-litisches System kann und darf sich nicht darauf verlassen.

Die Rechtsförmigkeit europäischen Regierens, das agile Lobbying von Veiei-nen, Verbänden und Regionen auf europäischer Ebene sowie sich andeutende

---

179 Als Europäischer Rat treffen sich zweimal jährlich die Staats- und Regierungschefs der Mitglied-staaten.

180 Für die europäische Ebene wird nach neuen Legitimationsprinzipien gesucht. So entwickelte sich eine breite Diskussion über „out-put-Legitimation" und „deliberative Politik" in für Lobby-Gruppen geöffneten Expertennetzwerken. Im Anschluss an eine Reihe hochinteressanter Befunde aus der Policy-Forschung im Umfeld der Europäischen Kommission und ihrer Ausschüsse, wel-che Gelegenheitsstrukturen für Nichtregierungsorganisationen (NGO's) bieten und sich durch ein außerordentlich hohes diskursives Niveau auszeichnen, das den besten Problemlösungsvorschlä-gen zum Durchbruch verhilft, anstatt eine Angleichung europäischer Regulation auf niedrigstem Niveau zu bewirken (Joerges/Neyer 1997a, 1997b, 1998; Neyer 2000a), wurde diskutiert, ob dies als ein „Strukturwandel der Öffentlichkeit" zu werten sei. Vgl. Abromeit/Schmidt (1998); Eder/Hellmann/Trenz (1998); Schmalz-Bruns (1999a, 1999b). Ruppertz-Rausch/Schmidt (2002) ka-men in einer empirischen Untersuchung allerdings zu dem Schluss, dass sich transnationale the-menspezifische Öffentlichkeiten jenseits von Bewegungsnetzwerken nicht nachweisen lassen.

181 Korporatismus heißt Integration von Interessengruppen in die Formulierung und Durchführung demokratischer Politik. Korporatistische Arrangements unterscheiden sich von der informellen Einflussnahme von Verbänden, die wir als „Lobbying" bezeichnen, durch eine verfahrensrechtlich institutionalisierte Verflechtung von Staat und Verbänden zum wechselseitigen Vorteil. Vgl. Ale-mann/Heinze (1981: 29); Schmitter (1981: 94 f).

Elemente informeller „deliberativer Politik" täuschen nicht darüber hinweg, dass die Europäische Union in ihrer heutigen institutionellen Gestalt demokratischen Standards nicht genügt. Sie bleibt in der Gesamtheit ihres politischen Systems sowohl hinter den anerkannten Maßstäben der Rechtsstaatlichkeit, als auch hinter den anerkannten Maßstäben demokratischen Regierens weit zurück.

„Die Klagen über das Demokratiedefizit in der Europäischen Union werden oft und fälschlicherweise als unmittelbare Kritik an einzelnen Organen der EU gewertet. Dabei bezieht sich bei näherer Betrachtung das Demokratiedefizit auf das Zustandekommen und den Gehalt politischer Regelungen in Europa *ganz generell*, also auf dessen Mehrebenenentscheidungssystem." (Zürn 1998: 234)

Insbesondere im Bereich des Binnenmarktes ergibt sich damit ein normativ unhaltbarer Zustand: Die Gemeinschaft übt direkte Herrschaft auf den einzelnen EU-Bürger aus. Die entsprechenden rechtsstaatlichen und demokratischen Verfahren zur Genese legitimen Rechts sind in der Gemeinschaft jedoch unzureichend institutionalisiert. Die Bürger können sich daher im Moment nicht als Autoren der Gesetze verstehen, denen sie Gehorsam schulden und hier gibt es ein Demokratiedefizit, das seit Jahren sowohl öffentlich, als auch in den europäischen Institutionen und in der Wissenschaft diskutiert wird. Die Frage nach dem Demokratiedefizit der Europäischen Union stellt sich grundsätzlich: Wo regiert wird, muss der Bürger partizipieren können. Und das ist im europäischen Mehrebenensystem derzeit nicht gewährleistet.

3.1 Das Parlamentarismusdefizit der Union

Ausgehend von der Beschreibung der formalen rechtsstaatlichen und demokratischen Defizite des europäischen Institutionensystems wurde das Demokratiedefizit vor dem Hintergrund eines liberalen, repräsentativen Demokratieverständnisses zunächst als Parlamentarismusdefizit verstanden. Die Anfänge der Debatte um das Demokratiedefizit drehten sich fast ausschließlich um diesen Topos. Aber worin genau besteht das Parlamentarismusdefizit der Europäischen Union? Immerhin ist die Union die einzige internationale Organisation, die überhaupt über ein Parlament verfügt.

Das Europäische Parlament wurde bereits 1952 als „Gemeinsame Versammlung" eingerichtet, die der Europäischen Gemeinschaft für Kohle und Stahl, der sogenannten Montanunion, ein demokratisches Element hinzufügen sollte. Die parlamentarische Versammlung, in der Vertreter der nationalen Parlamente zusammen kamen, übte bestimmte Haushalts-, Kontroll- und Informationsrechte aus, war jedoch an 70% (1958) aller Entscheidungen überhaupt nicht beteiligt.[182] 1958 konstituierte sich eine erweiterte Gemeinsame Versammlung als „Europäisches

---

182 Vgl. Maurer (2002: 198).

Parlament der Europäischen Gemeinschaften".[183] Seit 1979 werden die Europaparlamentarier direkt gewählt.[184]

Die Einführung der Direktwahl des Europäischen Parlamentes war der entscheidende institutionelle Schritt, der auf ein auf Seiten der Europapolitiker bestehendes Bedürfnis nach mehr demokratischer Legitimation reagierte. Seitens einer breiten Öffentlichkeit war das Europaparlament nicht gefordert worden. Die Wahlen zum Europaparlament lockten viele Jahre lang kaum jemanden hinter dem Ofen hervor. Die Wahlbeteiligung war niedrig und – noch bedenklicher – das Europaparlament wurde teilweise zur Profilierungsarena extremistischer Splitterparteien, zum im Entscheidungsprozess marginalen Forum der Protestwähler.[185] Aber all diese Schwierigkeiten sind nicht gemeint, wenn vom Parlamentarismusdefizit die Rede ist.

Das Parlamentarismusdefizit der Europäischen Union bezeichnet im engeren Sinne den Umstand, dass das Europaparlament zwar direkt gewählt wird, jedoch im Entscheidungsprozess der Europäischen Union – trotz aller Kompetenzgewinne der letzten Jahre – bislang keine selbständige Legislativmacht hat. Auch über die für ein „echtes" Parlament unerlässliche Initiativmacht verfügt es nicht – Gesetzesinitiativen gehen von der Kommission aus.[186] Die gesetzgebenden Befugnisse waren bis zur *Einheitlichen Europäischen Akte* (EEA) und dem *Vertrag von Maastricht* aus dem Jahr 1992 auf einen Beraterstatus beschränkt.[187] Die EEA gab dem Parlament durch die Einführung des Zusammenarbeits- und Zustimmungsverfahrens erste politische Mitgestaltungsmöglichkeiten.[188] Nun hatte das Parlament

---

183 Erst mit dem Inkrafttreten der Einheitlichen Europäischen Akte (1987) wurde die Selbstbezeichnung „Europäisches Parlament" formell anerkannt.

184 Europawahlen erfolgen immer noch gemäß der verschiedenen nationalen Wahlsysteme.

185 Zwei Befürchtungen motivieren die Besorgnis über die Politikfähigkeit des Europäischen Parlaments: die geringe und seit Jahren sinkende Wahlbeteiligung und die Befürchtung, Europawahlen würden von den Bürgern genutzt, um nationalen Parteien einen „Denkzettel" zu verpassen, indem marginale und insbesondere radikale Parteien gewählt würden. Traditionell erzielten kleinere Parteien wie beispielsweise die deutschen Grünen überproportional hohe Ergebnisse, insgesamt spiegelt die Sitzverteilung im Europaparlament jedoch durchaus die klassischen *Cleavages* entlang des Links-Rechts-Schemas wieder. Splitterparteien spielen keine entscheidende Rolle (Schmuck 1999: 79). Die tatsächlichen Kräfteverhältnisse im EP lassen insbesondere in bezug auf Sachfragen Repräsentationsstrukturen entsprechend des klassischen *responsible party model* erkennen (Weßels/Schmitt 2000: 306 ff). Vgl. zur EP-Wahl 1989 auch die Beiträge in Niedermayer/Schmitt (Eds.) (1994). Weßels/Schmitt (2000: 298) konnten auch zeigen, dass die sinkende Wahlbeteiligung daraus resultiert, dass durch die Erweiterungen und die Abschaffung der Wahlpflicht in Italien immer weniger Wahlpflichtländer in der Union sind. In den Ländern ohne Wahlpflicht ist die Wahlbeteiligung auf freilich niedrigem Niveau stabil. Nichtsdestotrotz ist die Bilanz einiger Länder besorgniserregend: So sank die Wahlbeteiligung bei den EP-Wahlen 1999 in Deutschland signifikant von 60% auf 45% (Schmuck 1999: 79).

186 Exemplarisch für die umfangreichen Analysen zum Parlamentarismusdefizit der Europäischen Union vgl. die Beiträge von Dauses/Fugmann (1995: 24 f, 32); Grimm (1993); Gusy (2000); Häberle (1992); Misch (1996) und Weidenfeld (Ed.) (1991: 27 ff).

187 Das Europäische Parlament gab im Grunde genommen nur unverbindliche Stellungnahmen ab und hatte keine eigenen Entscheidungskompetenzen.

188 Vgl. Maurer (2002: 193).

69

das Recht, eine zweite Lesung zur Gesetzgebung abzuhalten und gemeinsame Entscheidungen über Beitritts- und Assoziierungsverträge mit Staaten außerhalb der EU zu treffen. Der *Maastrichter Vertrag* (1993) erweiterte die Entscheidungskompetenzen und gab dem Parlament ein Vetorecht bei einigen inneren Angelegenheiten des gemeinsamen Binnenmarktes. Mit dem *Amsterdamer Vertrag* (1999) und dem *Vertrag von Nizza* (2003) sowie einiger außervertraglicher Regelungen wurden diese Kompetenzen sukzessive erweitert.[189]

Doch welche Befugnisse hat das Europäische Parlament heute? Seit Inkrafttreten des *Vertrages von Nizza* ist das Parlament an fast 70% aller Entscheidungen der europäischen Institutionen beteiligt.[190] Im Bereich der *ersten Säule*, also in bezug auf die Binnenmarktpolitik einschließlich Umwelt-, Industrie-, Sozial- und Strukturpolitik liegt die Quote bei etwa 77% aller Legislativverfahren. In der intergouvernemental strukturierten *zweiten* und in der *dritten Säule* sowie in kostenintensiven Bereichen (wie der Agrar-, Sozial- und Beschäftigungspolitik und den Außenwirtschaftsbeziehungen) sind die Befugnisse des Parlaments beschränkt.

In einigen Rechtsetzungsprozessen ist das Europäische Parlament im *Mitentscheidungsverfahren* (nach Art. 251 EGV) beteiligt.[191] Es kann in diesem Fall einen Vorschlag des Rates mit absoluter Mehrheit ablehnen, der damit endgültig gescheitert ist. Das entspricht in etwa der Rechtsstellung einer „Zweiten Kammer" wie beispielsweise des Bundesrates im politischen System der Bundesrepublik. Wird im Mitentscheidungsverfahren keine Einigung zwischen Parlament, Rat und Kommission erreicht, wird ein *Vermittlungsausschuss* (nach Art. 251 (3-6) EGV) eingesetzt, der einen gemeinsamen Standpunkt auf der Grundlage der vom Parlament vorgeschlagenen Abänderungen erarbeitet, welcher mit absoluter Mehrheit des Parlamentes und außerdem mit qualifizierter Mehrheit des Rates erlassen werden kann. Kommt eine solche Einigung und Annahme des gemeinsamen Standpunktes nicht zustande, wird der Rechtsakt nicht erlassen. Das Mitentscheidungsverfahren stellt die intensivste Form der Beteiligung des Europäischen Parlaments am Gesetzgebungsprozess dar. Nach dem Konventsentwurf für eine europäische Verfassung soll künftig das Mitentscheidungsverfahren auf viele weitere Felder ausgedehnt werden.

In anderen Rechtsetzungsprozessen ist das *Zusammenarbeitsverfahren* (nach Art. 252 EGV) zwischen Rat und Kommission vorgesehen.[192] Hier kann das Europaparlament einen Vorschlag mit absoluter Mehrheit ablehnen oder Abänderun-

---

189 Die Jahresangaben beziehen sich hier auf das Inkrafttreten der Vertragsänderungen.
190 Vgl. Maurer (2002: 198).
191 Das *Mitentscheidungsverfahren* wird in vielen Bereichen der ersten Säule angewendet. Dies sind auch die Bereiche, in denen auch Gremien wie der Wirtschafts- und Sozialausschuss oder der Ausschuss der Regionen angehört werden. In Bereichen wie der Sozial-, Regional- und Umweltpolitik wurde die Entscheidung gemäss dem Mitentscheidungsverfahren ausgeweitet. Allerdings sind kostenintensive, redistributive und in die Unternehmen intervenierende Politiken davon ausgenommen. Vgl. auch Gusy (2000: 135 f).
192 Das *Zusammenarbeitsverfahren* findet seine Anwendung in Bereichen wie der Wirtschafts- und Währungspolitik. Vgl. auch Gusy (2000: 136).

gen vorschlagen. Sein Votum kann jedoch vom Ministerrat überstimmt werden, wenn dieser Einstimmigkeit erzielt.

Seit dem Maastrichter Vertrag gewinnt das Parlament *Zustimmungsrechte* für bestimmte, aber nicht zwingende Teile des Gemeinschaftshaushalts[193] und einige andere Rechtshandlungen.[194] Auch gewisse *Kontrollrechte* gegenüber der Kommission hat es erworben.[195] Das Parlament kann nach Art. 144 EGV sogar einen Misstrauensantrag gegen die Kommission einbringen und diese mit Zweidrittelmehrheit entlassen.[196] Diese Kontrollrechte reichen zwar relativ weit, richten sich aber nur gegen das Initiativorgan und nicht gegen das maßgebliche Beschlussorgan, den Rat. Die legislativen Machtbefugnisse des Parlaments und seine effektive Kontrollmacht gegenüber der Exekutive – und darauf kommt es hier besonders an – sind insgesamt also sehr begrenzt.

Die Kritik an einem Parlament ohne wirkliche Legislativmacht – das ist der Kern des europäischen Parlamentarismusdefizits. Die geringe Kompetenzausstattung des Europäischen Parlaments ist aus der zwischenstaatlichen Entstehungsgeschichte der Europäischen Union heraus erklärbar. Aber ob dies dem gegenwärtigen Stand der Entwicklung europäischen Regierens noch angemessen ist, wird inzwischen massiv bezweifelt.

In einem weiteren Sinne wird unter dem Parlamentarismusdefizit der Europäi-

---

193 Das Parlament verfügt über wichtig Zustimmungsrechte bei der Aufstellung des Haushalts der Union. Es kann Änderungen vorschlagen und „aus wichtigen Gründen" einen neuen Haushaltsentwurf verlangen. Die Entlastung der Kommission nach einem Haushaltsjahr durch das Parlament räumt dem Parlament umfassende Informationsrechte ein. 1998 verweigerte es der Kommission erstmals die Entlastung für den Haushalt 1996.

194 So ist z. B. die Zustimmung des Europaparlamentes bei Vertragsvorhaben des Rates erforderlich, die das *acquis communautaire* (also die jeweils geltenden Verträge) und auf deren Grundlage erlassene Rechtsakte beeinträchtigen würden. Ebenso darf das Parlament seine Zustimmung zu Aufgaben, Zielen und Organisation der Struktur- und Kohäsionsfonds und zur Benennung des Kollegiums der Kommissionsmitglieder und ihres Präsidenten durch die Mitgliedstaaten abgeben. Es wählt jedoch nicht den „Regierungschef", wie das einzelstaatliche Parlamente tun. Nach dem Konventsvorschlag soll sich dies in Zukunft ändern.

195 Das Parlament kann mit der Mehrheit seiner Mitglieder die Kommission auffordern, Vorschläge zu Fragen zu unterbreiten, welche seiner Ansicht nach gemeinschaftliches Handeln im Rahmen des EGV erfordern. Es kann einen Untersuchungsausschuss einsetzen, um Verstößen gegen das Gemeinschaftsrecht und Missständen bei dessen Anwendung nachzugehen. Parlament und Parlamentarier haben gegenüber der Kommission ein Fragerecht.

196 Dieser Fall trat bisher nicht ein, weil keine Möglichkeit besteht, *einzelne* Kommissare selbst bei schwersten Verfehlungen zu entlassen. Eine Entlassung der Kommission als *ganzer* würde das europäische politische System bis zur Benennung einer neuen Kommission lahm legen – ein Ergebnis, das nicht im Interesse der Parlamentarier liegt. Im Zusammenhang mit dem Korruptionsskandal um die Santer-Kommission 1999 wurde dieses Dilemma offensichtlich: Das EP konnte sich weder dazu durchringen, den Haushalt nicht zu entlasten, noch erhielt das Misstrauensvotum gegen die Kommission die erforderliche Zweidrittelmehrheit. Lediglich die Forderung von Sozialisten und anderen Linken nach einer unabhängigen Expertenkommission zur Untersuchung der Vorgänge wurde durchgesetzt. Der Bericht dieses Sachverständigenausschusses erhob erneut schwere Vorwürfe gegen die Santer-Kommission, die daraufhin geschlossen zurücktrat (Rometsch 1999: 72 ff, 75 ff).

schen Union aber auch verstanden, dass weder das Europäische Parlament noch die nationalen Parlamente die Gesetzgebungsprozesse von der Gesetzesinitiative über die Entscheidungsfindung leiten und kontrollieren. Bis hin zur Implementation teilen sich Kommission und Rat alle wichtigen legislativen und exekutiven Kompetenzen und gerade diese beiden Organe sind vor direktem Einfluss der nationalen Parlamente sicher.

Das Europarecht bestimmt mittlerweile weitreichend die nationale Gesetzgebung inhaltlich, dominiert sie sogar teilweise. Das lässt den nationalstaatlichen verfassungsmäßig garantierten Prozess der Rechtsetzung durch das Parlament zur Farce werden.[197] Dieses doppelte Legitimationsproblem – auf nationaler wie auf europäischer Ebene – resultiert vor allem aus dem Prinzip der direkten und unmittelbaren Geltung europäischen Rechts. Das System des sekundären Gemeinschaftsrechts umfasst eine Vielzahl von Rechtsakten, von denen Verordnungen, Richtlinien und Entscheidungen, Vorrang vor nationalem Recht und den nationalen Verfassungen und damit für den Bürger unmittelbare Rechtsgeltung besitzen. Das europäische Recht greift damit tief in das nationale Recht ein, verlangt seine Anpassung an sich verändernde europäische Rahmenbedingungen und verändert die Handlungsoptionen nationaler Legislativen.

Wenn europäisches Recht nationales bricht, fixiert der Zwang zur Umsetzung ein von den nationalen Parlamenten und Rechtssystemen nicht mehr zu unterschreitendes Niveau der Integration im Verwaltungs- und Rechtssystem. Die Mitgliedstaaten werden so im Zuge der Rechtsintegration schleichend ihrer legitimen politischen Initiativmacht und Souveränität „gleichsam auf kaltem Wege enteignet".[198]

„Im nationalen Rechtssystem verschleiert das europäische Recht ... nicht nur seine Herkunft, insofern es in jedem Fall als einzelstaatlicher Hoheitsakt in Kraft tritt. Es ist auch jeglicher Überprüfbarkeit oder Revidierbarkeit durch einzelstaatliche Instanzen enthoben. Europäische Rechtsmaßnahmen stehen dem nationalen Gesetzgeber nicht mehr zur Disposition." (Bach 1995: 387)

In dieser Perspektive sind die steigenden Regelungskompetenzen der Europäischen Union nicht nur auf europäischer, sondern bereits auf nationaler Ebene ein Problem, weil sie die in den nationalen Parlamenten angesiedelte Volkssouveränität unterhöhlen. Die gegenwärtige Form der Herrschaftsausübung auf der suprana-

---

197 Töller (1995: 47) nennt für den 12. Deutschen Bundestag folgende Zahlen: Initiativen aus Brüssel stehen hinter der nationalen Gesetzgebung im Bereich der Sozialpolitik in 10%, im Bereich der Landwirtschaft in 42% und im Bereich des Post- und Fernmeldewesens sogar in 100% der Fälle. Brückner (1993) spricht gar von der „Aushöhlung der legislativen Kompetenzen" des Bundestages. Zur Berechnung weiterer Indikatoren der zunehmenden rechtlichen Integration in der EU im Zeitverlauf vgl. auch Beisheim/Dreher/Walter/Zangl/Zürn (1999) und Wessels (1997: 267). Für den britischen Fall berechnete der Think-Tank „Demos", dass 80% der Wirtschafts- und Sozialgesetzgebung und 50% aller Gesetze auf EU-Ebene entschieden werden (Schlesinger/Kevin 2000: 217).

198 Vgl. Bach (1995: 387), der weiterhin feststellt, auch das Subsidiaritätsprinzip breche diese Tendenz nicht, denn es bewirke nur, dass supranationale Kompetenzen behauptet, und nicht, dass nationale Kompetenzen geschützt werden.

72

tionalen Ebene wird durch den Umweg über die nationalen Parlamente verschleiert, erzeugt so jedoch ein massives Parlamentarismusdefizit auf beiden Ebenen, der nationalen und der europäischen.

Der Umstand, dass es die Regierungsvertreter der Mitgliedstaaten sind, die im Rat miteinander verhandeln, ändert nichts am Demokratiedefizit, weil zumindest zwei repräsentationslogisch problematische Fälle vorstellbar sind: zum einen, dass Regierungen sich im Rat der Europäischen Union nicht durchsetzen können oder schlichtweg überstimmt werden und zum anderen, dass Regierungen den Umweg über Brüssel nutzen, um politische Projekte zu forcieren, die sie im Nationalstaat gegenüber der Opposition nicht durchsetzen könnten, der Fall also, wo Brüssel zur Umgehung heimischer parlamentarischer Opposition instrumentalisiert wird.

Beide Fälle hat es in der Europäischen Union oft genug gegeben. Viele Autoren kritisieren darum das deutliche Übergewicht der Exekutive im europäischen Politikprozess. Die Freisetzung der (national-) *staatlichen Exekutiven* aus demokratischen Kontrollen auf der Ebene der europäischen Politik stärkt ihre *Macht* gegenüber nationalen Akteuren.[199] Mit der Übertragung von Hoheitsrechten an supranationale Institutionen werden diese Kompetenzen der nationalen parlamentarischen Kontrolle entzogen, ohne dass eine gleichwertige parlamentarische Mitbestimmung auf der europäischen Ebene das entstandene Defizit auffängt.

Wenn jedoch eine gestärkte nationale Exekutive auf dem Umweg über die Institutionen der Europäischen Union in der Form von Arkanpolitik Dinge durchsetzen kann, die im eigenen Parlament nicht durchsetzbar sind, wird deutlich, dass der Intergouvernementalismus ganz und gar keinen Schutz der nationalen Demokratie darstellt. Angesichts des europäischen Demokratiedefizits funktionieren weder nationale noch europäische Demokratie.

Auf der europäischen Ebene werden die Bürger durch ein schwaches Parlament vertreten und auf nationaler Ebene unterhöhlt europäisches Recht den demokratischen Prozess, indem europäisches Recht nationales Recht bricht und so den nationalen Parlamenten nichts anderes übrig bleibt, als EU-Richtlinien „durchzuwinken" und als nationales Recht zu implementieren.[200] Da diese Richtlinien zunehmend per Mehrheitsbeschluss in den Ministerräten oder auf rein administrativem Wege generiert werden, sind weder die nationalen Parlamente, noch die nati-

---

199 Unter dem Stichwort einer „Neuen Staatsräson" wird kritisiert, dass das intransparente Spiel der europäischen Mehrebenenpolitik den Mitgliedsregierungen erlaubt, in der Öffentlichkeit unbeliebte Entscheidungen Brüssel zu zuschreiben. Allerdings verraten sie dabei nicht, dass sie diese Entscheidungen in Brüssel mitgetragen oder gar initiiert haben. Mit einer solchen Strategie könnten die Regierungen entgegen gegebener Wählerpräferenzen und an nationalen Partizipationsprozeduren vorbei so ziemlich alles durchsetzen. Vgl. Moravcsik (1993: 507, 1997); Rieger (1995: 358 f); Thomson (1995: 226); Wolf (1997: 69 ff; 1998, 2000) und Gusy (2000: 138).

200 Erinnert sei hier nochmals an den hohen Anteil nationaler Gesetze, hinter denen sich die Umsetzung europäischer Rechtsakte verbirgt (siehe Fußnote 197). Bach fasst diesen Effekt in drastische Worte: „Die Folge ist, dass parlamentarische Politik in den territorialen Volksvertretungen im wesentlichen zu symbolischer Politik zum Zwecke der formalen Legitimationsbeschaffung für politische Repräsentanten degeneriert, deren eigentliches Wirkungsfeld sich längst auf die EU und andere internationale Verhandlungssysteme verlagert hat." (Bach 2000a: 194)

onalen Regierungen, noch das Europäische Parlament Herr der Gesetzgebung.[201] Die Volkssouveränität hat ihren Sitz in zunehmend machtlosen Institutionen.

Die parlamentarische Kontrolle der Regierungstätigkeit auf europäischer Ebene ist weder durch das schwache Europäische Parlament noch durch die nationalen Parlamente gewährleistet. Je wichtiger eine politische Aufgabe ist, desto geringer ist die parlamentarische Beteiligung daran. Die Verfahren im Ministerrat bleiben kontrollfrei und die Kommission ist den nationalen Parlamenten gegenüber überhaupt nicht verantwortlich.

„In zunehmendem Maße wird das legitime Gesetzgebungsmonopol der nationalen Parlamente faktisch unterhöhlt – eine diskrete Entmachtung der Parlamente ist die Folge! Die sich abzeichnende Legitimationskrise des nationalen Parlamentarismus erweist sich als eine der wahrscheinlich am schwersten revidierbaren nicht beabsichtigten Folgen der Schaffung einer supranationalen parlamentarischen Ebene auf demokratiepolitischem Gebiet. Wir haben es hier mit einer der bemerkenswertesten und zugleich in der Öffentlichkeit am wenigsten beachteten Paradoxien der Parlamentarisierung des europäischen Verbandes zu tun." (Bach 2000a: 193-194)

Wenn all diese Probleme bekannt sind, sollte man annehmen, das Demokratiedefizit der Europäischen Union ließe sich leicht beseitigen, indem die Union eine Verfassung und ein starkes und direkt gewähltes Parlament als Legislative erhielte.[202] Das Europaparlament bräuchte ein Initiativrecht und Gesetzgebungshoheit auf der Basis einer Verfassung oder eines Verfassungsvertrages, worin geklärt wird, wie die Kompetenzen der kommunalen, regionalen, nationalen und europäischen Parlamente sorgfältig verteilt oder in einigen Bereichen gemeinsam ausgeübt werden. Das würde bedeuten, dass das Europäische Parlament die volle Kontrolle über den legislativen Prozess auf europäischer Ebene erlangen würde. Der Rat würde zur zweiten (Staaten-) Kammer des Parlaments, wie der Bundesrat in der Bundesrepublik oder der Senat in den Vereinigten Staaten. Ein solches föderales System würde die Volksvertretungen der verschiedenen Ebenen, die jeweils direkt vom Bürger ermächtigt wären, in ihre legislativen Rechte einsetzen und legitime Politik betreiben.[203]

Die Kritik an den verschiedenen Vorschlägen zur Stärkung des Europäischen Parlamentes ließ jedoch nicht auf sich warten. Eine Parlamentarisierung der Europäischen Union könnte einen Verdrängungswettbewerb zwischen nationalem und europäischem Repräsentationsmonopol auslösen und zu einem weiteren Bedeutungsverlust der nationalen Parlamente führen.[204] Eine extreme Zentralisierung auf

---

201 Da in den Bereichen der zweiten und dritten Säule, also der Zusammenarbeit im Bereich der Gemeinsamen Außen- und Sicherheitspolitik sowie im Bereich Justiz und Inneres von gewählten Regierungsvertretern nach dem intergouvernementalen Prinzip einstimmig entschieden wird, gibt es hier im juristischen Sinne kein Demokratiedefizit, denn Regierungen dürfen im Namen ihrer Bürger Verträge schließen und Verteidigungsbündnisse eingehen.

202 Einen detaillierten Überblick zu den Bestrebungen, eine europäische Verfassung zu institutionalisieren, geben Lipgens (1986), Pernice (1999) und Kleger/Karolewski/Munke (2001). Die Literatur zum Verfassungskonvent (2003) ist inzwischen unüberschaubar.

203 Soweit geht freilich nicht einmal der Konventsentwurf für eine europäische Verfassung.

204 Vgl. Bach (2000a: 193).

europäischer Ebene ist zu befürchten. Die Option für eine baldige Demokratisierung der Europäischen Union muss darüber hinaus auf der Ebene der Institutionenpolitik mit empirischen Einwänden rechnen: So beschreibt beispielsweise Peter Graf Kielmansegg, wie kontrovers die Einigung auf bestimmte institutionelle Arrangements vor dem Hintergrund verschiedener nationaler Institutionensysteme ist.[205] Zwar sind alle Mitgliedstaaten Demokratien, da sie den grundlegenden legitimierenden Prinzipien des Menschenrechtsschutzes und der Volkssouveränität verpflichtet sind, doch steckt der Teufel – wie so oft – im Detail.

Demokratie kann in sehr unterschiedlichen Verfahren institutionalisiert werden. Eine Verfassung legt neben den grundlegenden Grund- und Bürgerrechten immer auch eine bestimmte Institutionenordnung fest, innerhalb derer diese Prinzipien umgesetzt werden. Für Europa ist allerdings typisch, dass jeder Nationalstaat diese Prinzipien in einer anderen Institutionenordnung verwirklicht und jedes der erprobten Modelle seine Vor- und Nachteile hat. Eine Vielzahl von Meinungsverschiedenheiten erwachsen aus der Aufgabenstellung einer Verschmelzung historisch gewachsener Demokratiemodelle zu einer einheitlichen europäischen Verfassungsordnung und der Transformation langwierig austarierter nationaler Kräfteverhältnisse in eine transnationale Demokratie. Dass alle modernen demokratischen Verfassungen auf denselben Prinzipien beruhen, hebt diese Differenzen nicht auf. Änderungen der konkreten Umsetzung dieser Prinzipien bedeuten für Bürger, Parteien und Interessengruppen in den Nationalstaaten im eingeübten Spiel der Interessen. Sie bringen Konflikte zwischen den Mitgliedstaaten und innerhalb dieser hervor. Somit ist ein Moment des „Institutionenkonservatismus" nahezu zwangsläufig in die Verhandlungen über eine demokratisierende Institutionenreform der Europäischen Union eingebaut.

3.2 Zweifel an der Demokratiefähigkeit Europas

Die Kritik an der organisatorischen und rechtlichen Praktikabilität der Demokratisierungsvorschläge ist jedoch nicht das Hauptargument in der Diskussion um die Demokratiefähigkeit der Europäischen Union. Die in der Literatur erörterten Gründe für die strukturelle Demokratieunfähigkeit der Union konzentrieren sich neben der Aufzählung praktisch-verwaltungstechnischer Probleme – besonders im Rahmen einer nach Osten erweiterten Union – auf die notwendige soziale Integration einer politischen Gemeinschaft als Voraussetzung demokratischer Praxis.

Mögen sich verwaltungstechnische Organisationsprobleme lösen lassen, so wird argumentiert, sobald die Beteiligten ein gemeinsames Interesse an deren Lösung haben; die Demokratie sei ohne ein Demos, ohne das Volk, das die Rolle des Souveräns einnehmen kann und will, unvorstellbar. Ohne ein solches „Volk" wä-

---

205 Vgl. Kielmansegg (1996: 58–69).

ren die Beteiligten nicht auszumachen, deren Bereitschaft zur Lösung der auftretenden politischen Konflikte über ein demokratisiertes europäisches Institutionensystem die Voraussetzung für die Lösung von Problemen der ersten Art wäre.

An der zugegebenermaßen recht optimistischen liberalen Vorstellung, eine Parlamentarisierung der Europäischen Union würde *ad hoc* eine lebendige europäische Demokratie hervorbringen, wurden zurecht Zweifel angemeldet. Die Möglichkeit einer Demokratieunfähigkeit der Unionsbürger tauchte in der institutionellen Problembeschreibung nicht auf, da sie sich implizit an den klassischen liberalen Prinzipien demokratischer politischer Systeme orientiert und etwaige soziale Hinderungsgründe für die Partizipation der Bürger in dieser Sicht keine allzu große Rolle spielen: Wer sich in seinen Interessen gefährdet sieht, wird sich schon entsprechend der gegebenen politischen Partizipationschancen und der gegebenen juristischen Mittel für diese Interessen einsetzen, wird implizit vorausgesetzt.

Wenn jedoch der kommunitaristischen Kritik am Liberalismus und am Proze-duralismus zufolge sogar die etablierten nationalen Demokratien auf vorpolitische kommunitäre Ressourcen angewiesen sind, die sie selbst nicht generieren oder auch nur in ausreichendem Maße regenerieren können, dann ist fraglich, auf welchem Fundament eine transnationale europäische Demokratie begründet werden könne, die so viele verschiedene vorpolitische (und politische) Gemeinschaften in sich vereinen soll. Die Frage nach den sozialen und kommunikativen Voraussetzungen der Demokratie stellt sich im europäischen Kontext also noch viel dramatischer als in den ebenfalls von Individualisierung und zunehmender Heterogenität gekennzeichneten Nationalstaaten.

Die kommunitaristischen Einwände kehren in der Diskussion zum Demokratiedefizit in Gestalt eines *Partikularismus des Nationalen*[206] wieder, der die Demokratiefähigkeit politischer Gemeinschaften bezweifelt, welche die nationale Gemeinschaft überschreiten. Während Kommunitaristen wie Michael Sandel und Charles Taylor jedoch an kleinere Einheiten als den Nationalstaat dachten, nämlich an selbstverwaltete Gemeinden, religiöse oder säkulare Partikulargemeinschaften und Verbände, benutzen die Partikularisten des Nationalen kommunitaristische Argumente, um den Nationalstaat gegen die – zumndest antizipierte – Bedrohung durch einen europäischen Superstaat zu verteidigen.

Eine verfrühte Demokratisierung bei unzureichender sozialer Integration könnte das hervorbringen, was Charles Taylor als „politische Zersplitterung" bezeichnet hat, einen Zustand, in dem zwar politisch partizipiert werden kann und die Bürger dies auch für ihre privaten und partikularen Belange tun, in dem aber keine sich verantwortungsbewusst auf die Zukunft der ganzen Gemeinschaft richtenden kollektiven Projekte zustande kommen.[207] Koalitionsverweigerung, Misstrauen

---

206 Darunter möchte ich ein sich aus unterschiedlichsten theoretischen Quellen und politischen Präferenzen speisendes Konglomerat von Argumenten fassen, die auf Sprache, Identität und Kultur als kommunitäre Voraussetzungen für eine demokratische Praxis rekurrieren und auf dieser Grundlage für eine Beschränkung der Demokratie auf den nationalen Rahmen argumentieren.

207 Vgl. Taylor (2002: 129 ff).

und ein Überborden von *Single-issue*-Kampagnen, die sich ausschließlich an spezifische Klientele wenden, wären die Folge.[208]

„Die Gefahr besteht nicht in einer tatsächlichen despotischen Kontrolle, sondern in der ... politischen Zersplitterung, das heißt darin, dass die Bevölkerung immer weniger in der Lage ist, einen gemeinsamen Entschluss zu fassen und diesen in die Tat umzusetzen. Zu einer Zersplitterung kommt es, wenn Menschen zunehmend das Gefühl der Vereinzelung haben ... sich ihren Mitbürgern immer weniger in gemeinsamen Vorhaben und Allianzen verbunden fühlen. Es mag zwar sein, dass sie sich mit anderen in Gemeinschaftsprojekten verbunden fühlen, doch diese werden zunehmend von partikularen Gruppierungen statt von der Gesellschaft als ganzer getragen ..." (Taylor 2002: 130-131)

So wären in dieser Beschreibung beispielsweise die USA zwar ein höchst demokratisches Land, doch die politische Partizipation richte sich nur noch auf die Verteidigung von Rechten gegenüber Staat und Gesamtgesellschaft.[209] Darüber hinaus löse die Verwirklichung eines atomistischen Gesellschaftsbildes in der Politik jedoch möglicherweise eine Kettenreaktion aus: Die Unfähigkeit gemeinsam politisch zu handeln, führt zur Erfahrung politischer Ohnmacht, dies wiederum zu schwindender politischer Identität (und Sympathie), was wiederum die Mobilisierung der Bürger erschwert und ein allgemeines Gefühl der Hilflosigkeit und Entfremdung fördert.[210]

Ist eine politische Gemeinschaft möglich, wenn es unter ihren Mitgliedern keine gemeinsam geteilte Idee des Guten gibt? Ohne gemeinsame Sprache, Geschichte und Kultur – wie sollte da politische Integration funktionieren? Wenn das alles im Rahmen des Nationalstaats mehr als schwierig ist, wie soll es im europäischen Babel funktionieren? Beruhen die Forderungen nach einer Stärkung der parlamentarischen Legitimation der Union auf voraussetzungs- und differenzblinden gesellschaftstheoretischen Vorannahmen? Die Debatte zwischen dem Verfassungsrechtler und -richter Dieter Grimm und dem Philosophen Jürgen Habermas lässt sich in diesem Zusammenhang als eine Debatte um die *sozialen Voraussetzungen der Demokratie in der Europäischen Union* rekonstruieren.[211] Grimm stimmt – wie bereits deutlich wurde – der Auffassung, die europäischen Verträge sicherten die Legitimität der europäischen Politik im verfassungs- und staatsrechtlichen Sinne ab, nur mit Vorbehalten zu und kaum jemand bezweifelt, dass diese formal-juristische Legalität nicht den Standards moderner Massendemokratien genügt. Doch meinen die Partikularisten des Nationalen, dass sich dies im Augenblick nicht ändern lasse. Die Bedeutung einer Verfassung geht für Grimm über ihre juristischen und prozeduralen Eigenschaften und Funktionen hinaus:

„Obwohl ihrer Eigenart nach ein Komplex von Rechtsnormen, geht die Verfassung in der juristischen Geltung nicht auf. Aufgrund ihrer Rechtswirkung ist sie vielmehr ein wichtiger Faktor gesellschaftlicher Integration. Indem sie den Grundkonsens einer Gesellschaft über die Prinzipien ihres Zusammenlebens und die Bewältigung ihrer Konflikte festhält, verbindet sie Träger unterschiedlicher Überzeugungen und

---

208 Ebd.
209 Ebd.: 131.
210 Ebd.: 136.
211 Vgl. Grimm (1995); Habermas (1996: 185–191).

Interessen, ermöglicht ihnen den friedlichen Austrag ihrer Gegensätze und erleichtert die Hinnahme von Niederlagen. Indem sie langfristig geltende Handlungsgrundlagen und kurzfristig notwendige Entscheidungen auseinanderzieht, verleiht sie dem politischen Prozess eine Struktur, an der sich Akteure und Publikum orientieren können, garantiert Stabilität im Wandel und entlastet die Politik von ständiger Diskussion über Ziele und Verfahren der Einheitsbildung ..." (Grimm 1995: 25)

Da die Verfassung in dieser Sicht einen bereits *vorgängig* bestehenden „Grundkonsens über die Prinzipien des Zusammenlebens" festhält, zehrt sie von gesellschaftlichen Voraussetzungen, die sie selber nicht zu garantieren vermag.[212] Ein Demos muss bereits existieren, damit „die demokratische Substanz" gegeben sei.[213] Die Chancen zur Herstellung eines solchen verfassungspolitischen Grundkonsenses in Europa hängen dieser Position zufolge von *Voraussetzungen* ab, die *verfassungsexternen Charakter* haben. Für die Partikularisten des Nationalen genießen *vorpolitische Identitäten ein Primat vor der Einrichtung demokratischer Institutionen* der kollektiven Willensbildung.[214] Dass die Voraussetzungen für die Herausbildung einer solchen europäischen Kommunikationsgemeinschaft, des Demos', trotz demokratischer Institutionen äußerst ungünstig wären, wird mit zunächst einleuchtenden empirischen Referenzen belegt:

Eine Konstitutionalisierung und Parlamentarisierung der Gemeinschaft allein erzeuge noch keine legitime politische Ordnung. Ja, sie könne sogar zu Lasten der Demokratie in den Mitgliedstaaten gehen. Mit der Aufwertung des Europaparlaments sei es nicht getan. Das Demokratiedefizit, das sich im Institutionendesign der Europäischen Union formal als Parlamentarismusdefizit darstellt, könne nicht behoben werden, wenn es keine gemeinsam geteilte europäische *Identität*, keine europäischen *Parteien*,[215] die in der Lage wären, die Bevölkerung wirksam und verantwortungsvoll zu repräsentieren, keine europäische *Zivilgesellschaft*[216] sowie keine europäische politische *Öffentlichkeit* gibt – lautet die Schlussfolgerung.

---

212 Vgl. Grimm (1995: 25).
213 Ebd. 37 ff.
214 Ein. kulturelles Fundament der Demokratie sehen auch Lübbe (1994), Böckenförde (1999) und Münkler (1996a, 1996b) als elementar an.
215 Zur Entwicklung eines europäischen Parteiensystems vgl. Andeweg (1995); Blondel/Sinnott/ Svensson (1997, 1998); Damm (1999); Falter/Schumann (1992); Fenner (1981); Hix/Lord (1997); Hix (1998); Jasmut (1995); Knutsen (1998); Naßmacher (1992); Niedermayer (1983); Oudenhove (1965); Reif/Schmitt (1980); Schmitt/Hofrichter (1992); Schmitt/Thomassen (1999); Thomassen/Schmitt (1999a, 1999b) und Weßels (1999, 2000) sowie Gaffney (Ed.) (1996), MacHale/Skowronski (Eds.) (1983) und Schmitt/Thomassen (Eds.) (1999).
216 Empirische Untersuchungen zeigen kein so pessimistisches Bild. Vgl. Kohler-Koch/Flecker/ Knodt/Schulten (1999); Lemke (1999); Mandt (1997); Pérez-Díaz (1998); Richter (1997); Schmalz-Bruns (1997); Schuppert (2001); Armstrong (2002) sowie die Beiträge in Mandt (Ed.) (1994). Zum empirischen Vergleich von *Volunteering* in zehn europäischen Ländern, allerdings ohne spezifische Aussagen zu zivilgesellschaftlichem Engagement auf der europäischen Ebene vgl. Gaskin/Smith/Paulwitz (1996). Für die Autoren dieser anspruchsvollen und detaillierten Studie bezieht sich bürgerschaftliches Engagement *per definitionem* auf *grass roots* Aktivitäten. Die Autoren verweisen jedoch darauf, dass europäische Politik die Zivilgesellschaft durch Schaffung großzügiger Rahmenbedingungen und durch Abbau bürokratischer Hürden fördern kann und sollte. Zu den Aktivitäten organisierter Interessen in Brüssel vgl. Fußnote 557.

Offensichtlich fehlen entscheidende gesellschaftliche Voraussetzungen für die Parlamentarisierung der Union. Der europäische Integrationsprozess vollzieht sich in einem sozialen Raum, der den Partikularisten des Nationalen als unzureichend sozialintegriert gilt. In der auf den Maastricht-Schock[217] folgenden Debatte um die europäische Verfassung wurde diese Frage in solcher Klarheit aufgeworfen, dass die damaligen Argumente bis heute paradigmatisch für die Diskussion geblieben sind.

Die mangelnde europäische Identität

Von Jacques Delors stammt der Ausspruch, einen Binnenmarkt könne man nicht lieben.[218] In diesem Sinne gehen die Partikularisten des Nationalen davon aus, dass die Demokratie ein Kollektivsubjekt voraussetze, ein *Demos*, das nicht unbedingt ethnisch homogen sein, aber doch eine kulturelle Identität besitzen müsse. Und selbst Jürgen Habermas[219] stellte eine Variante europäischer Identität, ein „materiales" gemeinsam geteiltes Verständnis einer „europäischen Lebensweise", die durch den europäischen Sozialstaat ermöglicht wird, sowie die Vision einer europäischen Erinnerungskultur vor, um einen gemeinsamen Bezugspunkt zu fixieren.

Haben die EU-Bürger solche Gemeinsamkeiten? Zunächst ist klar, zwischen den nationalen politischen Gemeinschaften der Mitgliedstaaten bestehen beträchtliche Unterschiede. Nationale Identitäten sind bis in die jüngste Vergangenheit in Abgrenzung zu den europäischen Nachbarn entwickelt worden.[220] Die kollektive Erinnerung ist durch wechselseitig zugefügtes Leid, heroische Schlachten und Befreiungskriege geprägt, die die Europäer gegeneinander führten. Europa fehlen integrierende Mythen, einige nationalistische Klischees und Vorurteile bestehen fort.[221] Dies wären Indizien dafür, dass die nationalen Identitäten europäischen Konfliktstoff bergen.[222]

---

217 1993 scheiterte das Maastricht-Referendum in Dänemark. Im gleichen Jahr erließ das deutsche Bundesverfassungsgericht sein ambivalentes Maastricht-Urteil. Das gescheiterte irische Referendum zum Vertrag von Nizza im Juni 2001 nährte die Befürchtung, dass solche Schwierigkeiten in Zukunft zunehmen könnten.
218 Zit. nach Häberle (2000: 24).
219 Vgl. Habermas (2001).
220 Streng genommen handelt es sich auch bei nationalen Identitäten nicht wirklich um „vorpolitische" Identitäten. Nationale Identitäten als kollektiv geteiltes Selbstverständnis der Mitglieder einer politischen Gemeinschaft sind in langen *politischen* Kämpfen und Deutungskämpfen ausgehandelt worden.
221 Vgl. Schmale (1997).
222 Empirische Analysen zeigen ein anderes Bild: Auf der Grundlage von Eurobarometer Daten (1988–1992) kommen Fuchs/Gerhards/Roller (1993) zu dem Befund, dass die ethnozentristische Grenzlinie zwischen „uns" und den „anderen" in Europa nicht entlang traditioneller nationalistischer Vorurteile der Europäer untereinander verläuft, sondern entlang der Abgrenzung gegenüber nicht-westeuropäischen Migranten im eigenen Land.

„Ein europäisches Volk ist politisch nicht existent, und wenn es auch keine Gründe gibt zu sagen, dass eine volksanaloge Zusammengehörigkeitserfahrung der Europäer undenkbar wäre, so sind derzeit doch keinerlei Umstände erkennbar, unter denen ein legitimitätsstiftender europäischer Volkswille sich bilden könnte." (Lübbe 1994: 100)

Kann man eine nicht spezifisch europäischen Wertvorstellungen verpflichtete Bevölkerung mit divergierenden Zielen in die Souveränität entlassen? Charles Taylor bringt das Problem, das insbesondere mit Blick auf die Europäische Union thematisiert wird, so auf den Punkt:

„Nach der Vorstellung, die der Volkssouveränität zugrunde liegt, bilden die Menschen, von denen die Souveränität ausgeht, eine irgendwie geartete Einheit. Sie sind kein von der Geschichte bunt zusammengewürfelter Haufen, der so wenig einen inneren Zusammenhang aufweist wie die Passagierliste eines internationalen Fluges." (Taylor 2002: 121)

Sind die Europäer mehr als „ein zusammengewürfelter Haufen"? Empirisch wissen wir nicht viel über ihr kollektives Selbstverständnis als Europäer. Die Frage, ob die nach Selbstaussagen relativ hohe Identifikation der EU-Bürger mit der Union eine zuverlässige Grundlage für die Überwindung von Krisensituationen sind, kehrt so beispielsweise in der Besorgnis um die Fähigkeit der Europäer, *sozialpolitische Konflikte* gemeinsam durchzustehen, wieder.

„Der Unterschied besteht darin, dass der Patriotismus auf einer Identifizierung mit anderen in einem bestimmten gemeinsamen Unternehmen beruht. Ich widme mich nicht der Verteidigung der Freiheit von einfach irgend jemandem, sondern ich fühle das Band der Solidarität mit meinen Landsleuten in unserem gemeinsamen Unternehmen, dem gemeinsamen Ausdruck unserer jeweiligen Würde. Der Patriotismus liegt irgendwo zwischen Freundschaft oder Familiengefühl einerseits und altruistischer Hingabe andererseits. Letztere beachtet nicht das Besondere ... Ersteres bindet mich an ein bestimmtes Volk. ... ich kenne die meisten meiner Landsleute nicht und möchte sie vielleicht auch gar nicht als Freunde haben, wenn ich sie treffe. Aber die Partikularität tritt hinzu, weil mein Band zu diesen Leuten durch die Beteiligung an einem gemeinsamen politischen Projekt verläuft. In dieser wesentlichen Hinsicht sind funktionierende Republiken wie Familien, insofern ein Teil dessen, was Menschen aneinander bindet, ihre gemeinsame Geschichte ist. Die Intensität von Familienbanden oder alten Freundschaften speist sich aus dem, was man zusammen durchlebt hat, und Republiken sind zeitlich und durch einschneidende Veränderungen verbunden." (Taylor 1993: 111)

Als Härtetest demokratischer Politik gilt die Bereitschaft der Bürger zur redistributiven Solidarität.[223] Aufgrund der unterschiedlichen Ansprüche der Europäer an den Sozialstaat und aufgrund des nach der Osterweiterung extremen Wohlstandsgefälles. innerhalb des gemeinsamen Wirtschaftsraumes werden in Zukunft Verteilungskonflikte erwartet. Dies sorgt angesichts unsicherer Gemeinschaftsidentität für Beunruhigung. Aber abgesehen davon, dass man sich darüber streiten kann, ob sozialpolitische Ansprüche tatsächlich kulturell bedingt sind oder ob sie aus unter-

---

223 Zur Diskussion um eine „umverteilungsfeste europäische Identität" vgl. Scharpf (1998); Streeck (1998a, 1998b, 1998c); Offe (1998); Vobruba (1999) und Lepsius (1999). Die meisten Autoren sind sehr skeptisch hinsichtlich der Aussichten für die Akzeptanz europäischer redistributiver sozialpolitischer Maßnahmen, die eventuell sogar nach Mehrheitsregeln getroffen werden würden. Optimistischer in seiner Einschätzung der Möglichkeiten europäischer Sozialpolitik ist dagegen Habermas (1998: 154 f; 2001).

schiedlichen Lebenslagen und Interessen resultieren – immerhin kennt auch jeder Sozialstaat die Differenz zwischen Interventionisten und deren Gegnern,[224] zeigen solche Konfliktszenarien nur, wie wichtig es ist, einen institutionellen Rahmen und Verfahren zu etablieren, mittels derer Konflikte ausgetragen und die notwendigen europäischen Selbstverständigungsprozesse gefördert werden können.

Wie die Kommunitaristen verweisen die Partikularisten des Nationalen auf das Fehlen einer starken europäischen Identität, die sich auf mehr als politische Prinzipien versteht und in einem kulturellen identitären Urgestein verankert ist, das Stabilität verbürgt, auch wenn politische Entscheidungen für einzelne Betroffene oder Gruppen enttäuschend ausfallen mögen.

Viele Bürger, Politiker, Experten und Sozialwissenschaftler befürchten, dass „kulturelle Unterschiede" verhindern, dass die Bürger der Mitgliedstaaten in absehbarer Zukunft so etwas wie ein „Demos" bilden könnten, das in der Lage wäre, wirksam demokratische Kontrolle auszuüben. Demokratie erfordert keine ethnische, aber durchaus eine geteilte kulturelle Identität. Eine Gruppe von Menschen wird nach Ansicht der Partikularisten durch eine kulturalistisch verstandene Öffentlichkeit, eine geteilte kollektive Erinnerung und eine gemeinsam geteilte Identität zu einem „Volk".[225]

„In diesem Sinn besteht die Europäische Union derzeit aus Völkern und Nationen, hat als ihre Grundlage aber weder ein europäisches Volk noch schon eine Nation der Europäer. Beides kann sich freilich bilden, als gemeinsames Bewusstsein im Sinne einer kulturellen und politischen Identität der Europäer, welche die Besonderheiten und Identitäten der vorhandenen Völker nicht ersetzt, sondern als fortbestehende selbständige Teile, die den eigenen Wurzelboden darstellen, in sich einbegreift ... Solange freilich dieser Prozess einer Volk- oder Nationbildung der Europäer auf dem Wege ist oder noch in seinen Anfängen steckt, mithin der ‚sense of belonging' im Blick auf Europa noch fehlt, ist es müßig, mit Entwürfen und Konstruktionen einer ‚demokratischen Verfassung' Europas aufzuwarten, an denen ohnehin kein Mangel herrscht; vielmehr wäre vorab mit einer weitergreifenden politischen Integration zunächst innezuhalten." (Böckenförde 1999: 93)

Eine belastbare kollektive Identität der Europäer als Europäer gäbe es nicht, weil es eben Kommunikations-, Erfahrungs- und Erinnerungsgemeinschaften seien, in denen sich kollektive Identität herausbildet, stabilisiert und tradiert. Europa, auch das engere Westeuropa, sei jedoch keine Kommunikationsgemeinschaft, kaum eine Erinnerungsgemeinschaft und nur sehr begrenzt eine Erfahrungsgemeinschaft.[226] Die supranationale Gemeinschaft übe zwar Hoheitsgewalt aus, greife in die Lebensverhältnisse der Bürger ein und setzte Recht, sie bedürfe darum durchaus einer demokratischen Struktur.[227] Die angemessene Form dafür sei jedoch eine *Gemeinschaft aus Nationen und Nationalstaaten*, denn nur in diesem Rahmen würden die nationalen Identitäten geachtet.[228] Ein souveränes Europaparlament verletze dieses Prinzip.

---

224 Die Konfliktlinie zwischen sozialdemokratischen Interventionisten und deren konservativen oder liberalen Gegnern strukturiert bis heute die europäischen Parteiensysteme.
225 Vgl. Böckenförde (1999: 92).
226 Vgl. Kielmansegg (1996: 55).
227 Vgl. Böckenförde (1999: 89–94).
228 Ebd. 90.

„Das schließt einerseits aus, die Eigenposition der Nationalstaaten auf europäischer Ebene durch eine staatsartige demokratische Legitimation von den Europabürgern her zu überspielen oder beiseite zu stellen. Andererseits entlastet es nicht davon, Formen und Vorkehrungen zu installieren oder auszubauen, die den Völkern und Menschen in Europa die Erfahrung vermitteln, dass das Handeln der europäischen Institutionen, ja die europäische Politik nicht etwas für sie Fernes und Fremdes ist, sondern auch ihre Sache, an der sie beteiligt sind, die sie mit konstituieren und auch kontrollieren." (Böckenförde 1999: 91)

Daraus folgt, dass Fragen der *demokratischen Legitimation* – dauerhaft oder zumindest bis eine europäische politische Identität, eine reife europäische Öffentlichkeit und eine starke transnationale Zivilgesellschaft entstanden sind – auf der *Ebene der Mitgliedstaaten* geklärt werden müssen. Bis auf weiteres mangele es an kultureller Integration, einer transnationalen Kommunikationsgemeinschaft und einer gemeinsamen Sprache.

„Der Verdacht, hinter dieser Einschätzung verberge sich die Idee, dass Demokratie nur auf der Basis einer homogenen Volksgemeinschaft möglich sei, ist nach alledem grundlos. Die Voraussetzungen für Demokratie werden hier nicht vom Volk, sondern von der Gesellschaft her entwickelt, die sich als politische Einheit konstituieren will. Diese bedarf allerdings einer kollektiven Identität, wenn sie ihre Konflikte gewaltlos austragen, sich auf die Mehrheitsregel einlassen und Solidarität üben will. ... Nötig ist nur, dass die Gesellschaft ein Bewusstsein der Zusammengehörigkeit ausgebildet hat, welches Mehrheitsentscheidungen und Solidarleistungen zu tragen vermag, und dass sie die Fähigkeit besitzt, sich über ihre Ziele und Probleme diskursiv zu verständigen. Demokratiehinderlich ist folglich nicht die fehlende volkhafte Verbundenheit der Unionsbürger, sondern ihre schwach ausgebildete kollektive Identität und geringe übernationale Diskursfähigkeit. Das heißt freilich, dass das europäische Demokratiedefizit strukturell bedingt ist." (Grimm 1995: 46-47)

Eine europäische Identität im emphatischen Sinne und einen „europa-patriotischen" Diskurs gibt es derzeit nicht, wenn man die Mehrheit der Bürger in den Blick nimmt. Aus dem Umstand, dass es kein so verstandenes europäisches Demos gibt, wird gefolgert, dass die minimalen gesellschaftlichen Voraussetzungen der Demokratie in der Gemeinschaft nicht gegeben seien. Und aufgrund der Sprachenvielfalt wird davon ausgegangen, dass sie auch in den nächsten Dekaden nicht nachwachsen.[229] „Eine demokratische Verfassung macht aus der Europäischen Gemeinschaft noch keine europäische Demokratie",[230] lautet das Fazit der Partikularisten des Nationalen.

Die rudimentäre europäische Zivilgesellschaft

Eine Demokratie ist auf intermediäre Institutionen und Assoziationen zwischen Bürgern und politischen Institutionen angewiesen, das bestreitet niemand. Aber die

---

229 Welche Mechanismen ein Wachstum sozialer und kultureller Gemeinschaftsgefühle bewirken sollen, wenn die Interaktion im öffentlichen Raum entlang nationaler Grenzen separiert wird, bleibt unbeantwortet. Aber selbst wenn sie sich entwickelten, würden sie den Partikularisten im Vergleich mit den älteren nationalen Bindungen stets als defizitär gelten.

230 Vgl. Kielmansegg (1996: 58).

Partikularisten berufen sich auf ein republikanisches Demokratieverständnis, das in zivilgesellschaftlichen Assoziationen viel mehr sieht, als nur Vereinigungen von Individuen zur Verfolgung gemeinsamer Interessen. Sie betonten den Wert lokaler Netzwerke und Assoziationen als Säulen der Gemeinschaft. In den Diskussionen über die Demokratiefähigkeit der europäischen Politie scheint ein kommunitaristisches Verständnis der Zivilgesellschaft auf, denn an starken Interessenvertretungen fehlt es auf europäischer Ebene ja nicht. Es ist ein Mangel an emphatischem Bürgerengagement, das den Partikularisten als weiteres Indiz für die mangelnde soziale Integration und demokratische Integrationsfähigkeit der EU-Bürgerschaft gilt.

Daraus werden starke Bedenken gegen eine „voreilige" Demokratisierung der Union abgeleitet: Die Wahl eines Parlaments sei keine hinreichende Bedingung einer europäischen Demokratie, es fehle eine europäische *Zivilgesellschaft* mit starken europäischen Organisationen, intermediären Institutionen und vor allem mit konsensfähigen europäischen Parteien, die Wählerpräferenzen in Mehrheiten transformieren. Die Herausbildung eines europäischen Parteiensystems, so wird befürchtet, scheitert jedoch an der an nationalen Grenzen orientierten territorialen Segmentierung der europäischen Gesellschaft. Erst auf der Basis einer europäischen Zivilgesellschaft, die nicht länger entlang staatlicher Trennlinien organisiert sei, wäre eine europäische Demokratie mehr als ein populistisches Spektakel ohne lebensnahe Partizipationschancen. Konstitutionalisierung und Parlamentarisierung seien nur dann realistische Optionen, wenn die EU-Bürger ihre Partizipationschancen auch in spezifisch europäischen Kontexten wahrnehmen. Ohne eine solche – in einem normativ sehr starken Sinne verstandene – Zivilgesellschaft seien große Risiken zu erwarten: Wäre es nicht riskant, ein Europäisches Parlament mit wirklicher Macht auszustatten, zu dessen Wahl bedenklich wenig Bürger ihre Stimme abgeben?[231] Darf man die Kompetenzen eines Parlamentes erweitern, dessen Wahl zur Testveranstaltung für marginale und extremistische Parteien zu verkommen schien und in das besonders gerne populistische Europagegner gewählt wurden?[232] Was passiert, wenn (fast) ausschließlich nationalen Präferenzen verpflichtete Deputierte im Europaparlament das Sagen haben? Die ohnehin beträchtlichen Schwierigkeiten der Einigung im europäischen Institutionengefüge würden sich potenzieren. Ein europafeindliches Europaparlament als oberste Gewalt wäre eine Katastrophe (für die Union), aber vielleicht ein realistisches Szenario.[233] Eine Stärkung des Parlaments ohne entsprechende Kontrolle durch europäische Medien

---

231 Die teilweise sehr geringe Wahlbeteiligung bei Wahlen zum Europaparlament legt den Schluss nahe, dass die Bürger die geringen Partizipationschancen auf der europäischen Ebene derzeit nicht ausschöpfen. Auch die Aufwertung des Europäschen Parlaments gab der Entwicklung einer europäischen Parteieninfrastruktur bislang kaum Impulse, wenn darunter die Herausbildung genuin europäischer Parteien verstanden wird. Vgl. Weßels/Schmitt (2000: 298 f, 304 ff).

232 Bisherige Erfahrungen bestätigen solche Befürchtungen nicht. Siehe Fußnote 185.

233 Das normative Selbstverständnis des Europaparlamentes belegt allerdings das genaue Gegenteil: Die Abgeordneten prägten ein starkes europäisches Selbstverständnis aus, profilieren ihre Institution über Themen wie Menschenrechtsschutz, Ökologie und Antirassismus und wenden sich zunehmend an eine gesamteuropäische Öffentlichkeit, deren Herausbildung sie somit aktiv fördern.

und ohne durchsetzungsfähige europäische Parteien ließe befürchten, dass dieses Parlament sich wohl kaum am europäischen Gemeinwohl orientieren würde.[234]

Auch die Einführung von Referenden auf allen Ebenen des europäischen Mehrebenensystems könnte, wie das dänische Maastricht- und das Irische Nizza-Referendum zeigten, politisch und demokratisch defizitär bleiben.[235] Politisch, weil permanente Referenden auf allen Ebenen die Union entscheidungsunfähig machen würden und im schlimmsten Fall das Projekt der europäischen Vereinigung torpedieren würden, wenn immer und immer wieder gegen die Integration votiert wird.[236] Demokratisierte Institutionen würden sich unter Zugzwang bringen, solchen Abstimmungsergebnissen Folge zu leisten. Aber der erreichte Stand der Integration könnte nicht einfach rückgängig gemacht werden, ganz zu schweigen von der Frage, ob dies politisch und ökonomisch sinnvoll wäre. Auch demokratisch könnte so ein System defizitär bleiben, da direktdemokratische Verfahren – gerade wenn es an Gemeinwohlorientierung und Verantwortungsbewusstsein mangelt – zum Populismus verleiten. Das heißt nicht, dass direktdemokratische Elemente prinzipiell abzulehnen wären, aber die Dosierung solcher Mittel ist sehr genau abzuwägen. Bisher bewährten sie sich am besten in überschaubaren lokalen und regionalen Kontexten. Kurz, ohne die Einhegung partikularer Interessen durch eine einem europäischen Gemeinwohl verpflichtete Zivilgesellschaft werden dysfunktionale Effekte der Demokratisierung befürchtet.

3.3 Schwierigkeiten transnationaler politischer Kommunikation

Vorpolitische Gemeinschaftsressourcen schwinden in modernen Gesellschaften[237] und so ist es zumindest unwahrscheinlich, dass sie ausgerechnet auf der europäischen Ebene zu finden seien. Europaoptimisten verweisen zwar gerne auf gemeinsame historische Wurzeln der europäischen Nationalkulturen und ideengeschichtliche Verbindungen zwischen ihren modernen politischen Kulturen,[238] aber genau-

---

234 Vgl. Zürn (1998: 248 f).
235 Die' prominentesten Vorschläge zur Verankerung radikaldemokratischer Partizipationsmöglichkeiten in der europäischen Politik stammen von Heidrun Abromeit. Sie empfiehlt verschiedene Formen des Referendums: bei Vertragsänderungen ein obligatorisches quasi-konstitutionelles Referendum auf nationaler Ebene, die Möglichkeit eines regionalen Vetos und ein (fakultatives) sektorales Referendum (Abromeit: 1997, 1998a, 1998b).
236 Aus demokratietheoretischer Perspektive ist dies freilich kein gültiger Einwand. Wenn die Bürger die beabsichtigten Maßnahmen nicht wollen, dann muss eine Demokratie damit umgehen. Expertokratischer Paternalismus im Namen der „wahren Interessen" der europäischen Bürger wird zurecht mit Misstrauen betrachtet. Unter verantwortungsethischen Aspekten sind solche Einwände jedoch manchmal entscheidend.
237 Vgl. u. a. Berger (Ed.) (1997); Hondrich/Koch-Arzberger (1992) und Putnam (2000).
238 Vgl. Häberle (2000).

so oft wird von skeptischen Historikern und Sozialwissenschaftlern auf das Trennende, historische Verletzungen, alte Feindschaften und Vorurteile, die oft konstitutiv für die nationalen Selbstbilder waren, sowie auf die kulturell folgenreiche Teilung Europas nach dem Zweiten Weltkrieg aufmerksam gemacht. Aus der widersprüchlichen europäischen Geschichte allein lässt sich keine politische Gemeinschaft gewinnen. Daher ist der Versuch plausibel, die politische Einheit in demokratischen Prozeduren auf der Grundlage einer europäischen Verfassung zu suchen. Aber wenn Habermas mit der Position recht hat – und auch Dieter Grimm scheint einem solchen Demokratieverständnis in bezug auf den Nationalstaat ja nicht abgeneigt gegenüber zu stehen –, dass die „Ausfallbürgschaft" für solche Legitimitätsressourcen nur durch demokratische politische Prozeduren übernommen werden kann, dann ist dieser Legitimationsmechanismus auf eine funktionierende demokratische Öffentlichkeit angewiesen.

Wenn es eine übergreifende europäische Öffentlichkeit gäbe, in der gesellschaftliche Selbstverständigungsdiskurse ausgetragen werden könnten und aus der heraus sich transnationale zivilgesellschaftliche Assoziationen[239] bilden, wäre es durchaus vorstellbar – wird manchmal eingeräumt –, dass sich im Laufe der Zeit eine europäische kollektive Identität entwickelt.[240] Aber die europäische Öffentlichkeit gibt es – nach allgemeinem Konsens – nicht. Ist eine solche Öffentlichkeit im vielsprachigen Raum vorstellbar? Europaskeptische Stimmen verneinen diese Frage und bejahen damit die Hypothese von der strukturellen Demokratieunfähigkeit der Europäischen Union. Das Öffentlichkeitsdefizit der Europäischen Union ist ihrem Demokratiedefizit demnach vorgelagert und dessen eigentliche Ursache.[241]

Auf welche Argumente stützt sich die Befürchtung, eine europäische Öffentlichkeit sei unwahrscheinlich oder gar unerreichbar? Die Partikularisten des Nationalen bezweifeln, dass ein gemeinsamer Raum politischer Kommunikation von einer multi-sprachlichen europäischen Bürgerschaft bevölkert werden kann. Ohne öffentliche Sphäre jedoch, würden demokratische Prozeduren entweder mangels Teilnahme kollabieren oder aber pervertierte Formen annehmen. Die These, politische Massenkommunikation sei im europäischen Rahmen unmöglich, wurde beispielsweise in folgender Variante vertreten:

„Aussichten auf eine Europäisierung des Kommunikationssystems bestehen vollends gar nicht. Ein europäisiertes Kommunikationssystem darf nicht mit vermehrter Berichterstattung über europäische Themen in den nationalen Medien verwechselt werden. Diese richten sich an ein nationales Publikum und bleiben damit *nationalen Sichtweisen* ... verhaftet. Sie können folglich auch kein europäisches Publikum erzeugen und keinen europäischen Diskurs begründen. Europäisierung im Kommunikations-

---

239 Europäische Bürger müssten sich entweder zu solchen transnationalen politischen Vereinigungen zusammenschließen oder aber zumindest transnational mobilisierbar werden.
240 Zudem erzeugt das Ausspielen von Identitäten gegen Öffentlichkeit und Öffentlichkeit gegen Identität eine Zirkularität der Argumentation, die als realer Teufelskreis missverstanden wird.
241 Vgl. Gerhards (1993: 99); Grimm (1995); Eder/Hellmann/Trenz (1998: 321); Blöbaum (1999: 37). Gerhards (2001: 292) vertritt dagegen heute eher die prozeduralistische Position, das Demokratiedefizit sei Ursache des Öffentlichkeitsdefizits.

sektor hieße demgegenüber, dass es Zeitungen und Zeitschriften, Hörfunk- und Fernsehprogramme gäbe, die auf einem europäischen Markt angeboten und nachgefragt würden und so einen nationenübergreifenden Kommunikationszusammenhang herstellten. Ein solcher Markt setzte aber ein Publikum voraus, das über Sprachkompetenzen verfügte, die es ihm erlaubten, *europäische Medien* zu nutzen. Das wäre entweder dann der Fall, wenn jeder Publizist sich seiner eigenen Sprache bedienen könnte und doch sicher sein dürfte, allgemein verstanden zu werden, oder – realistischer – wenn sich neben den Muttersprachen eine *europäische lingua franca* wie ehedem das Lateinische, doch nicht auf die Gebildetenschicht begrenzt, durchzusetzen vermöchte." (Grimm 1995: 41, Hervorhebungen d.A.)

Andere Autoren bekräftigten und ergänzten die Sicht, dass Identität im starken Sinne eines emphatischen Bekenntnisses der Bürger zu Europa, transnationale Medien und eine gemeinsame Sprache unverzichtbare, aber völlig unrealistische Voraussetzungen eines echten europäischen Kommunikationsraumes seien.[242]

„Medienprodukte sind Massenprodukte, und die Massen sind nun einmal keine kosmopolitisch-polyglotten Europäer, sondern weiterhin Schweden, Polen, Deutsche, Franzosen, Italiener und Schweizer. Auch wenn an der Hauptschule Fremdsprachenerwerb inzwischen Pflicht sein mag, sieht Lieschen Müller weiterhin ihre Lieblingstalkshow im deutschen Fernsehen und nicht bei der *BBC*, und auch Otto Normalverbraucher, der zweimal im Jahr urlaubshalber in den Süden Europas entflieht, bevorzugt seine Regionalzeitung und liest eben nicht *Le Monde* oder die *Financial Times*." (Ruß-Mohl 2000: 133-134)

Jürgen Gerhards kommt das Verdienst zu, als erster eine empirische Überprüfung der Hypothese in Angriff genommen zu haben, inwieweit die nationalen Öffentlichkeiten ohne die genannten sozialen Voraussetzungen beziehungslos nebeneinander stünden. Er befragte in Brüssel akkreditierte deutsche Journalisten nach ihren Erfahrungen.[243] In diesen Interviews wurde deutlich, dass die europäische Berichterstattung stark nationalstaatlich „versäult" war.[244] Dieser Befund scheint die Hypothese zu bestätigen, dass die nationalen Medien, wenn sie über europäische Themen berichten, dennoch keine wirklich europäische öffentliche Kommunikation ermöglichen. Es sieht so aus, als seien voneinander isolierte nationale Diskurse über Europäisches zu beobachten, die so gut wie nichts miteinander zu tun hätten und somit keine europäischen Meinungsbildungsprozesse tragen könnten.

„Berichten [die nationalen Medien] aus Brüssel, dann geschieht dies ... aus der Perspektive des jeweiligen nationalstaatlichen Interesses ohne oder mit nur geringem Bezug auf ein gesamteuropäisches Interesse. Das dominante Muster der Meinungsbildung ist weiterhin nationalstaatlich geprägt." (Gerhards 1993: 99)

Abhilfe sei durch die (jedoch unwahrscheinliche) Entwicklung gemeinsamer europäischer Medien zu erwarten. Die (wahrscheinlichere) Europäisierung der nationalen Öffentlichkeiten steht jedoch grundsätzlich unter dem Verdacht, allein nationale Perspektiven zu transportieren. Eine Europäisierung der nationalen Medien gilt als defizitäre Lösung des Problems, da sie Europa entsprechend der nationalen

---

242 Für Kielmansegg (1996: 55, 57) fehlt der Europäischen Union somit die notwendige kommunikative Infrastruktur der Demokratie.
243 Vgl. Gerhards (1993).
244 Dass sich dies inzwischen in bezug auf ausgewählte Themen ändert, lassen Fallstudien zum transnationalen investigativen Journalismus wie die von Meyer (2000, 2001) zum Korruptionsskandal der Santer-Kommission vermuten.

Perspektiven „domestiziere", statt die nationalen Perspektiven auf Europa zu „europäisieren".[245] Die Behauptung, dass eine Europäisierung der nationalen Medienberichterstattung unter Beibehaltung der vorgängigen Perspektiven auf Europa nicht den Anspruch erheben könne, als „echte" europäische öffentliche politische Kommunikation zu gelten, beruht jedoch auf in den folgenden Abschnitten zu diskutierenden Vorannahmen, die sich folgendermaßen zusammenfassen lassen: Es fehlen eine europäische *Perspektive*, europäische oder stark europäisierte *Medien* und eine gemeinsame *Sprache*.

Die fehlende europäische Perspektive

Das erste grundlegende Hindernis europäischer politischer Massenkommunikation wird im Fehlen einer gemeinsamen europäischen Perspektive gesehen. Solange *nationale Sichtweisen* die Diskussion europäischer Themen dominieren, würden die Gegenstände genuin europäischer Kommunikation verfehlt. Man kommuniziere dann zwar über Europa oder europäische Themen, aber ohne gemeinsamen Bezug auf eine identitätsstiftende Idee beziehungsweise eine europäische kollektive Identität, die eine gemeinsame Perspektive generiert, werden eigentlich ganz verschiedene Dinge gemeint.[246] Diese „Domestizierung" europäischer Themen gilt als unzureichende Grundlage transnationaler öffentlicher Kommunikation.

„Erst wenn über Europa berichtet wird und wenn dies aus einer die nationalstaatliche Perspektive transzendierenden Perspektive geschieht, könnte ein Europa der Bürger entstehen." (Gerhards 1993: 99)

Aber was könnte denn als „wirkliche" europäische Kommunikation gelten? Offenbar interessiert nur ein ganz spezieller Typ öffentlicher Diskurse, nämlich ausgewählte normative Selbstverständigungsdiskurse, die mit erheblicher Polarisierung der Öffentlichkeit und mit der Massenmobilisierung verbunden sind. Konsequenterweise müsste man dann allerdings zugeben, dass solche Diskurse auch im nationalen Rahmen selten sind.[247] Jenseits großer ethischer Debatten besteht der Alltag politischen Streits in der Kakophonie widerstreitender Interessen.

„Es gibt eher eine europapolitische Kakophonie (zu viele Signalgeber mit unterschiedlichen Signalen) als eine europapolitische Kommunikation, d. h. eine an Inhalten und europapolitischen Zielen orientierte Diskussion." (Horstmann 2000: 17)

Der Alltag politischer Kommunikation, der sich um normale Interessenkonflikte

---

245 Vgl. Schlesinger (1995).
246 Vgl. Schlesinger/Kevin (2000: 228).
247 Horstmann (2000) meint, es habe seit 1990 in der Bundesrepublik keine nationalen Diskurse mehr gegeben, während es früher Diskurse um die Wiederaufrüstung, die 68er, die Vergangenheitsbewältigung, die Ostverträge und in der DDR um „Schwerter zu Pflugscharen" gab. Für Europa könnten das Thema Sicherheit, die Grundrechtscharta, die europäische Fahne und die Hymne potentielle Themen sein (ebd. 19). Saxer (2000: 150) bezweifelt die Eignung des Schweizerischen Vorbilds für Europa mit dem Hinweis, dass die Medien „nur sehr wenige nationale Themen" in allen drei Sprachen der Schweiz behandeln.

dreht, steht nicht sehr hoch im Kurs. Die unterschiedlichen Positionen, die in den nationalen Medien artikuliert werden, sieht man offenbar als Abweichung von der „eigentlichen" europäischen Sicht der Dinge an und es scheint, als werde angenommen, dass es exakt so viele unterschiedliche Meinungen zu einem europäischen Thema wie Mitgliedstaaten gäbe.

„Europaweit gibt es weder eine einheitliche politische Öffentlichkeit, und schon gar nicht gibt es eine europäische öffentliche Meinung. Statt dessen haben wir es mit einer zwar ökonomisch transnational operierenden, im wesentlichen aber im nationalen Rahmen publizierenden Medienlandschaft und demzufolge auch mit vielen nationalen öffentlichen Meinungen zu tun." (Sarcinelli/Hermann 1998: 508)

Noch deutlicher bringt es Klaus Löffler auf den Punkt: „... in der Europäischen Union gibt es noch elf Amtssprachen und fünfzehn öffentliche Meinungen."[248] Hinter dem Insistieren auf einer gemeinsamen Perspektive, die für etwas, in einem stark wertmäßig verstandenen Sinne „Gemeinsames" bürgt, steht eine theoretisch interessante These, die These nämlich, dass die Unterschiede der Kultur oder der Sprache so etwas wie *inkommensurable*[249] Paradigmen im Kuhnschen Sinne konstituieren, das heißt Diskursuniversen, über die hinweg Verständigung unmöglich sei. Die verstehensskeptische Annahme, die sich hinter dieser These verbirgt, geht davon aus, dass wenn ein Problem aus unterschiedlichen Perspektiven wahrgenommen und thematisiert wird, dieses Problem jeweils perspektivisch *verzerrt* dargestellt werde.[250] Die Sprecher reden dann „aneinander vorbei".

Die scheiternden europaweiten Massenmedien

Das zweite strukturelle Problem europaweiter politischer Kommunikation eines breiten Publikums wird im Mangel an europaweiten Massenmedien gesehen. Solange es *keine gemeinsamen europäischen Medien* gibt, bleiben – so wird behauptet – die Bürger in nationalen Diskursen gefangen und es gibt keinen nationenübergreifenden Kommunikationszusammenhang, denn nationale Medien wählen europäischen Themen – wenn überhaupt – unter rein nationalen Gesichtspunkten aus und interpretieren sie nach Maßgabe nationaler Interessen.[251]

Europäische Medienangebote werden allgemein als lobenswerte Unterneh-

---

248 Vgl. Löffler (2000: 32).
249 „Inkommensurabel" ist der Ausdruck, den Kuhn und Feyerabend für „nicht ineinander übersetzbar" verwenden. Vgl. Fußnote 124.
250 Man kann diese These auf zweierlei Weise ausbuchstabieren: Entweder man glaubt, es gäbe eine „richtige" Perspektive (z. B. die der Europapolitiker oder -experten), von der die verschiedenen Ansichten gleichermaßen abweichen. Oder es gibt keine „richtige" Perspektive und die verschiedenen Sichtweisen sind jeweils legitime kontextrelative Beschreibungen des Sachverhaltes, die nur leider nicht das Geringste miteinander zu tun haben.
251 Vgl. Schöndube (1990); Gerhards (1993: 99); Kunelius/Sparks (2001).

mungen begrüßt.[252] Es wird jedoch beobachtet, dass sie aufgrund ihres oft Mehrsprachigkeit der Rezipienten voraussetzenden Konzepts und aufgrund ihrer Orientierung an den Bedürfnissen eines politisch und kulturell sehr anspruchsvollen, gebildeten Publikums keine große Breitenwirkung erzielen.[253] Fremdsprachige Medien werden vom „Normalbürger" nicht genutzt.[254]

Das Sprachenproblem bedingt somit den Misserfolg transnationaler Programmangebote[255] und etabliert Grenzen, die durch unterschiedliche Sendegewohnheiten als Hindernis für die Nutzung transnationaler Medien noch befestigt werden.[256] Ja, es wird sogar vermutet, dass der Trend hin zu einer sich immer weiter segmentierenden Medienlandschaft eher regionale als kosmopolitische Angebote begünstigen könnte.[257] Paneuropäische Medien werde es nicht geben, weil es weder eine gemeinsame Sprache, noch eine europäische Kultur gibt.[258]

Aus der journalistischen Praxis in Brüssel wird weiterhin berichtet, dass nationale Interessen und unterschiedliche Grade der Distanz zur eigenen Nation oder Regierung zu beträchtlichen Unterschieden bei der nationalen Berichterstattung über die gleichen Ereignisse führen: „Bei vielen Brüsseler Veranstaltungen ... könnte man meinen, die Journalisten seien auf ganz verschiedenen Veranstaltungen gewesen."[259] Oder auch, dass nationale Perspektiven das nationale mediale

---

252 Europäische Medienförderung für Projekte wie *ARTE* soll eine europäische kulturelle Identität stärken. „Wir müssen über eine Medienlandschaft nachdenken, die auf der einen Seite stark regional strukturiert ist, und auf der anderen Seite europäische Dimensionen erfassen muss." (Späth 1990: 131)

253 Vgl. Dill (1991) zum gescheiterten transnationalen Experiment *Europa-TV*. Zur Gründung des deutsch-französischen Kulturkanals *ARTE*, seinen Leistungen und Grenzen vgl. Hilf (1990); Schwarzkopf (1992); Gräßle (1995); Rüggeberg (1998).

254 Vgl. Siebenhaar (1994); Glotz (1995); Hasebrink (1998a, 1998b); Hasebrink/Herzog (2000). Die vermeintliche „Inkommensurabilität" unterschiedlicher Sprachen scheint sich in dieser Sicht höchstens durch ein Ausweichen ins rein Symbolische ausgleichen zu lassen. „Hier liegt eine ästhetische Herausforderung an den Kulturkanal: Eine transnationale audiovisuelle Sprache zu entwickeln, in der die unterschiedlichen Begriffssysteme der Nationalsprachen der Verknüpfung mit der Universalität der Sprache der Bilder eine neue Dimension des Verständnisses erschließen." (Hilf 1990: 124) Für politische Kommunikation, die rationale Willensbekundungen der Bürger beispielsweise in ihrer Rolle als Wähler sicherstellen soll, wäre dies eine unbefriedigende Lösung.

255 Vgl. Evans (1989); Große Peclum (1990). Die Chancen kultureller Sprachraumprogramme wie *3 Sat* werden daher deutlich höher veranschlagt (Konrad 1990: 174). Vgl. auch Schlesinger: „only in smaller countries bordering larger neighbours with the same language has there been significant transborder media consumption" (Schlesinger 1995: 13).

256 Vgl. Große Peclum (1990) und Hilf (1990) mit Angaben zu all den kleinen und großen Unterschieden der Europäer hinsichtlich ihrer Sehgewohnheiten, Hauptsende- und Nachrichtenzeiten. Zu den Grenzen des in der Muttersprache des Publikums gesendeten europäischen Nachrichtensenders *Euronews*, die sich aufgrund unterschiedlicher journalistischer Kulturen für die Entwicklung eines konsistenten und identitätsstiftenden Programms ergeben vgl. Machill (1997d).

257 Eine Rückbesinnung auf den kommunikativen Nahraum angesichts von Globalisierungs- und Europäisierungsprozessen beobachten Wilke (1990, 1999) und Kurp (1996). Vgl. auch die Beiträge in Jankowski/Prehn/Stappers (Eds.) (1992); Husband (Ed.) (1994); de Moragas Spà/ Garitaonandía (Eds.) (1995).

258 Vgl. Konrad (1990: 172).

259 Vgl. Hauser (1990: 48).

89

Europabild „mit nationaler Brille" darstellen und somit verzerren: „Und wer bei großen europäischen Ereignissen ... die europäische Presse liest, hat bisweilen den Eindruck, über verschiedene Ereignisse zu lesen, da die Dinge zu häufig aus der Sicht des jeweiligen Landes, der jeweiligen Regierung gesehen werden, die ‚ihre' Presse informiert."[260]

Was auf der Vermittlungsstufe der Korrespondenten beginnt, setzt sich auf der Stufe der Redaktionen fort. In „europäisierten" nationalen Medien wären oft gar nicht die gleichen europäischen Themen vertreten, weil nationale Redaktionen nach nationalen Kriterien Nachrichten selektieren, und wenn doch einmal dieselben Nachrichten in den nationalen Medien vertreten sind, dann wären sie es höchst wahrscheinlich unter ganz verschiedenen – nämlich den nationalen – Gesichtspunkten, so dass man in Porto und Dresden, Nantes und Mailand über sehr verschiedene Dinge spricht, wenn man meint, über Europa zu sprechen. Jede nationale Öffentlichkeit hätte ihr eigenes Europa, das mit dem der anderen Mitgliedsnationen wenig zu tun hätte. Man redet aneinander vorbei.

Daran ändert auch eine Europäisierung, oder besser Globalisierung, der Medienökonomie nichts. Technisch ist es zwar kein Problem, Medienprodukte europaweit zu verbreiten, aber Medienprodukte werden zielgruppenspezifisch produziert und orientieren sich an Sprach- und Kulturkreisen.

„RTL ist nicht deshalb ein europäischer Sender, weil er zur Hälfte einem Luxemburger Medienunternehmen gehört. Die ARD, SAT.1 und das ZDF veranstalten keinen europäischen Journalismus, nur weil sie auch in der Schweiz und in Österreich nennenswerte Einschaltquoten haben. Und weder die deutsche Bild-Zeitung noch die britischen Boulevard-Blätter Sun, Daily Mail und Daily Mirror sind als die mit Abstand größten Zeitungen des Kontinents in irgendeiner Weise erkennbare Institutionen eines europäischen Journalismus. (...) Wenn wir nicht so zarte und irgendwo auch künstlich am Leben gehaltene Pflänzchen wie Lettre und Le monde diplomatique, den Kulturkanal ARTE, wenn wir nicht gescheiterte Projekte wie den European oder politikferne Titel wie GEO oder Auto-Bild zu Vorbildern eines europäischen Journalismus deklarieren – dann gibt es keinen europäischen Journalismus." (Ruß-Mohl 2000: 130-131)

Selbst dort, wo sich transnationale Nachrichtenmedien, wie die großen englischsprachigen Wirtschaftszeitungen und Nachrichtensender, entwickeln, erreichen sie nur eine kleine gebildete Minderheit. Wenn wir dies als europäische Öffentlichkeit verstehen wollten, wäre sie ein höchst elitäres Projekt.[261]

---

260 Vgl. Schöndube (1990: 35), der allerdings hinzufügt, dies werde auch in Zukunft so bleiben, „genau so, wie es heute auch unterschiedliche, typisch Hamburger oder Münchner Stimmen zur deutschen Politik gibt", was das Problem beträchtlich entdramatisiert.
261 Vgl. Schlesinger (1999); Schlesinger/Kevin (2000: 222–228).

Sprachenvielfalt als transnationale Kommunikationsbarriere

Folgt man der Diskussion zum Demokratie- und Öffentlichkeitsdefizit der Europäischen Union, dann besteht das größte strukturelle Hemmnis für eine europäische Öffentlichkeit im *Fehlen einer gemeinsamen Sprache*, weil ohne eine solche gemeinsame Medien nicht genutzt werden können, in denen dem Publikum die gleichen Themen und die gleichen Deutungen – also möglichst identische Beiträge – nahegebracht werden könnten.[262]

„Europa ist keine Kommunikationsgemeinschaft, weil Europa ein vielsprachiger Kontinent ist – das banalste Faktum ist zugleich das elementarste." (Kielmansegg 1996: 55)

In der europäischen Union wurden bis zur Erweiterung elf Amtssprachen gesprochen und es gab dreizehn offiziell anerkannte Sprachen.[263] Inzwischen sind etliche hinzugekommen. Ohne gemeinsame Sprache aber könnten europäische Themen und übersetzte Beiträge von Sprechern anderer Nationalität zwar in den nationalen Medien präsentiert und oberflächlich *verstanden* werden, ein *wechselseitiges Begründen* der durch nationale Interessen und Identitäten geprägten Meinungen zu kontroversen Themen sei jedoch zumindest unwahrscheinlich, weil eine gemeinsame Perspektive nicht hergestellt werden könne.[264] Die Konnotationen – der eigentliche Sinn – des Gesagten wären zu verschieden und diese verschiedenen Sichtweisen blieben füreinander bedeutungslos. Dieses Argument, das auch von Richard Rorty[265] gegen den Universalismus angeführt wird, wurde von Michael T. Greven für Europa auf den Punkt gebracht:

„Erst die in ausreichendem Maße geteilte Bedeutung zentraler Begriffe ermöglicht ... politische Kommunikation und den politischen Prozess insgesamt. Dort wo die politische Kommunikation grenzüberschreitend verschiedene Räume zu verbinden oder gar zu integrieren versucht, entstehen Übersetzungsprobleme, weil die wörtliche Übersetzung nicht unbedingt die Sinn- und die Bedeutungszuschreibung angemessen wiedergibt. In der Politikwissenschaft sind solche Probleme hinlänglich bekannt und die wissenschaftliche Kommunikation verfügt über Methoden und Wege, diese Übersetzungsleistungen einigermaßen sinnadäquat aus einem politischen Raum in den anderen zu vollziehen. Für die Veralltäglichung politischer Kommunikation ganzer Gemeinschaften im politischen Prozess bestehen aber ganz andere Probleme als ... unter Experten. Zentrale politische Begriffe, Institutionen und Ämter haben im jeweiligen politischen Raum eine gewisse Bedeutung und Valenz bekommen, die zwar nicht unwandelbar, aber doch zunächst einmal spezifisch ist." (Greven 1998: 262-263)

Aufgrund des Sprachenproblems würde sich darum auf dem Territorium der Europäischen Union keine europäische Öffentlichkeit bilden können und somit auch

---

262 Vgl. auch Gerhards (2000: 291) und Kielmansegg (1996: 55).
263 Vgl. Kraus (1998).
264 Als Beleg für diese These vergleicht Machill (1997d: 188 f) fünf verschiedensprachige Versionen eines Nachrichtenbeitrages des europäischen Fernsehnachrichtenkanals *Euronews*, die „zum Teil erhebliche Unterschiede bei der Gestaltung der Nachricht" offenbaren.
265 Vgl. Rorty (1988; 1989).

keine tiefere soziale Integration stattfinden können.[266] Damit fehlt die notwendige kommunikative *Infrastruktur* der Demokratie:

„Als europäische Struktur existiert sie nicht oder jedenfalls nur sehr rudimentär, und sie wird sich auch in längeren Zeiträumen zu der Dichte nicht fortentwickeln können, die sie in den Nationalstaaten erreicht hat." (Kielmansegg 1996: 57)

Die Entstehung einer europaübergreifenden Kommunikationsgemeinschaft stehe somit vor allem vor dem kaum zu überwindenden Hindernis eines geradezu babylonischen Sprachengewirrs. Völlig zurecht wird angemahnt, dass es den Bürgern nicht zumutbar ist, nur in einer Fremdsprache an der politischen Kommunikation teilnehmen zu können.

„Mit der Wahrung der Prinzipien des integralen Multilingualismus soll dem im Ansatz ‚demokratischen' Gebot Rechnung getragen werden, die Ergebnisse der europäischen Willensbildung allen Bürgern der Union in einer ihnen geläufigen Sprache zugänglich zu machen." (Kraus 2000: 211)

Einige Europaföderalisten gossen an dieser Stelle Öl ins Feuer, als sie lapidar andeuteten, dass die Europäer in der politischen Kommunikation doch einfach die englische Sprache als *second first language* benutzen könnten.[267] Dies würde im Bereich massenmedialer politischer Kommunikation selbstverständlich elitäre Konsequenzen haben. Wenn die Bürger nicht in ihrer Muttersprache *passiv* an der politischen Kommunikation teilhaben können, tun es nur noch diejenigen mit ausreichenden Sprachkenntnissen. Noch weniger Menschen wären in der Lage, *aktiv* am öffentlichen Diskurs teilzunehmen. So eine Sprachpolitik würde die Bürger zurecht aufbringen.[268]

Die Bürger müssen in ihrer Muttersprache am politischen Diskurs teilnehmen können – sonst ergeben sich Diskriminierungen –, aber daraus wird von den Partikularisten des Nationalen die weitergehende Schlussfolgerung gezogen, dass eben darum Bürgerschaft in einer multilinguistischen politischen Gemeinschaft unmöglich sei.[269] Aufgrund der fehlenden gemeinsamen *Sprache* könne sich keine übergreifende politische Massenöffentlichkeit bilden, in der politische Alternativen kontrovers diskutiert werden könnten.[270]

Das Dilemma europäischer Öffentlichkeit lässt sich somit – vom Allgemeinen zum tückischen Detail hinabsteigend – wie folgt zusammenfassen: Das Demokratiedefizit der Europäischen Union habe strukturelle Ursachen,[271] insofern die Demokratie von einer Reihe gesellschaftlicher Voraussetzungen abhängig sei, die

---

266 Zum Problem interkulturellen Verstehens zwischen Europäern unterschiedlicher Nationalität vgl. auch Nothnagel (1998), der britische, deutsche, französische und italienische Kommunikationsstile vergleicht.

267 Vgl. Habermas (1996: 191; 2001: 14).

268 Vgl. Kraus (1998, 2000, 2002).

269 Vgl. Grimm (1995: 42).

270 Ernst (1998: 228) dagegen illustriert am Beispiel der Schweizer Nationenbildung, dass „die Verständigung zwischen verschiedensprachigen Protagonisten *der gleichen Idee* viel leichter ist, als jene zwischen den politischen Gegnern gleicher Zunge."

271 Vgl. Grimm (1993: 13–18, 1995).

sich nicht künstlich erzeugen lassen.[272] Die strukturellen Probleme, die eine Demokratieunfähigkeit der Unionsbürger bewirken, sind miteinander logisch und genetisch verknüpft: Es gibt keine europäische *Zivilgesellschaft*, weil es kein europäisches *Volk*, sondern nur europäische Nationen gäbe. Ein europäisches Demos werde sich in absehbaren Zeiträumen auch nicht entwickeln, weil es keine europäische *Öffentlichkeit* gibt, über die sich die EU-Bürger zu einer Kommunikationsgemeinschaft mit europäischer kollektiver *Identität* integrieren könnten. Es gibt keine übergreifende Öffentlichkeit und es wird auch keine geben, weil die *Sprachenvielfalt* Europas bewirke, dass gemeinsame europäische *Medien* scheitern und somit transnationale europäische Kommunikation vereitelt wird. Damit fehle die Wurzel, aus der heraus eine politische Gemeinschaft erwachsen könne.

„Großräumige, übernationale Vergemeinschaftung kann die Nation dann nicht ersetzen, wenn sie durch zu große, auch sprachlich-kulturelle Heterogenität die Entstehung von Öffentlichkeit verhindert, damit aber auch Partizipation und Demokratie." (Kocka 1995: 43)

Die demokratische politische Vergemeinschaftung findet demnach ihre unübersteigbare Grenze in der Nation. Die Sprachenvielfalt macht alles Reden von einer Demokratisierung der Europäischen Union zur Farce, wenn nicht gar zum Spiel mit dem Feuer, denn wer die Leerstelle des Demos einnehmen würde, ist klar: selbstsüchtige Eliten.

3.4 Die Argumente der Föderalisten: Mehr Demokratie wagen

Europaföderalisten und Partikularisten des Nationalen sind sich zunächst darin einig, dass die Legitimität politischer Herrschaft am Maßstab ihrer demokratischen Kontrolle zu messen ist. Dissens besteht zwischen ihnen hinsichtlich der Ebene, auf der diese demokratische Kontrolle anzusetzen sei. Jürgen Habermas stimmte Dieter Grimm in bezug auf die empirische Diagnose des europäischen Demokratiedefizits weitgehend zu: Der Ausbau der Europäischen Union zum demokratischen Bundesstaat würde ohne *europäisch vernetzte Zivilgesellschaft, europaweite politische Öffentlichkeit* und *gemeinsame politische Kultur* zur weiteren Verselbständigung der supranationalen Entscheidungsprozesse gegenüber den weiterhin nationalen Meinungs- und Willensbildungsprozessen führen. Das hält auch Habermas für eine plausible Gefahrenprognose.[273]

Habermas zieht jedoch andere politische Konsequenzen aus dieser Analyse: Die Aufrechterhaltung des widersprüchlichen staatsrechtlichen *status quo* ist keine Lösung für das Problem, denn der *status quo* behebt das Demokratiedefizit nicht. Er friert es nicht einmal ein, weil die ökonomische und gesellschaftliche Dynamik die europarechtliche Aushöhlung nationalstaatlicher Kompetenzen auch unter den

---

272 Vgl. auch Grande (1996: 345 f).
273 Vgl. Habermas (1996: 186).

jetzigen Rahmenbedingungen vorantreibt. Die Schere zwischen wachsenden Entscheidungsbefugnissen der europäischen Behörden und fehlender demokratischer Legitimation ihrer Entscheidungen öffnet sich also weiter.[274] Die Frage der Zukunft der Demokratie in Europa stellt sich für Habermas viel radikaler, da er die im Zusammenhang mit dem Parlamentarismusdefizit der Europäischen Union bei gleichzeitiger Europäisierung von Wirtschaft und Recht auftretende Tendenz zur Aushöhlung der nationalen Demokratie ernst nimmt.

Das Demokratiedefizit auf beiden Ebenen würde durch die Aufrechterhaltung des *status quo* perpetuiert und mit der Zeit eher wachsen als sich verringern. Es ist darum unbefriedigend, schlicht auf die nationale Ebene als Legitimitätsgenerator zu verweisen, entziehen sich doch die globalen Probleme, auf welche die europäische Integration Antworten sucht, gerade dem nationalen Zugriff. So sind und bleiben *output*-Kongruenzprobleme zwischen globaler Problemursache und nationalem Problemverarbeitungsversuch, zwischen nationaler Entscheidung und transnationaler Betroffenheit konstitutiv für Politik unter Globalisierungsbedingungen.[275]

Abgesehen davon, dass das minimalistische Stadium der Europäischen Union praktisch seit langem überschritten ist, wäre der in seiner konsequentesten Variante von den Zweckverbandstheoretikern[276] vorgeschlagene nationale Weg nicht gangbar, weil die umwälzenden ökonomischen, ökologischen, kulturellen und politischen Transformations- und Modernisierungsprozesse, die unter dem Begriff „Globalisierung" gefasst werden, weiter fortschreiten werden und gemeinsames politisches Handeln in einer Vielzahl von Politikfeldern schlicht erzwingen. Die Legitimationsprobleme werden durch die Eingrenzung europäischer Steuerung auf einen scheinbar wertfreien Sachbereich nicht reduziert, sondern verschärft.

Das stärkste Argument der Europaföderalisten ist jedoch kein ökonomischfunktionales, sondern ein normatives: Angenommen, die Befürchtung wäre begründet, die Europäische Union sei (zumindest vorläufig) nicht demokratiefähig, welche Befugnisse würden die Bürger einem europäischen Herrschaftsapparat überlassen, der sich seit Jahrzehnten dynamisch entwickelt und ausdifferenziert, immer mehr Kompetenzen gewonnen hat und Entscheidungen trifft, die tief in der nationalen Souveränität einst heilige Bereiche eingreifen? Wie lange wird ein politisches System geduldet, von dem man möglicherweise zugeben muss, dass es nicht nur im Augenblick unzureichend demokratisch legitimiert ist, sondern dass

---

274 Ebd.
275 Vgl. Zürn (1998: 237).
276 Die Vertreter dieser Position bestreiten, dass es in der Europäischen Union, die sie als intergouvernementales Gebilde zum Zwecke der kooperativen Förderung ökonomischen Fortschritts verstehen, ein *Legitimationsdefizit* gibt und setzen Fragen der demokratischen Legitimation generell auf der Ebene des Nationalstaates an. Legitimation wird so mit *Legalität* gleichgesetzt und diese ist im Rahmen der Union durchaus gegeben, werden politische Entscheidungen doch in Übereinstimmung mit den Verträgen gefällt. Vgl. (Ipsen 1972). Auch aus einer globalisierungs- und kapitalismuskritischen Perspektive scheint der Integrationsprozess allein den Verwertungsinteressen des Kapitals nachzukommen (vgl. Bourdieu/Debons/Hensche 1997; Bourdieu 1998).

es eine Bevölkerung regiert, die aus *strukturellen* – das heißt aus im Prinzip unabänderlichen – Gründen nicht „demokratiefähig" sei? Zumal dieses supranationale Institutionensystem, dessen faszinierende „Verselbständigung und Differenzierung" sowie „eigentümliche Dynamik ständiger Machterweiterung" ein Demokratiedefizit bewirkt, welches auch die nationale Ebene in seinen Strudel reißt.[277]

Diese alarmierende Beschreibung der Situation Europas dramatisiert das Legitimitätsproblem der Union vielleicht ein wenig, denn es sieht nicht so aus, als ob das Demokratiedefizit der Europäischen Union unmittelbar zu einer Legitimationskrise europäischen Regierens führt. Gelegentlich sorgen zwar scheiternde Referenden, nationale Verfassungsgerichte oder europakritische Stellungnahmen nationaler Politiker für Beunruhigung, nichtsdestotrotz haben solche Ereignisse das Fortschreiten des Integrationsprozesses bislang nicht nennenswert gefährdet. Die Geschichte liefert ein Reihe von Beispielen dafür, dass *Legitimationskrisen*, also politische Situationen, in denen die Rechtmäßigkeit der Regierung und der Regierungsform von der Bevölkerung prinzipiell in Zweifel gezogen wird, von mehreren Faktoren abhängen. Auch normativ unzureichend integrierte Ordnungen können jahrzehntelang Bestand haben, solange die staatlichen Funktionseliten in der Lage sind, den materiellen Erwartungen der Bevölkerung zu entsprechen. Veranschaulichen lässt sich dies beispielsweise mit der poststalinistischen Geschichte des Realsozialismus, in der weder Charisma und Utopie, noch vordergründige Gewalt die Grundlage des Bestands der Ordnung bildeten, sondern vor allem die ökonomischen Teilerfolge der Herrschenden.[278]

Schon früh wurde bezüglich der Europäische Union ein ähnlicher Mechanismus vermutet. Lindberg und Scheingold sprachen von einem „*permissive consensus*"[279] unter der Unionsbevölkerung, der die stillschweigende und teilnahmslose Duldung der Europapolitik durch die Bürger garantiere. Die empirischen Befunde bestätigen auch heute dieses Bild. *De facto* ist es um die Akzeptanz der Europäischen Union bei der Bevölkerung gar nicht so schlecht bestellt.[280] Allerdings fiel in den Untersuchungen immer wieder auf, dass Europa insgesamt ein Thema ist, dass keine große Rolle für die Befragten spielte.

---

277 Vgl. Bach (1995: 370).
278 Dies ist allerdings nur eine von mehreren möglichen Interpretationen, die von einigen Autoren vehement bestritten wird. Sie sehen die Macht im realexistierenden sozialistischen Staate allein durch Gewalt aufrecht erhalten und den Stalinismus auch in heutigen postsozialistischen Parteien noch nicht als überwunden an.
279 Vgl. Lindberg/Scheingold (1970). Aus systemtheoretischer Sicht wäre das europäische Demokratiedefizit allerdings gerade darin begründet, dass die generalisierte, fast „motivlose" Folgebereitschaft (Luhmann 1993: 28) der Bürger für die Europäische Union fehlt. Wie dem auch sei, in der einen wie der anderen Variante lässt sich das Legitimitätsproblem formulieren: Ein *permissive consensus*, der als Ausbleiben relevanten Bürgerprotests angesehen wird, allein würde nicht ausreichen, um ehrgeizige Reformprojekte zu tragen. Andererseits macht das Fehlen eines *permissive consensus*, im Sinne eines stabilen Vertrauens der Bürger in die Politik, den politischen Alltag zum riskanten Unternehmen.
280 Vgl. Schmitt/Scheuer (1996); van Deth (1996).

„Insgesamt zeichnen unsere Ergebnisse aber das Bild eines an Fragen des europäischen Mehrebenen-systems (und allgemeiner: an Fragen der europäischen Politik und der Politik insgesamt) nicht beson-ders interessierten und darüber auch nicht besonders informierten europäischen Bürgers, der seine wichtigen politischen Anliegen in Europa geregelt sehen will dann, wenn er ganz allgemein der Ansicht ist, dass dieses Europa und die europäische Einigung auf dem richtigen Weg ist. Die Natur der Sache – ob sich ein Issue einfach besser europäisch als national oder subnational regeln lässt – spielt auch eine Rolle, aber weniger konsistent und systematisch. Das gleiche gilt für die Frage der Unzufriedenheit mit dem Funktionieren der Demokratie auf der nationalen und der europäischen Ebene des europäischen Mehrebenensystems: Solche Überlegungen spielen für manche Bürger eine Rolle, aber bei weitem nicht für alle und nicht überall." (Schmitt/Scheuer 1996: 177)

Jan van Deth ermittelte auf der Grundlage von Eurobarometer-Umfragedaten ei-nen „Apathie-Score" der Unionsbürger und dessen Veränderung im Zeitraum von 1973 bis 1993.[281] Er stellte fest, dass das politische Interesse der EU-Bürger gene-rell nicht besonders hoch ist. Das Interesse an Politik und darunter auch an euro-päischen Themen variiere nach Nationalstaaten. „Nicht Zeitpunkt-, sondern Län-derunterschiede sind relevant für die Analyse des Niveaus politischen Interesses der europäischen Bürger in den letzten Jahrzehnten."[282] Es gebe keinen allgemei-nen oder einheitlichen Trend bezüglich der Intensität des Interesses der Bürger an der Europäischen Union.

Anhand von Eurobarometer-Umfragen versuchten Hermann Schmitt und An-gelika Scheuer, die Informiertheit der Unionsbürger über die Gemeinschaft sowie ihre Bewertung des Einigungsprozesses abzuschätzen. Sie konnten keinen Legiti-mitätsverlust der Union nachweisen. Unzufriedenheit mit dem Funktionieren der nationalen Demokratie löste bei den Bürgern einiger Länder sogar den Wunsch aus, Kompetenzen nach Europa zu verlagern. Unzufriedenheit mit dem Funktio-nieren der Demokratie in der Europäischen Union korrelierte dagegen statistisch *nicht* mit dem Wunsch, Kompetenzen zurück auf nationale oder regionale Ebenen zu verlagern. Klar ging aus den Daten hervor, dass die Bürger der Union nicht *per saldo* Kompetenzen entziehen wollen, sondern eher dafür plädierten, deren Kom-petenzen auszudehnen. Von einer Legitimationskrise könne keine Rede sein.[283]

Wo liegt also das Problem? Angesichts der Tatsache, dass Zwang und Kon-sens in modernen Gesellschaften knappe Ressourcen sind, und dass die Akzeptanz politischer Entscheidungen, wenn sie als Zumutungen empfunden werden, von immer mehr Menschen – mit viel geringerem Risiko als jemals zuvor in der Ge-schichte – verweigert werden kann, baut sich hier eine Spannung auf: Eine euro-päische Politik, die bestenfalls in der Lage ist, die passive Duldung durch ihre Bürger zu erreichen, denen sie keine wirksamen Partizipationschancen bietet, fiele

---

281 Vgl. van Deth (1996). Inzwischen liegen tiefergehende Analysen vor, die intervenierende Variab-len wie Bildung, Geschlecht und Generationszugehörigkeit der Befragten, den Grad sozio-ökono-mischer Entwicklung eines Landes sowie institutionelle Rahmenbedingungen mit einbeziehen (van Deth/Elff 2000, 2001). Als stärkste Indikatoren erwiesen sich dabei auf der individuellen Ebene die Generationszugehörigkeit und auf der strukturellen Ebene die sozioökonomische Ent-wicklungsstand eines Landes.
282 Ebd.: 399.
283 Vgl. Schmitt/Scheuer (1996: 176).

fundamental hinter die gültigen normativen Standards demokratischen Regierens zurück. Die Maastricht-Referenden, das Maastricht-Urteil des deutschen Bundesverfassungsgerichts von 1993 und das Nein im Irischen Referendum zum Vertrag von Nizza 2001 haben gezeigt, dass der „*permissive consensus*" aber auch *de facto* nicht mehr ausreicht, um die weitere politische Integration zu tragen:

„Von Dänemark bis Frankreich hat die Reaktion der Öffentlichkeit auf den Maastrichter Vertrag die Grenzen gezeigt, die die öffentliche Akzeptanz einer Integration durch intergouvernementale Verhandlungen und Paketlösungen setzt." (Wallace 1996: 36)

Darum ist die unzureichende demokratische Legitimation europäischen Regierens durchaus ein latenter Risikofaktor für den Integrationsprozess – selbst, wenn nichts „Schlimmes" passiert. Ob aus dieser Spannung tatsächlich ein Steuerungsdefizit resultiert, ist eine empirische Frage, die hier nicht beantwortet werden kann. Ein politisches System, das das beste bekannte Frühwarnsystem für politische Legitimationskrisen, nämlich demokratische Prozeduren, nicht installiert, muss allerdings mit dem Risiko leben, böse Überraschungen zu erleben.

Eine akute Legitimationskrise besteht im Augenblick zwar nicht, im Lichte institutionalisierter demokratischer Erwartungen, die tendenziell auch vor den europäischen Institutionen nicht halt machen, ist die normative Frage nach den Legitimitätsgründen europäischen Regierens jedoch drängend. Seit der Entstehung moderner Massendemokratien in der Folge der Amerikanischen und der Französischen Revolution wird die Legitimität politischer Herrschaft am Maßstab ihrer demokratischen Kontrolle und der demokratischen Genese ihrer Programme gemessen – auch der Diagnose eines europäischen Demokratiedefizits liegen diese normativen Erwartungen zugrunde.

Immer wieder gab und gibt es Bewegungen, die sich für eine Ausdehnung der Bürgerrechte einsetzen. Die politischen Systeme der Mitgliedstaaten sind durch die institutionalisierten Ergebnisse solcher historischer Kämpfe imprägniert, in denen es nicht nur um konkrete kollektive Güter wie beispielsweise bessere Lebensbedingungen für die sozial Schwächsten, sondern immer auch um mehr Mitbestimmung ging. Die Institutionen des demokratischen Rechts- und Sozialstaates sind aus diesen Konflikten erwachsen und das Demokratieverständnis der Bürger sowie ihre politische Kultur speisen sich aus den mitunter auch klassen- und gruppenspezifischen kollektiven Erinnerungen an diese Kämpfe. Der Mechanismus sozialer Integration durch Austragung von Konflikten mit reformerischen Mitteln im Rahmen einer rechtsstaatlich-demokratischen Ordnung hat sich im 19. und 20. Jahrhundert bewährt und wurde perfektioniert, indem er um vielfältige Formen politischer, sozialer und kultureller Partizipation der Bürger bereichert wurde. Und nun, zu Beginn des 21. Jahrhunderts, sollte er nicht mehr greifen? Wenn es die Demokratie ist, die die Moderne erträglich gemacht hatte, was sollte sie ersetzen?

Wenn man das Demokratieproblem so fasst und fordert, dass demokratische Partizipation überall dort stattfinden müsse, wo kollektiv verbindliche Entscheidungen getroffen werden, wird die politische Position unabweisbar, die Jürgen Habermas gegen die Partikularisten des Nationalen vertritt. Rechtsstaatliche *Lega-*

lität, wie sie auf europäischer Ebene im Großen und Ganzen gegeben ist, ist zwar eine fundamentale institutionelle Voraussetzung demokratischer Legitimation, sie reicht jedoch nicht hin, um eine dynamische moderne Gesellschaft politisch und sozial zu integrieren. *Legitimität* europäischen Regierens ist ohne die demokratische Partizipation der Unionsbürger an diesen Entscheidungen nicht zu haben.

Zivilgesellschaftliche Partizipation statt vorpolitischer Identität

Zugegeben, eine rasche Konstitutionalisierung und Demokratisierung der Europäischen Union könnte Risiken für die Handlungs- und Entscheidungsfähigkeit ihres politischen Systems bergen. Eingestanden, in einer solchermaßen reformierten Union würden eine Fülle von sozialen Konflikten ungefiltert und ungebremst an die Oberfläche drängen. Dennoch stellt sich die Frage, was das kleinere Übel wäre.[284] Will man nicht den *de facto* Ausschluss der Bürger von den wichtigsten Politikbereichen in Kauf nehmen, muss über eine Demokratisierung der Politik jenseits des Nationalstaates nachgedacht werden.

Da es gute Gründe gibt, die Europäische Union zu wollen,[285] empfehlen Befürworter ihrer Demokratisierung, die Flucht nach vorn anzutreten und die Gemeinschaft zu konstitutionalisieren.[286] Aber anders als zu Willi Brandts Zeit bedeutet „Mehr Demokratie wagen!" im europäischen Kontext ein echtes Risiko, steht die politische und soziale Integration Europas der der Bundesrepublik der späten sechziger Jahre doch in so ziemlich jedem Punkt nach.

Die Begründung für den Mut zum demokratischen Risiko stützt sich auf die modernisierungstheoretische Position, dass wenn es überhaupt ein Äquivalent für die in individualisierten und pluralistischen Gesellschaften nicht mehr umstandslos verfügbaren vorpolitischen Ressourcen gesellschaftlicher Integration gibt, dieses nur in demokratischen Prozeduren bestehen kann. In differenzierten Gesellschaften könne es *keine alle Bürger umfassende vom demokratischen Prozess unabhängige kollektive Identität* geben, weil es kein vorgefundenes normatives Substrat gäbe, auf welches sie sich stützen kann, sondern bestenfalls einen intersubjektiv geteilten Kontext möglicher Verständigung und dieser müsse demokratisch institutionalisiert werden.[287] Für Europa als politische Gemeinschaft kommt für Habermas darum nur ein prozedurales Demokratieverständnis ohne substantialistische Identitäten in Frage.

In bezug auf die Frage nach den identitären Voraussetzungen der Demokratie

---

284 Vgl. Habermas (1996: 187).
285 Habermas denkt hier an die Rettung des Sozialstaats (Habermas 2001) und den Umgang mit der Globalisierung. Er schreibt: „Nur regional übergreifende Regime wie die Europäische Gemeinschaft könnten überhaupt noch auf das globale System nach Maßgabe einer koordinierten Weltinnenpolitik einwirken." (Habermas 1996: 187)
286 Vgl. die Vorschläge Fischers (2000), die eine Diskussion über die Finalität der Europäischen Union anregten, sowie die Erwiderungen darauf (Jospin 2001).
287 Vgl. Habermas (1996: 189).

bewegen sich die Europaföderalisten hier auf sicherem Terrain. Sie erproben die demokratie- und modernisierungstheoretischen Argumente, die sie in anderen Kontexten geschärft haben, am europäischen Fall. Dabei berufen sie sich darauf, dass bereits für nationalstaatliche Demokratien gilt, was auf der europäischen Ebene bestritten wird: Bereits im Nationalstaat fußt politische Legitimation nicht auf starken geteilten Identitäten. Heterogenität, unterschiedliche Kulturen und Subkulturen sind in der Moderne der Normalfall und nicht die Ausnahme. Prozeduren demokratischer Meinungs- und Entscheidungsfindung übernehmen die Ausfallbürgschaft für erodierte präpolitische Grundlagen der Gemeinschaft und führen zu neuen, wenn auch abstrakteren kollektiven Identitäten.[288]

„Gerade am Beispiel dieses [nationalen] Integrationsprozesses lässt sich lernen, worin die funktionalen Erfordernisse für eine demokratische Willensbildung wirklich bestanden haben: in den Kommunikationskreisläufen einer politischen Öffentlichkeit, die sich auf der Basis des bürgerlichen Assoziationswesens und über das Medium der Massenpresse entfaltet hat. So konnten dieselben Themen zur selben Zeit für ein großes, anonym bleibendes Publikum dieselbe Relevanz gewinnen und die Bürger über große Distanzen hinweg zu spontanen Beiträgen stimulieren. Daraus entstehen öffentliche Meinungen, die Themen und Stellungnahmen zu politischen Einflussgrößen bündeln. Die richtige Analogie liegt auf der Hand: der nächste Integrationsschub zur postnationalen Vergesellschaftung hängt nicht vom Substrat irgendeines ,europäischen Volkes' ab, sondern vom Kommunikationsnetz einer europaweiten politischen Öffentlichkeit, die eingebettet ist in eine gemeinsame politische Kultur, die getragen wird von einer Zivilgesellschaft mit Interessenverbänden, nichtstaatlichen Organisationen, Bürgerinitiativen und -bewegungen, und die eingenommen wird von Arenen, in denen sich die politischen Parteien unmittelbar auf die Entscheidungen europäischer Institutionen beziehen und sich, über Fraktionszusammenschlüsse hinaus, zu einem europäischen Parteiensystem entwickeln können." (Habermas 1996: 183-184)

Für Prozeduralisten sind die Grenzen der nationalen rechtsstaatlich-demokratischen politischen Gemeinschaften kontingent und somit liegt kein überzeugender Grund vor, warum die Europäische Union nicht demokratisierbar sein sollte – zumal dies mit starken normativen Erwartungen der Bürger bezüglich der notwendigen demokratischen Legitimation von Herrschaftsausübung in Einklang stünde.

Der öffentliche Kommunikationsraum einer demokratischen Gemeinschaft wird aus der Perspektive eines prozeduralistischen Demokratieverständnisses erst durch eine Verfassung und relevante Partizipationschancen institutionalisiert. Demokratische Institutionen stellen die notwendige Voraussetzung für europapolitisches Interesse und Engagement sowie eine staatsbürgerliche Identität der Europäer dar.[289] Erst vermittels umfassender staatsbürgerlicher Rechte werden die Bürger in das politische System der Europäischen Union einbezogen, was sie zu Beiträgen zu einer europäischen Öffentlichkeit und zu einer europäischen Zivilgesellschaft

---

288 Ebd.: 142.
289 Vgl. auch Reif: „Erst wenn die Informationslücke der Europäischen Gemeinschaft geschlossen ist – was wohl nur durch Schließung der Demokratie-Lücke hinreichend bewirkt werden kann –, können wir auf der Grundlage eines ,aktiven Konsensus', der den ,permissiven' weitgehend ablösen wird, verlässlicher erkennen, wie viel ,noch mehr Europa' (und ,welches Europa') die Bürger ... akzeptieren wollen ... ,Billiger' ist das Risiko einer Legitimitätskrise der Europäischen Gemeinschaft nicht zu beseitigen." (Reif 1993: 32)

stimulieren würde.[290] Zu diesem Zweck wären ein gestärktes Parlament und eine föderalistische Regierungsstruktur, in der Rat und Kommission im Verhältnis zu den Mitgliedstaaten mit klar umgrenzten Kompetenzen ausgestattet werden, diejenigen Organisationsformen, welche die Herausbildung eines in der europäischen Gesellschaft verankerten demokratischen Politikprozesses fördern könnten.

Die *verfassungsrechtliche Konstitution eines europäischen politischen Gemeinwesens* genießt für Prozeduralisten das *Primat* vor allen darüber hinaus weisenden *Identitäten*. Ein konstitutioneller Rahmen schafft in dieser Perspektive die institutionellen Arenen, die zivilgesellschaftliches Engagement provozieren würden. Erst im Prozess der Wahrnehmung institutionalisierter Partizipationschancen können sich europäische Diskurse entfalten. Wenn sich die Opportunitätsstrukturen zivilgesellschaftlichen Handelns europäisierten, würde sich auch der Horizont der zivilgesellschaftlichen Akteure nach Brüssel und Straßburg erweitern.

„Die Achse der Politik würde sich stärker von den nationalen Hauptstädten nach Brüssel und Straßburg neigen. Das gälte nämlich auch für die Arbeit der politischen Parteien, die Tätigkeit der Interessengruppen, die Aktivitäten der Wirtschaftsverbände, für den Lobbyismus der Berufsverbände und der kulturellen und wissenschaftlichen Organisationen, auch für den ‚Druck der Straße‘ – für die Proteste, die dann nicht mehr nur von Bauern und Lastkraftwagenfahrern, sondern von Bürgerinitiativen und Bürgerbewegungen ausgingen." (Habermas 2001: 13)

In bezug auf die großen Verbände hat sich diese Vermutung inzwischen bestätigt. Sie haben sich längst nach Europa umorientiert.[291] Selbst die Gewerkschaften haben ihre Europaabstinenz inzwischen überwunden.[292] Und auch die Integration europapolitischer Konflikte in die alltägliche nationale Parteipolitik scheint zuzunehmen.[293]

Allerdings wird diesem Mechanismus nicht ganz getraut. Auch bei den Autoren, die ihn in Anspruch nehmen, schwingt die Vorstellung mit, dem politischen Mehrebenensystem der Europäischen Union müsse eine Mehrebenen-Zivilgesellschaft entsprechen. Habermas spricht beispielsweise davon, dass die „Interessen" „über nationale Grenzen hinweg fusionieren" würden, und dass die „wahrgenommene transnationale Überlappung von parallel gelagerten Interessen und Wertorientierungen" das Entstehen eines Europäischen Parteiensystems und grenz-

---

290 Mancini (1998) fordert daher Schaffung einer demokratischen Institutionenordnung gemäss nationalstaatlichem Vorbild. Vgl. auch Richter (1997, 1999) und Schmalz-Bruns (1997) zu den Problemen und Chancen einer europäischen Zivilgesellschaft.
291 Quellen zu diesem Forschungsgebiet siehe Fußnote 557.
292 Zu den Schwierigkeiten gewerkschaftlicher Einflussnahme auf europäischer Ebene, aber auch den Fortschritten bei der Europäisierung gewerkschaftlichen Handelns vgl.: Albers (Ed.) (1993); Altvater/Mahnkopf (1993); Ebbinghaus/Visser (2001); Kädtler/Hertle/Pirker (1992); Platzer (1991); Streeck (1996, 1998b) und Visser/Ebbinghaus (1992).
293 Vgl. Engelmann/Knopf/Roscher/Risse (1997) für die parteipolitischen Diskussionen und Konflikte (bis hin zur Regierungskrise) um die Einführung des Euro in Großbritannien, Frankreich und Deutschland sowie (für die gleichen Staaten) Jachtenfuchs (2002) zu den teilweise beträchtlich konfligierenden Positionen der großen Parteien zur Europäischen Union und ihrer „Verfassung" von 1950–1957, 1969–1974 und 1990–1994.

überschreitender Netzwerke befördern würde.[294] Teilweise funktionieren solche transnationalen Bewegungsnetzwerke bereits.

Aber manifestiert sich eine lebendige, spezifisch europäische Zivilgesellschaft darin, dass möglichst viele Menschen in europäische Organisationen eintreten oder zu möglichst vielen Themen in Brüssel demonstrieren? Dies wäre natürlich absurd. Es geht nicht so sehr darum, dass sich zivilgesellschaftliche Organisationen mit gleichen thematischen Zielen auch *organisatorisch* fusionieren. Einige werden dies anstreben, andere nicht. Lebendige europäische Demokratie heißt nicht notwendig, dass eine neue, europäische Zivilgesellschaft entsteht, sondern, dass sich das alltägliche, politisch relevante Engagement der Bürger seines europäischen Horizontes bewusst wird. Die lokalen und nationalen zivilgesellschaftlichen Akteure in den Mitgliedsländern *sind* die europäische Zivilgesellschaft. Es geht nun darum, dass sich bestehende Gruppen auf einen weiteren Horizont hin orientieren. Und das geschieht nur entlang der gegebenen Partizipationsmöglichkeiten, die es den Bürgern ermöglichen, ihren Bedürfnissen entsprechend auf die Grundlinien europäischer Politik Einfluss zu nehmen.[295]

Europaföderalisten halten dem aus Fatalismus oder mit Verve vertretenen Partikularismus des Nationalen somit auch ein motivationales Argument entgegen, um die These zu stützen, dass durch den Rückzug auf die nationale Ebene der bereits heute als „Demokratiedefizit" kritisierte Zustand zementiert werde. Die Demokratisierung der Europäischen Union werde nicht nur einige Zeit warten müssen, bis die Voraussetzungen nachgewachsen seien, wie die Partikularisten des Nationalen meinen,[296] sondern sie würde unter den Bedingungen des *status quo* auf den Sankt-Nimmerleins-Tag verschoben, da es ohne Partizipationsmöglichkeiten für die Bürger auch kaum einsichtige Motive für deren Interesse an europäischen Themen und europapolitischem Engagement gibt.

Um die demokratischen Partizipationsmöglichkeiten der Bürger in der Entscheidungsfindung auf europäischer Ebene ist es bislang recht schlecht bestellt. Bisher haben Unionsbürger das Recht, Abgeordnete ins relativ ohnmächtige Europaparlament zu wählen, sie besitzen ein Petitionsrecht beim Europaparlament und können sich mit einer Beschwerde an den Bürgerbeauftragten des Europaparlaments wenden. Unionsbürger und juristische Personen können vor dem Europäischen Gerichtshof klagen oder eine Beschwerde einreichen. Zunehmend werden Informationsrechte institutionalisiert. Diese nicht unwichtigen Rechte stehen jedoch in dramatischem Missverhältnis zur Kompetenzentfaltung der Union im Bereich der Binnenmarktpolitik. Sie geben den Bürgern noch keine echte Sanktionsmacht. Demokratische Partizipation in der europäischen Politik ist somit unterentwickelt. In den Augen der Prozeduralisten könnte dies unter Umständen einen

---

294 Vgl. Habermas (2001: 13).
295 Eine Verfassung klärt ja auch, wer in welchen Fällen unter welchen Rahmenbedingungen auf Partizipationsrechte pochen kann. In diesem Sinne ermutigt sie *vorhandene* zivilgesellschaftliche Akteure, diese Chancen zu nutzen.
296 Vgl. Grimm (1995: 51); Böckenförde (1999: 93).

Teufelskreis von politischer Exklusion und politischem Desinteresse bewirken.[297]

Auch erfolgreiche europäische Politik garantiert unter den Bedingungen des verfassungsrechtlichen *status quo* in den Augen der Prozeduralisten keine Legitimität europäischen Regierens. Im Gegenteil: wenn Interessen ausschließlich nationalstaatlich durchgesetzt werden können und Erfolge auf europäischer Ebene nie von den Bürgern selbst errungene, sondern bestenfalls paternalistisch dargereichte bleiben, werden die europäischen Institutionen – egal wem sie jeweils nützen oder schaden – berechtigterweise zur Zielscheibe öffentlicher Kritik. Die Regelungs*adressaten* könnten sich auf unbestimmte Zeit nicht als Regelungs*autoren* in einem wie auch immer vermittelten demokratischen Prozess begreifen.

Das Argument, dass sich europäische zivilgesellschaftliche Akteure finden und formieren werden, wenn das politische System der Europäischen Union ihnen – im Vorgriff auf den antizipierten Zustand – per Verfassungsgebung Handlungsoptionen anbahnt,[298] ist überzeugend, aber es hat eine Schwachstelle: Es klingt, als ob eine europäische Zivilgesellschaft „föderalstaatlicherseits" künstlich geschaffen werden könne. Und diesen institutionellen Determinismus kann man bezweifeln:

> „War nicht anfangs von der sehr begrenzten ‚Demokratiefähigkeit' der Vielvölkergemeinschaft Europäische Union die Rede und am Ende dann doch von der Notwenigkeit und Möglichkeit einer Stärkung der demokratischen Komponente im europäischen Verfassungsgefüge? Dass es notwendig sei, in der Verfassungsentwicklung der Europäischen Union ihre Demokratiefähigkeit ein Stück weit – von oben her gewissermaßen – zu fingieren oder auch, freundlicher formuliert, zu antizipieren, um Bedingungen zu schaffen, unter denen sich diese Demokratiefähigkeit – vielleicht – herauszubilden vermag, mag als eine Art von Auflösung des Widerspruchs durchgehen. Aber es bestätigt sich in einer solchen ‚Auflösung' noch einmal, dass es eine völlig befriedigende Antwort auf die europäische Verfassungsfrage nicht gibt." (Kielmansegg 1996: 69-70)

Eine Zivilgesellschaft kann nicht einfach durch formale Vorkehrungen „von oben" geschaffen werden. Dies ist eine Tatsache, die in vielen Gesellschaften die Transformation von autoritären zu demokratischen Herrschaftssystemen erschwert. Darum erscheint es für die Wirkungsmöglichkeiten eines solchen Induktionsmechanismus angeraten zu sein, lange Zeiträume zu veranschlagen:

> „Zwar besteht zwischen gesellschaftlichen Strukturen und politischen Institutionen kein einseitiges Abhängigkeitsverhältnis. Institutionelle Vorgriffe können auch gesellschaftliche Entwicklungen anstoßen. Unter den gegebenen Bedingungen müssen dafür aber lange Entwicklungszeiträume veranschlagt werden. Der institutionelle Vorgriff darf deswegen nicht überdehnt werden. Das gilt besonders für die Verfassung.".(Grimm 1995: 51)

Allerdings macht dieser Einwand nur dann Sinn, wenn man davon ausgeht, dass es

---

297 Neuere Veröffentlichungen zur Europäisierung politischen Protests zeigen in Übereinstimmung mit diesem motivationalen Argument recht deutlich, dass die heutige politische Opportunitätsstruktur Europas professionalisierte und öffentlichkeitsferne Formen kollektiven Handelns begünstigt. Sie liefern dennoch zahlreiche Indizien für eine Europäisierung sozialer Bewegungen. Vgl. Imig/Tarrow (1999); Kriesi/Koopmans/Duyvendak/Giugni (1992); Rucht (1995, 2000); Tarrow (1995); Trenz (2001b, 2001c) und insbesondere die Beiträge in Klein/Koopmans/Geiling (Eds.) (2001).

298 Vgl. Habermas (1996: 191).

eine der europäischen Ebene des institutionellen Mehrebenensystems entsprechende europäische Schicht der Zivilgesellschaft geben müsse. Wenn man allerdings davon ausgeht, dass die Europäer bereits demokratiegewohnte Bürger sind, die recht gut wissen, wofür sie sich wie stark engagieren möchten und die politisch-rechtlichen Mittel dazu auszuwählen und zu handhaben verstehen, verliert dieser Einwand an Boden. Es gibt in den Mitgliedstaaten eine Zivilgesellschaft und das einzige, was für die demokratische Selbstregierung in europäischen Problemfeldern notwendig ist, ist dass diese Akteure im europäischen Horizont vorhandene Partizipationschancen für sich entdecken und sich vor allem diejenigen Partizipationsrechte erkämpfen können, die sie selbst für wesentlich erachten. Ob sich dabei langfristig gesehen wechselnde transnationale Koalitionen oder aber organisatorische „Fusionen" bewähren, werden die Akteure selber herausfinden.

Wie entsteht eine europäische Öffentlichkeit?

Europaföderalisten gehen davon aus, dass die Union keineswegs „demokratieunfähig" sei, aber die Argumente gegen die berechtigten Zweifel der Partikularisten des Nationalen bleiben sie an einigen Stellen schuldig. Christoph Gusy schreibt beispielsweise, keiner behaupte, man könne einfach nationale Mechanismen auf der europäischen Ebene kopieren. Es ginge um spezifische Institutionen und Verfahren. Die Nation sei keine ausschließliche und ausschließende Form politischer Identitätsbildung. Wir hätten bereits jetzt komplexe Identitäten und auf allen Ebenen mehr oder weniger defizitäre Formen demokratischer Repräsentation. Eine gemeinsame Sprache brauche man nicht, denn die einheitsstiftenden Faktoren seien andere. Statt Argumenten erfolgt an dieser für die Partikularisten zentralen Stelle der recht unspezifische Hinweis auf die Schweiz.[299]
Die europäische Identität im starken Sinne eines gemeinsam geteilten normativen Selbstverständnisses entsteht, wenn sich die demokratische Praxis in bezug auf die europäische Politik bewährt. Man muss allerdings zugeben, dass die Prozeduralisten hier oft nicht konsequent argumentieren. Gelegentlich klingt es, als ob von vornherein eben doch mehr als die Bereitschaft zur friedlichen und gleichberechtigten Lösung gemeinsamer Probleme notwendig sei. Ist also ein *europäischer Verfassungspatriotismus* die eigentliche Grundlage europäischer Demokratiefähigkeit? Gusy beispielsweise meint, dass eine gewisse gemeinschaftliche Integration vonnöten sei, worunter die Bereitschaft verstanden wird, gemeinsame Probleme gemeinsam zu lösen und zu verantworten – inklusive der kollektiven Identifikation mit den gemeinsamen politischen Institutionen.[300] Sind das sparsame Bedingungen oder doch recht anspruchsvolle?
Als Ersatz für eine vorpolitische kulturelle europäische Identität bieten die

---

299 Vgl. Gusy (2000: 143–147).
300 Gusy spricht von einer Triade von politischer und gemeinschaftlicher Integration sowie einer gewissen gemeinsamen Identität (ebd.: 147 f).

Prozeduralisten gelegentlich „schwächere", aber ebenfalls nicht klar umrissene Formen kollektiver Identität an. Gemeinsam ist den Vorschlägen für solche Identitäten, dass sie im politischen Selbstverständigungsdiskurs ausgehandelt und nicht traditionell vorgegeben sind. So argumentiert Gusy, das Mehrheitsprinzip sei nur dort nicht anwendbar, wo Mehrheit und Minderheiten durch einen einzigen, fundamentalen Gegensatz notwendig voneinander geschieden seien wie beispielsweise in Nordirland.[301] Demokratiefähigkeit setze ein Mindestmaß an politischer Integration als Basis der Anerkennung von Mehrheitsentscheidungen voraus und verlange *eine gewisse gemeinsame Identität*, worunter die Abwesenheit eines alles durchdringenden Bewusstseins einer Aufspaltung in „Wir" und „Ihr" gemeint sei.[302] Können wir sicher sein, dass diese Voraussetzung in Europa erfüllt ist?

Jürgen Habermas stellte eine etwas andere Variante einer politisch generierten europäischer Identität in Aussicht. Hier handelt es sich um ein „materiales" gemeinsam geteiltes Verständnis einer *„europäischen Lebensweise"*, die durch den europäischen Sozialstaat ermöglicht wird.[303] Aber auch in dieser Fassung europäischer Vergemeinschaftung wird etwas bereits vorausgesetzt, was sich möglicherweise erst im Prozess öffentlicher Diskurse und europäischer Selbstregierung – in dieser oder auch einer anderen, weniger sozialdemokratischen Fassung – entwickeln müsste: ein spezifisches gemeinsam geteiltes Selbstverständnis.

Eine weitere Variante bestünde in einer gemeinsamen *Erinnerungskultur*. Die Europäer haben in ihrer konfliktreichen Geschichte gelernt, mit stabilisierten Dauerkonflikten zu leben und eine reflexive Einstellung gegenüber den eigenen Überlieferungen einzunehmen. Dies könnte ein Spezifikum moderner europäischer Identitäten ausmachen. Als Beispiele hierfür werden vor allem die Religionskriege, die Institutionalisierung der sozialen Frage und der Holocaust angeführt.

„Die Erinnerung an den moralischen Abgrund, in den uns der nationalistische Exzess geführt hat, verleiht unserem heutigen Engagement den Stellenwert einer Errungenschaft. Dieser historische Hintergrund könnte den Übergang zu einer postnationalen Demokratie ebnen, die auf der gegenseitigen Anerkennung der Differenzen zwischen stolzen Nationalkulturen beruht." (Habermas 2001: 16)

Die kollektive Erinnerung an den Preis, den das Verlangen, Homogenität zu erzwingen, so oft gekostet hat, lehrte uns die Kunst, alle „für die Wahrung der nationalen Integrität empfindlichen Bereiche" aus der gemeinsamen Zuständigkeit auszusparen.[304] Insofern stellt Europa keinen qualitativ neuen Fall der politischen Vergemeinschaftung von Differenz dar, sondern nur einen komplexeren. Für Europa sei überhaupt keine andere Basis politischer und sozialer Integration denkbar, die nicht differenzblind und damit konfliktproduzierend statt konfliktzivilisierend wirke. Verfassungsinstitutionen hätten eine induzierende Wirkung auf die Ausbildung einer übergreifenden europäischen Öffentlichkeit. Das heißt nicht, dass eine

---

301 Ebd.: 147.
302 Das heißt, es darf keinen dominanten gesellschaftlichen Gegensatz geben, der soziale und politische Konflikte in allen anderen gesellschaftlichen Sphären determiniere.
303 Vgl. Habermas (2001).
304 Ebd.: 19.

Demokratisierung zu immerwährendem öffentlichen Glück führt. Das ist ja auch in Nationalstaaten nicht der Fall. Auf der Grundlage verfassungsmäßiger politischer Partizipationsrechte ist es nur sehr viel wahrscheinlicher, dass wiederkehrende und gänzlich neue Konflikte ausgetragen werden können, ohne dass jedes Mal eine Revolution, ein Putsch oder eine Vertreibungswelle ausgelöst wird.

Aber unter welchen Umständen beginnen „Fremde", die sich fremd bleiben, sich als politische Gemeinschaft anzusehen? Müssen sie immer schon eine Wertegemeinschaft bilden, bevor man sie nach demokratischen Spielregeln aufeinander loslassen kann, wie die Partikularisten meinen? Wie bildet sich eine moderne politische Identität? Habermas beteuert, eine solche europäische Identität werde sich schon irgendwie bilden, wenn Europa eine Verfassung habe und europäische Selbstverständigungsprozesse in Gang kämen:

„Aus dieser Perspektive [eines diskurstheoretischen Demokratieverständnisses, d.A.] erscheint das ethisch-politische Selbstverständnis der Bürger eines demokratischen Gemeinwesens nicht als das historisch-kulturelle Prius, das die demokratische Willensbildung ermöglicht, sondern als Flussgröße in einem Kreisprozess, der durch die rechtliche Institutionalisierung einer staatsbürgerlichen Kommunikation überhaupt erst in Gang kommt. Genauso haben sich im modernen Europa auch die nationalen Identitäten ausgebildet." (Habermas 1996: 191)

Ich teile diese Sicht, aber wenn ein gemeinsames politisches Selbstverständnis – wenn auch in der minimalistischen Form einer gemeinsamen freiheitlichen politischen Kultur – bereits die Voraussetzung dafür ist, dass man redet und nicht schießt, um einen Konflikt zu lösen, dann ist diese Argumentation zirkulär.[305] Die Stärke der prozeduralistischen Argumentation liegt nicht darin, dass sie prognostizieren könnte, ob es jemals eine europäische Identität in einem starken Sinne geben wird, sondern darin, dass sie daran erinnert, dass die vielfältigen Differenzen, die kulturelle, religiöse, ideologische und politische Pluralität, die tiefen sozialen Spannungen im europäischen Rechtsraum, wenn überhaupt, nur durch demokratische Prozeduren auf der Grundlage intensiver öffentlicher Kommunikation ausgehalten werden können.[306]

Die Argumente der Prozeduralisten in bezug auf die Frage einer europäischen Identität sind in der vorgetragenen Weise nicht wasserdicht. Den Zweifeln der

---

305 Vgl. Habermas (1996: 184). Diese Zirkularität kann jedoch durch einen genaueren Umgang mit dem Identitätsbegriff aufgelöst werden. Vgl. hierzu Tietz (2002a, 2002b), der auf der Grundlage einer sprachanalytisch-hermeneutischen Theorie „Identität" im Sinne der Identifizierbarkeit und „Identität" im Sinne des gemeinsam geteilten Selbstverständnisses von Akteuren unterscheidet.

306 Eine unproblematische Interpretation „nationaler Unterschiede" könnte sich auf die verschiedenen *politisch-institutionellen Traditionen* und *politischen Kulturen* beziehen. Einige Mitgliedstaaten blicken auf eine lange, ungebrochene liberale Tradition zurück, während andere sich in der Vergangenheit als anfällig für Totalitarismen erwiesen. In diesen Staaten nehmen die Bürger ihre Geschicke möglicherweise etwas zögerlicher in die Hand, partizipieren und prozessieren weniger, teilen möglicherweise ein naiveres und damit für populistische Manipulation empfänglicheres Demokratieverständnis. Gerade in bezug auf die mittel- und süd-osteuropäischen Neumitglieder werden solche Befürchtungen geäußert. Da aber gerade für diese „üblichen Verdächtigen" die Stärkung ihrer Demokratien ein wichtiges Beitrittsmotiv darstellte, kann man davon ausgehen, dass die grundsätzliche Bereitschaft, Konflikte fair und friedlich auszutragen, dort vorhanden ist.

Partikularisten des Nationalen wird dann gelegentlich geantwortet, die anspruchsvollen Voraussetzungen demokratischer Deliberation seien ja auch auf der Ebene der Nationalstaaten nicht immer hundertprozentig erfüllt. Aber der Verweis auf eine Reihe von Defiziten nationaler Demokratien beruhigt verantwortungsethisch begründete und empirisch fundierte Bedenken hinsichtlich der Demokratiefähigkeit der Europäischen Union nicht. Die konkreten Sorgen verlieren dadurch nicht an Eindringlichkeit. Zwar hat Ottfried Höffe recht, wenn er schreibt, ein Argument gegen eine Demokratisierung der Europäischen Gemeinschaft auf dem Wege der Konstitutionalisierung ihres politischen Systems lasse sich aus empirischen Defiziten der sozialen Integration der europäischen Gesellschaft allein noch nicht gewinnen. Man könnte diese empirisch konstatierbaren Defizite eingestehen und trotzdem sagen: „Verstanden als pragmatische Bedenken, können die Befürchtungen ... durchaus überzeugen. Das Gewicht eines grundsätzlichen Einwandes haben sie aber schon deshalb nicht, weil sie sinngemäß auch gegen Einzelstaaten sprechen und dort nicht jede Staatlichkeit zu diskreditieren vermögen."[307] Aber daraus lässt sich freilich auch kein Argument *für* eine Demokratisierung der Europäischen Union gewinnen – nur weil es einmal gut ging, muss es ja nicht wieder glimpflich ablaufen. Hier fehlen dem prozeduralistischen Europaföderalismus Argumente.

Und dies ist die Folge einer weiteren schwerwiegenden Schwäche der prozeduralistischen Argumentation. Es ist nicht klar, wie man sich den europäischen politischen Kommunikationszusammenhang vorstellen soll, der eine demokratische Selbstregierung ermöglicht. Habermas geht selbst davon aus, dass dieser Kommunikationszusammenhang, der ja tatsächlich eine notwendige Vorraussetzung demokratischer Selbstregierung ist, seinerseits auf mit administrativen Mitteln nicht herstellbaren Funktionserfordernisse beruhe:

„Dieser [Kommunikationszusammenhang, d.A.] ist gewiss auf die Erfüllung wichtiger, mit administrativen Mitteln nicht einfach herstellbarer Funktionserfordernisse angewiesen. Dazu gehören Bedingungen, unter denen sich auch ein ethisch-politisches Selbstverständnis der Bürger kommunikativ ausbilden und reproduzieren kann – aber keineswegs eine *vom demokratischen Prozess selbst unabhängige* und insoweit vorgegebene kollektive Identität. Was eine Nation von Staatsbürgern – im Unterschied zur Volksnation – einigt, ist kein vorgefundenes *Substrat*, sondern ein intersubjektiv geteilter Kontext möglicher Verständigung." (Habermas 1996: 189)

Im Einklang mit der Diskurstheorie des Rechts und des demokratischen Rechtsstaats verweist Habermas auf den „bis in die politische Sozialisation eingreifenden Kommunikationszusammenhang",[308] den interpersonale und massenmediale politische Kommunikation sowie durch demokratische Prozeduren rechtlich institutionalisierte Begründungs- und Anwendungsdiskurse in ihrer Gesamtheit herstellen. Aber genau das ist es ja, was nach den Diagnosen Grimms und vieler anderer für Europa gerade nicht gegeben sei. Und Habermas räumt daraufhin ein – und hier beginnen die folgenreichsten Irrtümer –, dass die notwendigen „Arenen der öffentlichen Meinungs- und Willensbildung einstweilen nur innerhalb einzelner Na-

---

307 Vgl. Höffe (1996a: 164) im Rahmen der Diskussion um eine Weltrepublik.
308 Vgl. Habermas (1996: 189).

tionalstaaten" bestünden.[309] Vor allem wird jedoch auf das Sprachenproblem nicht schlüssig geantwortet: Englisch als europäische *lingua franca* zu empfehlen,[310] ist keine Lösung für eine europäische Öffentlichkeit, denn alltägliche politische Kommunikation in einer Fremdsprache ist den meisten Bürgern nicht zuzumuten. Habermas kommt seinen Kritikern damit zu weit entgegen. Wenn es tatsächlich wichtige, mit administrativen Mitteln nicht herstellbare Funktionserfordernisse der Demokratie gibt, worin besteht dann noch der intersubjektiv geteilte Kontext möglicher Verständigung der Unionsbürger? Ich glaube, dass Habermas seine Kritiker aufgrund solcher Formulierungen nicht überzeugt, die suggerieren, dass es diesen intersubjektiv geteilten Kontext möglicher Verständigung nicht zwischen *allen* Menschen gibt, sondern eine partikulare *Wir-Gemeinschaft* dafür doch schon vorausgesetzt werden müsse. Die Verfassung – so scheint es – kann ihre gesellschaftlich integrierende Wirkung doch erst dann voll entfalten, wenn höchst anspruchsvolle lebensweltliche Voraussetzungen *bereits erfüllt sind*:

„Gewiss, dieser politisch hergestellte Solidarzusammenhang unter Bürgern, die als Fremde gleichwohl füreinander einstehen sollen, stellt sich als ein *voraussetzungsreicher* Kommunikationszusammenhang dar. Darüber besteht kein Dissens. ... Deshalb kann es, normativ betrachtet, auch keinen europäischen Bundesstaat geben, der den Namen eines demokratischen Europa verdient, wenn sich nicht im Horizont einer gemeinsamen politischen Kultur eine europaweit integrierte Öffentlichkeit bildet, eine Zivilgesellschaft mit Interessenverbänden, nicht-staatlichen Organisationen, Bürgerbewegungen usw., natürlich ein auf europäische Arenen zugeschnittenes Parteiensystem, kurz: ein Kommunikationszusammenhang, der über die Grenzen der bisher nur national eingespielten Öffentlichkeiten hinausgreift." (Ebd.: 190)

Indem Habermas all dies schon als Voraussetzungen einführt, hat er so viele Zugeständnisse an eine kommunitaristische Lesart der Demokratie gemacht, dass das prozeduralistische Argument unplausibel wird. Plötzlich pochen Prozeduralisten und Partikularisten auf das gleiche Set von Bedingungen – mit der Einschränkung, dass die Prozeduralisten die kulturelle Identität durch eine freiheitliche politische Kultur ersetzen. Stehen wir also wieder am Anfang der Debatte? Gerade die Existenz einer übergreifenden europäischen Öffentlichkeit, einer gemeinsamen politischen Kultur, einer Zivilgesellschaft mit europäischen Parteien, Interessenverbänden und Bürgerbewegungen, die Netze zwischen Porto und Warschau, Athen und Helsinki webt, wurde ja bezweifelt.[311] Gibt es ohne Verfassung keine Öffentlichkeit und ohne Öffentlichkeit keine Verfassung (vgl. Abb. 1)?

---

309   Vgl. Habermas (2001: 13).
310   Vgl. Habermas (1996: 191; 2001: 14).
311   An transnationalen Bewegungen und Verbände mangelt es längst nicht mehr. Vgl. Fußnote 557. Überwiegend pessimistisch wird der Grad der Europäisierung der politischen Parteien in den Mitgliedstaaten eingeschätzt (vgl. Fußnoten 185 und 215), obwohl sich auch hier in der empirischen Diskussion eine Abkehr von düsteren Szenarien ankündigt. So gibt es inzwischen auch die Position, ein gestärktes Europaparlament könnte auch ohne genuin europäisches Parteiensystem funktionieren, da es auf europäischer Ebene zunehmend um allgemeinpolitische Sachthemen geht, in bezug auf welche die aus nationalen Arenen bekannte Links-Rechts-Struktur greift. Man könne daher mit einer Aggregation nationaler Parteiensysteme auskommen (Thomassen/Schmitt 1999).

Abbildung 1: Die Kreisläufe politischer Kommunikation als Teufelskreis?

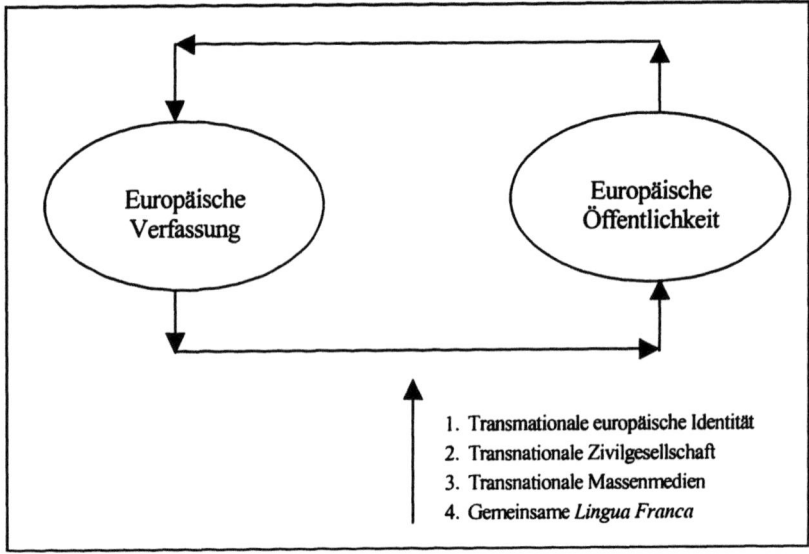

Ich denke, Habermas und die anderen Prozeduralisten sind im Recht, wenn sie gegen überzogene sprachlich-kulturelle Anforderungen an ein europäisches Demos argumentieren, aber es ist zu bezweifeln ob ihre bisherigen Argumente diejenigen überzeugen, die es genau wissen wollen. Denn an entscheidenden Stellen begründen die Europaföderalisten ihre Erwartung nicht ausreichend, dass die rechtliche Institutionalisierung staatsbürgerlicher Kommunikation durch eine europäische Verfassung tatsächlich eine induzierende Wirkung auf die Entstehung des politischen Kommunikationszusammenhangs habe, welcher dem ökonomisch und administrativ – also auf der Ebene der Systemintegration – längst zusammenwachsenden, auf der Ebene der Lebenswelt aber noch nicht spürbar vereinten Europa, die demokratische Komponente hinzufügen könnte.[312] Und so gerät der Kreisprozess, in dem sich demokratische Institutionengenese und politische Gemeinschaftsbildung gegenseitig immer neue Entwicklungsimpulse geben sollen, zum Teufelskreis, weil die Einstiegsluke unsichtbar bleibt.

Der Streit um die Voraussetzungen der Demokratie in Europa

Genießen *politische Institutionen* das Primat vor kollektiven Identitäten, sind die Aussichten auf eine transnationale Demokratie günstig, genießen dagegen vorpolitische soziale Voraussetzungen wie eine *kollektive Identität, eine europäische*

---

312 Habermas (1996: 191).

Zivilgesellschaft und eine europäische Öffentlichkeit (auf der Basis einer gemeinsamen Sprache und gemeinsamer Medien) das Primat vor der Einführung demokratischer Prozeduren, muss man der Europäischen Union die Demokratiefähigkeit absprechen.[313]

Europäische Parteien und zivilgesellschaftliche Assoziationen, all die gesellschaftlichen Akteure, die einem gestärkten Europäischen Parlament Problemdefinitionen und Problemlösungsvorstellungen aus der Lebenswelt der europäischen Bürger zuführen und sich weitere Partizipationsrechte erkämpfen könnten, würden sich wahrscheinlich formieren, wenn es eine rege europäische Öffentlichkeit gäbe. Ohne eine funktionierende Öffentlichkeit gibt es allerdings keine kompetente europäische Wählerschaft. Auch eine gemeinsame politische Identität, ein gemeinsames Geschichts- und Traditionsverständnis, könnte sich erst bilden, wenn europaweite öffentliche Selbstverständigungsdiskurse in Gang kämen. Darum ist die *Beantwortung der Frage nach der Konstitution einer europäischen Öffentlichkeit,* die Voraussetzung für die Beurteilung der Demokratiefähigkeit europäischen Regierens.

Seit einigen Jahren köchelt der Streit um die sozialen Voraussetzungen der Demokratie im europapolitischen Kontext nun bereits vor sich hin. In bezug auf die europäische Verfassung wird dabei die Diskussion zwischen Liberalen und Kommunitaristen wiederholt.[314] Dass diese theoretischen Fragen keineswegs nur akademischer Natur sind, zeigt sich daran, dass sie auch im politischen Prozess enorme Ratlosigkeit verursachen. Es hat den Anschein, als gäbe es auf die Frage danach, welche der beiden Voraussetzungen zuerst erfüllt sein müsse, nur zwei gleichermaßen unbefriedigende Antworten: eine möglicherweise *verfrühte Demokratisierung,* die nicht nur für die europäische, sondern auch die nationale Politik beträchtliche Risiken bergen könnte oder aber eine Beibehaltung des *status quo,* der das bestehende Demokratiedefizit festschreibt oder sogar seine Zunahme hinnimmt und damit die Geltungsgrundlagen moderner demokratischer Politik aushöhlt. Auch der Prozess der politischen Integration Europas scheint angesichts dieses Dilemmas blockiert zu sein: Seit Maastricht steht das Thema „Demokratisierung" auf der Tagesordnung, aber es herrscht unter den politischen und intellektuellen Eliten ebenso wie in der Öffentlichkeit enorme Unsicherheit angesichts möglicher Risiken entsprechender Schritte.

---

313 In der klassischen modernisierungstheoretischen Diskussion der sozialen Voraussetzungen der Demokratie spielten sozio-ökonomische Indikatoren, wie Wohlstand und Bildung, eine zentrale Rolle. Vgl. Lipset (1960, 1993). Zur Kritik daran überblicksartig M. G. Schmidt (1997: 292–307). Die entsprechenden Standards sind in der Europäischen Union erfüllt. Ausnahmen stellen – und dies auch nur bezüglich einzelner Variablen – die ärmsten Regionen dar. Sozio-ökonomische Standards wurden in der Debatte um die Demokratiefähigkeit der Union überhaupt nicht angesprochen – so selbstverständlich gelten sie als gegeben.

314 Die kommunitaristische Deutung der Demokratieunfähigkeit der europäischen Politie ist in Deutschland derzeit die vorherrschende Position. In anderen Mitgliedstaaten wird das Thema nicht so heiß diskutiert, was wohl daran liegt, dass dort ein kühles liberales Verständnis von Öffentlichkeit und Demokratie in Anschlag gebracht wird, das solche Fragen weitgehend ausblendet.

Die Antworten der Europaföderalisten auf die Zweifel der Partikularisten des Nationalen fielen an entscheidender Stelle unbefriedigend aus. Die zentralen Fragen, die die Partikularisten des Nationalen aufwarfen, wurden von den Europaföderalisten jedoch nicht hinreichend beantwortet: Unter welchen Voraussetzungen können die EU-Bürger miteinander kommunizieren? Wie funktioniert öffentliche Kommunikation ohne gemeinsame Perspektive, gemeinsame Medien und ohne gemeinsame Sprache? Habermas' Insistieren darauf, dass ein „Kreisprozess", ein wechselseitiges Ingangsetzen von politischer Partizipation in Europa und politischer Identifikation der Bürger mit Europa möglich und wahrscheinlich sei, bleibt somit zumindest erläuterungsbedürftig.

Beide Positionen, sowohl diejenige, die eine Demokratisierung der Europäischen Union angesichts der bislang fehlenden sozialintegrativen Dichte für unmöglich hält, als auch diejenige, die in einer Demokratisierung den notwendigen Anfang für eine Intensivierung auch der Sozialintegration innerhalb der Gemeinschaft sieht, haben plausible Argumente zusammengetragen. Sie kommen jedoch zu einander ausschließenden Schlussfolgerungen, so dass es den Anschein haben könnte, es liefe auf eine bloße Glaubensfrage hinaus, auf welcher Seite wir uns positionieren. Dieser Schein trügt: Beide Grundpositionen sind letztlich monokausal angelegt. Weder bewirken demokratische Institutionen *ad hoc* die Konstitution einer europäischen Öffentlichkeit, politischen Identität und Zivilgesellschaft, noch entwickeln sich diese unabhängig von einem rechtlich institutionalisierten Raum politischer Kommunikation, um dann irgendwann nach Absolvieren einer Art Reifeprüfung in die Demokratie entlassen werden zu können.

Die Debatte um das *Primat der Identität* vor der Entstehung einer Öffentlichkeit und der Demokratisierung des Institutionensystems und umgekehrt das *Primat der demokratischen Verfassungsordnung* vor Öffentlichkeitsgenese und Identitätsbildung führt in eine Sackgasse. Ich möchte darum im Folgenden eine dritte Möglichkeit ausloten, die darin besteht, dass der „Kreisprozess", von dem die Prozeduralisten sprechen, bereits vor der Verfassungsgebung einsetzt, aber „stottert", solange er in den zu engen institutionellen Grenzen ausschließlich nationaler demokratischer Partizipation gefangen ist. Im nun folgenden zweiten Teil dieser Arbeit möchte ich die Lücken der europaföderalistischen Argumentation im Anschluss an die theoretische Vorarbeit im zweiten Kapitel mit hermeneutisch-pragmatistischen Mitteln schließen.

4. Verstehen und Begründen im multisprachlichen Raum

Das Öffentlichkeitsdefizit der Europäischen Union gilt als Kern des europäischen Demokratiedefizits.[315] Die Beantwortung der Frage nach der Konstitution einer europäischen Öffentlichkeit ist deshalb essentiell für die Beantwortung der Frage nach der Demokratisierbarkeit europäischen Regierens. Seit Beginn der 90er Jahre dominierten allerdings pessimistische Einschätzungen der Aussichten für eine Herausbildung einer europäischen Öffentlichkeit. Auf der Ebene der empirischen Analyse europäischer politischer Kommunikation scheint sich inzwischen jedoch eine Trendwende anzukündigen. Die Studien von Marianne van de Steeg, Juan Diéz Medrano, Stefan Tobler und einige größere empirische Forschungsprojekte sind Indizien dafür.[316] Dennoch ist bisher auf der theoretischen Ebene die seit Beginn der Neunziger Jahre leitende hermeneutisch fundierte These nicht entkräftet worden, die besagt, die Europäer redeten aufgrund ihrer verschiedenen Mediensysteme und ihrer unterschiedlichen Muttersprachen in bezug auf europäische Themen notorisch „aneinander vorbei".

Ohne schon eigene empirische Forschungsergebnisse präsentieren zu können, möchte ich in diesem Kapitel einige Überlegungen vorstellen, die diese veränderte Forschungspraxis theoretisch untermauern und dafür argumentieren, dass europäisierte nationale Medienöffentlichkeiten trotz medialer Segmentierung, trotz Sprachenvielfalt und ohne starke europäische Identität durchaus öffentliche Meinungsbildungsprozesse in Europa tragen können.

Im ersten Teil dieses Kapitels möchte ich dazu drei in der Diskussion vertretene verstehensskeptische Argumente gegen die Möglichkeit europäischer öffentlicher Kommunikation darstellen und diese im nächsten Schritt mit hermeneutischen Argumenten entkräften. Dies geschieht in zwei Schritten. Zuerst geht es um das *Bedeutungsverstehen* und dann um die Möglichkeit der *Begründung* im multisprachlichen und multikulturellen Raum. Es wird sich zeigen, dass ein hermeneutisch-pragmatistisch geöffnetes Diskursmodell der Öffentlichkeit Probleme transnationaler politischer Kommunikation angemessen theoretisch konstruieren kann. Im zweiten Teil dieses Kapitels wird ein Ausblick auf die sich in einer hermeneutisch-pragmatistischen Perspektive eröffnenden empirischen Fragestellungen, mögliche Hypothesen und Operationalisierungsvorschläge gegeben. Dabei beziehe ich mich auf bereits vorliegende empirische Studien und vielversprechende neuere Forschungsprojekte.

---

315 Vgl. Gerhards (1993: 99); Grimm (1995); Eder/Hellmann/Trenz (1998: 321) und Blöbaum (1999: 37).
316 Vgl. Eder/Kantner/Trenz (2000); Giesen/Risse (2000); Koopmans (2000); Diéz Medrano (2001); van de Steeg (2000, 2001, 2002); Tobler (2001, 2002).

4.1 Europa als modernes Babel?

Es gibt eine klassische Metapher für Verstehens- und Übersetzungsprobleme: den Turmbau zu Babel. Nach der Sintflut sprachen alle Menschen dieselbe Sprache, waren sie doch alle Nachkommen Noahs. Noahs Söhne wurden zwar die Stammväter verschiedener Stämme, die sich langsam über die Erde ausbreiteten, aber dramatische Verständigungsschwierigkeiten kannten sie nicht. Um sich bleibenden Ruhm zu verschaffen, aber auch, um beieinander bleiben zu können und nicht zu weit über die Welt verstreut zu werden, beschlossen die Menschen, sich eine große Stadt zu bauen mit einem gigantischen Turm.

„Es hatte aber alle Welt einerlei Zunge und Sprache. ... Und sie sprachen untereinander: Wohlauf, lasst uns Ziegel streichen und brennen! – und nahmen Ziegel als Stein und Erdharz als Mörtel und sprachen: Wohlauf, lasst uns eine Stadt und einen Turm bauen, dessen Spitze bis an den Himmel reiche, damit wir uns einen Namen machen; denn wir werden sonst zerstreut in alle Länder. Da fuhr der HERR hernieder, dass er sähe die Stadt und den Turm, die die Menschenkinder bauten, Und der HERR sprach: Siehe, es ist einerlei Volk und einerlei Sprache unter ihnen allen, und dies ist der Anfang ihres Tuns; nun wird ihnen nichts mehr verwehrt werden können von allem, was sie sich vorgenommen haben zu tun. Wohlauf, lasst uns herniederfahren und dort ihre Sprache verwirren, dass keiner des andern Sprache verstehe! So zerstreute sie der HERR von dort in alle Länder, dass sie aufhören mussten, die Stadt zu bauen." (Die Bibel, 1. Mose 11)[317]

Die Hybris, diesen Turm in den Himmel ragen zu lassen, wo man dem Schöpfer ganz nahe käme, erzürnte diesen, so dass er die Menschen, die ihm in ihrer kooperativen Anstrengung gefährlich nahe kamen, bremsen musste. Er tat es, indem er ihre Sprachen „verwirrte". Wechselseitig konnte man im Reden der anderen jetzt nur noch „wirres Zeug" erkennen. Das Gegenüber erschien auf einmal als „barbarisch" im buchstäblichen Sinne des Wortes. Man hörte nichts als gebrabbelte Laute: „bar bar". Die Übersetzungsschwierigkeiten wurden unüberwindlich und so mussten die Menschen ihr gemeinsames Projekt aufgeben. Ganz ähnlich wird heute der Begriff der Inkommensurabilität gefasst und ein wenig klingt auch in den pessimistischen Positionen zur europäischen Einigung die Befürchtung an, hier habe man sich ein Projekt vorgenommen, das an Hybris grenze und dereinst wie ein Kartenhaus zusammenbrechen könnte.

Ich habe in den vorangegangenen Kapiteln gezeigt, dass die zentralen europaskeptischen Argumente für die Demokratieunfähigkeit der Europäischen Union als kommunikationstheoretische Argumente sind: Der moderaten partikularistischen Position zufolge besteht das schlimmste Handicap für eine Demokratisierung der Gemeinschaft weniger im Fehlen einer gemeinsam geteilten kollektiven ethnischen oder starken transnationalen kulturellen Identität, als vielmehr in der *Unfähigkeit der Europäer, transnational politisch zu kommunizieren.*[318] Die hermeneutischen

---

317 Vgl. auch Sloterdijk (1995: 7–11).
318 Die Schwierigkeiten transnationaler politischer Kommunikation verunmöglichen dieser Sicht zufolge wiederum die Herausbildung einer gemeinsam geteilten *politischen* Identität.

Vorannahmen, die dieser Situationsbeschreibung zugrunde liegen, lassen sich in drei Argumenten zusammenfassen.

1. Solange durch unterschiedliche Interessen, Kulturen oder ideelle Traditionen geprägte *nationale Sichtweisen* die Diskussion europäischer Themen dominieren, werden die Gegenstände europäischer Kommunikation verfehlt. Man kommuniziert zwar über Europa, aber eigentlich werden ganz verschiedene Dinge gemeint. Unterschiede der Kultur oder der Sprache konstituieren so etwas wie *inkommensurable* Paradigmen im Kuhnschen Sinne, über die hinweg sinnvolle Verständigung so gut wie unmöglich sei.

2. Solange es *keine gemeinsamen europäischen Medien* gibt, bleiben die Bürger in diesen nationalen Diskursen gefangen und es gibt keinen nationenübergreifenden Kommunikationszusammenhang.

3. Das größte Hemmnis für eine europäische Öffentlichkeit stellt das *Fehlen einer gemeinsamen Sprache* dar, weil ohne eine solche gemeinsame Medien nicht genutzt werden können.[319] So könnten europäische Themen zwar zirkulieren und Beiträge in der Übersetzung oberflächlich *verstanden* werden, falls sie in verschiedenen nationalen Öffentlichkeiten präsent sind, ein *wechselseitiges Begründen* der national geprägten Meinungen zu den kontroversen Themen sei jedoch unmöglich oder zumindest unwahrscheinlich. Missverständnisse, die sich auf die wörtlichen Bedeutungen beziehen, seien an der Tagesordnung und darüber hinaus blieben Missverständnisse hinsichtlich des Sinnzusammenhangs bestehen, selbst wenn das Bedeutungsverstehen geklärt werden könnte. Die Sprachspiele der Europäer – so die skeptische These, die europäische Hoffnungen dämpfen soll, selbst wo sie prozedural begründet werden – seien möglicherweise übersetzbar, aber dennoch füreinander gleichgültig.[320] Man könnte zwar reden, aber man hat sich nichts Relevantes mitzuteilen. Diese These ist keine einfache Inkommensurabilitätsthese mehr.[321] Vielmehr versucht sie, das Problem des „Aneinander-vorbei-Redens" auf einer anderen Ebene mit raffinierteren Mitteln zu formulieren.

Diese starken, auf eine angenommene Notwendigkeit einer gemeinsamen Sprache und gemeinsamer Medien rekurrierenden Argumente, fußen jedoch auf kritisierbaren hermeneutischen Vorannahmen. Um dies zu begründen, möchte ich Argumente aus einer aktuellen philosophischen Debatte, die im Anschluss an Hans-Georg Gadamer und Donald Davidson geführt wird, auf die spezifischen Probleme europäischer politischer Kommunikation übertragen.[322] Ich habe bereits die verstehensskeptischen Argumente gegen das Diskursmodell der Öffentlichkeit und die hermeneutisch-pragmatistischen Gegenargumente angedeutet.[323] Nun wird

---

319 Vgl. auch Gerhards (2000: 291) und Kielmansegg (1996: 55).
320 Vgl. Greven (1998: 262 f).
321 Sprachspiele, die ineinander übersetzbar sind, sind nicht inkommensurabel.
322 Meine Argumentation stützt sich im Folgenden auf die Arbeiten von Tietz (1999; 2001a, 2001b) in Auseinandersetzung mit verschiedenen verstehensskeptischen Positionen.
323 Vgl. die Seiten 48 ff. dieser Arbeit.

deutlich, wie wichtig die Klärung des hermeneutischen Unterbaus einer Theorie öffentlicher politischer Kommunikation insbesondere für das Verständnis transnationaler Kommunikationsprozesse ist.

Ich vertrete gegen diese verstehensskeptischen Einwände die These, dass die Europäische Union trotz ihrer sprachlichen Heterogenität nicht in inkommensurable Teilräume zerfällt, die mit nationalen Grenzen zusammenfallen.[324] Es gibt nur einen „logischen Raum der Gründe" und in diesem stehen alle Menschen, die kompetente Sprecher irgendeiner Sprache sind. Die Auflösung des mit der Metapher des babylonischen Sprachengewirrs formulierten Problems suche ich dabei nicht in vorpolitischen sozio-moralischen Ressourcen der Gemeinschaft – sozusagen in einem europäischen Pfingstwunder[325] –, sondern ich möchte sie mit verstehens- und bedeutungstheoretischen Argumenten aus der irdischen und oft sehr anstrengenden kommunikativen Praxis kompetenter Sprecher erklären.

4.2 Nur ein logischer Raum des Begründens

(1) Wenden wir uns zunächst der Frage des Bedeutungsverstehens zu. Das Argument, die in der Europäischen Union empirisch gegebenen *nationalen Interessen und Identitäten* führten dazu, dass man in den nationalen Öffentlichkeiten über unterschiedliche Gegenstände kommuniziert, wenn von europäischen Fragen die Rede ist, setzt paradoxerweise voraus, was es bestreitet – nämlich Kommunikation. Unterschiedliche Interessen und unterschiedliche kulturelle Sichtweisen konstituieren Perspektiven auf Gegenstände, welche bereits gemeinsame Gegenstände der Kommunikation sind. Schon Hans-Georg Gadamer hatte in seiner Rehabilitierung des Vorurteils gezeigt, dass der hermeneutische Zirkel vom Vorurteil ausgeht.[326] Wir benötigen unterschiedliche Perspektiven auf einen Gegenstand, um mit dem Beurteilen von Sprechakten und damit mit dem Gespräch anzufangen.

---

324 Auch Abromeit/Schmidt (1998: 307) weisen Inkommensurabilitätsthesen in der Diskussion um das Sprachproblem der Europäischen Union mit dem Argument zurück, dass „die Grenzen unserer Sprache nicht die Grenzen unserer Welt" sind.

325 Das Pfingstwunder steht als mystisches Verschmelzungserlebnis am Anfang der Apostelgeschichte des Lukas, die mit dem Missionsbefehl zur Bekehrung der Heiden und der Ablösung des Christentums vom jüdischen Volk endet. „Und als der Tag der Pfingsten erfüllt war, waren sie alle beieinander an *einem* Ort. Und es geschah plötzlich ein Brausen vom Himmel wie eines gewaltigen Windes und erfüllte das ganze Haus, da sie saßen. Und es erschienen ihnen Zungen, zerteilt, wie von Feuer; und er setzte sich auf einen jeglichen unter ihnen, und ,sie wurden alle voll des heiligen Geistes' und fingen an zu predigen in andern Zungen, wie der Geist ihnen gab auszusprechen. ... Da nun diese Stimme geschah, kam die Menge zusammen und wurde bestürzt; denn ein jeder hörte sie in seiner eigenen Sprache reden. Sie entsetzten sich aber, verwunderten sich und sprachen: ... Wie hören wir denn ein jeglicher seine Sprache, darin wir geboren sind? ... wir hören sie in unseren Zungen die großen Taten Gottes reden. ..." (Die Bibel, Apostelgeschichte 2: 1–4)

326 Vgl. Gadamer (1990: 281–290; 1993: 60); Tietz (1999: 42–47).

In diesem Sinne werden auch die Gegenstände europapolitischer Kommunikation durch die unterschiedlichen Perspektiven der Kommunikationsteilnehmer auf strittige Probleme konstituiert. Wenn europäische Themen in nationalen Medien unter nationalen Gesichtspunkten vertreten sind, ist das die Voraussetzung für alle weiteren Verständigungs- und Begründungsprozesse.

Die Ironie des partikularistischen Arguments besteht also darin, dass es etwas voraussetzt, was es per Voraussetzung gar nicht geben dürfte: eine erfolgreiche Kommunikation. Kontroversen gibt es ja nur, wenn die Kommunikationsteilnehmer in hinreichend vielen Überzeugungen übereinstimmen, weil sonst Unterschiede überhaupt nicht als *Differenzen*, d. h. als im Rahmen eines gemeinsam geteilten Horizonts von Relevanzen *sinnvolle Unterschiede*, identifiziert werden könnten.

Sind die empirisch gegebenen Differenzen hinsichtlich der kulturellen und politischen Überzeugungen zwischen den Europäern unterschiedlicher Nationalität nun aber so groß, dass ernstliche Verständigungsschwierigkeiten über politische Fragen daraus resultieren? Diese Frage berührt ein klassisches Problem der Hermeneutik. Es berührt die Frage, ob Menschen einander verstehen können, wenn sie kein geteiltes Set von Überzeugungen zur Verfügung haben, auf das sie sich dabei stützen können. Die Situation der *„radikalen Interpretation"*, d. h. eine im Gedankenexperiment konstruierte Kommunikationssituation, in der die Kommunikationsteilnehmer auf keinerlei gemeinsames Vorverständnis zurückgreifen können, ist der Testfall für alle Bedeutungs- und Übersetzungstheorien gewesen. In diesem Gedankenexperiment wird also der Extremfall voraussetzungsloser Kommunikation durchgespielt.

Auch Donald Davidson fragt, wie wir eine Äußerung verstehen und interpretieren können, die wir als intendierte sprachliche Äußerung erkannt haben, wenn wir gar nichts über die Umstände wissen, die eine Interpretation erleichtern würden.[327] Aber er zeigt, dass die Schwierigkeiten der radikalen Interpretation auch die jeder anderen Interpretation sind. Wir wissen nie alles, was zum Verständnis hilfreich wäre. Überall wo kommuniziert wird, können Sinnzusammenhänge unterbrochen und folglich Interpretationsanstrengungen erforderlich werden. Davidson hält somit fest: „Das Problem der Interpretation gilt für die Muttersprachen ebenso wie für Fremdsprachen."[328]

Nun meint Davidson, dass die traditionellen *Bedeutungs*theorien am Problem des Verstehens gescheitert seien, weil sie, indem sie die Bedeutungen als eigene ontologische Entitäten auffassten, mit denen man dann die Äußerungen von Sprechern ver- und abgleichen könnte, das Problem nicht lösten, sondern es im Gegenteil, noch komplizierter machten.[329] Bedeutungen schweben nicht als platonische Ideen über uns in einer ideellen Sphäre (und wenn sie es täten, hätten wir nichts davon, denn keinem Sterblichen wäre der Zugang ihnen möglich). Bedeutungen existieren nur in dem, was wir tatsächlich sagen. Auch die traditionellen

---

327 Vgl. Davidson (1990: 183).
328 Ebd.
329 Ebd.: 184.

*Übersetzungs*theorien seien am Problem des Bedeutungsverstehens gescheitert, denn das Übersetzungsmanual, mittels dessen aus einer Sprache in die andere übersetzt wird, klärt ja gerade nicht die Interpretationen, es ist ihr Ergebnis.[330]

Donald Davidson entwickelte zur Aufklärung dieser Schwierigkeiten traditioneller Bedeutungs- und Übersetzungstheorien das anti-skeptische Argument, dass im Prozess der Interpretation von menschlichen Sprechakten das Nachsichtigkeitsprinzip immer – und nicht nur in Ausnahmefällen – Anwendung findet.[331] Verbleiben wir zur Illustration der Anwendung des Nachsichtigkeitsprinzips vorerst im Gedankenexperiment der Situation der „radikalen Interpretation". Nehmen wir an, ein „Feldlinguist" (möglicherweise wider Willen) rettet sich aus seinem defekten Flugzeug und landet mit dem Fallschirm im Nichts, mitten im Dschungel bei einem völlig unbekannten Stamm von Eingeborenen. In dem Moment, in dem der Feldlinguist und die Eingeborenen die Kommunikation aufnehmen, stellen sie fest, dass sich ihre Sprachen nicht im Geringsten ähneln, ihre Kulturen völlig verschieden sind und sie nicht das Geringste übereinander wissen.

Aber selbst hier – also ohne jeglichen verständniserleichternden Erfahrungshintergrund – ist es dem „Feldlinguisten" und den Eingeborenen möglich, sich die Bedeutung jeder Äußerung des Gegenübers Schritt für Schritt zu erschließen, indem sie sich im „*trial and error*" -Verfahren voran tasten. Das heißt, solange die Gesprächsteilnehmer miteinander reden, unterstellen sie einander, dass das, was der andere jeweils sagt, für ihn Sinn macht und eingebettet ist in ein Netz von Überzeugungen, die zusammen im Großen und Ganzen kohärent und wahr sind – wie ihre eigenen Überzeugungen.[332] Was die Kommunikationsteilnehmer hier tun, ist dass sie ihren Verständigungsversuchen das Nachsichtigkeitsprinzip (*principle of charity*[333]) zugrunde legen.

Diese Rationalitäts- und Verständlichkeitsunterstellung besagt also, dass *jeder* kompetente Sprecher Überzeugungen hat, die im Großen und Ganzen widerspruchsfrei und wahr sind. Der zum Verstehen notwendige Hintergrund massiver Übereinstimmung ist also in der Kommunikation stets vorhanden, da die Beteiligten wechselseitig davon ausgehen, dass ihr Gesprächspartner die Welt im Großen und Ganzen so wie sie selbst sieht. Er umfasst alle Überzeugungen, die die Kommunikationsteilnehmer noch nicht als Differenzen identifiziert haben und wechselseitig – vorübergehend – als gegeben ansehen.

Damit haben die Kommunikationsteilnehmer die Grundlage geschaffen, auf der sie beim Durchschreiten des hermeneutischen Zirkels ihre wechselseitigen Interpretationen Schritt für Schritt verbessern können. Nur auf dieser Grundlage ist

---

330 Ebd.: 189.
331 Ebd.: 199, Fußnote 16.
332 Insofern ähnelt der Vorgang der Peter-Winch-Debatte: Der Ethnologe Peter Winch behauptete, Ethnologen könnten den Hopi-Indianer nicht verstehen, beschrieb und erklärte dann jedoch auf eintausend Seiten ihre Überzeugungen. Es zeigte sich, dass der Feldforscher in der Situation der „radikalen Interpretation" sehr viel verstanden hatte und dass es ihm sogar möglich war, den Angehörigen seiner eigenen Kultur die Überzeugungen der Hopi verständlich zu machen.
333 Zur Definition des *principle of charity* vgl. Fußnote 128.

es den Kommunikationsteilnehmern möglich, von Aussage zu Aussage schreitend zu einer besseren Interpretation zu gelangen, indem sie ihre vorhergehenden Interpretationen korrigieren. Sie entwickeln ein „Übersetzungsmanual" das immer wieder erweitert und angepasst werden kann. So kommen Kommunikationsteilnehmer selbst in der ungünstigsten aller Kommunikationssituationen zu einer Übersetzung. Dieses Beispiel illustriert, dass die menschlichen Sprachen nicht nur alle ineinander übersetzbar sind, sondern Übersetzungen zudem die Ausdrucksmöglichkeiten der Sprachen erweitern, in die jeweils übersetzt wird.[334]

Die Pointe besteht also nicht darin, dass Dissense durch die Rationalitäts- und Verständlichkeitsunterstellung eingeebnet werden, sondern darin, dass Dissense erst vor diesem unterstellten Hintergrund gemeinsam geteilter Überzeugungen identifizierbar sind. Indem Dissense als solche identifiziert werden, erfahren die Kommunikationsteilnehmer mehr über die Umstände, die das Verstehen weiterer Äußerungen erleichtern. Sie ersetzen den hypothetisch eingefüllten Hintergrund massiver Übereinstimmung partiell mit Erfahrungswissen über ihre geteilten und ihre differierenden Überzeugungen. Die Kommunikationsteilnehmer gelangen so Schritt für Schritt zu sich deckenden Beschreibungen ihrer wechselseitigen Überzeugungen, je öfter der hermeneutische Zirkel durchlaufen wird.[335]

Dies gilt selbst noch für die Kommunikationen, die soziologisch betrachtet als missglückt oder als unterbrochen beschrieben werden könnten. Denn auch diese Kommunikationen müssen einmal begonnen haben, bevor sie ab- oder unterbrochen werden konnten. Eine Kommunikation zu beginnen, heißt jedoch, mit den genannten Unterstellungen zu arbeiten.

Im Verstehensprozess wird dabei *nicht* vorausgesetzt, dass die Sprecher die gleichen Überzeugungen vertreten oder im Verlaufe der Kommunikation zu denselben Überzeugungen gelangen.[336] Sie wissen jedoch *voneinander* mit der Zeit immer besser, welche Überzeugungen der andere vertritt.

„Was dieses Vorgehen rechtfertigt, ist die Tatsache, dass Meinungsverschiedenheit ebenso wie Meinungsgleichheit nur vor einem Hintergrund massiver Übereinstimmung verständlich sind. Auf die Sprache angewandt, besagt dieses Prinzip: Je mehr Sätze wir gemeinsam akzeptieren oder ablehnen ... , desto besser verstehen wir die übrigen, gleichviel, ob wir mit Bezug auf sie derselben Meinung sind oder nicht." (Davidson 1990: 199)

---

334 Beispiele für diese Möglichkeit sind z. B. Lehn- und Fremdwörter, komplexe Begriffe wie „Föderalismus" oder „Zivilisation", die ihre Entsprechungen in verschiedenen Sprachen finden, bei denen wir jedoch gewohnt sind – selbst in den Zeitungen – daran zu erinnern, dass die Bedeutung in einer bestimmten fremden Sprache gegenüber unserem eigenen Gebrauch des Wortes variiert. Wir vergewissern uns damit unserer eigenen Perspektive und ordnen gleichzeitig ohne große Probleme ein, was ein Kommunikationspartner meint.

335 Allerdings kann praktisch nie jede Überzeugung geprüft werden, so dass das Nachsichtigkeitsprinzip auch bei Sprechern, die sehr viel übereinander wissen, nie suspendiert werden kann.

336 Siehe Rortys Kritik an der Diskursethik: Es geht nicht darum, dass tatsächlich Konsens erzielt wird, sondern nur darum, dass sich die Kommunikationsteilnehmer auf der Grundlage kontrafaktischer Unterstellungen wechselseitig klare Vorstellungen über ihre jeweiligen Überzeugungen bilden können. Die jeweils eigenen Überzeugungen werden dadurch noch gar nicht in Frage gestellt (Rorty 1988: 22 f.; Tietz 2001a). Vgl. auch Fußnote 139.

Die Akteure müssen zu ihren vorgängigen Überzeugungen also keine hypothetische Einstellung einnehmen.[337] Auch muss jemand, der die Äußerungen seines Gegenübers verstanden hat, dessen Überzeugungen im Einzelnen keinesfalls als wahr ansehen und übernehmen. Mit diesen hermeneutischen Argumenten werden die bestehenden Differenzen zwischen den Kulturen also keineswegs bagatellisiert.

Wenden wir diese Argumente empirisch: Innerhalb Europas gibt es nicht zu unterschätzende Unterschiede,[338] aber diese sind trotz des Sprachenproblems keinesfalls inkommensurabel. Solche Differenzen sind kommunikativ überbrückbar, wobei die Frage der dazu erforderlichen Anstrengungen eine empirische Frage ist – es dauert erfahrungsgemäß in einigen Fällen etwas länger, bis wir verstehen, aus welchen Gründen der Andere anderer Meinung ist als wir selbst.

Ich behaupte nicht, dass es keine konkurrierenden Meinungen über europäische politische Themen gäbe, die nicht auch häufig mit nationalen Interessen oder Denktraditionen korrelieren.[339] Aber *erstens* sind diese verschiedenen Meinungen kein Spezifikum des europäischen Kontextes. Sie existieren, wo immer Menschen miteinander streiten. Und *zweitens*, und das ist wohl das entscheidende Argument gegen den Partikularismus des Nationalen, können die verschiedenen Meinungen nur vor einem massiven Hintergrund von Übereinstimmungen identifiziert werden, und dieser Hintergrund besteht in der Überzeugung, dass der andere die Welt in bezug auf sehr viele Aspekte genauso sieht, wie man selber. Der Hintergrund massiver Übereinstimmung wird mit dem Nachsichtigkeitsprinzip unterstellt.

Unterschiedliche Perspektiven sind konstitutiv für das Gespräch. Ein Problem wird gerade deshalb zum europäischen Thema, *weil* beispielsweise Briten darüber anders denken als Schweden.[340] Sollten die britischen Medien einem in Großbritannien lebenden Publikum in englischer Sprache im wesentlichen die britische Position präsentieren und damit suggerieren, dass diese die „vernünftigere" oder die „einzig vernünftige" in diesem Streit sei und die schwedischen Medien täten dasselbe, unterscheidet sich das nicht grundsätzlich von dem, was „linke" und

---

337 Bei Mead klingt es gelegentlich so, als würde ein Individuum indem er die „signifikante Geste" eines Sprechers versteht, ein Anderer, weil eine zwangsläufige Reaktion in ihm ausgelöst wird. Diese Sicht kann man natürlich nicht aufrecht erhalten. Wenn jemand den Satz „Spring aus dem Fenster!" verstanden hat, zwingt ihn nichts, auch so zu reagieren.

338 Gerhards (1993) hat dies für den Bereich der Massenkommunikation beschrieben, Kielmansegg (1996) für die durch unterschiedliche demokratische Traditionen bedingten Schwierigkeiten bei der Einigung auf ein Institutionendesign für Europa.

339 Das Eurobarometer wendet sich inzwischen stärker der kontinuierlichen Untersuchung themenspezifischer Meinungen, Präferenzen und Prioritäten der EU-Bürger zu. Rechnerisch lassen sich dabei auch Mehrheitsmeinungen erkennen. Es wäre wünschenswert, wenn issue-spezifische Fragen langfristig beibehalten und dieses Instrumentarium verfeinert werden könnte, damit sich Veränderungen im Zeitverlauf ablesen lassen. Allerdings sind der beste politische Mechanismus zur Bestimmung der Mehrheitsmeinung demokratische Wahlen (und nicht Meinungsumfragen), nur sie als Verbindlichkeit stiftender institutioneller Filtermechanismus die Integration der vielen verschiedenen Meinungen zu legitimen Mehrheitsentscheidungen ermöglichen.

340 Das soll nicht heißen, Probleme würden automatisch zu Issues. Wie in der nationalen politischen Kommunikation werden aus dem Pool möglicher Themen stets nur wenige zum Issue gemacht.

„rechte" Medien im nationalen Diskurs tun: ihrem Publikum Argumente für die eigene und gegen mögliche andere Positionen zu liefern. Sprecher (oder Massenmedien) tragen durch ihre perspektivenabhängige Stellungnahme zu einem Gegenstand der Kommunikation keine „Verzerrungen" in die Kommunikation hinein. Woran sollten sich solche Verzerrungen denn auch bemessen, wenn man nicht davon ausgeht, dass es einen gottähnlichen objektiven Standpunkt gibt, der nur unverzerrt abgebildet und vermittelt werden müsste?

„Perspektiven sind weder Verzerrungen von irgendwelchen vollkommenen Strukturen, noch Selektionen des Bewusstseins aus der Gegenstandsmenge, deren Realität in einer Welt der Dinge an sich zu suchen ist. Sie sind in ihrer wechselseitigen Bezogenheit aufeinander die Natur, die die Wissenschaft kennt. (...) eine Welt unabhängiger physikalischer Wesenheiten, von denen Perspektiven lediglich Selektionen wären, gibt es nicht. An die Stelle der Welt tritt die Gesamtheit der Perspektiven in ihren Wechselbeziehungen zueinander." (Mead 1987: 213)

Man könnte vermuten, dass Experten und europäische Spitzenpolitiker am ehesten eine solche „objektive" Sicht hätten, an welcher sich die breite Öffentlichkeit orientieren sollte. Aber eine solche Argumentation verkennt nicht nur die kommunikationstheoretischen Grundlagen öffentlicher politischer Kommunikation, sondern auch den liberalen Sinn von Öffentlichkeit insgesamt. Auch in der nationalen politischen Debatte lassen die Bürger mit gutem Grund die Perspektive von Behörden oder Experten nicht als „objektiv" gelten. Die Perspektive von Experten und Amtspersonen kann in der öffentlichen Kommunikation kein Deutungsmonopol beanspruchen, weil auch Experten fehlbar sind und weil es in Sachen politischer Legitimität nicht nur um rein technische Fragen, Machbarkeitserwägungen und Finanzierungsprobleme geht, sondern vor allem um die soziale Angemessenheit vorgeschlagener Maßnahmen, um politische Präferenzen und Richtungsentscheidungen sowie manchmal auch um Anerkennungs- und Wertfragen.

Der prozedural und institutionell gefilterte Einschluss von Laien in diese Entscheidungen ist das legitimitätserzeugende Element demokratischer Herrschaft.[341] Eine privilegierte Perspektive jenseits der Vielfalt der Perspektiven der Bürger können die europäischen Eliten im Felde öffentlicher politischer Kommunikation nicht beanspruchen.

Auch der Bezug auf eine gemeinsam geteilte kollektive Identität in einem emphatischen Sinne ist nicht erforderlich, damit sich die Europäer über europäische Fragen so verständigen können, wie sie dies aus ihren nationalen Prozessen öffentlicher politische Kommunikation gewohnt sind. Abgesehen von den praktischen Schwierigkeiten und den normativen Problemen, die künstliche oder gar von oben initiierte Identitätskampagnen aufwerfen würden, kann zurecht bezweifelt werden, dass es irgendeinen materialen europäischen Identitätsvorschlag gibt oder geben kann, der nicht legitime Ansprüche auf Differenz unterschiedlichster Gruppen verletzen würde.

Der hermeneutisch-pragmatistische Gegenvorschlag verweist statt dessen auf

---

341 Vgl. Dewey (1996 [Orig. 1927]); Greven (1998: 254–257).

die gemeinsam geteilte objektive und soziale Welt als Gegenstandsbereiche, auf die sich die Akteure interaktiv und kommunikativ beziehen. Der Gegenstandsbezug sichert in ausreichendem Maße, dass „über das Gleiche" geredet wird, so wie unterschiedliche Sprecher nicht aneinander vorbei reden, wenn sie ein Haus von der Schmalseite, der Längsseite und der Draufsicht beschreiben.[342]

Die Europäer haben unterschiedliche Meinungen, weil sie verschiedene Interessen und Präferenzen haben – aber die gibt es eben auch innerhalb des Nationalstaats. Im Diskurs der Partikularisten des Nationalen werden solche Differenzen auf europäischer Ebene dramatisiert, während sie für den Nationalstaat und kleinere Einheiten banalisiert werden. Natürlich gibt es innerhalb Europas hermeneutische Probleme, aber diese unterscheiden sich nicht grundsätzlich von den hermeneutischen Problemen, die nationale Akteure bei der politischen Kommunikation miteinander haben und bewältigen. Die Schwierigkeiten beim Verstehen können durch die hermeneutische Interpretation überwunden werden. Dass Menschen in der Lage sind, zu ausreichenden Interpretationen zu gelangen, indem sie ihre früheren Interpretationen von Statement zu Statement korrigieren, ist auch im europäischen Kontext die einzige Fähigkeit, die Menschen brauchen, um einander verstehen zu können.

„Gemeinsamkeit der *Sprache* ... erleichtert das gegenseitige Verstehen, also die Stiftung aller sozialer Beziehungen, im höchsten Grade. Aber an sich bedeutet sie noch keine Vergemeinschaftung, sondern nur die Erleichterung des Verkehrs innerhalb der betreffenden Gruppen, also: der Entstehung von Vergesellschaftungen. Zunächst zwischen den *Einzelnen* und *nicht* in deren Eigenschaft als Sprachgenossen, sondern als Interessenten sonstiger Art: die Orientierung an den Regeln der gemeinsamen Sprache ist primär also ein Mittel der Verständigung, nicht Sinngehalt von sozialen Beziehungen." (Weber 1980: 22-23)

Eine mögliche Gegenfrage soll an dieser Stelle noch beantwortet werden. Sie lautet: Ist in dieser Perspektive Missverstehen überhaupt noch möglich? Mit der Rationalitätsunterstellung, dass unser Kommunikationspartner Überzeugungen hat, die im Großen und Ganzen widerspruchsfrei und wahr sind, haben wir nur die Grundlage geschaffen, auf der wir eine Interpretation Schritt für Schritt erarbeiten können. Scheitern wir dabei, ein Set von Überzeugungen zu rekonstruieren, die uns unser Gesprächspartner mitteilt, muss entweder unser Interpretationsversuch oder aber – wenn *alle* Interpretationsversuche gescheitert sind – unsere Rationalitätsunterstellung selbst zurückgenommen werden. Allerdings fällt in diesem zweiten Fall unser Gesprächspartner aus dem rationalen Teil der Menschheit heraus – eine Annahme, die nur in extremen Ausnahmefällen, nämlich nur bei „Wahnsinnigen" und Kleinstkindern, gemacht wird.

„Wenn wir keine Möglichkeit finden, die Äußerungen oder das sonstige Verhalten eines Geschöpfs so zu interpretieren, dass dabei eine Menge von Überzeugungen zum Vorschein kommt, die großenteils widerspruchsfrei und nach unseren eigenen Maßstäben wahr ist, haben wir keinen Grund, dieses Geschöpf für ein Wesen zu erachten, das rational ist, Überzeugungen vertritt oder überhaupt etwas sagt." (Davidson 1990: 199)

---

342 Vgl. Tietz (1999, 2000).

Davidson vertritt die Auffassung, dass nicht nur die meisten von *unseren* Überzeugungen wahr sein müssen, sondern die meisten Überzeugungen von *jedermann*. Denn wir können überhaupt nur Wesen hermeneutisch interpretieren, von denen wir annehmen, dass sie im Unterschied zu Tieren oder Computern Überzeugungen haben, die kohärent und im Großen und Ganzen wahr sind. Der „intentionale Standpunkt" eines Wesens, der konstitutiv für den Begriff der Person ist, ist die Bedingung dafür, dass wir den hermeneutischen Standpunkt überhaupt einnehmen können. Vor diesem Hintergrund allein sind Differenzen als sinnvolle Differenzen und Dissense identifizierbar.

(2) Wenden wir uns der vermeintlichen *Notwendigkeit gemeinsamer europäischer Massenmedien* zu. Zunächst ist zur Klärung dieses Punktes zu prüfen, ob mediale Kommunikation generell andere Strukturen aufweist als interpersonale Kommunikation. Wenn auch das Gedankenexperiment der radikalen Interpretation den Verstehensprozess am Beispiel einer Interaktionssituation, also einer *face-to-face*-Kommunikation, modelliert, um die Nichtübereinstimmung der Überzeugungssysteme der Kommunikationsteilnehmer ins Extrem zu treiben, richtet sich die hermeneutische Aufklärung von Verstehensprozessen von vornherein auch immer auf *mediale* Kommunikation. Hans-Georg Gadamer verweist auf die lange Vorgeschichte der philosophischen Hermeneutik in der Auslegung theologischer oder überlieferter schriftlicher Quellen.[343] Die philosophische Hermeneutik widmete sich seit ihren Anfängen, dem Versuch, aus konkreten Interpretationsprozessen das allgemeine „Verfahren des Verstehens zu isolieren".[344]

Bei der Interpretation von überlieferten Texten ist das Verfahren des Verstehens genau das gleiche wie bei der interpersonalen Kommunikation, nur „antwortet" der Text nicht in der gleichen Weise wie ein leiblich anwesender Kommunikationspartner. Doch auch hier versucht der Interpret, *Kohärenz* zwischen den entschlüsselten Aussagen des Textes herzustellen, so dass diese widerspruchsfrei zusammenpassen. Und wenn er beispielsweise ägyptische Hieroglyphen auf der Grundlage eines provisorischen Interpretationsmanuals zu verstehen glaubt, im nächsten Satz jedoch eine Übersetzung zustande kommt, in der es heißt, dass das Gras weiß oder der Sand essbar sei, muss die bisherige Interpretation überprüft werden, weil es weniger wahrscheinlich ist, dass die alten Ägypter Sand aßen, als dass die bisherige Interpretationstheorie falsch ist, die dann so lange korrigiert werden muss, bis die Sätze des Textes (und diese mit Sätzen anderer Hieroglyphenschriften) einen kohärenten Sinn machen.

Stillschweigend unterstellen wir hier, dass die alten Ägypter die Welt ungefähr so sahen wie wir und darum ziehen wir nicht die Rationalitätsunterstellung zurück, sondern versuchen, unsere Interpretation zu verbessern. Das Verstehen medialer Kommunikation funktioniert hermeneutisch genauso wie das Verstehen interpersonaler Kommunikation durch das Durchlaufen des hermeneutischen Zirkels und das Anpassen des Interpretationsmanuals.

---

343 Vgl. Gadamer (1990 [Orig. 1960]: 177–188).
344 Ebd. 189.

In einem zweiten Schritt ist zu klären, ob nun eine Pluralität von Medien Verstehensprozesse verzerrt. Denn die vermutete *Notwendigkeit gemeinsamer europäischer Medien* wäre nur plausibel, wenn die Kommunikationsteilnehmer Aussagen über die jeweiligen Gegenstände der Kommunikation dann und nur dann verstehen könnten, wenn sie (möglichst in der gleichen Sprache) mittels identischer Massenmedien kommunizieren. Hinter dieser Annahme steht die Vermutung, verschiedene Medien, also Zeitungsredaktionen oder Fernsehsender, würden über die gleichen Gegenstände der Kommunikation, also über die gleichen Themen, unterschiedliche Inhalte verbreiten. Soweit hier Übersetzungsprobleme gemeint sind, sind die Einwände bereits genannt worden. In den Medien stattfindende Übersetzungen zu den gleichen Sachverhalten gefährden das Bedeutungsverstehen genauso wenig wie die Übersetzung in der interpersonalen Kommunikation das Bedeutungsverstehen gefährdet. Die Übersetzung *ist* das jeweilige (perspektivenabhängige) Verständnis der Bedeutung.

Hinter der vermuteten Notwendigkeit gemeinsamer europäischer Medien steht aber noch eine weitere Vermutung, die Vermutung, die verschiedenen Medien transportierten unterschiedliche Positionen zu den gemeinsamen Gegenständen der Kommunikation. Nun tun sie dies wahrscheinlich tatsächlich. Sie tun es jedoch auch im nationalen Kontext, ohne dass wir deshalb sagen würden, dass es hier keine medial vermittelte Kommunikation gäbe. Und auch auf der europäischen Ebene können wir dies nicht sagen. Denn das Bedeutungsverstehen wird auch in der transnationalen politischen Massenkommunikation nicht dadurch gefährdet, dass in den Medien unterschiedliche perspektivenbedingte Aussagen zu den gleichen Sachverhalten zirkulieren. Die verschiedenen (seien es nationale, sozioökonomische oder ideologische) Perspektiven auf einen Gegenstand (politischer) Kommunikation lassen sich genauso wenig leugnen oder eliminieren, wie die unterschiedlichen Perspektiven zweier Kommunikationsteilnehmer in der interpersonalen Kommunikation. Die Teilnehmer müssen keine hypothetische Einstellung zu ihren eigenen Überzeugungen einnehmen, sie müssen nicht begierig die anderen perspektivenbedingten Meinungen kennen lernen oder übernehmen wollen. Sie wählen auf der Grundlage ihrer bisherigen Überzeugungen aus, was sie interessiert.

Übertragen auf das Problem transnationaler massenmedialer politischer Kommunikation heißt das, dass im Mediensystem stattfindende perspektivengeprägte Darstellungen europäischer Ereignisse und Themen das Bedeutungsverstehen nicht gefährden. Die nationalen Medien berichten ihrem nationalen Publikum über jeweils die gleichen Gegenstände, die aus Interaktionsbeziehungen von Menschen in einer gemeinsam geteilten Welt, nämlich dem ökonomisch, rechtlich und zunehmend auch politisch konstituierten europäischen Handlungsraum resultieren. Und sie tun dies legitimerweise aus der eigenen sozial situierten Perspektive.

Dass das kein Problem für eine transnationale Meinungsbildung darstellt, hat Marianne van de Steeg durch ein paradoxes Beispiel illustriert:[345] Angenommen,

---

345 Vgl. van de Steeg (2002).

die Europäer sprächen alle eine Sprache, aber Niederländer behielten ihre niederländischen Präferenzen und Perspektiven bei und nutzten vorzugsweise niederländische Medien, in denen sie diese Ansichten wiederfänden, und alle anderen Nationen täten das gleiche – der Unterschied zur nationalen politischen Kommunikation wäre kaum mehr auszumachen und man könnte die „bloße Parallelität" ohne „tatsächliche" Kommunikation nur noch um den Preis behaupten, dass auch heutige nationale Öffentlichkeiten als nonexistent betrachtet werden müssten.

Genauer besehen erweist sich die vermeintliche Notwendigkeit gemeinsamer Medien als überflüssig! Kommunikation und Verstehen sind nicht an gemeinsame Medien gebunden! Wenn es keine objektive Perspektive gibt und der Gegenstand der Kommunikation gerade durch die Vielzahl von Perspektiven, die unterschiedliche Beteiligte auf diesen Gegenstand werfen, konstituiert wird, könnten auch gemeinsame Medien nicht die eine „richtige" Perspektive sicherstellen.

Gemeinsame mediale Quellen der Kommunikation sind also nicht notwendig. Notwendig und unvermeidlich ist etwas anderes, etwas, das kein Verstehensskeptiker auf der Rechnung hat: nämlich eine generelle *Rationalitäts- und Verständlichkeitsunterstellung*, wie sie im Kontext der philosophischen Hermeneutik Gadamers und Davidsons eingeführt wurde.[346]

Es ist eine empirische Frage, inwieweit es den bestehenden (meist nationalen) Medien gelingt, die Öffentlichkeit(en) über europäische Themen und mögliche Deutungen und Meinungen dazu zu informieren. Aber wenn es ihnen gelingt, dann tun sie dies ganz selbstverständlich in der Muttersprache der Durchschnittsbürger. Es gibt eine Thematisierung europäischer Themen in den jeweiligen nationalen Medien. In Abwandlung einer Pointe von Luhmann kann man mit Fug und Recht behaupten, dass wir vielleicht aus Erfahrung wissen, dass es am *Gardasee* schön ist; alles, was wir als Bürger über *Europa* wissen, wissen wir jedoch aus den Medien. Dies gilt nicht nur für die Fakten (etwa die Ereignisse), sondern auch für deren Deutung (etwa als skandalös, undemokratisch, für uns oder nur für die anderen ökonomisch sinnvoll usw.). Bereits im modernen Flächenstaat wird Kommunikation medial vermittelt. Dies erlaubt die Einbeziehung von mehr Menschen in die Kommunikation als *face-to-face* miteinander kommunizieren könnten. Moderne Massenmedien können prinzipiell alle Menschen erreichen. Ob sie es tun, ist eine rein empirische Frage.

Die organisatorisch-technischen Formen transnationaler Massenkommunikation werden sich bei Bedarf finden und sie werden wahrscheinlich etwas anders aussehen, als die, die wir bisher kennen. Kontingente praktische Probleme sollten jedoch nicht zu prinzipiellen Hindernissen der Herausbildung einer europäischen Öffentlichkeit, ja sogar der Europäisierung der nationalen Öffentlichkeiten dramatisiert werden. Ausschlaggebend ist, welche Themen in welcher Weise kommuniziert werden, nicht welche organisatorischen Lösungen sich abzeichnen.

---

346 Davidson (1990) entwickelte das anti-skeptische Argument, dass bei der Interpretation von menschlichen Sprechakten das Nachsichtigkeitsprinzip immer – und nicht nur in Ausnahmefällen – Anwendung findet (ebd. 199, Fußnote 16).

An dieser Stelle könnte man einwenden, dass solche Kommunikation bestenfalls *parallele* Kommunikation sei. Man kann einräumen, dass möglicherweise
viele (europäische) Themen in Europa zur gleichen Zeit unter im Großen und
Ganzen gleichen Relevanzgesichtspunkten in den nationalen Medien präsent seien;
und dennoch ließe sich bezweifeln, dass hier *miteinander* kommuniziert werde. Ich
halte diesen Einwand für berechtigt, aber wenn er trifft, trifft er massenmediale
Kommunikation generell. Auch im nationalen Rahmen rezipiert der Großteil der
Bürger wenige Medienangebote und dennoch zirkulieren die gleichen Themen zur
gleichen Zeit und unter gleichen Relevanzgesichtspunkten in der nationalen Öffentlichkeit. Wie stark die verschiedenen Positionen und Gegenpositionen, Argumente und Gegenargumente im europäischen Kontext aufeinander bezogen sind,
und ob sie es in signifikanter Weise weniger sind als ihre nationalen Entsprechungen, wäre eine interessante empirische Frage.

Die Befürchtung, ohne gemeinsames europäisches Mediensystem oder zumindest ohne stark koordinierte, europäisierte (nationale) Medien, würde kein europäischer Kommunikationsraum zustande kommen, ist unbegründet. Medial vermittelte Verstehensprozesse sind anzutreffen, solange die verschiedenen medialen
Arenen thematisch miteinander verschränkt sind, wobei zum Verstehen nicht eine
gemeinsame Sprache oder gemeinsame Medien nötig sind, sondern generelle *Ra-
tionalitäts- und Verständlichkeitsunterstellungen*, auf deren Basis Verstehen und
Missverstehen, Konsens und Dissens allererst möglich sind.

(3) Dagegen kann man freilich wie Michael T. Greven[347] einwenden, dass angesichts der gegebenen und schützenswerten Sprachenvielfalt in der Europäischen
Union mittels nationaler Medien im transnationalen Diskurs zwar das *Bedeutungsverstehen* sichergestellt werden könne, allerdings die kulturellen Konnotationen
des Gesagten verfehlt würden und dass deshalb *eine gemeinsame Sprache* eben
doch eine notwendige Bedingung für eine wirklich transnationale Kommunikationsgemeinschaft sei. Danach könnten wir einander zwar *verstehen* (also die wörtliche Bedeutung von Äußerungen erfassen sowie die kommunikative Intuition des
Sprechers erschließen, wie wir dies bei Sprechern unserer eigenen Sprache tun),
aber *rechtfertigen* könnten wir unsere Überzeugungen nur innerhalb unserer eigenen partikularen, sozialen Gemeinschaft. Jenseits der Grenzen unseres eigenen
„Ethnos" blieben die verschiedenen Sichtweisen auf europäische Probleme füreinander bedeutungslos, die nationalen Öffentlichkeiten Europas redeten systematisch
„aneinander vorbei", selbst wenn sie über die gleichen Themen kommunizieren.

Gegen den hermeneutischen Universalismus Donald Davidsons verteidigt Richard Rorty in dieser Weise einen Partikularismus, den er „Ethnozentrismus"
nennt. Davidsons Argumentation wird in bezug auf das Verstehensproblem akzeptiert, aber Rorty meint, sie träfe nicht auch auf das *Begründungsproblem* zu.
Begründen können wir unsere Überzeugungen nur vor unseres gleichen, wenngleich wir keine Schwierigkeiten haben, die Überzeugungen aller sprechenden

---

347 Vgl. Greven (1998: 262 f).

Wesen zu verstehen. Auf der Ebene des argumentativen Diskurses, könnten wir demnach nur mit jenen kommunizieren, mit denen wir im wesentlichen gleicher Meinung sind. An allen anderen reden wir systematisch vorbei. Zur Veranschaulichung dieses Arguments lieferte Rorty an anderer Stelle zwei Beispiele: die Amazonasindianer und die Nazis.[348] Im „Gespräch" mit ihnen verstehen wir zwar, was sie gesagt haben, aber wir würden nicht einmal auf die Idee kommen, ihre Überzeugungen zu übernehmen. Eine fruchtbare Argumentation zwischen „ihnen" und „uns" wäre nicht möglich. Ihre Überzeugungen lassen in uns keinen Zweifel an der Richtigkeit unserer eigenen Meinungen aufkommen.[349]

„Die Glaubenssysteme solcher Leute stellen für uns keine ‚wirklichen Alternativen' dar, ... denn wir können uns nicht vorstellen, zu ihrer Auffassung überzutreten, ‚ohne uns selbst etwas vorzumachen oder paranoid zu werden'." (Rorty 1988: 36)

Rorty versucht also, Glaubenssysteme zur Demarkation der Grenzen zwischen Gemeinschaften als Räumen möglicher Kommunikation zu nutzen. Diese partikularistische Position nennt er nicht relativistisch, weil er nicht behauptet, wir lebten in unterschiedlichen Welten, sondern ethnozentristisch. Dieser *Ethnozentrismus* verknüpft also eine universalistische Position (Verstehen ist generell durch hermeneutische Anstrengungen zu erreichen) auf der hermeneutischen Ebene mit einer partikularistischen Position (ein fruchtbares Gespräch ist nur mit denen möglich, mit denen wir genügend Überzeugungen teilen) auf der Ebene der Rechtfertigung.

Dieses dritte Argument ist das theoretisch stärkste Argument, das der Befürchtung zugrunde liegt, die nationalen Öffentlichkeiten Europas redeten systematisch aneinander vorbei. Übertragen auf die Probleme politischer Kommunikation im transnationalen Raum würde das bedeuten, dass unsere partikularen (beispielsweise nationalen) Diskurse, innerhalb derer sinnvolle Dissense ausgetragen werden können, weitgehend selbstgenügsam seien. Konkurrierende Positionen „von außen" wären nur schwer anschlussfähig an die uns interessierenden Streitpunkte, sie würden uns nicht sonderlich interessieren und sie würden unsere Grundüberzeugungen nicht erschüttern.

Mit Rorty müsste man nun nicht mehr behaupten, dass die nationalen Sichtweisen inkommensurabel wären, sondern man könnte sich schlicht darauf berufen, dass es hier um ein rein praktisches Problem „der Grenzen von Auseinandersetzungen" gehe.[350] Die Europäer lebten zwar nicht in unterschiedlichen Welten, aber unsere Gesprächspartner könnten uns nicht mit Gründen überzeugen, die Folgerungen aus unseren eigenen Prämissen erforderlich machen würden, welche die Meinung unseres Gesprächspartners logisch zur Konsequenz hätten.[351] Bestenfalls könnten wir uns bekehren lassen, wie man eine Religion übernimmt. Und umgekehrt gelte dasselbe. Wir könnten sie auch nicht überzeugen, weil nämlich schon

---

348 Vgl. Rorty (1988: 36 f., Fußnote 13).
349 Ebd.: 36.
350 Ebd.: 37.
351 Ebd.

unsere Prämissen so weit voneinander entfernt seien, dass keine logische Verknüpfung zwischen ihnen bestünde.

Dagegen wäre kaum etwas einzuwenden, wenn es nur bedeutet, dass wir fremde Überzeugungen stets von unseren eigenen sozial situierten Überzeugungen her beurteilen und uns daher ein großer Teil von dem, was markant von unserem jeweiligen Vorverständnis abweicht, als suspekt und falsch erscheint. In diesen Sinne sind wir alle Ethnozentristen, denn wir können nicht anders als von unserer eigenen Perspektive und unseren eigenen Prämissen her urteilen. Aber, dass wir zu unseren eigenen Überzeugungen keine hypothetische Einstellung einnehmen, sie also beispielsweise nicht sofort aufgeben, wenn wir die Überzeugungen von jemand anderem verstehen, hatte Davidson ja gar nicht bestritten. In dieser unproblematischen Variante scheint der Ethnozentrismus wahr aber trivial zu sein. Wird der Ethnozentrismus jedoch in einem stärkeren Sinne verstanden, in dem Sinne nämlich, dass soziale Gruppen durch ein Set von gemeinsamen Grundüberzeugungen abgrenzbare Rechtfertigungsgemeinschaften sind, dann wird er problematisch.

„In der problematischen Variante besagt dieser Begriff jedoch mehr. Er besagt, dass der Bereich des Ethnos mit dem Bereich zusammenfällt, innerhalb dessen das Rechtfertigen von Überzeugungen überhaupt nur nötig und möglich ist, weil hier die Meinungen der Mitglieder dieser Wir-Gruppe ‚genügend übereinstimmen‘. Der Begriff des *Ethnozentrismus* wird in seiner nicht-trivialen Variante über den Begriff der *Rechtfertigung* eingeführt. *Ethnozentristische Wir-Gemeinschaften sind demnach Rechtfertigungsgemeinschaften*, weil ja der Rechtfertigungsbegriff zusammen mit dem Begriff der gemeinsam geteilten Überzeugungen an den Begriff der Wir-Gruppe gebunden wird ...“ (Tietz 2001a: 89)

Udo Tietz hat gezeigt, dass diese Argumentation in den Regress führt. Wenn es um einige ausgewählte Überzeugungen geht – die Kosmologie der Indianer und die verschrobenen politischen Überzeugungen der Nazis –, die so fundamental für das Selbstverständnis einer Gruppe sind, dass Kommunikation über diese Grenzen hinaus nicht mehr als gewinnbringend angesehen wird, fragt sich, wer diese Überzeugungen auswählt. Je speziellere Überzeugungen durch die sich selbstbeschreibenden Kommunikationsteilnehmer oder einen Beobachter „privilegiert“ werden, desto kleiner werden die Ethnoi. Für zwei moderne Physiker, ist es möglicherweise eine ganz spezielle Theorie, die ihr „Ethnos“ definiert, ob der eine aus Japan und der andere aus San Francisco kommt, spielt für sie keine Rolle. Wenn Rechtfertigungsgemeinschaften anhand von privilegierten „Grundüberzeugungen“ abgegrenzt werden, bleiben am Ende nur lauter „Ethnos-Duettisten“ übrig.[352]

Rortys Beispiele beziehen sich auf zwei sehr verschiedene Arten von Gemeinschaften. Amazonasindianer sind – ohne Frage – Mitglieder einer ganz anderen Kultur als wir und sprechen eine andere Sprache. Aber während wir vielleicht wirklich nicht in der Lage wären, uns mit ihnen fruchtbar über die Einsteinsche Kosmologie zu unterhalten, könnten wir durchaus eine interessante Konversation über Menschenrechte mit ihnen führen oder über die Heilwirkung bestimmter Pflanzen oder über die Beziehungen zwischen Eltern und Kindern, Männern und

---

352 Tietz (2001a: 102). Rorty (2001: 110 ff) bezeichnete die dargestellte Argumentation in einer Entgegnung auf Tietz als berechtigt und folgenreich für seine Konzeption.

Frauen.[353] Dieses extreme Beispiel zeigt im Endeffekt nicht, was Rorty damit zeigen möchte. Im Gegenteil. Denn ein Neo-Nazi aus unserem eigenen Land, der genau die gleiche Sprache spricht wie wir und die gleichen Meinungen zu Themen wie Sport und vielen anderen Dingen mit uns teilt, z. B. auch unser Schulwissen über Physik, lässt sich gegebenenfalls nicht davon überzeugen, dass die Menschenrechte respektiert werden müssen und er könnte uns seinerseits nicht von seinen militanten politischen Ansichten überzeugen. Dennoch könnten wir nicht behaupten, er sei kein Mitglied unseres „Ethnos". Und wir könnten nicht einmal die generelle Rationalitätsunterstellung zurückziehen, denn wenn wir dies täten, könnten wir den Neo-Nazi auch nicht mehr für seine – möglicherweise gewalttätigen und verfassungswidrigen – Handlungen verantwortlich machen.[354]

„*Ethnoi*", definiert als Überzeugungsgemeinschaften beziehungsweise „logische Räume des Gebens und Nehmens von Gründen",[355] stimmen nicht mit Sprachgemeinschaften oder kulturellen Traditionen, ethnischen oder nationalen Gemeinschaften überein, denn die Grenzen der jeweils zur Diskussion stehenden „Ethnoi" variieren offensichtlich mit dem Gesprächsthema.

Die Fähigkeit, Überzeugungen zu verstehen, und die Fähigkeit, eigene Überzeugungen zu begründen, sind zwei Seiten einer Medaille. Überzeugungen von Personen, die nach dem Nachsichtigkeitsprinzip im Großen und Ganzen kohärente und wahre Überzeugungen besitzen und damit wenigstens als „minimal vernünftig" identifiziert wurden, müssen auf Nachfrage auch gerechtfertigt werden können. Das impliziert der intentionale Standpunkt des kompetenten Sprechers.

Wenn also Verstehen über die Grenzen partikularer Kulturen und Sprachspiele hinweg möglich ist, dann ist es auch die begründende Argumentation. Es gibt keine Grenzen für sinnvolle Kommunikation zwischen Angehörigen verschiedener „Wir-Gemeinschaften", solange wir die anderen für „verständig" im Sinne von sprach- und vernunftbegabt halten. Das gilt für die Kommunikation zwischen

---

353 Rortys Argument hinkt auch deshalb, weil man sich Überzeugungssysteme durch Lernen erschließen kann. Es könnte ja sein, dass der Ethnologe vom Amazonasindianer lernt, wie der indianische Kalender berechnet wird und seinerseits den Eingeborenen anschaulich vermittelt, was er selbst von der Relativitätstheorie verstanden hat.

354 Dass ein Akteur für seine Handlungen juristisch verantwortlich gemacht werden kann, beruht allein darauf, dass wir seine Handlungen als intentional und ihn als rational verstehen. Wir nehmen an, er könne seine Taten rechtfertigen. Wir setzen voraus, seine Überzeugungen seien in ein im Großen und Ganzen kohärentes und wahres Netz von Überzeugungen integriert, und gehen davon aus, dass er viele Überzeugungen mit uns teilt. Darum können wir schlussfolgern, dass er wusste oder hätte wissen können, dass seine Handlungsweise falsch war. Formal legale Taten, die gegen die Menschlichkeit verstoßen, sind genau aus diesem Grunde strafrechtlich verfolgbar. Die Radbruchsche Formel, die bei Nazi-Schergen und DDR-Grenzsoldaten angewendet wurde, bedient sich dieser Konstruktion: Ein Akteur hätte entscheiden können und müssen, einen Befehl nicht auszuführen, der gegen elementare Regeln der Menschlichkeit verstößt.

355 Sellars (1991 [Orig. 1963]: 169) verwendet den Ausdruck „*logical space of reason*" für den Raum des Gebens und Nehmens von Gründen. Er benutzte ihn im Singular. Der Raum, innerhalb dessen Überzeugungen begründet werden können, wo Dissens somit sinnvoll ist, ist immer auch ein sozialer Raum. Strittig ist nur, welcher.

Angehörigen sehr entfernter Kulturen genauso wie für die Kommunikation innerhalb einer Nation, Europas oder einer Familie.

Die Wesen, mit denen wir im empirischen Einzelfall möglicherweise erfolglos streiten, sind deshalb noch lange nicht der Kommunikation unzugänglich und sie werden auch nicht so behandelt. In bezug auf die meisten ihrer Überzeugungen gehen wir davon aus, dass sie sich sinnvoll begründen lassen, auch wenn wir diese Überzeugungen selbst nicht teilen. Wir unterstellen ihnen Rationalität (im Sinne des *principle of charity*) und könnten über eine Reihe von Gegenständen durchaus mit ihnen kommunizieren: Mit dem Amazonasindianer über das Angeln, aber wahrscheinlich nicht ohne weiteres über moderne Physik, mit dem Neo-Nazi über Fußball, auch wenn es unwahrscheinlich ist, dass wir uns in bezug auf ein Thema wie die Einwanderungspolitik einigen werden.

Damit weicht jedoch die Grenze des „logischen Raums des Begründens" auf. Die auftretenden Differenzen mögen zahlreich sein und als unüberwindbar erscheinen, aber sie unterscheiden sich nicht grundsätzlich von den Differenzen zwischen zwei Theoretikern, die in ihrem Fach unterschiedliche Theorien vertreten oder zwischen zwei Demokraten, die sich darüber streiten, welche Partei am nächsten Sonntag zu wählen sei.

„Wenn nämlich die ‚Unterscheidung zwischen verschiedenen Kulturen' tatsächlich nicht von der Unterscheidung differieren soll, die man zwischen den von ‚Angehörigen einer einzigen Kultur vertretenen Theorien macht', und wenn in *einer* Kultur Wahrheit und Rationalität mit Bezug auf die zur Verfügung stehenden ‚Rechtfertigungsverfahren' bestimmbar sind – und zwar trotz konkurrierender theoretischer Paradigmen –, dann ist überhaupt nicht mehr einzusehen, warum dies nicht auch *zwischen* den Kulturen möglich sein soll. Denn genauso wenig wie die gemeinsamen ‚Grundüberzeugungen' der eigenen ‚Wir-Gemeinschaft' durch konkurrierende theoretische Paradigmen gefährdet werden, genauso wenig wird die Verständigung zwischen verschiedenen Kulturen durch unterschiedliche Grundüberzeugungen verhindert." (Tietz 2001a: 99)

Dieses Argument für die Möglichkeit von Kommunikation über die Grenzen partikularer Gemeinschaften hinweg ist ein Argument gegen die partikularistische Position, die meint, dass fruchtbare politische Kommunikation im transnationalen Kontext unmöglich wäre, weil die Teilnehmer unterschiedlichen Sprachgemeinschaften, Traditionen und Kulturen angehören. Da Überzeugungen, die verständlich sind, auf Nachfrage auch gerechtfertigt werden können, sind die Grenzen zwischen den Kulturen nicht als Grenzen zwischen Rechtfertigungsgemeinschaften zu verstehen. Dies ist kein empirisches Argument, sondern ein theoretisches, hermeneutisches Argument, das die Möglichkeit von Verständigung über und Rechtfertigung von (z. B. politischen) Überzeugungen mit Bezug auf einen geteilten Hintergrund gemeinsamer Überzeugungen erklärt.

Im Rückgriff auf die philosophische Hermeneutik lässt sich also zeigen, dass unterschiedliche (nationale) Meinungen zu einem europäischen Thema kein Beleg für scheiternde Kommunikation sind. Aus Sicht dieser hermeneutisch aufgeklärten Theorie ist Europa kein „Babel". Unsere Sprachspiele sind nicht „verwirrt", sie sind logisch und erlernbar: logisch hinsichtlich ihrer semantischen und grammatikalischen Strukturen, logisch auch in ihrem Bezug auf Gegenstände in der Welt, über die wir miteinander kommunizieren. Sie sind keineswegs inkommensurabel, wie die der Bauarbeiter von Babel. Wir können zwischen ihnen übersetzen. Missverständnisse gibt es, aber sie können durch bessere Interpretationen korrigiert werden. Das tun wir in unseren nationalen Kontexten fortwährend. Eine gemeinsame Sprache wird nicht benötigt, um die Positionen und Argumente der europäischen Kommunikationspartner zu verstehen.

Wenn man die Vorstellung eines externen objektiven Standpunktes aufgibt, zeigt sich, dass die Gegenstände der Kommunikation gerade durch die verschiedenen Perspektiven konstituiert werden, die die Kommunikationsteilnehmer auf diese Gegenstände haben. Bürger, die sich über europäische Themen in ihrer eigenen Muttersprache und über die Medien, die sie ohnehin nutzen, informieren, nehmen an öffentlicher europapolitischer Kommunikation in einem komplexen System von Teilöffentlichkeiten nationaler, regionaler, aber auch themen- und interessenspezifischer Provenienz teil.

Zwar haben sie unterschiedliche Meinungen, aber diese perspektivenbedingten Meinungen ergeben sich aus den sozialen Beziehungen, in die sie in bezug auf *einen* Gegenstand, das betreffende (europapolitische) Thema, miteinander involviert sind. Unterschiedliche Perspektiven sind immer nur verschiedene Ansichten *eines* Gegenstandes. Die Sprecher brauchen keineswegs die gleichen Überzeugungen vertreten oder sich gänzlich der Wertung enthalten. Sie beurteilen fremde Überzeugungen selbstverständlich von ihren eigenen sozial situierten Überzeugungen her. Das ist weder für das wechselseitige Verstehen, noch für das wechselseitige Begründen von Überzeugungen hinderlich.

Ein pragmatistisch-hermeneutischer Diskursbegriff der Öffentlichkeit, von dem ich im Anschluss an Dewey, Davidson und Habermas ausgehe und der im zweiten Kapitel entwickelt wurde, kann also uneingeschränkt auch auf Probleme transnationaler politischer Kommunikation angewendet werden. Ein solches Öffentlichkeitsverständnis berücksichtigt, dass sich politische Kommunikation an konkreten Themen entzündet, die sich in einem gemeinsamen Handlungsraum ergeben und es berücksichtigt, dass die Kommunikationsteilnehmer keine gleichgültige, hypothetische Einstellung in bezug auf ihre vorgängigen Werte und Interessen einnehmen. Öffentliche politische Kommunikation bemisst sich nicht daran, dass alle Bürger die gleichen Meinungen oder ein starkes gemeinsames Identitätsgefühl äußern, sondern daran, dass sie zu gemeinsamen Themen, die sie selbst für wichtig erachten, Stellung beziehen können.

In diesem Sinne kann man jetzt definieren: *Europaweite öffentliche politische Kommunikation* ist genau dann anzutreffen, wenn in einem anonymen europäischen Massenpublikum *zur gleichen Zeit die gleichen (europapolitischen) Themen unter gleichen Relevanzgesichtspunkten* kommuniziert werden, wenn also in diesem anonymen Massenpublikum Prozesse der Meinungs- und Willensbildung über strittige Themen in Gang kommen. Es ist eine empirische Frage, in welchen medialen Formen sich dies vollzieht. Moderne Massenmedien bewerkstelligen bereits im Nationalstaat, dass in einer sehr heterogenen Bevölkerung – die auch eine vielsprachige Öffentlichkeit sein könnte – und in einem Kommunikationsnetz, das nicht an die Begrenzungen von *face-to-face* Kommunikationen gebundenen ist, alle wichtigen Themen und Deutungen zirkulieren. Es kommt nicht darauf an, in welcher Sprache oder über welches Medium dies geschieht. Es gilt, europäische Kommunikationszusammenhänge – nicht „ein Volk" – zu identifizieren.[356] Dass dieser auf einer diskurstheoretischen Konzeption von Öffentlichkeit beruhende Blick auch empirisch anschlussfähig und erfolgversprechend ist, möchte ich im folgenden Abschnitt zeigen.

4.3 Die empirische Analyse europäischer Öffentlichkeit

Die Zweifel der Partikularisten des Nationalen an der Möglichkeit einer europäischen Öffentlichkeit und die Beschreibung der Schwierigkeiten bei der Europäisierung der nationalen Öffentlichkeiten setzen auf der *Ebene öffentlicher politischer Kommunikation* an, nicht aber auf der *Ebene der rechtlichen Institutionalisierung* einer Öffentlichkeit, deren Kommunikationsprozesse an politische Entscheidungsprozesse systematisch angeschlossen sind. Das hatte ich im dritten Kapitel gezeigt. Die Europaföderalisten äußerten den Bedenken der Partikularisten des Nationalen gegenüber die Vermutung (oder besser gesagt, die Hoffnung), dass die Demokratisierung zur Entstehung einer europäischen Zivilgesellschaft und einer europäischen Öffentlichkeit beitragen würde. Aber ihre Argumente gingen nicht auf die starken verstehensskeptischen Argumente der Partikularisten ein und überzeugten deshalb nicht. In den letzten Abschnitten habe ich hermeneutisch-pragmatistische Argumente entwickelt, um die verstehensskeptischen Zweifel an der Möglichkeit transnationaler politischer Kommunikation zu entkräften. Auf der *Ebene öffentlicher politischer Kommunikation* spricht nichts gegen die Möglichkeit von Verständigung und die Möglichkeit der wechselseitigen Begründung unterschiedlicher perspektivenbedingter Positionen und Meinungen über gemeinsame Gegenstände der Diskussion.[357] Unterschiedliche Segmente der Bevölkerung werden an der Diskussion über diese Gegenstände wahrscheinlich je nach Betroffenheit und politischer Involviertheit – wie im Nationalstaat – unterschiedlich intensiv teilnehmen.

„The fact that within nation-states we find a multiplicity of publics that intersect, makes transnational public discourse conceivable in principle. From this perspective, a transnational public sphere is not only possible, but its internal plurality would differ from the national one only in degree and not in nature. The hope that there can be an institutionalized public sphere where people debate across lines of socio-cultural and national differences gains some plausibility if we consider the actual plurality of publics within a nation which, in turn, may interact with many different publics of other nations." (Nanz 2001: 8, Fußnote 29)

---

356 Vgl. Eder (2000: 177).
357 Zu Gegenständen politischer Kommunikation werden ausgewählte politische Probleme, die im europäischen Kontext entstehen. Ich werde darauf im 5. Kapitel zurückkommen.

Eine solche hermeneutisch-pragmatistische Perspektive hat weitreichende Konsequenzen für die empirische Untersuchung europäischer öffentlicher politischer Kommunikation: Sie lässt bisher vorliegende empirische Befunde in einem neuen Licht erscheinen und öffnet den Blick für neue Forschungsfragen.

Bevor diese Forschungsfragen jedoch formuliert werden, ist es angebracht, sich zunächst einen Überblick über die bereits vorliegenden empirischen Forschungsergebnisse zum Gegenstand öffentlicher politischer Kommunikation in der Europäischen Union zu verschaffen. Um dieses im Entstehen begriffene Forschungsgebiet systematisch darstellen zu können, möchte ich das Modell öffentlicher Kommunikation von Friedhelm Neidhardt gleichsam als Scharnier zwischen Theorie und Empirie in Anspruch nehmen.[358] Dieses Modell besteht im großangelegten systematischen Versuch, die verschiedenen empirischen Forschungsfelder von der Umfrage- und Rezipientenforschung über Studien zum Mediensystem, zu den Funktionsweisen des modernen Journalismus sowie zu politischen Eliten und Aktivisten als Sprechern der Öffentlichkeit zu integrieren und an eine normative Demokratietheorie, in der Öffentlichkeit eine zentrale Bedeutung zukommt, anschlussfähig zu halten. Es stellt eine Synthese des Habermasschen Diskursmodells und des für Fragen massenmedialer politischer Kommunikation zunächst offeneren Luhmannschen Modells her.[359] Da ich gezeigt habe, dass öffentliche politische Kommunikation nicht an Sprach- und Mediensystemgrenzen und auch nicht an unterschiedlichen Identitäten scheitert, kann ich dieses bisher im nationalen Rahmen verwendete Modell auch auf die transnationale Ebene übertragen.

Öffentlichkeit wird von Neidhardt als „offenes Kommunikationsforum für alle, die etwas sagen oder das, was andere sagen, hören wollen" beschrieben.[360] Die Arenen lassen sich in Anlehnung an Luhmann auf drei Ebenen verorten: auf der Ebene einfacher Interaktionssysteme lassen sich *Encounter-Öffentlichkeiten* beobachten, auf der Mesoebene organisatorisch ausdifferenzierter und verfestigter öffentlicher politischer Kommunikationen lassen sich *Veranstaltungsöffentlichkeiten* untersuchen, für moderne Massendemokratien sind jedoch die *Massenmedien* die ausschlaggebende Größe.[361] Für öffentliche politische Kommunikation im Rahmen der Nation oder Europas gilt dies um so mehr, als Encounter-Öffentlichkeiten an den sozialen Nahraum gebunden sind und auch Versammlungen Kommunika-

---

358 Vgl. Neidhardt (1994).
359 Auf die prinzipielle Kompatibilität dieses Ansatzes mit den hier entwickelten theoretischen Thesen hatte ich bereits an früherer Stelle verwiesen. Siehe auch Fußnote 138.
360 Neidhardt (1994: 7).
361 Ebd.: 10. Zu den Ebenen öffentlicher politischer Kommunikation Gerhards/Neidhardt (1991: 50–55). Dort findet sich auch die vielzitierte kybernetisch-funktionale Definition von Öffentlichkeit, die für unsere Zwecke jedoch der nicht-normativen und hermeneutisch unsensiblen Luhmannschen Bestimmung unnötig weit entgegen kommt: „Öffentlichkeit bildet ein intermediäres System, dessen politische Funktion in der Aufnahme (Input) und Verarbeitung (Throughput) bestimmter Themen und Meinungen sowie in der Vermittlung der aus dieser Verarbeitung entstehenden öffentlichen Meinungen (Output) einerseits an die Bürger, andererseits an das politische System besteht." (Ebd.: 34–35)

tion unter Anwesenden voraussetzen. Vor allem über die massenmedialen Arenen versuchen konkurrierende Sprecher, das prinzipiell unabgeschlossene Laienpublikum zu erreichen, um Aufmerksamkeit für bestimmte Themen und Zustimmung zu bestimmten Meinungen zu diesen Themen beim Publikum zu erringen.

„In den Arenen und Relaisstationen dieses Forums befinden sich die Öffentlichkeitsakteure, die zu bestimmten Themen Meinungen von sich geben oder weitertragen: Sprecher und Kommunikateure. Auf den Galerien versammelt sich eine mehr oder weniger große Zahl von Beobachtern, das Publikum." (Neidhardt 1994: 7)

Publikum (1), *Sprecher* (2) und *Medien* (3), bilden die Pole, entlang derer sich die verschiedenen empirischen Forschungsgebiete im Felde öffentlicher politischer Kommunikation verorten lassen (vgl. Abb. 2). In den Interaktionen der beteiligten Akteure geht es darum, angesichts begrenzter Zeit und Ressourcen Aufmerksamkeit auf bestimmte Themen (zu lasten anderer) zu fokussieren und es geht darum, angesichts unterschiedlicher wert- oder zweckrationaler Interessen der Akteure für bestimmte Meinungen zu diesen Themen zu werben.

Abbildung 2: Modell öffentlicher Kommunikation nach Neidhardt (1994)

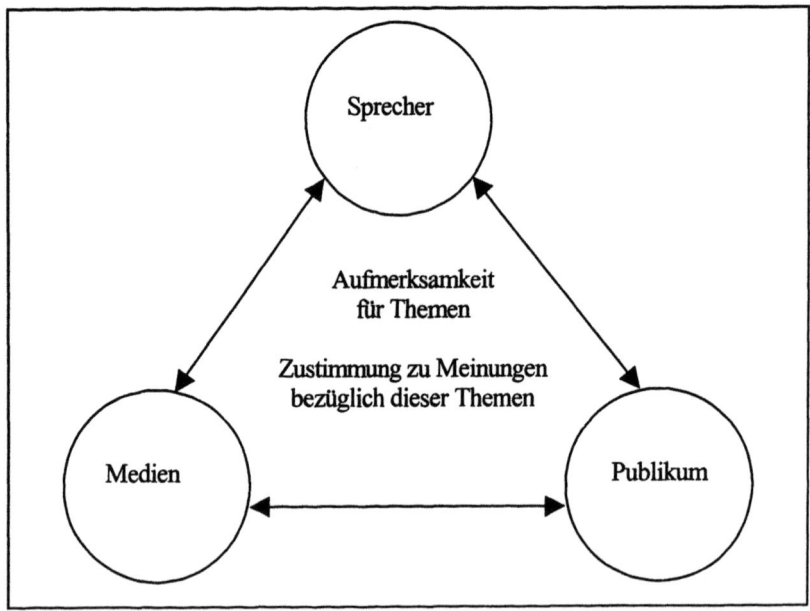

Entlang dieses Modells lässt sich ein systematischer Überblick über die in Prozesse öffentlicher politischer Kommunikation involvierten Akteure und Institutionen sowie die Beziehungen zwischen diesen geben. Werden in den nationalen Öffentlichkeiten der Mitgliedstaaten gemeinsame Themen zur gleichen Zeit unter gleichen Relevanzgesichtspunkten diskutiert? Welche Daten liegen bislang darüber vor, ob und wenn ja was in einem anonymen und prinzipiell unabgeschlossenen europäischen Massenpublikum kommuniziert wird, wenn „gleiche Themen" als *Issues* und öffentliche *Agenden*, „gleiche Zeit" als *Issue-Attention-Cycles* und „gleiche Relevanzgesichtspunkte" als *Frames* operationalisiert werden?

Das Publikum

Was wissen wir bisher über das *Publikum* europäischer politischer Kommunikation? Das meiste, das wir über ein europäisches Publikum wissen, wissen wir von den Produzenten des Eurobarometers: insofern können wir Aussagen über die demoskopisch ermittelbare Bevölkerungsmeinung treffen.[362] Spezifisch auf europapolitische oder europäisierte Themen ausgerichtete Rezipientenstudien, Fokus-Gruppen-Analysen oder Multimethoden-Studien, die uns Auskunft darüber geben könnten, ob und wenn ja wie die EU-Bürger über europäische Politik reden, ob und wenn ja wie weit sich ihr alltäglicher politischer Problemwahrnehmungshorizont (auch bezüglich regionaler, nationaler oder internationaler Konflikte) nach Europa ausrichtet, welche spezifisch europäischen Debatten die Bürger wie intensiv wahrnehmen und wie sich die Wahrnehmung europäischer Fragen in konkrete Meinungen zu den betreffenden Themen übersetzt, wurden kaum publiziert.[363]

Das Eurobarometer hat für die Erforschung europäischer politischer Kommunikation einerseits Bahnbrechendes geleistet, andererseits bisher jedoch einige Aspekte vernachlässigt, die aus der Sicht der vorliegenden Arbeit besonders interessant wären. Fangen wir mit den Leistungen an: Die halbjährlichen Eurobarometer-Surveys sind regelmäßige repräsentative Befragungen eines Samples europäischer Bürger mit einem gleichlautenden Fragebogen.[364] Das ist ein unschätzbarer Vorteil.[365] Erhoben werden eine Vielzahl von Daten zum Wissensstand der EU-Bürger über die Union und zu den grundsätzlichen Einstellungen der Bürger gegenüber der Union, ihren Institutionen, ihrem wahrgenommenen Nutzen. Zudem wird die Identifikation der Bürger mit der regionalen, nationalen oder europäi-

---

362 Natürlich kann man auch aus nationalen Bevölkerungsumfragen einiges über die Bevölkerungsmeinung zur Europäischen Union und zu konkreten Konflikten der eigenen Nation mit der Union erfahren. In Deutschland ist die Verankerung europäischer Fragen in der institutionalisierten Umfrageforschung bereits ausgeprägt. Vgl. Noelle-Neumann (1993, 1995, 1999) und die jährlichen Reports im Jahrbuch der Europäischen Integration: Noelle-Neumann/Petersen (2000, 2001).

363 Im Standard-Eurobarometer werden die Bürger auch aufgefordert, Selbstauskünfte darüber zu geben, welche Medien sie für gewöhnlich nutzen und welche sie in Anspruch nehmen, um sich über Europapolitik zu informieren. Das Eurobarometer ist somit auch für rezipientenbezogene Fragestellungen im Moment die einzige zuverlässige Informationsquelle.

364 Zu Zielsetzung und Methodik des Eurobarometers vgl. Reif (1991) und Melich (2000).

365 Das gilt auch, wenn man am eventuell zu geringen Umfang dieses Samples Kritik üben könnte. In jedem Land werden für das Standard-Eurobarometer ca. 1 000 Personen befragt. Ausnahmen stellen Luxemburg (600) und Großbritannien dar. Dort werden zusätzlich 300 Bürger in Nordirland interviewt. In Deutschland werden seit 1990 je 1 000 Personen in Ost und West befragt (Niedermayer 1998: 423; Melich 2000).

schen Bezugsebene erfragt. Auch eine Reihe von Auskünften darüber, welche Themen in einer europäischen Öffentlichkeit relevant sind, erhalten wir durch das Eurobarometer: Regelmäßig wurden Studien zu einer Reihe von spezifischen Themen von der deutschen Wiedervereinigung, über Gewalt und Umweltpolitik, die Einführung des Euro bis hin zur Sprachenproblematik der Union durchgeführt, die interessante Momentaufnahmen der Meinungen der EU-Bürger abbilden.[366] Allerdings wurden keine dieser Themen kontinuierlich verfolgt. Erst die Einführung des Euro, die Osterweiterung und in jüngster Zeit die europäische Außen-, Sicherheits- und Verteidigungspolitik sorgten diesbezüglich für Wandel. Zu diesen Themen werden die Einstellungen der Bürger inzwischen bei jeder neuen Standard-Eurobarometer Befragung erhoben.

Nun zur Kritik: Die Umfragen des Eurobarometers zielen insgesamt zu stark auf Faktenwissen über die Europäische Union und auf allgemeine Befindlichkeiten bezüglich der Union. Das Eurobarometer verrät eine sich im Laufe der Jahrzehnte entwickelnde, an *politischen Erkenntnisinteressen* und wissenschaftlich interessanten Fragestellungen der *politischen Kulturforschung* orientierte Konzeption. Meinungen der Bürger zu konkreten politischen Themen und mögliche Gründe der Bürger für diese Meinungen tauchen bislang leider nur am Rande auf. Das hat auch einen gewissen schönfärberischen Effekt auf die erzielten Ergebnisse.

„Es werden vielfach ‚Sonnenscheinfragen' verwendet, Frageformulierungen, die nur die positive, nicht die negative Seite der Reaktion der öffentlichen Meinung erkennen lassen. Die Fragen [des Eurobarometers, d.A.] sind zu oberflächlich. Zentrale Kategorien der Berichte sind: ‚Davon gehört?' – ‚Ist das wichtig?', ohne Argumente oder Bewertung der jeweiligen Themen erkennen zu lassen. Die Fragen verwenden pauschale Begriffe wie ‚soziale Dimensionen' anstelle von konkreten Gegenständen oder Maßnahmen. Die Fragen sind zu kompliziert. Der Befragte stimmt zu, ohne die Bedeutung zu erkennen. Es fehlen die Nachfragen, mit denen Motive zu verstehen sind und Widersprüche aufgeklärt werden können." (Noelle-Neumann 1993: 27)

Meinungen haben im Unterschied zu grundsätzlichen Werten und relativ stabilen Einstellungen einen stark konditionalen Aspekt, insofern sie jeweils auch die jeweiligen institutionellen und politischen Bedingungen reflektieren, unter denen eine bestimmte politische Maßnahme durchgeführt wird. Sie sind im Kontext der aktuellen öffentlichen Diskurse, der Wahrnehmung der aktuellen politischen Situation und gegenwärtiger Einschätzungen von Zukunftsperspektiven zu verstehen. Meinungen schwanken unter anderem deshalb erheblich mehr als Werthaltungen und Einstellungen.

Einer an Fragen der politischen Kultur interessierten Umfrageforschung entgehen somit kurzfristige, die aktuellen Prozesse politischer Kommunikation reflektierenden Schwankungen, Polarisierungen und Konvergenzen der öffentlichen Meinung. Nur in Anbetracht außergewöhnlich wichtiger Issues wurden themenspezifische Eurobarometer-Specials in Auftrag gegeben. Diese folgten einem eher kurzfristigen politischen Erkenntnisinteresse und leider bleiben meist nicht einmal

---

366 Diese Studien zum Teil über das Internet öffentlich zugänglich. Vgl. die Liste der EB-Specials: http://europa.eu.int/comm/public_opinion/archives/special.htm (17.5.2004).

die wichtigsten der in den Specials entwickelten Fragen in der Folge im Standard-Eurobarometer. Meinungen zu konkreten Issues (mit den genannten Ausnahmen, die in den letzten Jahren kontinuierlich erfragt wurden) wurden nicht über längere Zeiträume hinweg beobachtet. Dies liegt auch daran, dass die Fragen nicht zum Zwecke der Operationalisierung wissenschaftlicher Fragestellungen, sondern in erster Linie zur Verbesserung der Entscheidungsgrundlagen für die Europäische Kommission entwickelt wurden.[367]

Eine öffentliche Agenda und ihre Themenzyklen lassen sich auf der Grundlage der Eurobarometer-Umfragen nicht rekonstruieren.[368] Auch langfristige Meinungstrends bezüglich der Angleichung oder Polarisierung der Meinungen, gleicher oder unterschiedlicher thematischer Prioritäten lassen sich auf dieser Basis nicht darstellen. Das Eurobarometer hat sich aus der Perspektive sozialwissenschaftlicher Fragestellungen nicht ausreichend weiterentwickelt und ist nicht breit genug angelegt.[369] Mehrheitsmeinungen der EU-Bürger, Meinungstrends im Sinne von Konvergenzen oder Polarisierungen ließen sich erst sinnvoll rekonstruieren, wenn konkrete politische Themen – solche, die beispielsweise auch bei der Wahl eines starken und mit einem Initiativrecht ausgestatteten Europäischen Parlaments eine Rolle spielen könnten – kontinuierlich abgefragt würden. Es gibt Anzeichen dafür, dass das Eurobarometer sich inzwischen stärker der kontinuierlichen Untersuchung themenspezifischer Präferenzen und Prioritäten der EU-Bürger zuwendet[370] und es wäre wünschenswert, wenn es diese issue-spezifischen Fragen langfristig beibehalten und dieses Instrumentarium verfeinern könnte.

Die Sprecher

Folgen wir Friedhelm Neidhardts Modell mit Blick auf die *Sprecher* europäischer politischer Kommunikation, so lässt sich feststellen, dass inzwischen einige Untersuchungen über die Bemühungen europäischer Politiker und Institutionen, die EU-Bürger mittels Informationskampagnen zu erreichen, vorliegen.[371] Diese Studien kommen weitgehend übereinstimmend zu dem Befund, dass die Öffentlichkeitsarbeit der Europäischen Kommission und des Europäischen Parlaments einerseits

---

367 Vgl. Niedermayer (1998: 423).
368 Von 1994 bis 1998 wurden neben dem Eurobarometer mehrere weitere Surveys in der Reihe „Europinion" durchgeführt. Diese waren ebenfalls an einem politischen Erkenntnisinteresse ausgerichtet, aber weniger einstellungs- als vielmehr issue-orientiert. Sie legten zwar eine relativ kleine Stichprobe von Befragten zugrunde und stellten auch nicht immer die gleichen Fragen zu den gleichen Issues, hätten aber eventuell langfristig ein europäisches Äquivalent zu den amerikanischen Gallup-Umfragen werden können. Europinion ist jedoch offenbar abgebrochen worden.
369 Allerdings werden bei der Auswertung des Eurobarometers nicht alle Möglichkeiten ausgeschöpft.
370 Eurobarometer Report Nr. 55 und Nr. 56.
371 Eine bei der Nationalstaatsbildung maßgebliche Gruppe von Sprechern wurde in bezug auf die *aktuelle* europäische Politik bislang noch nicht gebührend untersucht: die Intellektuellen. Zum intellektuellen Europadiskurs in den Zeitschriften *Lettre International* und *Transit* vgl. Moltmann (1998). Vgl. auch Giesen (1993, 1999); Trebitsch (1998); Charle (1999).

unterentwickelt ist, was ihre Kontinuität, ihre Finanzausstattung und ihre Professionalität betrifft, und andererseits aufgrund ihrer dezentralen Organisation in den verschieden Mitgliedstaaten teilweise ganz unterschiedliche thematische Schwerpunkte setzt sowie in sehr unterschiedlichen Formen der PR-Arbeit erfolgt.

Öffentlichkeitsarbeit wurde von den europäischen Institutionen lange Zeit nicht ernst genug genommen. Marc R. Gramberger rekonstruiert die Öffentlichkeitsarbeit der Europäischen Kommission von 1952 bis 1996 daher als „Geschichte eines versäumten Dialoges". Bis in die neunziger Jahre hinein lag der Öffentlichkeitsarbeit der Kommission kein am Bürger orientiertes Interesse an der Förderung demokratischer Legitimation zugrunde, sondern ein sehr instrumentelles und reaktives Verständnis von PR als Mittel der Akzeptanzbeschaffung.[372] Gramberger liefert darüber hinaus zahlreiche Belege für die geradezu erstaunlich unprofessionelle PR-Arbeit der Kommission.[373]

Die relative Geringschätzung von Öffentlichkeitsarbeit zeigt sich auch am Umfang der Haushaltsmittel für die Informationspolitik der Europäischen Kommission. Diese stiegen von 1961 bis 1996 zwar kontinuierlich an, ihr prozentualer Anteil sank in diesem Zeitraum jedoch von ca. 2% 1961 auf ca. 0,04% 1991. Ab 1992 stieg er wieder leicht an, wobei erst seit 1994 – also nach der Maastricht-Krise – ein deutlicher Anstieg der absoluten Beträge und ihres prozentualen Anteils am Gesamthaushalt der Union auf ca. 0,14% festzustellen ist.[374] Von 1992 bis 1998 verdreifachte sich der Etat für Öffentlichkeitsarbeit von 34,9 Millionen auf 102,5 Millionen.[375] Eine Ursache für diese Blindheit der europäischen Institutionen für Fragen ihres öffentlichen Images, einer transparenten Informationspolitik und einer wirksamen Unterrichtung der Öffentlichkeit über ihre Vorhaben wird darin vermutet, dass die Öffentlichkeit bislang nur punktuell und eruptiv auf die Europäische Union reagierte, was diese jedes Mal völlig unvorbereitet traf.[376]

Erst der durch die gescheiterten Maastricht-Referenden ausgelöste „Maastricht-Schock" (1992/1993) und der Korruptionsskandal der Santer-Kommission (1999) stimulierten die Sensibilität der Europäischen Kommission für das Problem ihrer defizitären Informationspolitik und ihre verfehlte Konzeption von Öffentlichkeitsarbeit.[377] Es sind also durchaus Lernprozesse erkennbar. So trat Romano Prodi 1999 sein Amt als Kommissionspräsident mit einem detaillierten Programm für

---

372 Zu den PR-Konzeptionen der Europäischen Kommission bis in die neunziger Jahre vgl. Gramberger (1997) und Trenz (2001a: 1–12).
373 Zusammenfassend hierzu Gramberger (1997: 272).
374 Ebd.: 270.
375 Vgl. Meyer (1999).
376 Vgl. Gramberger/Lehmann (1995), die die Informationspolitik von UN und EU vergleichen. Für die Schwierigkeiten eines Dialogs zwischen UN beziehungsweise EU und ihren Öffentlichkeiten werden der institutionelle Zwang beider Organisationen, ihre Kommunikationsanstrengungen auf die Regierungen ihrer Mitgliedstaaten zu konzentrieren, die Tendenz nationaler Regierungen beide Organisationen in die Rolle des Sündenbocks zu drängen und die komplexe Kommunikationssituation internationaler Organisationen verantwortlich gemacht.
377 Ebd.: 212 ff; Trenz (2001a: 12 ff).

eine grundsätzliche Reform des Bereichs der *public relations* der Kommission an.[378] Insbesondere scheint sich eine grundlegende Abkehr vom Prinzip der auf politikfeldspezifische, segmentäre Policy-Netzwerke ausgerichteten informationspolitischen Aktivitäten der Europäischen Kommission, des Europäischen Parlaments und der Mitgliedstaaten abzuzeichnen, das bis 1999 vorherrschte und – für die angestrebten Zielsetzungen – auch recht gut funktionierte.[379] Nun wird verstärkt auch um die große „europäische Öffentlichkeit" geworben, nicht mehr nur um die informierte Zustimmung durchsetzungsfähiger Interessenorganisationen.[380]

Große thematische Kampagnen stellen eines der wichtigsten Instrumente für die Kommunikation zwischen Politikern (respektive der politischen Institutionen) und der breiten Öffentlichkeit dar. Die Hauptakteure zentral organisierter europäischer Informations- und Öffentlichkeitsarbeit sind an erster Stelle die Europäische Kommission, gefolgt von den Öffentlichkeitsarbeitsstellen im Parlament und anderen EU-Institutionen. Ein Vergleich der Öffentlichkeitsarbeit der Kommission und des Europäischen Parlaments in den verschiedenen Mitgliedstaaten fördert eine große Heterogenität der Organisationsstrukturen, Strategien, Themen der Kommunikation und der jeweils verantwortlichen Institutionen zutage.[381] Es zeigt sich eine Vielfalt von Öffentlichkeitsaktivitäten, wobei diese allerdings nicht gut koordiniert sind. Die Notwendigkeit einer effizienten Vernetzung und Koordination solcher Aktivitäten wird zunehmend als Problem diskutiert, wobei allerdings eine konsequent vereinheitlichte von Brüssel gelenkte EU-Informations- und Öffentlichkeitsarbeit nicht unbedingt wünschenswert und sinnvoll sein muss, weil unterschiedliche (beispielsweise nationale) Zielgruppen unterschiedliche Hoffnungen und Ängste haben.[382]

An den Möglichkeiten von Kampagnen, die Bevölkerungsmeinung in eine bestimmte Richtung zu lenken, lässt sich auch in bezug auf europäische Angelegenheiten zweifeln. Kampagnen können höhere Grade an Aufmerksamkeit für ein Thema erzielen, bewirken jedoch häufig keineswegs die politisch beabsichtigten Einstellungsänderungen beim Publikum.[383] Zunächst lenkten die teilweise gescheiterten Beitrittsreferenden in Nordeuropa und die schon im Vorfeld gescheiterten Beitrittsbemühungen in der Schweiz die Aufmerksamkeit auf dieses Problem.[384] Trotz Ähnlichkeiten der Kampagnen entschied sich die Bevölkerung aus

---

378 Vgl. den programmatischen Maßnahmenkatalog zur Verbesserung der Informationsarbeit der Kommission (Kommission der Europäischen Gemeinschaften 2001a, 2001b, 2001c).

379 Vgl. hierzu insbesondere Trenz (2001a: 12 ff). Zur Öffentlichkeitsarbeit des Europäischen Parlaments auch Kofler (1983) und Morgan (1999).

380 Eine sehr kritische Beurteilung der Reform der PR-Arbeit der Europäischen Kommission als topdown „Pronunciamentismus" findet sich bei Schlesinger/Kevin (2000: 218-220).

381 Vgl. Bender (1997), der die Öffentlichkeitsarbeit von Kommission und Europäischem Parlament in Deutschland, Frankreich, Großbritannien, Italien und Spanien vergleicht.

382 Ebd. Eine andere Position vertritt Ludes (2000), der sich für eine europäische Informationsunion ausspricht.

383 Vgl. Schmitz-Rixen (1996).

384 Zu Europa-Kampagnen in Dänemark, Frankreich und der Schweiz vgl. die Beiträge in Rust (Ed.) (1993). Zu den Maastricht-Kampagnen vgl. Tumber (1995) und Schmitz-Rixen (1996).

vor allem interessenbedingten, aber auch aus spezifischen, historisch bedingten Ängsten heraus in einigen Fällen gegen einen Beitritt.[385] Gescheiterte Beitrittsreferenden sind teilweise auch auf das Versagen der Europa-Kampagnen zurückzuführen.[386] Allerdings lässt sich diese Hypothese nur durch den Vergleich mit Gegenkampagnen und der Dynamik interpersonaler Kommunikationsprozesse verifizieren. So belegen andere Studien zu den gescheiterten Beitrittsbemühungen in der Schweiz, dass trotz EU-freundlicher Presseberichterstattung die skeptische Haltung der Bevölkerung nicht erschüttert wurde.[387] Die Wirksamkeit von Kampagnen (im Interesse ihrer Auftraggeber) ist begrenzt. Und daher ist wohl auch die Erwartung irreführend, dass sich mittels PR-Kampagnen eine europäische Identität herbeireden ließe.[388]

Gegen unifizierende PR-Bestrebungen scheint sich darum gerade auch bei den Praktikern europäischer Kampagnen eine Sensibilität für die spezifischen Bedürfnisse, Hoffnungen und Ängste der Bürger unterschiedlicher (nationaler) Zielgruppen zu entwickeln.[389] Am Beispiel der Kampagnen zur Einführung des Euro lassen sich die komparativen Stärken und Schwächen zentral gesteuerter und dezentral organisierter PR-Arbeit in Europa studieren. Im multinationalen Vergleich wird deutlich, dass die dezentralen PR-Aktivitäten der Europäischen Kommission auf der Ebene von Mitgliedstaaten sehr unterschiedliche Formen annehmen können und dass dies ein großer Vorteil (im Interesse des Ziels einer Kampagne) sein kann. So kann auf unterschiedliche institutionelle und organisatorische Rahmenbedingungen, aber auch auf spezifische Orientierungen der Bürger besser eingegangen werden.[390] In Frankreich wurden beispielsweise zwei breitenwirksame,

---

385 Zum Vergleich der Beitrittskampagnen und der involvierten Akteure in Norwegen, wo der Beitritt am Referendum scheiterte, in Finnland und Schweden, wo die Beitrittsreferenden schließlich positiv ausgingen vgl. Jahn/Personen/Slaatta/Åberg (1998). Zu den Ängsten der Norweger vor einem Beitritt vgl. Hille (1999, 2002).

386 Vgl. Longchamp (1993) zum gescheiterten EU-Referendum in der Schweiz.

387 Vgl. Saxer (1996, 1997). Für die vom Presse- und Informationsamt der Bundesregierung 1992 durchgeführte Presse- und Öffentlichkeitskampagne zum Maastrichter Vertrag wurde ein ähnlicher Befund festgestellt: die Befürwortung einer weiteren europäischen Einigung seitens der Probanden (Lehrer) lag vor der Öffentlichkeitskampagne etwas höher als danach (wobei allerdings 88% eine weitere europäische Einigung auch noch nach der Kampagne befürworteten). Der Erfolg der Maastricht-Kampagne lag in einer hohen Aufmerksamkeit für die Kampagne und ihre Inhalte sowie in einer Verbesserung des Informationsgrades der Probanden (Schmitz-Rixen 1996).

388 Vgl. Kocks, der sich skeptisch mit der Erwartung auseinandersetzt, dass der Euro oder die Euro-Kampagnen eine europäische Identität befördern könnten. Kocks (2000: 348) plädiert dafür, die Ängste vor einer simulierten „synthetischen kulturellen Identität" nicht als anti-europäisch zu denunzieren, da dies dem Einigungsprozess eher schaden als nützen würde.

389 Vgl. Löffler (2000). Das Europinion-Special zur Einführung der gemeinsamen Währung zeigt, dass sich die Ängste der Bevölkerung im Zusammenhang mit dem Euro leicht zwischen den Nationen unterscheiden (European Commission 1999: 37 ff).

390 Vgl. Große Rüschkamp (2000: 178–181).

mediengestützte Kampagnen durchgeführt.[391] Die Euro-Kampagne in Deutschland stützte sich dagegen ganz auf bürgernahe lokale und regionale Diskussions- und Podiumsveranstaltungen, Bürgerforen und ähnliches und nahm wenig formalisierte, auf einzelne Projekte bezogene ad-hoc-Kooperationsformen an.[392]

Diese von der „Aktionsgemeinschaft Euro"[393] nicht ganz absichtlich gewählte Verfahrensweise hatte gerade in den frühen Phasen der Kampagne für den Euro (ab 1996) Vorteile. Auf der unspektakulären, an langfristigen Wirkungen orientierten und schwierigen „Zweibahnstraße der Kommunikation" konnten die Bürger direkt angesprochen werden und sich in ihren konkreten Ängsten ernst genommen fühlen. In Italien, wo mit dem Verschwinden der Lira eher Hoffnungen assoziiert wurden, wäre dies beispielsweise nicht nötig gewesen. Zentrale PR-Kampagnen, wie das von Brüssel europaweit kommunizierte Sanduhren-Symbol, das die Botschaft illustrieren sollte, dass die Zeit der nationalen Währungen ablaufe, wurde in dieser Phase von den deutschen Bürgern mit Ablehnung des Euro quittiert.[394] Um allgemeine Akzeptanz zu schaffen, muss offenbar auf die spezifischen Zielgruppen eingegangen werden. In der Schlussphase der Euro-Kampagne (2001 und 2002) allerdings, in der es darum ging, den Bürgern die Geldscheine und Münzen zu erklären und sie so vor Betrügern zu schützen, bewährte sich durchaus die zentrale PR-Arbeit der Europäischen Zentralbank.[395]

Gerade im Zusammenhang mit der Einführung des Euro zeigt sich, dass in der Forschung das Interesse an europäischer Öffentlichkeit gestiegen ist und Kampagnen, sofern sie denn durchgeführt werden, auch zum Gegenstand wissenschaftlicher Reflexion werden. Praktisch-politischen Erkenntnisinteressen folgend, setzt die Forschung über die Informations- und PR-Kampagnen-Arbeit der Europäischen Union implizit die Existenz europäischer Sprecher und europäischer Publika voraus. Es zeigt sich, dass in der Interaktion zwischen diesen Sprechern und ihrem Publikum Lernprozesse stattfinden. Öffentlichkeitsarbeit, die sich nicht nur an Interessengruppen, sondern an ein breites Publikum richtet, wird von den Institutionen der Europäischen Union heute als sehr viel wichtiger angesehen als noch vor zehn Jahren. Und es waren öffentliche Legitimationskrisen wie die Maastricht-Referenden und der Korruptionsskandal, die dieses Umdenken erzwangen.

Die Studien zeigen aber auch, dass die breite Öffentlichkeit offenbar in einigen Fällen mit zielgruppenspezifischen Argumenten angesprochen, in anderen al-

---

391 Dies war möglich, weil die Kampagne dem französischen Europaministerium übertragen wurde, das zusätzliche Finanzmittel bereitstellte und unter dessen Regide beträchtliche Preisnachlässe beim Kauf von Anzeigen- und Werberaum in Anspruch genommen werden konnten (ebd.: 182 f). Daneben stellte die Förderung von Vereinen, Stiftungen und NGO's im Rahmen von Projektpartnerschaften einen weiteren Zweig der Aktivitäten dar.

392 Ebd.: 181 f.

393 Kooperationspartner waren das Bundespresseamt, die Vertretung der Europäischen Kommission in Deutschland und das Informationsbüro des Europäischen Parlaments für Deutschland (Löffler 2000: 33).

394 Ebd.: 34.

395 Ebd.

lerdings auch als europäische Gesamtöffentlichkeit informiert wird. Heißt dies, dass man in den ersteren Fällen „aneinander vorbei redet"? Obwohl in der dargestellten Literatur eher Skepsis in bezug auf die Frage, ob es eine „europäische Öffentlichkeit" gäbe, vorherrscht, zeigen gerade die Informations- und Kampagnen-Aktivitäten zu europäischen Themen, dass es durchaus eine thematische Verschränkung nationaler Medienöffentlichkeiten gibt. Nationale Ängste und Hoffnungen sind dabei eine wichtige, für die Topographie der Zielgruppen konstitutive Variable, wie es Generation, Bildung oder sozioökonomische Stellung im nationalen Rahmen sind.

Eine zweite zentrale Gruppe von Sprechern in der massenmedialen Öffentlichkeit sind die Journalisten.[396] Erste Studien zur Untersuchung ihrer Rolle bei der Förderung oder Behinderung europäischer politischer Kommunikation wandten sich interessanten Sonderfällen zu. So untersuchten Bernd Blöbaum und seine Mitarbeiter die Medienkooperation in europäischen Grenzregionen und stellten resigniert fest, dass selbst in den durch vielfältige Formen des Grenzverkehrs, gemeinsame lokale Problemlagen und nicht zuletzt auch durch gemeinsame historische und unter Umständen sogar sprachliche Gemeinsamkeiten privilegierten europäischen Grenzregionen ein „europäischer Journalismus" kaum im Entstehen sei.[397] Als Haupthinderungsgründe werden mangelnde beiderseitige Sprach- und Institutionenkenntnisse der Journalisten angeführt, aber vor allem auch das unpolitische Profil kleiner regionaler Medien. In den europäischen Grenzregionen entwickeln sich über grenzüberschreitende Zusammenarbeit bestenfalls rudimentäre Formen einer europäischen Öffentlichkeit, weil eher der Weihnachtsmarkt in Aachen und der Unfall in Limburg eine Rolle spielen, als beispielsweise die politische Arbeit des EUREGIO-Rates.[398] Weil dies keine politische Öffentlichkeit ist, wird sie als eine „Deformation der klassischen Öffentlichkeit" bezeichnet.[399]

Ein weiteres Spezialphänomen journalistischer Sprecheraktivitäten stellt die Arbeit von EU-Korrespondenten in Brüssel dar, zumal davon ausgegangen wird, dass sie es sind, die den Großteil der Artikel über europäische Politik verfassen.[400] Auch hier traten zunächst die Schwierigkeiten ins Blickfeld. So wird über erstaunlich große Widerstände dabei berichtet, den Heimatredaktionen Platz für Berichte über die Europäische Union abzuringen.[401] Als wichtigste Ursache dafür wurde

---

396 Die Anzahl der in Brüssel akkreditierten Journalisten betrug 1987 480, stieg dann zunächst moderat an und nahm von 1991 bis 1993 (645 bis über 700) stark zu. Nach 1993 war eine moderate Zunahme zu beobachten und 1999 noch einmal ein kräftiger Anstieg auf 820 (Meyer 2000: 122).

397 Methodisch stützt sich diese Untersuchung auf Erfahrungen des „Euroreporter-Projekts" von 1996 zum Thema „Journalism in Europe" am Institut für Journalistik der Universität Dortmund, in dessen Rahmen Journalismusstudenten aus verschiedenen europäischen Ländern gemeinsame Medienmagazine realisierten sowie die Regionalpresse in zwei Grenzregionen beobachteten.

398 Vgl. Blöbaum (1999: 43).

399 Ebd. Vgl. auch die anregenden Beiträge zur deutsch-französischen Zusammenarbeit von Journalisten in Koch/Schröter/Albert (Eds.) (1993).

400 Vgl. Morgan (1995) für den britischen Fall.

401 Vgl. Hauser (1990); Gerhards (1993: 99).

wiederholt darauf verwiesen, dass die europäische Politik nicht den für die Selektion von Themen relevanten Nachrichtenwerten entspreche. Sie sei zu langweilig, unpersonalisiert und undramatisch. Darum nähmen die Heimatredaktionen an, das Publikum interessiere sich nicht für Europa.[402] Die national versäulten Strukturen der Informationsbeschaffungsmöglichkeiten von Brüsseler Korrespondenten über nationale Repräsentanten und die EU-Politiker der eigenen Nationalität sowie die mangelnde Distanz zu den jeweils eigenen nationalen Interessen und Diskursen führe zu einer massiven perspektivischen Verzerrung der schließlich berichteten Sachverhalte: Bei vielen Brüsseler Veranstaltungen könnte man meinen, die Journalisten seien auf verschiedenen Veranstaltungen gewesen.[403]

Diese Befunde machen auf reale praktische Probleme aufmerksam, doch ist es eine pessimistische Überinterpretation, sie als Belege für ein grundsätzliches Scheitern europäischer politischer Kommunikation anzusehen. Im theoretischen Teil dieser Arbeit wurde gezeigt, dass unterschiedliche Perspektiven auf die jeweiligen Gegenstände der Kommunikation kein Indiz für scheiternde Kommunikation sind, sondern konstitutiv für das Gespräch über einen Gegenstand. Was von vielen Autoren noch als Indiz für das Fehlen von öffentlicher politischer Kommunikation über europäische Themen interpretiert wird, stellt sich in diesem Licht als Beleg für kontroverse Debatten in Europa dar.

Auch scheint sich im Bereich der Brüsseler Berichterstattung inzwischen einiges verändert zu haben. Neuere Studien zeigen, dass sich Europapolitik durchaus dramatisieren lässt. Der Korruptionsskandal der Santer-Kommission (1999) wurde auch zur Sternstunde eines transnationalen europäischen investigativen Journalismus. Hier bildete sich erstmals eine multinationale Kerngruppe von Investigationsjournalisten,[404] die sich gegenseitig bei der Recherche unterstützten und die ihre Heimatredaktionen sozusagen gegeneinander „ausspielten", indem sie argumentierten, dass wenn erst einmal eine europäische Zeitung die Story bringe, jede Zeitung ins Hintertreffen gerät, die nicht ebenfalls auf den Zug aufspringt. So konnte die zunächst zögerliche Haltung der Redaktionen einer Story gegenüber überwunden werden, die der Redaktion den Vorwurf hätte einbringen können, „anti-europäische" Ressentiments zu schüren.[405]

Christoph O. Meyer leitet daraus die These ab, dass in dem Maße, in dem der EU-Journalismus kommerzieller, kompetitiver und wichtiger werde, Impulse für einen transnationalen investigativen Journalismus entstünden. Die Suche nach exklusiven Stories begünstige zudem das Aufbrechen der nationalen Versäulung des EU-Journalismus: Einerseits denken nationale und europäische Politiker um und andererseits wurde es für Journalisten leichter, die für nationale Öffentlichkeiten

---

402 Vgl. Hauser (1990: 43, 45 f).
403 Ebd.: 48.
404 Die Möglichkeiten eines offenen Austauschs unter den Brüsseler Journalisten verschiedener und gleicher Nationalität wurden von einigen wenigen Autoren bereits vor dem Korruptionsskandal gut eingeschätzt (Hauser 1990: 46–48).
405 Vgl. Meyer (2000, 2001).

präparierten Informationen gegenzuprüfen, seit die Informationsangebote der Union besser geworden sind.[406] Die Orientierung an einem nationalen Publikum, dessen Informations- und Interpretationsbedürfnissen und materiellen Interessen, steht der Europäisierung nationaler Berichterstattung also keinesfalls entgegen:

„... while the broader public does in the vast majority use national papers to inform themselves, those who write a large proportion of EU-related stories are embedded in and draw upon a transnational news environment." (Meyer 2000: 125)

Die so entstehende länderübergreifende Medienöffentlichkeit sei durchaus in der Lage, eine Kontrolle europäischen Regierens im Sinne des liberalen Modells der Öffentlichkeit zu leisten.[407] Solche neueren Befunde rücken die Erkenntnisse eines weiteren Zweiges der bisherigen empirischen Analysen zum europäischen Journalismus in ein anderes Licht. Ein wichtiges Hindernis oder doch zumindest ein Problem, mit dem Kommunikatoren umgehen müssen, wenn sie Themen transnational kommunizieren möchten, stellen unterschiedliche journalistische Kulturen in Europa dar.[408] Einige Autoren betrachten solche Unterschiede der journalistischen Kultur als ernste Hindernisse für die Kommunizierbarkeit europapolitischer Themen.[409] Aber auch gegenteilige Interpretationen lassen sich finden. So verweisen medienkritische Beiträge auf die beträchtlichen Unterschiede journalistischer Kultur innerhalb des nationalen Angebots, beispielsweise zwischen privaten und öffentlich-rechtlichen Angeboten, die bis auf die Kriterien der Programmauswahl durchschlagen.[410] Auch im nationalen Rahmen ist die große Öffentlichkeit nicht dadurch gekennzeichnet, dass die Nachrichten in der gleichen Weise präsentiert werden, sondern durch die thematische Verschränkung unzähliger Arenen, die es einem Publikum – gleich welches Medium jeweils genutzt wird – ermöglichen, zu den wichtigen gemeinsamen politischen Themen Stellung zu nehmen.

Das gleiche gilt für das Problem der journalistischen Ethik, das in bezug auf Fragen europäischer Öffentlichkeit ebenfalls breite Beachtung erfuhr. Während

---

406 Vgl. Meyer (2000: 124).

407 Vgl. Meyer (2001). Allerdings beurteilt der Autor die Fortschritte einer Synchronisierung der europapolitischen Debatten in den nationalen Medienöffentlichkeiten im Vergleich zum Tempo der Europäisierung politischen Entscheidens weiterhin skeptisch und fordert daher Medienorganisationen und Journalisten auf, größere Anstrengungen zu unternehmen, um mit der Europäisierung des politischen Handelns Schritt zu halten.

408 Exemplarisch hierzu: Sievert (1998: insbes. Kapitel 5), der die innereuropäischen Differenzen journalistischer Kultur anhand von Nachrichtenmagazinen herausarbeitet. Vgl. Machill (1997c) zu methodischen Fragen und den politischen, wirtschaftlichen und kulturellen Rahmenbedingungen des Journalismus in Europa. Vgl. auch Weischenberg/Sievert (1998) zum deutsch-französischen und Esser (1998) zum deutsch-britischen Vergleich.

409 Zur Illustration unterschiedlicher journalistischer Kulturen in Europa und der daraus folgenden Schwierigkeiten redaktioneller Zusammenarbeit am Beispiel des transnationalen Euroreporter-Projektes von 1996 vgl. Blöbaum (1999: 36). Machill (1997d) betrachtet das Projekt des europäischen TV-Nachrichtenkanals Euronews (gemessen an dem Ziel, eine europäische politische Identität zu stiften) als gescheitert und zwar aufgrund der Unvereinbarkeit unterschiedlicher journalistischer Arbeitsweisen. Vgl. auch Ruß-Mohl (2000).

410 Vgl. Neveu (1999) für das französische Fernsehen seit 1988.

Skeptiker in einer liberalen journalistischen Kultur auf der Basis durchgesetzter Presse- und Meinungsfreiheit „eher das größte gemeinsame Vielfache als de[n] kleinste[n] gemeinsame[n] Nenner"[411] europäischer Journalisten erblicken, wird die Übereinstimmung der Journalisten hinsichtlich europapolitischer und berufsethischer Orientierungen doch generell sehr hoch eingeschätzt.[412] Journalismus als Errungenschaft liberaler Gesellschaften weist zwar starke nationale Differenzierungen auf, doch sind diese weniger durch unterschiedliche journalistische Kulturen und ethische Kodes als vielmehr durch – medienpolitisch beeinflussbare – rechtliche und ökonomische Rahmenbedingungen bestimmt.[413] Insgesamt zeigt sich auch angesichts der beobachteten interessanten und manchmal überraschenden Differenzen, dass es möglicherweise weniger auf die Beförderung eines genuin europäischen Journalismus ankomme, als vielmehr auf eine „kompetente Europäisierung der nationalen Differenzierung von Öffentlichkeit".[414]

Neben den nationalen Regierungs- und Oppositionspolitikern sind jedoch möglicherweise die Repräsentanten zivilgesellschaftlicher Assoziationen, sozialer Bewegungen und NGO's diejenige Gruppe von Sprechern, denen in bezug auf eine Europäisierung nationaler politischer Kommunikation – unvermutet und ungefragt – eine entscheidende Rolle zuwächst. Hierbei sei nicht an explizit pro- oder anti-europäische Mobilisierungen gedacht,[415] sondern an den Routinebetrieb politischen Engagements. Dies mag zunächst verwundern, galten doch Gewerkschaften, grüne Parteien, Bauernverbände, politische Splittergruppen und soziale Bewegungen aller Art lange tendenziell eher als europaskeptisch.

Inzwischen entdecken gerade diese Akteure, dass sie, um ihre Ziele wirkungsvoll voran zu bringen, auch die europäische Ebene in ihrem politischen Repertoire berücksichtigen müssen. Sie entdecken, dass sie in den Institutionen der Europäischen Union zusätzliche Handlungsfelder vorfinden, auf denen – auch aufgrund deren institutioneller Unreife und Dynamik – noch Einflussmöglichkeiten zu er-

---

411 Vgl. Ruß-Mohl (2000: 130).
412 Vgl. für die berufsethischen Standards im deutsch-französischen Vergleich Weischenberg/Sievert (1998) und Laitila (1995), die auch die berufsethischen Codes der Journalisten in den mittel- und osteuropäischen Demokratien in ihrer Untersuchung berücksichtigt. Hinsichtlich der pro-europäischen Voreingenommenheit soll Helmut Schmidt 1975 den deutschen Brüsseler Journalisten sogar einmal vorgeworfen haben, sie seien ja wohl alle von der Kommission bestochen, weil sie die EG zu wichtig nehmen und zu positiv sehen würden (Hauser 1990: 41).
413 Vgl. Weischenberg/Sievert (1998); Lange (2000). Zur Förderung der Qualität des europäischen Journalismus beziehungsweise zur Verbesserung der Qualität der Europaberichterstattung in den nationalen Medien wird eine europäisierte Journalistenausbildung empfohlen. Vgl. exemplarisch Fröhlich/Holtz-Bacha (1997) und Golding (1997).
414 Vgl. Sievert (1998: 348 f).
415 Von den klassischen Nationalismen bis hin zu gegenwärtigen regionalistischen Bewegungen in einigen europäischen Staaten lassen sich viele Beispiele für anti-europäische Mobilisierungen angeben. Andererseits gibt es auch eine Geschichte pro-europäischer Mobilisierung, die derzeit wiederentdeckt wird. Vgl. Niess (2001) und die Beiträge in Loth (Ed.) (2001). Zur Geschichte transnationalen Protests im 19. und 20. Jahrhundert vgl. Rucht (2001) und zur Vorgeschichte einer europäischen Öffentlichkeit vgl. Kaelble (1999).

obern sind, mittels derer sich teilweise sogar verfestigte nationale Barrieren umgehen lassen. Zur Entdeckung der neuen politischen Opportunitätsstrukturen auf der europäischen Ebene durch die Organisationen der neuen sozialen Bewegungen liegen inzwischen interessante Forschungsergebnisse vor.[416]

Die Entdeckung europäischer Einflusskanäle durch zivilgesellschaftliche Organisationen mag zunächst lobbyistische politische Strategien befördern[417] – eine eher öffentlichkeitsferne Form des politischen Engagements. Solche Lobby-Arbeit betreibenden Netzwerköffentlichkeiten wären dann freilich ein zutiefst elitäres Unterfangen.[418] Dieter Rucht argumentiert zudem, dass eine signifikante Zunahme öffentlichen europäisierten Protestes nicht zu beobachten sei.[419] Eine Europäisierung politischen Protests käme in der Bundesrepublik deshalb nicht so leicht zustande, weil die politische Opportunitätsstruktur der Europäischen Union lobbyistische Strategien des Engagements belohnt. Diejenigen Bewegungen, die diese Taktik nicht wählen, haben nur noch die Chance, im nationalen Rahmen zu agieren, weil die politischen Institutionen der Union im Unterschied zu nationalen Regierungen nicht auf die breite öffentliche Unterstützung der Wähler angewiesen sind und weil verschärfend hinzu kommt, dass Protestereignisse in Brüssel weniger Medienresonanz finden, als bereits kleinere in der nationalen Hauptstadt.[420]

Eine europäische Zivilgesellschaft wird oft dort gesucht, wo transnational vernetzte Gruppen spezifisch europäische Themen politisieren und die politischen Institutionen der europäischen Ebene „adressieren".[421] Dies ist ein wichtiger Spezialfall europäischer politischer Kommunikation, aber eben nur ein Spezialfall.[422] Diese Überlegung brachte zuerst Sidney Tarrow ins Spiel, der darauf aufmerksam machte, dass nicht nur auf der europäische Ebene des politischen Mehrebenensys-

---

416 Vgl. Kriesi/Koopmans/Duyvendak/Giugni (1992); Rucht (1995); Imig/Tarrow (1999, 2000); Tarrow (2000) sowie die Beiträge in Klein/Koopmans/Geiling (Eds.) (2001). Zu den spezifischen Auswirkungen dieser veränderten Opportunitätsstrukturen – in Anbetracht spezifischer ideologischer und institutioneller Traditionen vgl. Marks/McAdam (1996).
417 Vgl. Rucht (1995, 2000, 2001); Eder/Hellmann/Trenz (1998); Eder (2000, 2001). Kritisch gegenüber den arkanpolitischen Implikationen des „Netzwerkregierens" exemplarisch: Abromeit/ Schmidt (1998) und Bornschier (1999).
418 Vgl. Eder/Hellmann/Trenz (1998: 340).
419 Rucht bezieht sich auf die Daten des am Wissenschaftszentrum Berlin im Forschungsschwerpunkt „Sozialer Wandel, Institutionen und Vermittlungsprozesse" von der Abteilung „Öffentlichkeit und soziale Bewegungen" durchgeführten Prodat-Projekts. Allerdings sind die bisher vorliegenden Langzeitdaten nicht für europäische Forschungsfragen gesammelt worden, was die Zuverlässigkeit der getroffenen Interpretationen stark beeinträchtigt. Auf die Europäische Union bezogene Protestereignisse wurden beispielsweise in den vor dem Boom des Europa-Themas begonnen Studien als „international" kodiert. DDR-bezogener Protest wurde dagegen unter Umständen als „europäisch" kodiert, weil die DDR in (Ost-) Europa lag (Rucht 2000: 192 und 199, Fußnote 11).
420 Vgl. Rucht (2000: 197 f).
421 Ebd. (2000: 185 ff). Zur Kritik der Fokussierung der Forschung auf Mobilisierungen, die sich entweder explizit an europäische Institutionen als Adressaten richten oder aber von transnationalen Organisationen organisiert wurden vgl. auch Eder (2000: 176).
422 Vgl. Eder (2000: 181). Und es gibt inzwischen eine Reihe von Fallstudien zu solchen transnationalen Mobilisierungen. Vgl. exemplarisch Trenz (1999a) und Schwenken (2001).

tems angesiedelte Formen interessant seien, sondern gerade auch die ganz normalen nationalen Interessengruppen und sozialen Bewegungen Europa in dem Maße
entdecken würden, wie sich eine europäische Politie bilde und dass es gerade diese
Formen seien, denen eine reiche Zukunft bevor stünde.[423] Den Akteuren steht es
angesichts der hochentwickelten politischen Einflussmöglichkeiten auf nationaler
Ebene frei zu wählen, ob sie auf nationaler oder supranationaler Ebene auf entstehende Problemlagen reagieren.[424] Sie handeln bei der Mobilisierung von Öffentlichkeit und Protest, (im Normalfall) lokal, wenn sie auch europäisch denken.[425]

Die europäische Zivilgesellschaft formiert sich möglicherweise nicht vorrangig entlang der Ebenen des Mehrebenensystems der Europäischen Union – sozusagen als Pendant der Gesellschaft zur europäischen Ebene politischen Entscheidens –, vielleicht ist das gar nicht nötig. Auch im Nationalstaat gehören die Bürger
ja nicht verschiedenen Organisationen für die verschiedenen Ebenen ihres politischen Systems an: einer Stadtpartei, einer Kreispartei, einer Landespartei und einer
nationalen Partei beispielsweise. Sie sind Mitglied *einer* Organisation, die auf verschiedenen politischen Ebenen – wie sie das politische System bereit stellt – die
Anliegen ihrer Mitglieder so effektiv wie möglich voranbringt. Auch wenn es gemessen an den Kriterien des „rein" europäischen Spezialfalls transnationaler Mobilisierung, keine quantitative Zunahme von auf „internationale" Anliegen gerichteten Protesten zu beobachten gibt, ist es also noch nicht ausgemacht, dass weiterhin „nationale Themen" die Agenda von Protestakteuren in der Europäischen Union beherrschen werden.[426]

Wenn Protestakteure an verschiedenen Orten in Europa Themen aufgreifen,
von denen sie in ihrer Region, aufgrund ihrer sozioökonomischen Lage oder aufgrund ihrer wertrationalen Überzeugungen betroffen sind, und wenn es ihnen gelingt, sich in den Medien Gehör zu verschaffen,[427] kommt es zur thematischen
Verschränkung der massenmedialen politischen Kommunikation über Länder- und

---

423 Vgl. Tarrow (1995: 224 f).
424 Ebd.: 233. Protest gegen die Implementierung supranationaler Entscheidungen, die ja auf natio-
     naler Ebene stattfindet, muss ohnehin gegen die nationalen Regierungen mobilisiert werden. Vgl.
     Fußnote 172 zu den unterschiedlichen Typen von Rechtsakten der Europäischen Union. Richtli-
     nien, Empfehlungen und Stellungnahmen binden das nationale Recht nicht unmittelbar, wirken
     aber rahmensetzend. In diesen Fällen obliegt es den nationalen Parlamenten, die vorgegebenen
     Ziele, im Rahmen nationaler Vorstellungen und Rechtsordnungen umzusetzen. In diese Aus-
     handlungsprozesse kann also noch einmal auf nationaler Ebene parlamentarisch, korporatistisch
     oder außerinstitutionell eingegriffen werden. Vgl. auch Tarrow (ebd.: 242 und 243 ff).
425 Zur Spannung von „global denken – lokal handeln" vgl. Rucht (1995: 76); Smith (2001: 98);
     Trenz (2001b).
426 Vgl. Rucht (2000: 198).
427 Sprecher der Zivilgesellschaft werden hier ähnlichen Schwierigkeiten wie im nationalen Rahmen
     begegnen, wenn sie ein neues Thema institutionalisieren wollen. Zudem bereitet es Mühen und
     Kosten, transnational zu kooperieren (sofern das gewünscht wird). Diesen stehen aber auch Erfol-
     ge gegenüber, die sich durch wirksame Interessenvertretung auf europäischer Ebene (ggf. unter
     Umgehung nationaler Hürden) erzielen lassen.

Sprachgrenzen hinweg.[428] Die gleichen Themen werden kommuniziert und wenn sich diese Akteure koordinieren oder ihrerseits auf supranationale Politikzyklen reagieren, geschieht dies ungefähr zur gleichen Zeit und unter gleichen Relevanzgesichtspunkten.[429]

Aus den alltäglichen politischen Aktivitäten zivilgesellschaftlicher Akteure, denen die europäische Dimension politischen Handelns bewusst wird, lässt sich darüber hinaus erklären, wie es möglich ist, dass im transnationalen Raum aus der Gesellschaft heraus Themen auf die Agenda gesetzt werden können – ein wesentliches Kriterium für autonome (im Gegensatz zu einer vermachteten, staatlich gelenkten) Öffentlichkeit.[430] Und es ist auch der einzige Weg zu einer europäischen Öffentlichkeit, denn „von oben" kann sie zwar unterstützt, nicht aber verordnet werden. Ein enormer Fundus von Issues, die aus der Gesellschaft heraus als potentielle europäische Themen infrage kommen, ergibt sich dadurch, dass zivilgesellschaftliche Akteure zahlreiche zunächst nicht europäische Themen in einem europäischen Horizont verorten können, indem sie beispielsweise negative Auswirkungen supranationaler Entscheidungen problematisieren, sie zu lösen versuchen oder supranationale politische Lösungen für ihre Konflikte fordern. Gelingt es ihnen, für diese Themen öffentliche Aufmerksamkeit zu mobilisieren, Verbündete zu finden oder aber Gegenmobilisierungen auf den Plan zu rufen, können solche Themen in einer transnationalen politischen Öffentlichkeit durch Ländergrenzen hindurch diffundieren.

Langfristig kann die Entdeckung der europäischen Politik durch nationale zivilgesellschaftliche Akteure, die sich zunächst in einer Explosion von Lobby-Arbeit in Brüssel manifestiert, die öffentliche Politisierung und Konfliktualisierung Europas entfachen. Gute Beispiele für diesen möglicherweise unintendierten Effekt stellen bereits heute die französischen Arbeitslosenproteste[431] oder die Arbeit von Migrantengruppen[432] dar. Öffentlichkeit stellt für alle sozialen Mobilisierungen eine essentielle Ressource dar. Eine gelungene mediale Inszenierung ist eine wichtige Voraussetzung für den Erfolg zivilgesellschaftlicher Akteure.[433] Die europäischen Institutionen können sich vor der in der Mobilisierungslogik enthaltenen Dynamik nur solange abschirmen,[434] wie das institutionelle Demokratiedefizit besteht. Freilich sind diese Überlegungen – wie Sidney Tarrow sagt – bislang spekulativ. Die vorliegenden Studien können bereits fundierte Aussagen über transna-

---

428 Wie im nationalen Rahmen sind diese Öffentlichkeiten als Teilöffentlichkeiten zu konzipieren, weil unterschiedliche Personengruppen unterschiedlich stark betroffen sind.

429 Manchmal sind die Relevanzgesichtspunkte selbst umstritten. Dann entwickelt sich ein Metadiskurs über die Hinsichten, unter denen das Problem angemessen zu diskutieren ist.

430 Vgl. Habermas (1981, 1990, 1996: 288).

431 Vgl. Bourdieu/Debons/Hensche (1997) und Bourdieu (2002) aus der Perspektive der Organisatoren und Bode (1998) aus der sozialwissenschaftlichen Beobachterperspektive mit Blick auf Organisationsstrukturen und Öffentlichkeitsarbeit der Aktivisten.

432 Vgl. Schwenkelen (2001); Trenz (1999a, 1999b, 2001b, 2001c); Eder/Trenz (2001).

433 Vgl. Rucht (1994); Trenz (2002a, 2002b).

434 Vgl. Imig/Tarrow (2000).

tionale soziale Bewegungen, die Schwierigkeiten auf die sie angesichts der europapolitischen politischen Gelegenheitsstrukturen stoßen, die Mobilisierungs- und Kommunikationsformen, die sie verwenden, treffen. Im Bereich der Europäisierung des Alltags zivilgesellschaftlichen Engagements sind derweil jedoch noch fast alle Fragen unbeantwortet.

Auf der Grundlage der vorliegenden empirischen Erkenntnisse über *Publikum* und *Sprecher* können wir bislang keine umfassenden und genauen Aussagen darüber treffen, ob und wenn ja über welche europapolitischen Themen ein transnationales europäisches Massenpublikum zur gleichen Zeit informiert ist und zu denen es sich unter den gleichen Relevanzgesichtspunkten eine Meinung bilden und Stellung nehmen kann.

Die Massenmedien

Wenden wir uns dem dritten Punkt des Neidhardtschen Modells zu, den *Massenmedien*. Ein großer Teil der kommunikationswissenschaftlichen Europaforschung hat sich mit den medienpolitischen Bemühungen der Europäischen Kommission beschäftigt, die sich darauf richteten, die technologischen und ökonomischen Rahmenbedingungen für europäische Medienunternehmen als Dienstleister zu gestalten.[435] Diese Studien versuchen, der Entstehung eines europäischen Kommunikationsraumes von der Seite der „*hard ware*" auf den Grund zu gehen.[436] Mit großer Übereinstimmung wird in der Literatur ein massenmediales Öffentlichkeitsdefizit der Europäischen Union kritisiert.

„... eine *europäische Öffentlichkeit* existiert faktisch bisher nicht. Damit gerät das Projekt ‚Europa' in eine gefährliche Schieflage: Weder Journalismus noch Informationskultur in Europa prägen diesen für ein demokratiefähiges Projekt essentiellen Bestandteil derart, dass er seiner *Funktion* gerecht würde. Die Funktion *europäischer Öffentlichkeit* wäre es, die Verdichtungsprozesse der Politik, der Wirtschaft und Kultur – auch die Medien*industrie*, die seit langem in einer europäischen Realität operiert – nicht nur zu begleiten, sondern für einen europäischen, breit angelegten Diskurs aufzubereiten." (Kopper 1997: 9)

Europäische Medienpolitik erfolgt wesentlich im Rahmen der Wettbewerbspolitik.[437] Aufmerksam werden von Kommunikationswissenschaftlern die Rückwirkungen europäischer Medienpolitik auf die nationale Medienlandschaft verfolgt,

---

435 Vgl. das Green Paper der Europäischen Kommission „Fernsehen ohne Grenzen" von 1984, das maßgeblichen Einfluss auf die Ausgestaltung der Etablierung des Privatfernsehens in den Mitgliedstaaten hatte (Commission of the European Communities 1984).
436 Einen Überblick über die verschiedenen nationalen Mediensysteme, nationales und europäisches Medienrecht gibt Gellner (1992). Zur Medienpolitik insbesondere im Bereich des Fernsehens vgl. Zimmer (1990); Kleinsteuber (1991); Hillenbrand (1992); Kleinsteuber/Rossmann (1994); Meckel (1994); Kleinsteuber/Thomaß (1994); Paraschos/Paraschos (1997); Farda (2000) sowie die Beiträge in Schwarze/Berg (Eds.) (1985); Hufen (Ed.) (1989) und Kleinsteuber (Ed.) (1990). Zur Rolle nationaler und europäischer Medienpolitik im Multimedia-Sektor vgl. Klotz (1999).
437 Schlesinger (1997) kritisiert eine rein an ökonomischen und ggf. technischen Fragen ausgerichtete Herangehensweise und fordert eine Würdigung des Beitrags der Medien zur politischen Kultur.

die sich aus der Deregulierung und der dadurch geförderten Entwicklung von Privatsendern zum Beispiel für das Programmangebot ergeben.[438] Auch die Erfordernisse einer Reregulierung, einer Anti-Konzentrationspolitik und einer entsprechenden europäischen Rechtspraxis stellen Schwerpunkte der Diskussion dar.[439]

Trotz der Schaffung eines europäischen Medienmarktes durch die regulative Medienpolitik der Europäischen Kommission und ihrer Bemühungen, die verwendeten technischen Standards elektronischer Medien europaweit kompatibel zu gestalten, werden die Potentiale für eine Transnationalisierung der Medien skeptisch beurteilt.[440] Europäische Medienpolitik kann auf der Angebotsseite eingreifen, jedoch nicht die Präferenzen der nachfragenden Bürger beeinflussen.

„Den kommerziellen Anbietern steht nun der europäische Markt nahezu uneingeschränkt zur Verfügung, allerdings zeigt dies kaum paneuropäische Wirkung: Es fehlt das Interesse der Zuschauer und damit auch die Angebote." (Kleinsteuber/Rossmann 1994: 325)

Transnationale *europäische Medienangebote* sprießen nicht aus dem Boden, nur weil sich europaweite medienpolitische und medienökonomische Strukturen entwickeln.[441] Nicht-staatliche Medienunternehmen richten sich an den Bedürfnissen des Publikums aus – und die sind durchaus durch sprachliche, kulturelle und zielgruppenspezifische Vorlieben geprägt.[442]

„Lapidar kann man grosso modo feststellen: Deutsche oder regional angebundene Medien berichten, vorwiegend durch deutsche Journalisten mit deutschen Wertmaßstäben, vorwiegend Deutsches und für ein deutsches Publikum. Der Rest ist traditionell weitgehend politische Auslandsberichterstattung oder spezielle Wirtschaftsberichterstattung oder Berichterstattung von herausragenden Ereignissen. ... Die Information über das Entstehen des neuen Europas und die EG sowie unserer Partner dabei ist eher dürftig." (Schöndube 1990: 22)

Der Normalfall transnationaler europäischer öffentlicher Kommunikation kann daher nicht darin bestehen, dass alle Europäer die gleichen europaweit zirkulierenden Medien nutzen, sondern darin, dass die *nationalen Medien* sich „europäisie-

---

438 Vgl. Blumler/Hoffmann-Riem (1992). So mache die Deregulierung und Kommerzialisierung der Medienlandschaft das europäische (in allen Staaten, wenn auch mit unterschiedlichen institutionellen Vorkehrungen, historisch aus Angst vor totalitären Bewegungen politisch abgeschirmte) Mediensystem dem Amerikanischen ähnlicher (Humphreys 1996: Kap. 8, 256 ff). Im Unterschied zum amerikanischen Medienmarkt, sei der europäische jedoch immer noch sehr fragmentiert und der innereuropäische Austausch von Medienprodukten werde dadurch behindert (ebd.: 313). Vgl. auch Kleinsteuber/Rosenbach (1998). Zur europäisch induzierten Transformation des relativ ungeregelten englischen Medien-Systems vgl. Michael (1990).

439 Vgl. Frey (1999); Lange (2000). Für den Bereich einer europäischen Telekommunikationspolitik vgl. Sandholtz (1998) und Paulweber (2000).

440 Vgl. Schöndube (1989; 1990); Sepstrup (1990), Gerhards (1993); Zimmer (1996) und Gerhards (2000) sowie die Beiträge in Erbring (Ed.) (1995).

441 Vgl. die auf den Seiten 88 ff. der vorliegenden Arbeit referierten Studien und Argumente.

442 Kommerzielle Unternehmen, die sich zu großen Teilen über Werbeeinnahmen finanzieren und spezifische Zielgruppen haben, sind indifferent gegenüber den Auswirkungen ihres Tuns für die Entstehung einer europäischen Öffentlichkeit (Tonnemacher 1995).

ren", indem sie europäische Themen abdecken.[443] Um genauer beurteilen zu können, welche Themen in einem europäischen Kommunikationsraum zu einem bestimmten Zeitpunkt unter welchen Relevanzgesichtspunkten kommuniziert werden, kommen wir nicht um eine gründliche Untersuchung der *europäischen Agenda*, der *Issue-Attention-Cycles* europäischer Themen und um eine inhaltsanalytische, am besten qualitative Analyse der auftauchenden *Deutungsmuster (Frames)* herum. Nur dann können wir überprüfen, ob „Europa ... die politischen Diskurse" tatsächlich „fehlen".[444]

„At stake is the minimal establishment of a European news agenda as a serious part of the news-consuming habits of significant European audiences who have begun to think of their citizenship as transcending the level of the nation-state. Without such conditions obtaining, we could not meaningful talk of an enlargement of the public sphere at this level." (Schlesinger 1995: 26)[445]

Hier stellt sich jedoch die Frage, woher die Autoren wissen, dass es eine solche Agenda nicht gibt? Immerhin gab es auch Anfang der neunziger Jahre große europäische Themen in den Massenmedien, wie die deutsche Wiedervereinigung, die in West- und Osteuropa durchaus als europäisches Thema wahrgenommen wurde, Maastricht, Schengen und die Diskussion um die „Festung Europa". Vielleicht ist dies eine recht kurze „Agenda", aber was fehlt ihr denn? Um die Frage nach der Existenz oder Nichtexistenz einer europäischen Nachrichtenagenda empirisch zu beantworten, muss zunächst zweierlei geklärt werden: Wie müsste eine europäische öffentliche Agenda aussehen?[446] Und wie müsste sie untersucht werden? Auf beide Fragen lassen sich auf der Grundlage der in dieser Arbeit entwickelten Argumente Antworten geben: Eine europäische öffentliche Agenda können wir beobachten, wenn über Ländergrenzen hinweg die gleichen europapolitischen Themen zur gleichen Zeit in den Nachrichten präsent sind. Als verschärfendes Kriterium sollte für die empirische Forschung ergänzt werden, dass diese Themen die

---

443 Neben den spezifisch europäischen Themen gibt es eine Reihe von gruppenspezifischen, regionalen, nationalen und internationalen Themen, die in einem europäischen Kontext wahrgenommen und interpretiert werden. An diesem Phänomen zeigt sich eine Horizontverschiebung in der alltäglichen politischen Kommunikation. Koopmans (2000: 9–12) unterscheidet vier Formen der Europäisierung im Sinne einer solchen Horizontverschiebung von der eigentlichen „Supranationalisierung" der Öffentlichkeit (mit supranationalen Medien und einer auf europäischer Ebene organisierten Zivilgesellschaft).

444 Vgl. Scharpf (1999a: 674 f).

445 Ich schlage vor, die Frage der Identität, also ob die Bürger ein den Nationalstaat transzendierendes kollektives staatsbürgerliches Selbstverständnis teilen, auszuklammern, da vieles gegen ein identitätspolitisches Verständnis von Öffentlichkeit spricht (vgl. Seite 33 ff. und 43 ff.).

446 Die einfachste Möglichkeit, eine europäische Agenda zu rekonstruieren, bestünde darin, regelmäßig Umfragedaten über die für die Befragten derzeit wichtigsten politischen Themen zu sammeln. Wir könnten an solchen – auf Europapolitik bezogenen – Daten sehen, welche gemeinsamen Themen den Bürgern wichtig sind und wie sich die Rangordnung dieser Themen im Zeitverlauf ändert. Im Ländervergleich könnten wir beobachten, ob die Top-Themen die gleichen sind oder nicht sowie ob die Präferenzen der Bürger für bestimmte Top-Themen nach Ländern oder Ländergruppen differieren und wie sich diese Differenzen im Zeitverlauf entwickeln. Solche Daten gibt es derzeit nicht, mit Ausnahme einiger Eurobarometer-Fragen nach den Ängsten der Bevölkerung und den Themen, um die sich das Europäische Parlament kümmern solle.

gleichen Themenzyklen (*issue attention cycles*) oder zumindest „thematische Verdichtungen"[447] im Sinne von beobachtbaren Höhepunkten des quantitativen Ausmaßes der Berichterstattung zu dem betreffenden Issue aufweisen müssten. Dabei sollten wir einschränken, dass die genannten Kriterien moderat anzulegen sind, also Unterschiede in gewissen Grenzen sinnvoll erklärt werden können (z. B. Vorreiterrolle beziehungsweise Nachzüglertum eines Massenmediums oder bestimmter Nationen) und dass es aufgrund der unterschiedlichen politikfeldspezifischen Betroffenheit bestimmter Regionen und Nationen durch europäische Problemlagen und Regierungsaktivitäten innerhalb gewisser Grenzen akzeptabel ist, wenn nicht unbedingt alle Mitgliedsnationen an allen Themen intensiv Anteil nehmen. Die Bürger in Ländern ohne Verbindung zum Meer werden sich beispielsweise nicht sonderlich für die Fischereipolitik interessieren.

Auch auf die zweite methodologische Frage gibt es eine Antwort. Bislang herrschte Unklarheit darüber, ob es angemessen sei, das erprobte Instrumentarium einer Soziologie öffentlicher Kommunikation für die Untersuchung von Problemen europäischer politischer Kommunikation anzuwenden – zumindest wurde es kaum und wenn ja, nicht in seiner Breite angewendet. Die in dieser Arbeit entwickelten theoretischen Argumente zeigen jedoch, dass es durchaus legitim ist, die gewohnten Methoden auch auf den transnationalen Kommunikationsraum zu übertragen. Dabei sind an der einen oder anderen Stelle sicherlich Anpassungen an bestimmte Schwierigkeiten erforderlich.

Ein großes Problem für die empirische Analyse öffentlicher politischer Kommunikation im europäischen Rahmen stellt für jedes Forschungsteam die Sprachenvielfalt in Europa dar. Kaum eine einzelne Person, kaum ein Team bringt die Sprachenkompetenz auf, die nötig wäre, um in bezug auf mehr als einige wenige Mitgliedsnationen Medienanalysen durchzuführen. Dass sich das Sprachenproblem für die Forschungspraxis bremsend auswirkt, heißt jedoch nicht im Umkehrschluss, dass die massenmedialen Öffentlichkeiten in Europa über nationale Grenzen hinweg nicht thematisch verschränkt seien. Über Grenzen der jeweils in der Muttersprache rezipierten Massenmedien hinweg, können durchaus die gleichen Themen unter gleichen Relevanzgesichtspunkten zirkulieren – auch wenn es uns schwer fällt, dies empirisch zu untersuchen. Multinationale Kooperationen zur Medienanalyse sind nicht so verbreitet, wie es eigentlich notwendig wäre. Hier besteht sicherlich noch viel Aufholbedarf.

Was wissen wir bisher über Existenz und Aussehen einer europäische Nachrichtenagenda? Zirkulieren die gleichen europäischen Themen zur gleichen Zeit in den nationalen Massenmedien? Die Datenlage hierzu ist noch äußerst dürftig. Es gibt einander widersprechende Befunde über die Zunahme der Europaberichter-

---

447 Vgl. Tobler (2001, 2002).

stattung. Einige Autoren können keine Zunahme beobachten,[448] während andere eine deutliche quantitative Zunahme der Europaberichterstattung konstatieren.[449] Bereits Robin B. Hodess stellte in seiner britisch-deutschen Medienanalyse der Berichterstattung zu vier Regierungskonferenzen zwischen 1985 und 1990/91 überrascht fest, dass die Unterschiede zwischen der britischen und der deutschen Berichterstattung in bezug auf die Quantität und die Themenhäufigkeit insgesamt geringer waren als erwartet und dass sie im Zeitverlauf abnahmen.[450]

Eine europäische massenmediale Agenda lässt sich episodisch anhand einiger weniger Analysen für ausgewählte Top-Themen rekonstruieren. So macht der alle EU-Mitgliedstaaten einschließende Fundesco-Report von 1996 einen Vergleich des prozentualen Anteils wichtiger europäischer Themen (worunter Politikfelder verstanden werden) an der gesamten Europaberichterstattung des jeweiligen Landes möglich, wobei eine relativ geringe Streuung hinsichtlich des Rankings der Themen zu beobachten ist. Für den Untersuchungszeitraum von Oktober 1995 bis September 1996 waren wirtschafts- und finanzpolitische Themen sowie Fragen der Entwicklung der Europäischen Union in der Presse aller Mitgliedstaaten entweder auf Rang eins oder zwei.[451] Außenpolitische Themen, Berichte über die Institutionen der Union und die Agrarpolitik nahmen den dritten, vierten und fünften Platz ein. Hierbei gab es insofern Unterschiede, als in Belgien, Luxemburg, Portugal und Schweden Fragen der Beschäftigungs- und Sozialpolitik vor der Landwirtschaftspolitik auf Platz vier oder fünf rangierten.[452] Die wichtigsten fünf bis sechs Themenbereiche stimmten in der Presseberichterstattung in allen Mitgliedstaaten

448 So konstatiert Gerhards auf der Basis einer Analyse der deutschen Presse, die Kepplinger für den Zeitraum von 1951 bis 1995 durchgeführte: „Die europäischen Themen sind von allen ... Themengebieten diejenigen, die die geringste Medienaufmerksamkeit erhalten. Ihr durchschnittlicher Anteilswert über die Jahre liegt bei 6,9 Prozent. Die mediale Beschäftigung mit Europa ist im Zeitraum 1961 bis 1990 kontinuierlich, wenn auch leicht zurückgegangen, um dann in der letzten Zeitphase wieder auf das Niveau von 1961/1965 zurückzukehren." (Gerhards 2000: 294 f)
449 Meyer (2000: 122) belegt, dass die britische und deutsche Berichterstattung über intergouvernementale Regierungskonferenzen von 1985 (Einheitliche Europäische Akte) bis 1990/91 (Maastrichter Vertrag) um 267% anstieg. Die jährlichen Fundesco-Reports erheben für ihre Analyse der nationalen Presse der Mitgliedstaaten seit 1996 aufgrund der zunehmenden Anzahl von Texten nicht mehr jeden Artikel, in dem die EU Erwähnung findet, sondern nur noch die Artikel, in denen die EU entweder direkt oder in Relation zum Herkunftsland der Zeitung der zentrale Protagonist war (Díaz Nosty 1997: 22).
450 Vgl. Hodess (1998: 458), der die Europäische Union noch als *ein* Issue betrachtete. Ereignisse, Streitthemen und europäisch gerahmte nationale Themen werden so teilweise als Subthemen erfasst, teilweise in gemeinsamen Kategorien verbucht, was die Ergebnisse schwer interpretierbar macht (ebd.: 457, 460). Sowohl ökonomische als auch politisch-institutionelle Themen wurden anlässlich der untersuchten Regierungskonferenzen mit gleicher Häufigkeit in der deutschen und britischen Presse thematisiert. Unterschiede zeigten sich hinsichtlich der inhaltlichen Europäisierung des nationalen Diskurses: Die britische Presse thematisierte mehr als doppelt so oft die Rolle der nationalen politischen Institutionen im Kontext der EU, während die deutsche Presse beispielsweise die Außenpolitik ohne Mühe durch eine europäische Linse betrachtete (ebd.: 459).
451 Nur in Spanien lagen außenpolitische Themen in diesem Zeitraum an zweiter Stelle.
452 Vgl. Díaz Nosty (1997: 102 f).

überein.[453] Europaweit ließen sich für den Untersuchungszeitraum drei Top-Themen (Wirtschafts- und Finanzpolitik, Erweiterung der Europäischen Union und Außenpolitik) mit klar erkennbaren Themenzyklen in der Presse rekonstruieren.[454] Leider wurden diese Themenzyklen nicht nach Nationen verglichen.

Holger Sievert kam für den Zeitraum vom 1. Januar bis zum 30. Juni 1996 bei der Analyse der Europaberichterstattung in ausgewählten Print-Nachrichtenmagazinen in Deutschland, Frankreich, den Niederlanden, Österreich und Spanien zu einem ähnlichen Befund. Er fand heraus, dass 40% der Berichterstattung sich der ersten (EWG), 8% der zweiten (GASP) und knapp 6% der dritten Säule (ZJI) des Maastrichter Vertrages zuordnen ließen.[455] Betrachtet für die einzelnen Länder bestätigten sich diese Trends im wesentlichen.[456] „Im prinzipiellen Ranking erweist sich ... die internationale Synchronität als hoch; auch bei den konkreten Werten gibt es eine – wenngleich begrenzte – Synchronität."[457]

Auch Juan Díez Medrano findet in seiner Analyse britischer, spanischer und deutscher Leitartikel und Kommentare von großen Qualitätszeitungen und –magazinen für den Zeitraum von 1946-1997 die Liste von vier dominanten Top-Themen mit hoher zeitübergreifender Stabilität bestätigt. Diese Themen sind: die Vorteile des gemeinsamen Binnenmarktes (18%), die Rolle Europas im globalen wirtschaftlichen und militärischen Gleichgewicht (19%), die Kritik an der Arbeitsweise der europäischen Institutionen (15%) und der gemeinsamen Agrarpolitik (12%).[458] Es gibt also durchaus Indizien dafür, dass die massenmediale europapolitische Agenda in den einzelnen EU-Mitgliedstaaten relativ synchron ist, was sowohl die Top-Themen als auch deren Ranking betrifft. Umfassende Langzeitstudien mit einer differenzierteren Themenliste stehen freilich nicht zur Verfügung, so dass dieser Befund bislang tatsächlich nicht mehr als ein Indiz ist.

Wenden wir uns den wenigen bislang veröffentlichten Medienanalysen zu spezifischen europapolitischen Themen zu. Ergibt sich hier ein anderes Bild? In ihrer Analyse der Presseberichterstattung in Frankreich, Großbritannien und Deutschland zur Kosovo-Krise fanden Reiner Grundmann, Dennis Smith und Sue Wright heraus, dass wenn man ein konkretes Issue zugrunde legt, der Grad der

---

453   Leider sind die Fundesco-Reports, wenn sie überhaupt noch erstellt werden, weder im Buchhandel noch im Internet erhältlich, so dass keine Vergleiche über einen längeren Zeitraum möglich sind.
454   Ebd.: 103.
455   Vgl. Sievert (1998: 322 f).
456   Ebd.: 324.
457   Ebd.: 327 f. Wenn nur die Artikel ausgewertet werden, in denen die zuständigen Generaldirektionen explizit genannt werden, verschiebt sich das Bild (ebd.: 328 ff). Das soll uns hier jedoch nicht beunruhigen, weil im Rahmen der hier entwickelten Argumentation die Themen und nicht die Spiegelung bestimmter Institutionen das entscheidende Kriterium sind.
458   Vgl. Díez Medrano (2001: 32, 34).

Synchronität der Berichterstattung sehr hoch ist.[459] Auf der Grundlage der absoluten Artikelanzahl verläuft der *Issue-Attention-Cycle* in allen drei Zeitungen synchron.[460] Die *Financial Times* weist dabei eine etwas moderatere Kurve auf als die *Le Monde* und die *Frankfurter Allgemeine Zeitung.*

In bezug auf die Haider-Diskussion in der französischen, belgischen, italienischen und deutschen Presse[461] (Oktober 1999 bis einschließlich September 2000) beobachten Valentin Rauer, Sylvain Rivet und Marianne van de Steeg ebenfalls beeindruckend synchrone Themenzyklen in allen vier Ländern.[462] Und auch die Analysen von Stefan Tobler zur Diskussion zum weiß Gott nicht populären Thema „schädlicher Steuerwettbewerb" in der Presse der Schweiz, Großbritanniens und Deutschlands kann deutlich erkennbare Peaks (kommunikative Verdichtungen) der Debatte in allen drei massenmedialen Arenen anlässlich von Ereignissen, die diesem Thema verstärkte Aufmerksamkeit zufallen ließen, ausmachen.[463]

Da Stefan Tobler mit einem Sample arbeitet, in dem die drei verschiedenen Länder mit unterschiedlich vielen Zeitungen vertreten sind, stößt er auf ein methodisches Problem, das in allen anderen Studien bislang vernachlässigt wurde. Stefan Tobler stellt den *Issue-Attention-Cycle* nicht anhand der absoluten Werte der Artikelanzahl pro Land dar, sondern rechnet mit gewichteten Werten nach Erscheinungstagen.[464] In Europa gibt es sehr unterschiedliche Publikationsrhythmen der Presse, es gibt sehr unterschiedliche Formate und Layouts. Einige Zeitungen haben ein recht kleines Druckformat und relativ wenige aber ausführliche Artikel zu den Themen, die sie abdecken, während andere Zeitungen – insbesondere die deut-

---

459 Grundmann/Smith/Wright (2000) führten eine quantitative Auswertung der Berichterstattung zur Kosovo-Krise in der *FAZ*, der *Le Monde* and der *Financial Times* für den Zeitraum vom 23. März bis zum 10. Juni 1999 durch. Peaks finden sich in allen drei Zeitungen im April und im Juni. Dies schloss eine Co-Zitationsanalyse ein ('Kosovo' und andere Begriffe, andere Nationen, Namen von Spitzenpolitikern). Insbesondere die Anzahl der Nennung von Premierministern, Außen- und Verteidigungsministern sollte zeigen, ob auch Politiker der beiden anderen Nationen in der Berichterstattung eine Rolle spielen, was als Indikator für Transnationalität des Diskurses diente. Dabei stellte sich heraus, dass deutsche Spitzenpolitiker (Fischer und Schröder, weniger Scharping) in der *Le Monde* und der *Financial Times* häufig erwähnt wurden (jeweils zwischen 17 und 29% der Nennungen der Spitzenpolitiker der drei Nationen insgesamt), während französische und britische Spitzenpolitiker (außer Tony Blair in der *Le Monde*) keinesfalls solche Werte in der ausländischen Presse erreichten (ebd.: 304). „These findings do not conform with the straightforward expectation, that, in foreign coverage, the national media in every country would focus attention on their own representatives. The fact that in France and the UK, both Fischer and Schröder are much more salient than any of the other domestic leaders ... suggests that there is some degree of transnationalization of discourses about the Kosovo crisis." (Ebd.: 305)

460 Ebd.: 302.

461 Vgl. den DFG-Projekt Antrag von Giesen/Risse (2000).

462 Anschaulich zeigt dies die graphische Darstellung der absoluten Artikel-Anzahl in der nationalen Presse der vier Untersuchungsländer in Rauer/Rivet/van des Steeg (2002: 12). Einzige Ausnahme: in Italien gab es neben dem Peak im Februar 2000, der in allen vier Ländern zu beobachten war, noch einen kleineren Höhepunkt der Debatte im Juli 2000, der Ausdruck einer starken Domestizierung des Haider-Themas in der nationalen Debatte um Silvio Berlusconi ist (ebd.).

463 Vgl. Tobler (2001: 61, 94, 2002: 73).

464 Vgl. Tobler (2001: 54-61).

schen – sehr viele großformatige Seiten umfassen und viele kurze Artikel drucken.[465]

Die Darstellung von Issue-Zyklen, die diese Unterschiede nicht berücksichtigen, lässt beispielsweise die deutsche Presse noch rühmlicher erscheinen, als sie tatsächlich ist. Oder sie dramatisiert bestehende Unterschiede. So zitiert Stephan Ruß-Mohl private Studien, die belegen sollen, dass „nicht einmal sich ideologisch nahe stehende Zeitungen bei so zentralen Fragen wie dem Euro auf einer annähernd ähnlichen Linie berichten und kommentieren".[466] Bei den liberal-konservativen Blättern habe die britische *Times* im ersten Halbjahr 1999 ungefähr sechsmal häufiger als die italienische *La Stampa* über den Euro berichtet und dies zudem mit deutlich negativerem Tenor. Ebenso habe die französische *Liberation* im zweiten Quartal 1999 den Euro fast totgeschwiegen, während die deutsche *Frankfurter Rundschau* ca. zehnmal häufiger und neutral darüber schrieb. Bei der *Liberation* hielten sich dagegen positive und negative Bewertungen die Waage.

Interessant ist, dass die meisten vorliegenden Studien ungeachtet der breiten Diskussion um unterschiedliche „journalistische Kulturen" dem Problem der Gewichtung der absoluten Artikelanzahl entsprechend der relevanten Gesamtartikelanzahl pro Zeitung keine Bedeutung beimessen.[467] In der von Stephan Ruß-Mohl zitierten Studie, deren Sample die ersten Seiten der Zeitungen und jeweils die erste Seite des Wirtschaftsteils (also nur ge-*prime*-te Artikel) berücksichtigte, wurden weder die unterschiedlichen Layouts der ausgewerteten Zeitungen, noch eventuelle Unterschiede bei der Konzeption der ersten Seite berücksichtigt. Hier besteht sicherlich Bedarf, das methodische Instrumentarium für einen differenzierten transnationalen Vergleich sensibler zu machen.

In den wenigen vorliegenden vergleichenden Fallstudien zur massenmedialen politischen Kommunikation über europäische Themen wird von der logischen Prämisse ausgegangen, dass das betreffende Thema in allen untersuchten Staaten präsent ist. Wenn Darstellungen der Häufigkeit von Artikeln zum interessierenden Issue im Zeitverlauf möglich sind, zeigen sich erstaunlich große Übereinstimmungen über Ländergrenzen hinweg. Das bestätigt die These, dass es in Europa wichtige politische Themen gibt, die in verschiedenen nationalen Arenen zur gleichen Zeit, ja sogar mit ungefähr den gleichen *Issue-Attention-Cycles* diskutiert werden. Als Erklärung dafür wird darauf verwiesen, dass dies nicht verwundere, weil die

---

465 Auf solche Unterschiede stießen wir auch in unserem DFG-Forschungsprojekt an der Humboldt-Universität zu Berlin (Eder/Kantner/Trenz 2000).

466 Ruß-Mohl (2000: 132-133).

467 Eine Ausnahme stellt hier Sievert (1998: 282) dar, der den prozentualen Anteil aller „europäischen" Artikel an der Gesamtzahl aller mindestens einseitigen Artikel in den ausgewählten Print-Nachrichtenmagazinen berechnet. Dieser bewegt sich zwischen 2,1 und 2,9% (der Durchschnittswert ist 2,4%). So werden Differenzen im Verhältnis zueinander beurteilbar: die niederländische *Elsevier* (3,5%) und besonders das österreichische *profil* (5,3%) fallen durch eine extrem intensive Europaberichterstattung auf. Die niederländische *HP/De Tijd* (0,9%) sowie die spanischen *Cambio 16* (0,8%) und *Tiempo* (1,1%) gehen im Verhältnis zur relevanten Gesamtartikelzahl unterdurchschnittlich auf Europa ein.

Themen durch die europäischen Institutionen beziehungsweise ihre Politik vorgegeben seien – eine lapidare Bestätigung der weitreichenden These, dass die Europäischen Institutionen (gegebenenfalls verstärkt durch die großen internationalen Nachrichtenagenturen[468]) eine transnationale Agenda-Setter-Funktion auszuüben scheinen.

Dennoch möchte ich diese Befunde hier nicht überbewerten. Schließlich könnten diese Übereinstimmungen auch andere Ursachen haben, beispielsweise das „most different cases" Design der Studien. Wenn nur die Länder untersucht werden, die im betreffenden Konflikt die Kontrahenten sind, erhöht sich möglicherweise die Wahrscheinlichkeit übereinstimmender Thematisierungsintensität des betreffenden Themas (bei konträren inhaltlichen Positionen). Gültige Erkenntnisse können uns nur mehr Fallstudien und vor allem mehr Fallstudien, in denen viele Mitgliedstaaten vertreten sind, bringen.

Lassen sich auf der Grundlage vorliegender empirischer Medienanalysen bereits Aussagen über die mehr oder weniger gleichen Relevanzgesichtspunkte in den nationalen Diskursen zu gleichen europapolitischen Themen treffen? Unter gleichen „Relevanzgesichtspunkten" verstehe ich, wie bereits gesagt, nicht eine identische „europäische Perspektive", sondern übereinstimmende Frames oder Masterframes zu einem Thema bei durchaus kontroversen Meinungen zum betreffenden Thema.[469] Insbesondere die zitierten Fallstudien und einige neuere Diskursanalysen geben erste empirische Hinweise zur Beantwortung dieser Frage.[470] Diese Frame-Analysen setzen logisch voraus, dass das gleiche Thema in den untersuchten Ländern im Untersuchungszeitraum auf der öffentlichen Agenda war, weil es sonst keinen Grund gäbe, anzunehmen, dass es verschieden geframt wurde (beziehungsweise verschiedene nationale Positionen dazu verfochten wurden).[471]

Die Beurteilung der Differenzen und Konvergenzen in den wenigen vorliegenden Studien fällt sehr unterschiedlich aus, mit Tendenz zur Überzeugung, dass die Deutung in den verschiedenen Mitgliedstaaten sehr unterschiedlichen Gesichtspunkten folgt. Petra L. Schmitz und Rolf Geserick untersuchten für den Zeitraum vom 15. Mai bis zum 14. Juli 1995, also den Zeitraum um den europäischen Gipfel in Cannes, die Presseberichterstattung in Deutschland, Frankreich, den Nie-

---

468 Exemplarisch vgl. Stimberg (1998); Hachten/Hachten (1999).

469 Zum BSE-Konflikt würden nach dieser Definition beispielsweise „gleiche Relevanzgesichtspunkte" im Sinne eines gemeinsamen Frames vorliegen, wenn in zwei untersuchten Ländern BSE gleichermaßen als Gesundheits- und Konsumentenschutz-Issue debattiert wird, selbst wenn man unterschiedliche Meinungen bezüglich der Frage vertritt, wem wie viel von den anfallenden Kosten zuzumuten sei.

470 Die zahlreichen, allgemein gehaltenen, zusammenfassenden Darstellungen zum Europa-Diskurs in einzelnen Mitgliedstaaten stellen wertvolle Hintergrundinformationen auch für die Vorbereitung von Medienanalysen zur Verfügung, als methodisch etwas zu „impressionistisch" lasse ich sie in der folgenden Betrachtung jedoch außen vor.

471 In einigen Pionierstudien wurde die in einigen Staaten eher positive und in anderen eher negative Berichterstattung über die EU, deren Institutionen und Maßnahmen bereits als Indiz für scheiternde transnationale Kommunikation oder divergentes Framing gewertet. Diese Gepflogenheit wirkt auch noch in einer Reihe neuerer Studien nach.

derlanden und Polen zu folgenden Themen: dem Umgang mit Grenzen, der Wahrnehmung der EU-Institutionen, den Ängsten vor Identitätsverlusten, der Wirtschafts- und Finanzpolitik, dem Verhältnis der Nachbarstaaten zu Deutschland und seiner Rolle in der Union sowie dem Phänomen des „Perspektivenwechsels", also der Berichterstattung über die Europa-Wahrnehmung anderer Staaten.[472] Es würde den Rahmen sprengen, all die Differenzen, aber auch gemeinsamen Relevanzgesichtspunkte hier darzustellen. Insgesamt liefert die Studie jedoch ein sehr „optimistisches" Bild, wobei sogar Indizien für eine recht starke Aufmerksamkeit für innenpolitische Krisen in anderen Mitgliedstaaten aufgrund europapolitischer Konflikte festgestellt werden, was in der Presse allerdings meist als mahnendes Beispiel dafür gewertet wird, dass die Integration nicht forciert werden dürfe.[473]

Andere Studien beurteilen die Differenzen bei der Deutung spezifischer Issues in verschiedenen Nationen dagegen als dramatisch: Haben die nationalen Öffentlichkeiten beispielsweise beim BSE-Konflikt „aneinander vorbei geredet"? Jürgen Neyer kommt zu diesem Schluss.[474] Für den Korruptionsskandal kommt Hans-Jörg Trenz zu dem Befund, dass das Thema in Deutschland und Spanien unterschiedlichen Frames folgte, die mit den in Brüssel und Straßburg vertretenen Regierungspositionen übereinstimmten:

„Unseren Erwartungen entsprechend erweckt die Anprangerung von Korruption in Europa jedoch unterschiedliche Konnotationen beim Publikum, die sich nicht nur nach ideologischen Bruchlinien, sondern v.a. nach nationalen politischen Kulturen und den in ihnen vorstrukturierten Bedeutungsschemata und Traditionen der Konfliktführung ausdifferenzieren lassen. In den deutschen Medien stand eindeutig die moralische Konstitution der Gemeinschaft im Vordergrund. Als allgemein anschlussfähige Themen wurde dabei v.a. auf das Demokratiedefizit und auf die Verfassungsdiskussion verwiesen. In den spanischen Medien dagegen stand die macht- und interessenpolitische Gestaltung der EU im Vordergrund. Der normativen Diskussion um das demokratische Defizit wurde entweder keine Beachtung geschenkt oder sie wurde ihrerseits als interessengeleitete Scheindebatte entlarvt, mit deren Hilfe die nordeuropäischen Mitgliedstaaten dem benachteiligten Süden in den anstehenden Reformdebatten bestimmte Machtpositionen aufdrängen wollten. Verwiesen wurde dabei v.a. auf die in der Agenda 2000 zu verhandelnde Umverteilung der Strukturfonds bzw. Refinanzierung der Gemeinschaft, die ein ‚vitales Interesse' Spaniens berührten und damit Argwohn und Ängste vor materieller Benachteiligung beim Publikum evozieren konnten." (Trenz 2000: 347)

Interessant wäre es zu wissen, ob sich diese Deutungen im Zeitverlauf anglichen oder Verständnis für die gegnerische Seite ausgedrückt wurde. War jeweils nur ein Frame präsent oder war nur einer dominant? Wurde in den beiden Ländern argumentiert, warum das Problem so und nicht anders (entsprechend der Deutung im anderen Land) zu interpretieren sei? Dahinter könnte sich ein Diskurs über die relevanten Hinsichten, unter denen das Problem angemessen zu beurteilen sei, verbergen! Wir wissen es nicht.

---

472 Vgl. Schmitz/Geserick (1996).
473 Ebd.: 157–160.
474 Neyer (2000b: 7, 11) gibt einen Überblick über die Deutung des BSE-Konflikt in der britischen, deutschen und französischen Presse sowie über den durch nationale Interessengruppen, Experten und Zeitungen ausgeübten Druck auf die nationalen Regierungen.

An solchen unbeantworteten Fragen wird ein typisches methodisches Problem des an *policy*-Konflikten orientierten Fallstudien-Designs deutlich, die *„most different cases"* betrachten: man untersucht die Antipoden in einer Diskussion und vermutet dann, dass bei Berücksichtigung von mehr Fällen noch mehr typisch nationale Frames gefunden worden wären. Ein gültiger Beweis für die Hypothese, dass es in Europa fünfundzwanzig verschiedene öffentliche Meinungen (womöglich zu jedem einzelnen Issue) gäbe,[475] ist dies freilich noch nicht.

In ihrer Analyse der Presseberichterstattung zur Kosovo-Krise in Frankreich, Großbritannien und Deutschland stellten Reiner Grundmann, Dennis Smith und Sue Wright fest, dass trotz Synchronität des Themenzyklus unterschiedliche Frames dominierten. In der *Le Monde* dominierte der Aspekt der Unfähigkeit Europas, den eigenen Kontinent ohne Hilfe der USA zu befrieden und Kritik an der Informationspolitik der NATO den Diskurs. In der *Financial Times* stand der Kampf gegen das Böse im Vordergrund und eine Diskussion der NATO-Informationspolitik spielte keine Rolle. In der *FAZ* standen die Frage der Loyalität auch einer (gerade erstmals gewählten) rot-grünen Regierung zur NATO und die Verpflichtung, Lasten im Rahmen der militärischen Kooperation zu übernehmen, im Zentrum einer sehr faktenzentrierten Berichterstattung.[476]

Zu einer Gemeinsamkeiten und Differenzen einschließenden Frame-Analyse kam Marianne van de Steeg in bezug auf das Thema der Osterweiterung in niederländischen, spanischen und deutschen Nachrichtenmagazinen.[477] Sowohl hinsichtlich der inhaltlichen Schwerpunkte der Erweiterungsdiskussion, als auch hinsichtlich der „Referenzrahmen" wurden teilweise beträchtliche Übereinstimmungen *und* teilweise beträchtliche Differenzen erkennbar. Zu einem ähnlichen Ergebnis kam Juan Díez Medrano in seiner Langzeitstudie zur EU-Berichterstattung. Er stellte eine hohe Übereinstimmung in grundsätzlichen Fragen fest:

„Die Mitgliedschaft in der EU bedingt ein hohes Maß an Konvergenz in der thematischen Behandlung des Integrationsprozesses. Dieser Konvergenzeffekt konnte sowohl nach dem Beitritt Großbritanniens als auch nach dem Beitritt Spaniens beobachtet werden. ... Die Auseinandersetzungen zum Integrationsprozess ... konzentrieren sich v.a. auf das Zusammenspiel zwischen dem Nationalstaat und der EU. ... Eine gemeinsame kognitive Rahmung des Integrationsprozesses manifestiert sich im wesentlichen in zwei Überzeugungen: (a) Der gemeinsame Binnenmarkt ist gut für alle. (b) Die EU leidet an Defiziten ihrer Regierungsfähigkeit." (Díez Medrano 2001: 40)

Nationale Framing-Unterschiede zeigten sich im Detail: *Britische* Leitartikel und Kommentare bezweifeln den wirtschaftlichen Nutzen des Binnenmarktes in 12% der Fälle im Gegensatz zu ihren spanischen und deutschen Counterparts (dort gehen nur 2% der Artikel von negativen Folgen der EU-Mitgliedschaft ihres Landes aus). Dieses Ergebnis ist über den Untersuchungszeitraum von 1946 bis 1997 konstant.[478] Spezifische historisch bedingte Unterschiede traten hervor: In *Deutsch-*

---

475 Vgl. Löffler (2000: 32).
476 Vgl. Grundmann/Smith/Wright (2000: 315 f).
477 Vgl. van de Steeg (2002).
478 Vgl. Díez Medrano (2001: 34).

land spielt die Rücksichtnahme auf die Empfindlichkeiten anderer Länder eine wichtige Rolle. In *Spanien* wird von der EU-Mitgliedschaft die Überwindung der traditionellen Isolation und eine beschleunigte Modernisierung erhofft.[479] Die Leistungen der europäischen Institutionen als Garanten einer erfolgreichen europäischen Politik spielen nur in 10% der britischen Artikel, jedoch in 21% der spanischen und 27% der deutschen eine Rolle. Der Übertragung von Souveränitätsrechten auf die europäische Ebene stehen die britischen Leitartikel skeptisch gegenüber. Das Verhältnis der Artikel, die eine Übertragung von Souveränitätsrechten befürworten, gegenüber jenen, die sie ablehnen, ist in Deutschland 22% zu 2%, in Spanien 4% zu 0% und 12% zu 9% in Großbritannien.[480] Aufgrund des Mangels an normativen europäischen Selbstverständigungsdiskursen und den aus der Geschichte der verschiedenen Nationen herrührenden unterschiedlichen Hoffnungen und Erwartungen an die EU-Mitgliedschaft, so Díez Medrano, bleibe die europäische Öffentlichkeit aller Voraussicht nach dennoch eine national ‚versäulte Öffentlichkeit'.[481]

Valentin Rauer, Sylvain Rivet und Marianne van de Steeg untersuchen einen europäischen Selbstverständigungsdiskurs, die Haider-Debatte.[482] Sie kommen zu einem ganz anderen Ergebnis: Von 26 auftauchenden Frames spielten nur vier eine wichtige Rolle und dies – wenn auch in unterschiedlicher Rangfolge – in allen vier Ländern (Belgien, Frankreich, Italien und Deutschland). Pro Land wurden mindestens zwei Zeitungen ausgewertet, die unterschiedlichen ideologischen Lagern zugehören. Die zutage tretenden binnennationalen Differenzen waren beträchtlich. Die Vorstellung einer homogenen nationalen Öffentlichkeit, die eine geschlossene Position in der Europäischen Union vertritt, musste daher verworfen werden.[483] In allen vier Ländern tauchte der Frame „*Haider hits home*", d. h. die Diskussion eigener rechtspopulistischer Parteien und Bewegungen in Anknüpfung an das österreichische Geschehen oder in Anknüpfung an die quasi zum Symbol geronnene Chiffre „Haider" auf.[484] Die Verbindung von „Haider und der NS-Vergangenheit" stellte einen übergreifenden konsensualen Frame dar.[485] Die gemeinsame Verurteilung ·von Nationalsozialismus und Faschismus stellt offenbar tatsächlich eine transnational resonanzfähige Komponente eines gemeinsam geteilten, europäischen Selbstverständnisses dar.[486]

Während in der politikwissenschaftlichen Literatur von einer vollständigen Übereinstimmung der in den institutionellen Verhandlungsarenen von den Regie-

---

479 Ebd.
480 Ebd.: 35.
481 Ebd.: 40.
482 Vgl. Rauer/Rivet/van des Steeg (2002); Giesen/Risse (2000); Risse (2002).
483 Vgl. Rauer/Rivet/van des Steeg (2002: 11, 23).
484 Ebd.: 24.
485 Einzige Ausnahme stellte die *FAZ* dar, in der die Legitimation der Sanktionen gegen Österreich auf unklarer Rechtsgrundlage massiv bezweifelt wurde. Doch auch hier wurde weder die „nationale Karte" gespielt, noch der Nationalsozialismus verharmlost (ebd.).
486 Vgl. Höffe (1996b: 254 f); Habermas (2001); Giesen (2002).

rungen vertretenen nationalen Interessen und der jeweiligen homogenen öffentlichen Meinung der nationalen Öffentlichkeiten ausgegangen wird, zeigen die wenigen vorliegenden Medienanalysen bereits ein differenzierteres Bild. Es gibt Indizien dafür, dass es thematisch verschränkte europäische Debatten gibt, dass es also eine Reihe von Fällen gibt, auf die das Kriterium „gleiche Themen zur gleichen Zeit" zutrifft. Oft werden in diesen thematisch verschränkten Debatten unterschiedliche Meinungen dominant vertreten. Was leicht als „aneinander vorbei reden" erscheint, sind jedoch national gefärbte, interessenbedingte Perspektiven auf ein gemeinsames politisches Problem und Diskurse über die jeweils als relevant zu betrachtenden Aspekte zur angemessenen Beurteilung dieses Problems.[487]

Diese Studien sollten nicht als Belege ausbleibender, sondern als Belege stattfindender Kommunikation gelesen werden. Die auch in den Medien öffentlich ausgetragenen transnationalen Diskussionen darüber, worin ein europäisches politisches Problem überhaupt besteht, kann man sogar geradezu als Diskurse im klassischen Sinne von Habermas' Definition verstehen – als (vom Handlungsdruck temporär entkoppelte) Diskussionen über Geltungsansprüche.[488] Die Fallstudien zur kontroversen Behandlung dieses oder jenes europäischen Themas in den nationalen Öffentlichkeiten mehrerer in einen europäischen Konflikt involvierter Mitgliedstaaten zeigen nicht mehr und nicht weniger, als dass in der politischen Kommunikation über die gleichen problematisch gewordenen Gegenstände unterschiedliche Meinungen vertreten werden.

Dabei vertreten die Akteure ihre jeweiligen Interessen und Überzeugungen mit Engagement und geben sie nicht leichthin auf. Die mehr oder minder intensiv betroffenen Streitparteien können keine hypothetische Einstellung zu ihren vorgängigen Überzeugungen einnehmen, die beispielsweise durch ihre Interessen, aber auch durch ihre historischen Traditionen bestimmt sein können. Das ist normal, weil anders gar nicht kommuniziert und Dissens identifiziert werden kann, und es ist in einer pluralistischen politischen Landschaft legitim, weil die politische Diskussion ja dazu dient, Konflikte verbal auszutragen.

Die EU-Bürger reden in den großen europäischen Konfliktfällen nicht „aneinander vorbei" und sie wissen bereits sehr viel voneinander. Die Kontrahenten haben eine Vorstellung von den ökonomischen oder außenpolitischen Interessen des anderen, sie kennen die Geschichte des anderen und sie wissen um die sensiblen Punkte im Selbstverständnis der anderen. Vor diesem Hintergrund gemeinsamer Überzeugungen und gegenseitiger Erwartungen kann sich der Streit entwickeln.[489] Sie befinden sich längst nicht in einer Situation der „radikalen Interpretation", auch

---

487 Vgl. Eder (2000). Wir haben solche Fälle illustrativ einer anderen theoretischen Prämissen folgenden Interpretation unterzogen (Eder/Kantner 2000: 316–322).

488 Diskurse sind eine Form der Kommunikation, in der die Kommunikation selbst zum Thema gemacht wird, indem die explizit oder implizit erhobenen Geltungsansprüche thematisiert und mit Gründen gerechtfertigt werden. Die drei Geltungsansprüche sind *propositionale Wahrheit, normative Richtigkeit* (soziale Angemessenheit) und *Wahrhaftigkeit* (Habermas 1981: 114).

489 Dabei scheinen die Kontrahenten bei aller Polemik dennoch die Sichtweisen der anderen zu respektieren. Vgl. Schmitz/Geserick (1996); Díez Medrano (2001).

wenn das politische Meinungsspektrum in Europa längst nicht annähernd so klar strukturiert und damit berechenbar ist wie innerhalb der Nationalstaaten.

In einigen Fallstudien wurden über die thematische Verschränkung hinaus sogar „gleiche Relevanzgesichtspunkte" neben spezifisch nationalen Frames nachgewiesen. In anderen Fällen war dies nicht der Fall. Bisher sind weit mehr Fragen offen als beantwortet. Wir wissen nicht, wie stark die Agenden übereinstimmen. Gibt es Gruppen von Mitgliedstaaten, deren europäische Agenden besonders stark übereinstimmen oder vom EU-Durchschnitt oder der europäischen Agenda einer anderen Ländergruppe abweichen? Gibt es Typen von Themen, die ausgeprägt „nationale" oder „regionale" Eigenheiten aufweisen, die sich einer Europäisierung entziehen?[490] Hier besteht empirischer Forschungsbedarf, dem sich derzeit eine Reihe von methodisch immer ausgereifteren Forschungsprojekten zuwenden.[491]

An ihre Untersuchungen lassen sich eine Fülle weiterer Fragen anschließen: So ist im Anschluss an unseren Vorschlag, europäische öffentliche politische Kommunikation anhand des Auftretens „gleicher (europapolitischer) Themen zur gleichen Zeit unter gleichen Relevanzgesichtspunkten" in den nationalen Medien zu messen, eine Diskussion um zusätzliche Kriterien der Interconnectedness oder Interdiskursivität entbrannt.[492] Und weniger „kognitivistische" Framing-Ansätze werden sich auch für Images, Europa-Metaphern, Schlagwortgebrauch und Stereotypen in der europäischen politischen Massenkommunikation interessieren.[493]

In Bezug auf die anderen Zweige einer Soziologie öffentlicher politischer Kommunikation (bezüglich der *Sprecher* und des *Publikums*) sind die Forschungslücken ebenfalls groß. Der Medienwirkungseffekt auf die Rezipienten gilt beim Agenda-Setting als gesichert. In bezug auf Deutungsmuster ist dies nicht der Fall.[494] Hier gibt es eine Reihe von intervenierenden Variablen, insbesondere die interpersonale Kommunikation über deren Gestalt in bezug auf europäische The-

---

490 Unterscheiden sich beispielsweise normative, mit dem kollektiven Selbstverständnis von Partikulargruppen verschränkte „Fragen des guten Leben" und interessenpolitische „Fragen der Gerechtigkeit" im Grade ihrer „Europäisierbarkeit"?

491 Vgl. insbesondere das sieben Nationen und zahlreiche in unterschiedlicher Weise europäisierte Themen umfassende EUROPUB-Projekt, das mit einer quantitativen Claim-Analyse die wohl bisher reliabelsten Ergebnisse zutage fördern wird (Koopmans 2000). Vgl. auch Kriesi (2001a) sowie die bereits erwähnten DFG-Projekte (Giesen/Risse 2000; Eder/Kantner/Trenz 2000).

492 Vgl. Eder/Kantner (2000) und zur Kritik daran die Beiträge von van de Steeg (2000, 2001, 2002); Rauer/Rivet/van de Steeg (2002: 25 ff) und Risse (2002), in denen zusätzliche Indikatoren für eine europäische Öffentlichkeit entwickelt werden, wie die gegenseitige Anerkennung der Sprecher als legitim, diskursive Interaktion (wechselseitige Zitation von ausländischen Sprechern und Beiträgen) sowie die wechselseitige Beobachtung der nationalen Öffentlichkeiten. Erste empirische Operationalisierungen und Forschungsergebnisse liegen vor. Auch Tobler (2001, 2002) legt „reziproke Resonanzstrukturen" und die massenmediale „Arenenreferenzialität" als zusätzliche Kriterien zugrunde. Eine Zusammenfassung dieser Diskussion findet sich in der Zeitschrift *Berliner Debatte Initial* (Eder/Kantner 2002; Risse 2002; Tobler 2002; van de Steeg 2002).

493 Exemplarisch dazu Koch/Schröter (1993); Koch (1995); Diekmannshenke (1996); Schäffner (1996) sowie Maguire/Poulton/Possamai (1999).

494 Vgl. Schenk/Rössler (1994).

men noch nichts bekannt ist, zu berücksichtigen.[495] Gibt es hier Besonderheiten europäischer politischer Kommunikation zu entdecken?

Mit Blick auf den Einfluss einer besser erforschten massenmedialen Europa-berichterstattung auf das Publikum gälte es, die Ergebnisse von Inhaltsanalysen mit nationalen und europäischen Umfrageergebnissen zu konfrontieren, um ihre Wirkungen (auf der Aggregatebene) nachvollziehen zu können.[496] In bezug auf europäische politische Kommunikation wissen wir bislang auch nichts über die massenmediale Reichweite. Ist beispielsweise die ewig stabile Verteilung der An-teile der *„three publics"* auch in diesem Falle gültig oder gibt es mehr *„know nothings"* als im nationalen Rahmen?[497] Folgt die öffentliche Meinung in Europa bei allen Differenzen üblichen Mustern? Bildet sich im Zeitverlauf eine „herr-schende" Meinung heraus oder lassen sich Verschiebungen des Meinungsklimas (*parallel publics*) beobachten?[498] Welche Akteure spielen als Sprecher, Adressa-ten oder Objekte europapolitischer Kommunikation in den nationalen Medien welche Rolle?[499]

Die pauschale – auf fragwürdigen hermeneutischen Prämissen beruhende – Annahme, dass aufgrund des Sprachenproblems ohnehin nur Eliten und politische Aktivisten miteinander über europäische Angelegenheiten kommunizieren könn-ten, hat dazu geführt, dass die „klassischen" Instrumente einer Soziologie öffentli-cher politischer Kommunikation für die Bedürfnisse transnationaler europäischer Kommunikation bisher noch keinesfalls ausgeschöpft wurden. Räume politischer Kommunikation transzendieren jedoch die Grenzen des Nationalstaats, wenn sich Menschen als Sprecher in den Medien Gehör zu Themen verschaffen, die ihnen wichtig erscheinen und in einem gemeinsamen politisch und rechtlich integrierten Handlungsraum verortet werden. Wenn man Öffentlichkeit als öffentliche Räume der Auseinandersetzung konzipiert,[500] kann man das für nationale öffentliche poli-

---

495 Hier könnte die noch nicht abgeschlossene Dissertation von Ruppertz-Rausch, die mit Fokus-Gruppen arbeitet, eventuell bald erste Forschungsergebnisse bringen.

496 Wechselseitige Synergie-Effekte könnten auch die Meinungsforschung interessieren: „Eine sys-tematische Analyse der Beziehungen zwischen Ereignissen und EG-Orientierungen erfordert zum einen sehr viele, kurzfristig aufeinanderfolgende Messzeitpunkte, um der Kurzfristigkeit des Ein-flusses dieser Kategorie von Determinanten Rechnung zu tragen, zum anderen eine unabhängige Messung der Ereignis-Variablen in Form einer Analyse der Medienberichterstattung. Diese Vor-aussetzungen sind nur selten gegeben ..." (Niedermayer 1991: 343)

497 Nach Neuman (1986) gibt es immer ca. 5% politische Aktivisten, 75% „undifferenziertes" mittle-res Massenpublikum und 20% Apolitische in der Bevölkerung, die selten Nachrichten rezipieren oder politisch partizipieren und folglich nichts über Politik wissen. Im Eurobarometer werden sol-che Differenzen bislang eher verdeckt. Vgl. auch Neidhardt/Koopmans/Pfetsch (2000).

498 Unter *parallel publics* verstehen Page/Shapiro den Effekt, dass wenn sich das Meinungsklima zu einem Issue im Zeitverlauf ändert, dieser Wandel in den Meinungen sehr unterschiedlicher Grup-pen parallel vollzieht. So werden, wenn das Meinungsklima z. B. zur Frage legaler Abtreibungen liberaler wird, auch die Konservativen liberaler, wobei allerdings der Abstand zwischen den bei-den Teil-Öffentlichkeiten bestehen bleibt: Konservative sind weiterhin ablehnender in dieser Frage als Liberale (Page/Shapiro 1992: 285–320).

499 Vgl. hierzu Koopmans (2000); Law/Middleton/Palmer (2000).

500 Vgl. Habermas (1992: 436); Peters (1993: 344 ff).

tische Kommunikation erprobte „relationale Öffentlichkeitsmodell", das auf die soziologische Beschreibung der zentralen *medialen* Vermittlungsleistungen zwischen *Sprechern* und (multiplen) *Publika* abzielt,[501] getrost auch auf transnationale Kommunikationsprozesse übertragen.

Die These, dass es in Europa ein so großes Defizit an öffentlicher politischer Kommunikation gäbe, dass eine eventuelle Demokratisierung der Europäischen Union daran scheitern müsse, ist wahrscheinlich falsch. Sie wurde bereits theoretisch widerlegt, aber auch empirisch lassen sich zahlreiche Indizien dafür finden, dass massenmediale politische Kommunikation zu europäischen und europäisierten Themen durchaus stattfindet. Wenn der Blick auf die neuen Phänomene nicht länger durch die generelle Verstehensskepsis verstellt wird, wird deutlich, dass die öffentliche politische Kommunikation über europäische Themen bereits stärker entwickelt ist, als bisher in der Literatur angenommen wurde und dass es hinsichtlich ihrer Strukturen viel zu entdecken gibt. Die dramatisierende Diskussion zum Öffentlichkeitsdefizit der Europäischen Union formuliert ein Scheinproblem. Europäische politische Kommunikation ist im Lichte der in dieser Arbeit entwickelten hermeneutisch-pragmatistischen Forschungsperspektive möglich und bereits anzutreffen – also untersuchen wir sie!

---

501 Vgl. Neidhardt (1994).

5. Europa als Kommunikations- und Handlungsraum

> „Wer sind wir? Woher kommen wir? Wohin gehen
> wir?" (Jacques Le Goff[502])

Im vorigen Kapitel konnte mit hermeneutischen Argumenten gezeigt werden, dass Kommunikation über die Grenzen von Sprachen und Kulturen hinweg möglich ist. Unterschiedliche Kulturen, Traditionen, Identitäten oder Sprachen bewirken weder Inkommensurabilität der Sprachspiele, noch verhindern sie eine fruchtbare begründende Argumentation. Ob Kommunikation jedoch tatsächlich stattfindet, ob die Akteure wirklich eine kommunikative Beziehung eingehen, ist dagegen eine empirische Frage, die für die Europäische Union mit gewissen Einschränkungen positiv beantwortet werden konnte. Es wurden empirische Daten präsentiert, die nahe legen, dass in der Medienöffentlichkeit der Mitgliedstaaten zur *gleichen Zeit* die *gleichen Themen* unter den *gleichen Relevanzgesichtspunkten* diskutiert werden. Ich habe Indizien dafür präsentiert, dass im medialen Kommunikationsnetz sowohl Verstehen, als auch sinnvolle Argumentation im transnationalen Raum stattfinden – auch ohne geteilte vorpolitische europäische Identität im emphatischen Sinne, ohne gemeinsame Medien und ohne eine gemeinsame Sprache.

In diesem Kapitel sollen drei daran anschließende Fragen geklärt werden: Zunächst geht es um die Frage, ob mit dem vorgeschlagenen theoretischen und methodologischen Instrumentarium stets und in jedem beliebigen Kontext dieses positive Ergebnis erzielt werden würde. Schließlich ist kaum zu erwarten, dass wenn man – bleiben wir in Richard Rortys Beispiel – die Zeitungen der Amazonasindianer mit denen der Neo-Nazis vergleichen würde, dort zur gleichen Zeit die gleichen Themen unter den gleichen Relevanzgesichtspunkten repräsentiert fände (obgleich es gelegentlich auch solche Beispiele geben mag). Öffentliche politische Kommunikation ist vielleicht in jedem beliebigen Kontext möglich, sie mag sich bei Gelegenheit ergeben, verstetigt sich darüber hinaus jedoch nicht notwendig und die demokratischen Prozeduren, die eine Öffentlichkeit im Vollsinne des Wortes im demokratischen Rechtsstaat institutionalisieren, werden von den Menschen keinesfalls in jedem beliebigen Kontext gewollt. In diesem Kapitel möchte ich darum lebensweltliche und institutionelle Bedingungen erörtern, unter denen öffentliche politische Kommunikation entsteht und sich verstetigen, ausdifferenzieren und schließlich demokratisch legitimierend wirken kann. Im Anschluss an den amerikanischen Pragmatismus werde ich den bisher vorgestellten hermeneutischen Universalismus, den ich auf das Problem öffentlicher politischer Kommunikation angewendet hatte, handlungs- und institutionentheoretisch an das Alltagsleben konkreter Gruppen von Menschen zurückbinden. Dies kann ich hier wohl nur programmatisch leisten, schuldig möchte ich die betreffenden Argumente jedoch nicht bleiben.

---

502 Zit. nach Eco (1995: 6).

Im Abschnitt 5.2 wird das pragmatistische Argument, das auf der Grundlage eines hermeneutischen Universalismus die handlungstheoretische Abgrenzung von politischen Interaktionsräumen gewährleistet, auf den Fall der Europäischen Union angewendet und abschließend (Abschnitt 5.3) geht es um die Frage, unter welchen institutionellen Bedingungen die sich entwickelnde öffentliche politische Kommunikation in Europa ihr politisch und sozial integrierendes Potential entfalten kann.

5.1 Welt- und Gegenstandsbezug öffentlicher Kommunikation

Ein überzeugendes kommunitaristisches Argument der Partikularisten des Nationalen war, dass Individuen und Gemeinschaften immer sozial situiert sind. Politische Kommunikation entwickelt, verstetigt und strukturiert sich *nicht* in jedem beliebigen sozialen Kontext. In meiner bisherigen theoretischen Argumentation fehlt also ein Schritt, der eine Spezifizierung der Bedingungen politischer Kommunikation vornimmt und genauer auf die Akteure und Gegenstände der Kommunikation eingeht. Es fehlen noch Argumente, die die empirischen Indizien für die Entstehung transnationaler öffentlicher politischer Kommunikation in der Europäischen Union erklären können.

Zwar bewirken weder Nationalität noch andere vorpolitisch begründete Identitäten Inkommensurabilität bei der Kommunikation und sie verhindern auch nicht, dass die Sprecher ihre Behauptungen voreinander rechtfertigen können, aber das sagt ja noch nichts darüber aus, ob und wann diese Kommunikation von den Teilnehmern tatsächlich eingegangen wird. Die Frage lautet also: Unter welchen Bedingungen entsteht öffentliche politische Kommunikation? Wieso sollten sich die EU-Bürger auf das unter Umständen sehr anstrengende Durchlaufen des hermeneutischen Zirkels einlassen? Wieso sollten sie ein Interesse daran haben, in diese mühevollen Kommunikationsprozesse mit den Menschen der „falschen Sorte"[503] einzutreten? Wir müssen also den Mechanismus der Brückenkonstruktion in den Blick nehmen und soziologisch erklären. Dies soll der folgende Exkurs zum Amerikanischen Pragmatismus leisten.

Die Pragmatisten Charles S. Peirce, William James, John Dewey und George H. Mead waren unter den ersten, die auf bewusstseinsphilosophische und geschichtsmetaphysische Prämissen verzichteten und die philosophischen Grundkategorien von Erkenntnis, Wahrheit, Handeln und Demokratie konsequent auf kommunikations- und handlungstheoretische Grundlagen umstellten, womit sie „in einer bis heute nicht genügend zur Kenntnis genommenen Radikalität die Konsequenzen aus dem Ende der metaphysischen Gewissheiten ... [zogen], ohne diese durch neue Gewissheiten geschichtsphilosophischer oder rationalitätstheoretischer

503 Rorty (1989: 307) meint damit Leute, die wie „wir" „ebenfalls Menschen sind – aber Menschen von der falschen Sorte", da sie nicht zu „uns" gehören.

Art zu ersetzen."[504] Mir geht es im Folgenden darum, die Einsichten des amerikanischen Pragmatismus über den Status von Öffentlichkeit in einer heterogenen Massengesellschaft herauszustellen, wobei ich mich auf die Diskussion von John Deweys *Die Öffentlichkeit und ihre Probleme*[505] und einige Aufsätze George H. Meads beschränken werde, weil sie sich unmittelbar für die Diskussion des europäischen Integrationsprozesses fruchtbar machen lassen.

Deweys und Meads Positionen zu Fragen der Demokratie und der Öffentlichkeit sind im Kontext zeitgenössischer politischer Auseinandersetzungen um die Zukunft der Demokratie zu sehen. Die Vereinigten Staaten erlebten in den Anfangsjahren dieses Jahrhunderts eine gewaltige Transformations- und Legitimationskrise. Wie heute die Demokratiefähigkeit der Europäischen Union bezweifelt wird, wurde damals in den USA diskutiert, ob sich die Demokratie in die industrielle Epoche hinüber retten lasse oder nicht. Fest stand, dass eine nationale Öffentlichkeit in den USA nicht mehr nach dem für die amerikanische Demokratie paradigmatischen Kleinstadtmodell der Virginia-*townships* funktionieren konnte, in denen alle Fragen noch *face-to-face* in öffentlichen Versammlungen debattiert werden konnten.[506] Das riesige Land war zudem durch eine extreme Heterogenität entlang der Dimensionen von Ethnizität, sozialer Klasse, politischer Kulturen – selbst innerhalb der weißen christlichen Mehrheitskultur – gekennzeichnet. Massive Einwanderungsströme stellten die Toleranz und Integrationsfähigkeit der amerikanischen Gesellschaft auf eine harte Probe.

Wie sollten Bürger, die durch fundamentale Interessenkonflikte gespalten waren, ein „babylonisches" Sprachengewirr hervorbrachten und so unterschiedliche kulturelle Werte verfochten, zu einer qualifizierten öffentlichen Meinung in höchst komplexen politischen Fragen kommen, an der sich die Politik orientieren könnte? Ob sich aus den bislang dezentral strukturierten Gemeinschaften eine einzige, mit einer den neuen Anforderungen gewachsenen Verwaltung ausgestattete Gesellschaft entwickeln und zur „großen Gemeinschaft"[507] integrieren ließe, ob sich die über ein riesiges Territorium verstreute und in mehreren Zentren konzentrierte Bevölkerung zu einem einzigen Kommunikationsraum vernetzen würde und ob die Prinzipien demokratischer Politik überhaupt diese gewaltige Transformation überstehen würden, war aus der Sicht der Beteiligten nicht einfach zu entscheiden.

Hinzu kam im Zusammenhang mit der Entstehung einer modernen Massenkultur und der Kriegseuphorie im Ersten Weltkrieg eine herbe Enttäuschung der Intellektuellen von der Massenöffentlichkeit.[508] Der „launische Mob" schien gar nicht in der Lage zu sein, qualifiziert an Politik zu partizipieren. In dieser pessi-

---

504 Vgl. Joas (1992: 7).
505 Vgl. Dewey (1996 [Orig. 1927]).
506 Zu Unterschieden und Gemeinsamkeiten zwischen der zweiten Welle der Demokratisierung (zur modernen nationalen Massendemokratie) und der dritten (nach dem Ende des Ost-West-Konflikts und mit Blick auf transnationale Demokratieprobleme) vgl. Huntington (1991) und Dahl (1994).
507 Vgl. Dewey (1996: 125 ff).
508 Vor allem die Vergnügungen der kleinen Leute, das Kino, Sportveranstaltungen und besonders das Boxen, hielt man für Anfang des Untergangs der Zivilisation (vgl. Junghanns 1998a, 1998b).

mistischen Beschreibung, die auch von vielen Liberalen geteilt wurde, drückte sich eine ernst zu nehmende Angst vor einem Entgleiten der öffentlichen Kommunikation in puren Populismus aus. Eine Gefahr, mit der Massendemokratien wohl immer umgehen müssen und die auch in den Befürchtungen einer Amerikanisierung der Politik im vereinigten Europa zum Ausdruck kommt.[509] Die Situationsbeschreibungen der Zeitzeugen dieser Phase rapiden sozialen Wandels glichen denen, die heute in bezug auf den europäischen Integrationsprozess zu hören sind, wenn auch das heutige Projekt der Integration einer Vielzahl von Nationen in eine funktionierende demokratische Institutionenordnung alle eventuellen historischen Präzedenzfälle an Komplexität bei weitem übertrifft. Die damalige radikale Umstrukturierung der Wirtschaft im Prozess der Industrialisierung, die unerhörte Zunahme von Mobilität und Einwandererzahlen sowie die Verarmung großer Teile der Bevölkerung stellten in den Augen aufmerksamer Zeitgenossen die überkommenen Institutionen sozialer und politischer Integration vollständig in frage.

Die Philosophen des Amerikanischen Pragmatismus beteiligten sich als engagierte Bürger an dieser Diskussion und beeinflussten stark das „*progressive movement*" (ca. 1900-1920). Diese Bewegung eine war eine städtische, überwiegend liberale Reformbewegung, die sich für Demokratisierung und soziale Belange einsetzte. Geführt vom späteren Präsidenten Woodrow Wilson nahmen ihre Vertreter Einfluss auf die Institutionalisierung einer modernen Verwaltung, den Ausbau nationaler Infrastrukturen, die Einrichtung sozialer Programme und Naturschutzgebiete. Diese Phase der Reformpolitik wird als „*progressive era*" bezeichnet. Bemerkenswert an der durchaus kontroversen Rhetorik des „*progressive movement*" ist die Entschlossenheit, mit der die Notwendigkeit staatlicher Eingriffe bei der Bewältigung von Koordinationsproblemen und sozialen Problemen in der Folge der Industrialisierung begründet wurde und wie tatkräftig die diskutierten Probleme angegangen wurden. Dabei wurden natürlich auch Fehler begangen.[510] Dennoch trug die Aura dieser Bewegung noch den *New Deal* und wird bis heute von sozial-liberalen Reformern in den USA als Tradition in Anspruch genommen.

Der liberale Politologe Walter Lippmann gehörte der intellektuellen Strömung des „*progressive movement*" an. Seine Aufsehen erregenden Bücher über die Massenöffentlichkeit, *Public Opinion* und *The Phantom Public*,[511] gaben den geschilderten Zweifeln daran, ob die demokratischen Ideale der Gemeindeselbstverwaltung unter den neuen Bedingungen der Industriegesellschaft und des entstehenden Wohlfahrtsstaates bewahrt werden könnten, prägnanten Ausdruck. Berühmt und

---

509 Artope/Zerdick (1995) verfolgen das Eindringen großer rein kommerzieller amerikanischer Medienkonzerne in den europäischen Fernsehmarkt mit Skepsis. Humphreys (1996, Kap. 8) sieht in einer „Amerikanisierung" aber auch Chancen für nationenübergreifende Programmangebote. Zu den Mechanismen der Qualitätssicherung in amerikanischen Medien vgl. Ruß-Mohl (1994) und die Beiträge in Gellner (Ed.) (1991).
510 Die Bekämpfung des Alkoholismus durch die Prohibition war eines der fehlgeschlagenen Experimente dieser Bewegung und auch im Bereich der Einwanderungspolitik waren nicht alle Maßnahmen der Progressiven nach heutigen Maßstäben „progressiv".
511 Vgl. Lippmann (1922, 1927 [Orig. 1925]).

viel zitiert wurde seine pessimistische Beschreibung der hoffnungslosen Überforderung der Bürger mit allzu detaillierter Teilhabe an der öffentlichen Debatte:

„The private citizen today has come to feel rather like a deaf spectator in the back row, who ought to keep his mind on the mystery off there, but cannot quite manage to keep awake. He knows he is somehow affected by what is going on. Rules and regulations continually, taxes annually and wars occasionally remind him that he is being swept along by great drifts of circumstance. Yet these public affairs are in no convincing way his affairs. They are for the most part invisible. They are managed, if they are managed at all, at distant centers, from behind the scenes, by unnamed powers. As a private person he does not know for certain what is going on, or who is doing it, or where he is being carried." (Lippmann 1927: 13)

Teilhabe an der öffentlichen Kommunikation und aktive Partizipation am politischen Geschehen sei für die meisten Bürger eher Bürde denn Privileg, da der Aufwand für qualitativ anspruchsvolles Engagement für Laien kaum noch zu bewältigen sei. Den „*sovereign and omnipotent citizen*", den die liberale politische Theorie (nach Lippmanns Interpretation) in großer Naivität voraussetze, gäbe es nicht. Unter diesen Prämissen glaubte Lippmann, die Zeichen der Zeit (und den Pragmatismus) richtig verstanden zu haben, wenn er die fachliche Dimension des politischen Handelns hervorhob. Hieß das nicht, dass eine demokratisch gewählte Gruppe von Experten unterschiedlichster Fachgebiete für das Glück der Mehrheit viel besser sorgen könnte als der Normalbürger? Im offensichtlichen Dilemma von Effizienz und Partizipation plädierte er dafür, den politischen Einfluss der Massen auf den Wahlakt zu beschränken, also auf die Auswahl der besten Experten und die Vorgabe der groben Richtung der Politik. Sachfragen sollten von Leuten, die etwas davon verstehen, durch eine verantwortungsvoll handelnde Expertenriege, die wahre Öffentlichkeit (*the true public*), entschieden werden.[512]

Drei zunächst plausible Einwände gegen ein blauäugiges Vertrauen in eine selbstläufige Anpassung der demokratischen Institutionen und der Öffentlichkeit im Prozess forcierten sozialen Wandels, die in den Debatten um die Demokratisierung der Europäischen Union ebenfalls eine Rolle spielen, tragen diese Argumentation: Lippmann äußerte eine berechtigte Furcht vor dem *Populismus*, der leicht das Resultat der formalen Demokratisierung einer Gesellschaft werden könne, die sich in einem sozio-moralisch unzureichend integrierten Zustand befindet. Eine Gesellschaft, die eine tiefgreifende Transformationskrise durchmacht, ist besonders darauf angewiesen, dass Politik effizient für Ordnung im Chaos sorgt. Daraus leitete er die *Priorität der Effizienz* vor der Demokratisierung ab. Angesichts der doppelten Herausforderung von Transformation und Anomie müssten darum auch Liberale die *Beschränkung von aktiver demokratischer Partizipation* auf den Wahlakt akzeptieren, um von den demokratischen Idealen wenigstens die politische und soziale Gleichheit zu retten.[513]

---

512 Bach (2000a: 207) kritisiert solche Demokratiemodelle in der politikwissenschaftlichen Europa-Literatur als „rationalisierende Beschönigungen" einer expertokratischen politischen Praxis.
513 Zum Stellenwert der Output-Legitimität effizienten und sachgerechten europäischen Regierens vgl. Grande (1996); Scharpf (1992, 1997, 1999b); Neyer (1999b) und Grande/Risse (2000).

Auch Dewey gehörte dem „*progressive movement*" an. Er teilte Lippmanns Diagnose zu weiten Teilen, aber ob man angesichts der gewachsenen Anforderungen die demokratischen Prinzipien aufgeben müsse, war zwischen ihnen strittig.[514] Der Pragmatist John Dewey, der sich bislang hauptsächlich mit Erkenntnistheorie, Reformpädagogik, Ethik und Handlungstheorie beschäftigt hatte, mischte sich mit seinem Buch *Die Öffentlichkeit und ihre Probleme* in die tagespolitische Debatte ein.[515] Für Dewey lag die Zukunft keinesfalls in der *Expertokratie*, in der gebildete Eliten paternalistisch das Wohl der Allgemeinheit – unter Umständen gegen deren Willen – durchsetzen. Die Probleme einer heterogenen Gesellschaft, stellt Dewey gegen Lippmann fest, lassen sich nicht allein durch wissenschaftliche oder administrative Expertise lösen (auch wenn diese bei der Umsetzung von Vorhaben unverzichtbar sei), sondern bedürfen der politischen Lösung durch legitime Mehrheitsentscheidungen im Anschluss an öffentliche Debatten.

„Der Mann, der die Schuhe trägt, weiß am besten, wo sie drücken, auch wenn der fachkundige Schuhmacher am besten beurteilen kann, wie den Beschwerden abzuhelfen ist." (Dewey 1996: 172)

Nur in öffentlichen Auseinandersetzungen können kollektive Präferenzen formuliert werden und nur so bekommen politische Repräsentanten und Experten einen klaren demokratischen Auftrag, bei dessen Erfüllung sie ihre Kompetenz unter Beweis stellen können. Dewey insistierte darauf, dass Legitimität ohne die Anerkennung der spezifischen Probleme sozialer Gruppen nicht zu haben ist.[516] Darum müssen diese Gruppen eine Stimme haben. Sonst ist auch eine – wie man heute sagen würde – den Outputs nach effiziente, sozial-gerechte oder nach anderen Kriterien als „gut" zu bewertende Regierungstätigkeit demokratisch illegitim.[517]

Die Gefahren gesellschaftlicher Anomie konnte und wollte Dewey nicht leugnen, allerdings bezweifelte er die von Lippmann vorgeschlagene Therapie und plädierte für das Wagnis, neue Formen der *massendemokratischen Legitimation* durch öffentliche Kommunikation und Partizipation zu erfinden. Auf welchen Voraussetzungen konnte man dabei aufbauen? Dewey umgeht die klassischen Definitionsprobleme von Öffentlichkeit und jede normative politische Anthropologie, indem er eine an den politisch relevanten Konsequenzen von Handlungen orientierte Definition entwickelt: Menschen agieren in einem interdependenten Zusammenhang. Positive wie negative Folgen privaten und kollektiven Handelns betreffen somit oft auch Akteure, die nicht an den betreffenden Interaktionen beteiligt waren. Im Bemühen, sich vor unerwünschten Effekten zu schützen oder erwünschte Effekte zu fördern, finden sich diese Menschen zu Öffentlichkeiten zu-

---

514 Zum Kontext der Lippmann-Dewey-Kontroverse vgl. Lasch (1991: 363–368) und Westbrook (1991: 275–318).
515 Vgl. Dewey (1996). Weil dieses Buch als politische Tagesschrift gilt, wurde es lange unterschätzt, obwohl sein Einfluss auf die damaligen Debatten groß und nachhaltig war.
516 Für Dewey schloss dies durchaus auch distributive Umverteilung ein.
517 Vgl. Schmalz-Bruns (1999b: 4) zur Kritik der Wiedereinführung der Unterscheidung zwischen Demokratie als Herrschafts- und als Lebensform durch die Begriffe „Input-" und „Output-"Legitimation (Scharpf 1999b).

sammen, die politisch handeln möchten oder staatliches Handeln fordern. Kollektive Betroffenheit von negativen Folgen stellt somit für Dewey die empirische Grundlage der Bildung von Öffentlichkeiten dar.[518]

„Wir nehmen ... als unseren Ausgangspunkt die objektive Tatsache, dass menschliche Handlungen Folgen für andere haben, dass einige dieser Folgen wahrgenommen werden und dass ihre Wahrnehmung zu dem anschließenden Bestreben führt, die Handlung zu kontrollieren, um einige der Folgen zu sichern und andere zu vermeiden." (Dewey 1996: 26-27)

Eine öffentliche Sphäre entwickelt sich nur innerhalb eines Interaktionsraumes, innerhalb dessen Individuen ihre wechselseitige Interdependenz erfahren und anerkennen, weil sie immer und immer wieder (oft negativ) von den Folgen der Handlungen Anderer im geteilten Handlungsraum betroffen sind.[519] Mit der Zeit bilden sich themenspezifische Teilöffentlichkeiten heraus und engagierte Individuen gründen zivilgesellschaftliche Organisationen, um ihre Probleme kooperativ zu lösen oder aber vom Staat zu fordern, dass er Regeln für das konfliktreiche Interaktionsfeld aufstellt, mit denen die Konfliktparteien auskommen können.

Der Kommunikationszusammenhang entsteht im Gefolge eines sozialen Problemzusammenhanges, lautet die dieser Argumentation zugrundeliegende öffentlichkeitstheoretische Idee. Diese Idee lässt sich bruchlos an den modernen hermeneutischen Universalismus anschließen und erklärt dennoch, warum nicht jeder mit jedem ein Gespräch beginnt. Kommunikation findet über „unterschiedliche Paradigmen" hinweg ihren Ausgangspunkt im *Gegenstand der Kommunikation*, an dem sich Diskurse entzünden. Kommunikation entsteht, wenn Alter und Ego über etwas in der Welt miteinander reden, wobei sie unterschiedliche Perspektiven einbringen.[520] Genauso betreten wir den öffentlichen Raum und streiten über Themen, die uns bewegen, wobei wir aus unterschiedlichen lebensweltlichen Gemeinschaften kommen und unterschiedliche Interessen haben. Was es jedoch möglich macht, unterschiedliche Perspektiven auf das gleiche (beispielsweise politische) Problem zu haben, ist – so banal es zunächst klingen mag – dass es überhaupt ein Problem gibt, in das die Akteure involviert sind und das sie von ihrer Position aus beurteilen. Nur so entsteht eine Perspektive. Das ist keine triviale Bedingung.

Auch bei George H. Mead finden wir, wenn Fragen öffentlicher Kommunikation berührt werden, dieses an Interaktionszusammenhängen orientierte Modell, das eine hohe Sensibilität für hermeneutische Probleme erkennen lässt.[521] Massen-

---

518 Vgl. Dewey (1996); Kettner (1998); Kantner (1997).
519 Vgl. Dewey (1996: 26 ff).
520 Dieses Verhältnis wird Triangulation genannt.
521 An vielen Stellen ist Meads Sprachkonzeption jedoch nicht mit den dieser Arbeit zugrunde gelegten kommunikationstheoretischen Prämissen vereinbar. Mead definierte Sprache nach dem behavioristischen Reiz-Reaktions-Schema als Set symbolischer Gesten (Lautgesten nach Wundt), die beim Gegenüber die gleichen Reaktionen hervorrufen wie beim Sprecher (Mead 1973: 384). So mechanisch stellen wir uns Verständigungsprozesse heute nicht mehr vor. Zum Bedeutungsverlust des Reiz-Reaktionsschemas in der Soziologie der politischen Kommunikation exemplarisch Schönbach (1998: 118, 126).

medial vermittelte öffentliche Kommunikation – er nennt das Theater, den Roman und den modernen Journalismus –, setzt für Mead voraus, dass die betreffenden Menschen in Interaktionszusammenhänge miteinander involviert sind, dass sie hinreichend dichte soziale Beziehungen miteinander pflegen oder zumindest ähnliche Handlungsprobleme kennen. Und das ist in modernen Gesellschaften nicht mehr an *face-to-face* Situationen gebunden.

„Eine solche Entwicklung setzt natürlich das Bestehen gemeinsamer Interessen voraus. Man kann eine Gesellschaft nicht aus Elementen aufbauen, die außerhalb des Lebensprozesses des Individuums liegen. Man muss eine gewisse Zusammenarbeit, in die die einzelnen Mitglieder selbst aktiv eingeschaltet sind, als die einzig mögliche Grundlage für diese Teilnahme an der Kommunikation voraussetzen. Man kann mit den Marsmenschen keinen Dialog beginnen und keine Gesellschaft errichten, wenn es keine vorausgehenden Beziehungen gibt. Gäbe es freilich eine Gemeinschaft auf dem Mars, die so wie die unsere beschaffen wäre, so könnten wir möglicherweise mit ihr eine Kommunikation aufnehmen; mit einer Gemeinschaft aber, die völlig außerhalb der unseren liegt, die kein gemeinsames Interesse, keine kooperative Tätigkeit aufweist, können wir keine Kommunikation aufnehmen." (Mead 1973: 303-304)

Zwischen Gruppen, die miteinander in Kommunikation treten, sind keinesfalls kulturelle Homologien erforderlich (sonst hätte Mead nicht ausgerechnet die Marsmenschen als Beispiel gewählt); die Verstehbarkeit fremder Überzeugungen ist im Rahmen gemeinsamer sozialer Bedingungen uneingeschränkt möglich.[522] Es sind gemeinsame Gegenstände der Kommunikation, die Akteure zu potentiellen Kommunikationspartnern machen.

„Man muss erst etwas haben, das sich mitteilen lässt, bevor Kommunikation stattfinden kann." (Ebd.: 306)

Ökonomische Arbeitsteilung und wechselseitige politische Interdependenz – also zunächst rein systemische Interdependenzen – werden zum Anlass für ein minimalistisches kollektives Selbstverständnis, das noch kein normatives, sondern ein höchst prosaisches ist.[523] Die funktionale Vergesellschaftung entfaltet eine vergemeinschaftende Eigendynamik. Mead meint, selbst der ökonomische Austausch sei nicht kommunikationsfrei zu bewerkstelligen, er erfordere, die Perspektive des anderen zu übernehmen und dies wiederum bleibe auf die Dauer nicht ohne Folgen für die Identität (im anspruchsvolleren Sinne eines normativen Selbstverständnisses) der involvierten Personen,[524] denn er schafft Konflikte und diese verlangen

---

522 Für 'Mead (1987: 217 f, 224) stellt diese Verstehbarkeit die entscheidende Differenz zwischen Mensch und Tier dar. Verstehensprobleme lassen sich im Gespräch hermeneutisch auflösen: „Der Kommunikationsprozess ist also in gewissem Sinn universaler als diese verschiedenen kooperativen Prozesse. Er ist das Medium, durch das die kooperativen Tätigkeiten in einer ihrer selbst bewussten Gesellschaft abgewickelt werden können." (Mead 1973: 306)

523 Der Gedanke, dass das Leben in einem wie auch immer entstandenen (z. B. durch Herrschaft erzwungen) Interaktionsraum selbst der normativen Gemeinschaftsbildung vorausgeht, findet sich auch bei Weber (1980: 234–244). Mit Tietz (2002b: 45) wird dabei aus einem bloßen Verkehrszusammenhang von Menschen mit ähnlichen askriptiven Merkmalen (*commercium*) eine wertmäßig integrierte Gemeinschaft (*communio*), in der eben diese Merkmale zu etwas normativ Ausgezeichnetem überhöht werden.

524 Mead (1973: 344–346).

nach integrierenden Lösungen vermittels einer Rechtsordnung.[525] Austausch nötigt im Laufe der Zeit zur Anerkennung des Anderen und seiner legitimen Ansprüche und Rechte. Dies begünstigt schließlich auch demokratische Vergemeinschaftungsprozesse.[526] Dewey geht differenzierter auf diese Logik ein, die keinen Automatismus darstellt, sondern ihrerseits durch das Nadelöhr kommunikativer Prozesse und zivilgesellschaftlicher Organisationsprozesse hindurch muss. Er diskutiert vier Fragestellungen, die aus seinem Modell der Öffentlichkeit resultieren:

1. *Interdependenz*. Die Konstitution von Öffentlichkeiten beinhaltet ein reflexives, kommunikatives Element. Menschen müssen sie selbst betreffende Handlungsfolgen anderer erkennen, sie Akteuren zurechnen und kollektiv aushandeln, worin das Problem besteht und wie es reguliert werden könnte.

2. *Assoziationen*. Zudem beinhaltet die pragmatistische Definition von Öffentlichkeit ein assoziatives Moment. Um politisch zu handeln, muss die lose Betroffenengruppe sich organisieren, was für Dewey bedeutet, dass sie Vertreter benennen und einen politischen Apparat entwickeln muss, der für die Umsetzung der Problemlösungsvorschläge zuständig ist. Aus der Gesellschaft heraus entstehen durch die Orientierung an Problemlösungen neue kollektive Akteure mit gemeinsamen Interessen, Zielen und Werten ohne, dass bereits starke kollektive Identitäten vorausgesetzt werden müssen.[527] Zivilgesellschaftliche Assoziationen lösen das moderne Anomieproblem. Allerdings ist es eine große Herausforderung, Kommunikation zwischen den sich entwickelnden Teilöffentlichkeiten herzustellen und diese zu einer starken Öffentlichkeit zu verbinden, die in die Lage versetzt wird, sozialen Wandel zu gestalten.

3. *Inkrementeller Reformismus*. Reformpolitik wird als stetiger inkrementeller Wandel, der durch den demokratischen Prozess geleitet wird, konzipierbar. Es ist für Dewey nicht notwendig, ja sogar mit den Prinzipien öffentlicher Poiitik unvereinbar, einen abstrakten Idealzustand zu postulieren. Institutionen und politikfeldspezifische Reformen müssen durch schrittweise Verbesserungen und Korrekturen weiterentwickelt werden. Experimentelle Politik versucht, problemlösungsorientierte Öffentlichkeit und inkrementelle Politik institutionell aneinander anzuschließen.

4. *Gemeinschaftsbildung*. Im Rahmen demokratischer politischer Herrschaft sollen die reflexiv verarbeiteten Folgen privaten und kollektiven Handelns Berücksichtigung finden – Fehler sind dabei kaum zu vermeiden, aber aus Fehlern sollte gelernt werden. Ein solcher demokratischer Experimentalismus

---

525 Ebd.: 351 ff.
526 Ebd.: 367.
527 „Soziale Ordnung bedarf nicht länger der Gleichartigkeit der Gesellschaftsmitglieder, da menschliche Kommunikation ja individuelle Einzigartigkeit bei universeller Geltung von Symbolsystemen ermöglicht. Soziale Ordnung bedarf auch keiner Integration durch eine externe Autorität im Sinne des Hobbesschen ‚Leviathan‘. Dewey glaubt ebenso nicht an den Markt als selbstregulativ problemlösenden Mechanismus, da ja gerade die unintendierten Folgen der Vernetzung ökonomisch interessierter individueller Handlungen einer ständigen kollektiven Interpretation und Bewertung bedürfen." (Joas 1987: 616–617)

strukturiert kollektive Lernprozesse und die kollektiv übernommene Verantwortung für angestrebte Problemlösungen generiert schließlich Gemeinschaft in einem emphatischeren Sinne.

Schauen wir uns diese vier Punkte genauer an. (ad 1) *Interdependenz*. Dass interdependente Problemzusammenhänge einen Kommunikationsraum erzeugen, ist ein handlungstheoretisches Argument, aber es ist nicht mechanistisch zu verstehen. Im gemeinsamen Handlungsraum, der zunächst durch gewaltsame, funktionale oder systemische Integration – also ohne explizite Zustimmung der betroffenen Menschen – entstanden sein kann, wird die Herausbildung eines gemeinsamen Kommunikationsraums stimuliert, weil Bedarf an Konfliktregulation entsteht. Aber nur einige ausgewählte Konflikte werden – sei es im Rahmen gegebener institutioneller Möglichkeiten oder in Konkurrenz dazu – von aktiven Minderheiten zu sozialen Issues gemacht, andere nicht. Welche der unzähligen möglichen interdependenten Probleme aufgegriffen und zu sozialen Problemen gemacht werden und den Bürgern zu einem gegebenen Zeitpunkt als so wichtig erscheinen, dass sie sich zu kollektivem politischen Handeln aufraffen, ist eine empirische Frage und sie wird allein von den handelnden Akteuren beantwortet.[528] Auch sind die Menschen in diesen Fragen genauso fehlbar, wie in allen anderen.

„Die Beobachtungen von Folgen unterliegen zumindest ebenso dem Irrtum und der Illusion wie die Wahrnehmung von Naturobjekten. Urteile darüber, was zu ihrer Regulierung zu unternehmen ist und wie das zu tun ist, sind so fehlbar wie andere Pläne auch." (Dewey 1996: 39)

Darum kommt aufgeklärten Experten und Intellektuellen eine wichtige Rolle in den öffentlichen Diskussionen um die Zurechnung von Handlungsfolgen, das Erkennen von Interdependenzen und angemessene institutionelle Formen des Umgangs damit zu. Doch konzipiert Dewey diese Rolle nicht als privilegierte, sondern eher als beratende Rolle.[529]

(ad 2) *Assoziationen*. Wenn sich Menschen in so starkem Maße von einigen ausgewählten Problemen betroffen fühlen, dass sie sich organisieren, um sie zu lösen, entstehen gleichzeitig Teilöffentlichkeiten (*issue publics*) – wie wir heute sagen würden – und es formieren sich mehr oder weniger stark organisierte zivilgesellschaftliche kollektive Akteure, deren Sprecher versuchen, das ihnen wichtige Issue in den Medien zu etablieren. Öffentlichkeit existiert *per se* im Plural und ist nicht auf politikfeldspezifische Expertenöffentlichkeiten beschränkt.

Politische Öffentlichkeit fungiert in Deweys Sicht als kommunikativer Problemlösungsmechanismus, dessen sich Menschen bedienen, um politische Konflikte in einer heterogenen politischen Gemeinschaft ohne autoritäres Zentrum auszutragen. Konkrete gesellschaftliche Probleme sind es, die Menschen aktiv und passiv zum Eintritt in Zusammenhänge politischer Kommunikation motivieren. An konkreten, problematisierten Issues, die einen mehr oder minder großen Teil der Bevölkerung bewegen, werden Differenzen kommunikativ und praktisch abgearbei-

---

528 Vgl. Hilgartner/Bosk (1988).
529 Auf diese Fragen geht Dewey in fast allen Kapiteln ausführlich ein (Dewey 1996).

tet.[530] Gruppen werben für ihre Themen, versuchen, Aufmerksamkeit zu gewinnen und ihre Deutung des jeweiligen Problems überzeugend darzustellen, damit sie Unterstützung finden. Sie organisieren sich, gründen Organisationen, wählen sich Anführer und differenzieren sich in aktive und passive Teilnehmerkreise aus. Die Gruppen suchen entsprechend der gegebenen politischen Opportunitätsstrukturen Zugang zu institutionellen Kontexten.[531] Die rechtlichen und institutionellen Assoziationsverhältnisse einer Gesellschaft beeinflussen darum entscheidend, ob die öffentliche Diskussion in strukturierte und aufgeklärte Kanäle geleitet wird, oder ob sie defizitäre Formen annimmt. Sind die politischen Institutionen defizitär, verharren die fragmentierten (Teil-)Öffentlichkeiten in einem – gemessen an den Erfordernissen politischer Entscheidungsfindung – unzureichend integrierten Zustand.

„Die Verzweigungen der vor der Öffentlichkeit stehenden Probleme sind so umfangreich, so vielschichtig und verschlungen, die mit ihnen verbundenen technischen Dinge sind so spezialisiert, die Einzelheiten sind so zahlreich und veränderlich, dass die Öffentlichkeit sich nicht für eine längere Zeit als eins erkennen und behaupten kann. Es ist nicht so, dass es keine Öffentlichkeit gibt, keine größere Gruppe von Menschen, die ein gemeinsames Interesse an den Folgen sozialer Transaktionen besitzen. Es gibt zuviel Öffentlichkeit; die Öffentlichkeit ist zu ausgebreitet und zerstreut und in ihrer Zusammensetzung zu kompliziert. Und es gibt zu viele Öffentlichkeiten, denn die vereinigten Handlungen mit indirekten, bedeutenden und andauernden Folgen sind so unvergleichlich zahlreich, jede einzelne durchkreuzt die anderen und bringt ihre eigene Gruppe besonders betroffener Menschen hervor, und es ist zu wenig da, um diese verschiedenen Öffentlichkeiten zu einem integrierten Ganzen zusammenzuhalten." (Dewey 1996: 120)

Im Prozess rapiden sozialen Wandels hinken die organisatorischen Formen der Politik den durch neue Akteure problematisierten Veränderungen der Handlungszusammenhänge hinterher. Die eigentliche Herausforderung liegt darum darin, institutionelle Formen der Vertretung dieser gesellschaftlichen Interessen zu finden.

„Eine unfertige Öffentlichkeit kann sich nur organisieren, wenn die indirekten Folgen wahrgenommen werden, und wenn des gelingt, Vertretungsinstanzen zu entwerfen, die ihr Eintreten regulieren." (Ebd.: 116)

(ad 3) *Inkrementeller Reformismus.* Die Verbesserung der Kommunikation durch die strukturelle Anbindung der problemorientierten Öffentlichkeiten an kollektive Entscheidungsfindungsprozesse stellt das eigentliche Problem der Öffentlichkeit dar und dieses Problem ist ein institutionelles.[532]

„Das wesentliche Erfordernis besteht ... in der Verbesserung der Methoden und Bedingungen des Debattierens, Diskutierens und Überzeugens. Das ist *das* Problem der Öffentlichkeit." (Ebd.: 173)

---

530 Eine strikte Unterscheidung zwischen kommunikativem und strategischem Handeln lässt sich hier nicht anwenden. Die Akteure handeln einfach und um sich intern zu koordinieren beziehungsweise sich in Beziehung zu ihren gruppenexternen Interaktionspartnern zu setzen, müssen sie kommunizieren. Verständigungsorientiert ist dies allemal.

531 Durch vielfältige Partizipationsmöglichkeiten, starke intermediäre Organisationen, intensive Kommunikation zwischen Öffentlichkeiten sowie Experten aus Wissenschaft und Verwaltung sollen Bürger, Experten und institutionelle Akteure in einem öffentlichen Politikformulierungsprozess zueinander finden.

532 Vgl. Kettner (1998); Kantner (1997).

Dieses Problem der Öffentlichkeit lässt sich nicht aus einer funktionalistischen, den Problemwahrnehmungen und Meinungen der Gesellschaftsmitglieder überlegenen Expertenperspektive lösen. Die „demokratische Bescheidenheit des Philosophen"[533] gebietet angesichts der Vielfalt der Einzelwissenschaften und angesichts der Pluralität der Staatsbürger Zurückhaltung bei der Vorgabe von Lösungsvorschlägen für erkannte Probleme und sei es die Problematik der institutionellen Ordnung. Eine Ordnungstheorie in pragmatistischer Tradition gibt kein institutionelles Design vor. Während Joas meint, dass Dewey „keine strategischen Überlegungen zur Realisierung dieser Ziele" anbiete,[534] kann man das Konzept experimenteller Politik, die von den Öffentlichkeiten ihren Ausgang finden soll, jedoch durchaus beim Wort nehmen. Zwar kann Dewey keine reformierte Institutionenordnung für das Amerika der zwanziger Jahre vom Schreibtisch aus entwerfen, doch heißt das nicht, dass er seine Vorstellungen demokratischer Politik deshalb unterbestimme. Die Entstehung der Demokratie selbst dient ihm als Beispiel für die Art von inkrementeller Politik, die ihm vorschwebt:

„Die politische Demokratie ist als eine Art Netto-Folge aus einer riesigen Menge reaktiver Angleichungen an eine riesige Zahl von Situationen entstanden, von denen keine zwei einander glichen, die aber dazu neigten, in einem gemeinsamen Ergebnis zu konvergieren. Die demokratische Konvergenz war außerdem nicht das Resultat spezifischer historischer Kräfte und Faktoren. Noch weniger ist die Demokratie das Produkt *der* Demokratie, eines inhärenten Triebes oder einer immanenten Idee. Die maßvolle Verallgemeinerung, die Einheit der demokratischen Bewegung sei in dem Bestreben zu finden, in der Folge früherer politischer Institutionen erlittene Übel abzustellen, erfasst, dass sie Schritt für Schritt vor sich ging und dass jeder Schritt ohne Vorwissen irgendeines Endergebnisses unternommen wurde, und größtenteils unter dem unmittelbaren Einfluss einer Menge voneinander abweichender Impulse und Parolen." (Ebd.: 81)

Das Institutionengefüge der modernen Demokratie ist nicht aus philosophischen Texten, sondern aus den ketzerischen Aktivitäten Problemlösungen vorantreibender Öffentlichkeiten erwachsen, welche institutionelle Anpassungen bewirken konnten. Im Bemühen, frühere Fehler nicht zu wiederholen, bessere Lösungen für vorhandene Probleme zu finden und veränderte Situationen zu bewältigen, haben sich demokratische Prozeduren als praktikabel erwiesen, reformerische Politik zu leiten und zu strukturieren.

„Um sich selbst zu formieren, muss die Öffentlichkeit mit bestehenden Formen brechen. Das ist schwer, denn diese Formen stellen selbst reguläre Mittel zur Einleitung von Veränderungen dar." (Ebd.: 40)

Demokratische Institutionen als kollektive Problemlösungstools mussten in der Anwendung experimentell erprobt und entwickelt werden.[535] Die demokratische Reorganisation des Regierens ist für Dewey kein abgeschlossener Prozess, denn

---

533 Vgl. Joas (1992: 129).
534 Vgl. Joas (1987: 617).
535 „Denn Werkzeuge können nur in der Anwendung erzeugt und vervollkommnet werden: in der Beobachtung, Aufzeichnung und Organisation wirklicher Gegenstände; und diese Anwendung kann nicht anders als durch freie und systematische Kommunikation erfolgen." (Dewey 1996: 143)

Institutionen bilden und entwickeln sich in modernen Gesellschaften weiter.[536] Deinstitutionalisierung, hervorgerufen durch sozialen Wandel, mündet auf dem Wege der kollektiven Problemlösung in Institutionenbildung. Die Frage ist nur, ob dieser Prozess unreflektiert verläuft oder von den Gesellschaftsmitgliedern gestaltet wird.[537] Dewey sieht die eigentliche Herausforderung in der permanenten inkrementellen Reform und gegebenenfalls Neuerfindung von Institutionen öffentlicher Kommunikation und Konfliktregulierung. Diese Aufgabe bleibt angesichts immer wieder neuer Problemlagen und neuer kollektiver Akteure stets unabgeschlossen.

„Das Scheinproblem [wie aus Individuen Gesellschaften werden, d. A.] wird ... in Zeiten jäher sozialer Veränderungen besonders akut, wenn eine sich neu formierende industrielle Gruppierung mit ihren spezifischen Bedürfnissen und Energien in Konflikt mit alteingesessenen politischen Institutionen und deren Forderungen gerät. Dann wird leicht vergessen, dass in der Rekonstruktion der Methoden und Formen, mit bzw. in denen Menschen sich zu assoziierter Tätigkeit vereinen, das wirkliche Problem liegt. (...) Das Problem wird nur darin erblickt, die Individuen als solche unter die Kontrolle der Gesellschaft als Ganzes zu bringen. Es sollte aber als Problem der Neuanpassung der sozialen Beziehungen gestellt werden ...“ (Ebd.: 161)

(ad 4) *Gemeinschaftsbildung*. Dewey geht davon aus, dass experimentelle demokratische Politik, die versucht, die Potentiale entstehender Öffentlichkeiten aufzugreifen, sozialintegrierende Effekte auf heterogene Gesellschaften hat. Sie setzt Lernpotentiale frei und problemorientiertes Kommunizieren und Handeln schafft gemeinsame Horizonte und Erfahrungen und damit schließlich Gemeinschaft. Das kann ein durchaus schmerzhafter Prozess sein, in dessen Verlauf Fehler begangen werden. Jede Gesellschaft „wählt", welche Probleme wie gelöst werden sollen und welche nicht.[538] Nur in demokratischen Gesellschaften können die Folgen der getroffenen Grundsatzentscheidungen kollektiv zugerechnet werden und dies erhöht die Chance dafür, dass es gelingt, aus Fehlern zu lernen.[539] Demokratische Gesellschaften haben in Deweys Augen ein höheres Lernpotential als andere historische Typen, denn nur in Demokratien werden potentiell alle Bürger in politische Kommunikationsprozesse einbezogen, als Inhaber politischer Teilhaberechte in die Verantwortung genommen und so in Lernprozesse integriert.

---

536 Ebd.: 97.
537 „Die Bildung von Staaten muss ein experimenteller Prozess sein. Dieser Versuchsprozess kann mit verschiedenen Graden von Blindheit und Zufall vonstatten gehen, und mit den Kosten ungeregelter Verfahren der Erprobung, des Umhertastens und Herumtappens, ohne Einsicht in das, worauf die Menschen hinauswollen, ohne klare Kenntnis dessen, was einen guten Staat ausmacht, selbst dann, wenn er erreicht ist. Oder er verläuft intelligenter, weil er von dem Wissen ... geleitet wird. Aber auch dann ist er noch immer experimentell. Und weil die Bedingungen des Handelns und der Untersuchung des Wissens immer wechseln, muss das Experiment immer wieder aufgenommen werden: der Staat muss immer wieder neu entdeckt werden." (Dewey 1996: 42)
538 Vgl. Hilgartner/Bosk (1988).
539 Diese kollektive Verantwortung kann sich nur auf die in freien demokratischen Wahlen getroffenen Grundsatzentscheidungen sowie auf die Wahrnehmung anderer Partizipationsmöglichkeiten beziehen und ist nicht juristisch zu verstehen. Sie schließt daher keineswegs aus, dass Politiker und Verwaltungsakteure ihrerseits für von ihnen zu verantwortende konkrete Entscheidungen und Maßnahmen als Amtspersonen, aber unter Umständen auch persönlich haftbar zu machen sind.

„... die Volksherrschaft [wirkt] in einem Maße erzieherisch ... , wie es andere Formen politischer Regulierung nicht tun. Sie zwingt zu der Erkenntnis, dass es gemeinsame Interessen gibt, auch wenn die Erkenntnis, *worin* sie bestehen, wirr ist; und das Verlangen nach Diskussion und Publizität, dem sie Geltung verschafft, führen zu einiger Klarheit darüber, worin sie bestehen." (Ebd.: 172)

Ob tendenziell die ganze Gesellschaft in diesen Prozess eingebunden wird, bestimmt, ob die Bürger die Verantwortung für die Konsequenzen politischer Weichenstellungen übernehmen oder nicht. Wer nicht mitbestimmt hat, kann nicht haftbar gemacht werden. Während Lippmann die Reflexion einer politischen Elite der Engagierten, Gebildeten oder (Erfolg-) Reichen überlassen wollte, hält Dewey die „Expertokratie" für – was die Bevölkerungsmehrheit betrifft – lernunfähig und in der Konsequenz für sozial-desintegrativ. Gebraucht werde statt dessen ein neuer Dialog von Experten und Laien.[540]

Dewey wendet hier den pragmatistischen Wahrheitsbegriff demokratietheoretisch. Da Wissen hypothetisch und fehlerhaft ist, wird auch die öffentliche Meinung hypothetisch und häufig mit Irrtümern geschlagen sein. Darin unterscheidet sie sich nicht grundsätzlich vom Expertenwissen. Durch intensive Kommunikation zwischen Experten und Öffentlichkeit könnten allerdings solche Lösungsvorschläge generiert werden, die vorerst als beste Lösungen akzeptabel sind, sich allerdings an der Realität falsifizieren und korrigieren lassen müssen. Auch in der Politik kann Vernunft nur in Auseinandersetzung mit der Welt und durch Kommunikation realisiert werden.

„In der Vollendung kehrt die Logik zu ihrem einfachen Sinn zurück: zum Dialog. Ideen, die nicht kommuniziert, geteilt und in der Äußerung wiedergeboren werden, sind nur Selbstgespräch, und das Selbstgespräch ist nichts als lückenhaftes, unvollkommenes Denken." (Ebd.: 180-181)

Nun schafft systemisch bedingter sozialer Wandel zwar eine große Gesellschaft, nicht aber eine große Gemeinschaft.[541] Die Sozialintegration moderner heterogener Gesellschaften verläuft nicht ebenso selbstläufig wie die Systemintegration der funktionalen Handlungszusammenhänge insbesondere im Bereich ökonomischer Kooperation. Für Dewey sind demokratische Institutionen deshalb von ausschlaggebender Bedeutung, weil sie kollektive Verantwortung herstellen und diese kollektive Verantwortung für angestrebte Problemlösungen generiert Gemeinschaft.

Indem sie nach Lösungen für ihre Konflikte suchen, sind die Bürger gelegentlich gezwungen, normative Selbstverständigungsdiskurse über fundamentale Fragen zu führen. Sie müssen sich anlässlich bestimmter Konflikte fragen, wie sie

---

540 „Der Mann, der die Schuhe trägt" weiß zwar am besten, wo sie drücken, ohne den „fachkundigen Schuhmacher" ist das Problem jedoch kaum sachgerecht zu lösen (ebd. 172).

541 „Die *Große Gesellschaft*, erschaffen aus Dampf und Elektrizität, mag eine Gesellschaft sein, aber eine Gemeinschaft ist sie nicht." (Dewey 1996: 91) In der Soziologie wird dieses Problem als Diskrepanz von System- und Sozialintegration gefasst (Lockwood 1969). Für Dewey war das Bestreben zur Überwindung dieser Kluft seit der Entstehung moderner Territorialstaaten der entscheidende Motor für die Demokratisierung: „Die Notwendigkeit, sie [die mit der Entstehung der kapitalistischen Industriegesellschaft einhergehenden desintegrativen Prozesse, d. A.] zu kontrollieren, war die wichtigste Triebkraft in der Verwandlung der Regierung dieser Staaten in eine demokratische oder Volksregierung im heutigen Sinn dieser Wörter." (Dewey 1996: 91)

grundsätzlich mit sozialer Ungleichheit, ethnischem Pluralismus, ökologischen Problemen usw. umgehen wollen. Sie müssen sich ihre Geschichten erzählen, um sich darüber zu verständigen, warum sie in Zukunft wie miteinander zusammenleben wollen. Nicht jeder politische Konflikt geht derart tief, doch hin und wieder müssen auch Antworten auf fundamentale Fragen gegeben werden. Im Laufe der Zeit machen die Angehörigen der systemisch vom Zufall zusammengeführten Gesellschaft mit einander gute und schlechte Erfahrungen im Umgang mit den Konflikten, die sich aus (den öffentlich problematisierten) interdependenten Handlungsfolgen ergeben. Sie streiten sich und entwickeln ihre gemeinsamen politischen Institutionen zur Konfliktaustragung weiter. Sie bilden gemeinsame Traditionen und eine gemeinsame Geschichte als Konfliktgeschichte aus. Die Zweckgemeinschaft *(commercium)* wird so schrittweise zur *communio,*[542] zur Gemeinschaft mit einem geteilten normativen Selbstverständnis. Gemeinschaft besteht für Dewey darin, dass ein starkes gemeinsames Interesse an den Folgen interdependenter Tätigkeiten für die Mitglieder einer Gesellschaft handlungsleitend wird. Dazu brauchen Sie in einer komplexen modernen Gesellschaft demokratische Institutionen. Insofern lässt sich eine kantische prozeduralistische Position in Deweys Lob des demokratischen Reformismus wiedererkennen, die auf der Grundlage eines hermeneutischen Universalismus und eines politischen Prozeduralismus für eine kreative Reorganisation und Revitalisierung des Gemeinschaftslebens im Prozess rasanten sozialen Wandels eintritt.[543]

5.2 Gegenstände europäischer politischer Massenkommunikation

John Deweys pragmatistische Argumente und sein Programm zur Revitalisierung der Öffentlichkeit unter gewandelten historischen Bedingungen lassen sich auf die heutige Situation der Europäischen Union übertragen. Orientiert an den Aspekten der Interdependenz von Handlungszusammenhängen (1), der Assoziationenbildung herausfordernden Effekte des Erkennens kollektiver Betroffenheit von interdependenten Handlungsfolgen (2), der gesellschaftlich integrierenden Effekte inkrementeller Reformpolitik (3) und der davon ausgehenden Impulse für eine Gemeinschaftsbildung in einem starken Sinne (4) ergeben sich für die Europäische Union folgende Überlegungen:

(ad 1) *Interdependenz.* Die EU-Bürger sind heute in einer ähnlichen Situation wie die Zeitgenossen des *progressive movement* und wie der arme, von Richard Rorty (und anderen Philosophen) im Dschungel ausgesetzte Feldforscher, der begriffen hat, dass er mit den Eingeborenen reden und die Konflikte, die in der Inter-

---

542 Vgl. Tietz (2002b: 45).
543 Vgl. Joas (1992: 103).

aktion mit ihnen auftauchen, lösen muss, um zurechtzukommen: Die Bürger der Mitgliedstaaten sind im Rahmen nationaler Debatten vor einem EU-Beitritt sowie im Verlaufe der dynamischen Vertiefung der europäischen Zusammenarbeit in den letzten Dekaden zu der Überzeugung gelangt, dass für sie die Option, einander auszuweichen, den oder die Anderen zu verdrängen oder mit Gewalt los zu werden, sich also ausschließlich mit den „Menschen der richtigen Sorte"[544] zu umgeben, nicht mehr besteht. Sie erleben in zahlreichen Bereichen, dass der relevante ökonomische und politische Handlungsraum nicht mehr ausschließlich der Nationalstaat ist.[545] Dieser Handlungsraum fällt in seinem Kern tatsächlich mit den territorialen Grenzen der Europäischen Union zusammen, auch wenn er in bezug auf eine Reihe von Themen durchaus fließende Grenzen hat: zu den NATO-Partnern, internationalen Organisationen und angesichts internationaler Konflikte oder Kooperationen zu außereuropäischen Partnern oder auch Gegnern. Mit den außereuropäischen staatlichen, aber auch nicht-staatlichen Akteuren muss sich die heimische Politik dennoch nicht so routinemäßig, kontinuierlich, thematisch umfassend und intensiv beschäftigen, wie mit den Partnern innerhalb der Union. Die Interaktionsdichte weist hier ein klares Gefälle auf. In diesem Sinne kann man wirklich von einem verdichteten Kommunikationsraum Europa sprechen.[546]

Die im Vergleich zu internationalen Organisationen und Regimen außergewöhnlich hohe Interdependenz innerhalb der Europäischen Union wird vor allem am hohen ökonomischen Integrationsgrad und daran sichtbar, dass innerhalb ihrer Grenzen inzwischen selbst im nationalstaatlichen Rechtsetzungsprozess in bezug auf so gut wie jedes Thema der europäische Kontext berücksichtigt werden muss.[547] Die EU-Bürger wissen um die Interdependenz ihrer Volkswirtschaften, um die Probleme Europas im Konkurrenzkampf der globalen Märkte und darum, dass ihre Arbeitsplätze und der zukünftige Wohlstand ihrer Kinder davon abhängen, welche strategischen Entscheidungen heute in der Europäischen Union getroffen werden. Sie sind im Großen und Ganzen davon überzeugt, dass die Herausforderungen globaler ökologischer und weltpolitischer Risiken die Problemlösungskapazitäten der einzelnen Nationalstaaten übersteigen. Sie erkennen, dass sie von den Handlungsfolgen anderer europäischer Akteure betroffen sind und hoffen, gemeinsam besser mit den globalen Herausforderungen umgehen zu können als im

---

544 Rorty (1989: 307).
545 Die in Eurobarometer-Umfragen zu beobachtende hohe Zustimmung zur EU-Mitgliedschaft des eigenen Landes und das Ausbleiben einer akuten Legitimationskrise der Union können als Indizien für diese kollektiv geteilte Überzeugung gelten.
546 Vgl. Kleinsteuber (1995).
547 Erinnert sei in diesem Zusammenhang an die im Abschnitt 3.1 diskutierte Durchdringung nationaler Politik- und Rechtsetzungsprozesse durch europäisches Recht.

nationalen Alleingang.[548] Der schwer interpretierbare Befund des Eurobarometers,[549] dass die Akzeptanz der Europäischen Union im europäischen Durchschnitt stets sehr hoch war,[550] dies jedoch weder klar mit starker emotionaler Unterstützung und Identifikation mit Europa, noch mit einem wahrgenommenen Nutzen der EU-Mitgliedschaft korreliert,[551] kann als Indikator dafür interpretiert werden, dass die EU-Bürger wissen, dass sie – sozusagen notgedrungen – in einem solchen gemeinsamen Handlungsraum leben. Im Frühjahr 2001 antworteten 36% der Europäer auf die Frage, wem sie am ehesten zutrauen würden, die Auswirkungen der Globalisierung unter Kontrolle zu bringen, dass sie dies am ehesten der Europäischen Union zutrauen würden. Der nationalen Regierung sprachen 25% diese Fähigkeit zu.[552] Die Europäer scheinen also weitgehend davon überzeugt zu sein, dass sie viele anstehende Probleme nur miteinander im Rahmen der Gemeinschaft lösen können. Die EU-Bürger sind sich weitgehend einig darüber, *welche* Probleme vor ihnen liegen, wissen aber noch nicht, *wie* diese reguliert werden können und innerhalb *welcher* politischen Strukturen dies geschehen soll.

In diesem Zusammenhang, so Ernst-Wolfgang Böckenförde, könne die katalytische Bedeutung der Währungsunion für die vertiefte politische Integration nicht hoch genug veranschlagt und sollten die sozialen Effekte der ökonomisch-funktionalen Integration nicht unterschätzt werden.[553] Mit der Vollendung des Binnenmarktes erhöhte sich die Anzahl interdependenter Konflikte im europäischen Mehrebenensystem dramatisch. So banal es klingt, die Einsicht, gemeinsam Problemlösungen finden zu müssen, weil man in einem gemeinsamen Handlungsraum lebt, ist der entscheidende Grund dafür, dass Menschen auch wenn sie dies mögli-

---

548 Nicht jede politische Gemeinschaft innerhalb der geographischen Grenzen Europas hat sich auf diese Sicht verständigt und daraus den Willen zur EU-Mitgliedschaft abgeleitet. Kooperation ist keineswegs selbstverständlich. Das zeigen der norwegische (1972, 1994) und der Schweizer Fall (1992). Vgl. Hille (1999, 2002) zu den Ursachen des Neins der Mehrheit der norwegischen Bevölkerung zum EU-Beitritt und Saxer (1996, 1997) zum Schweizer Votum. Zu den sechs dänischen Europa-Referenden u. a. dem Maastricht- und dem Euro-Referendum vgl. auch Buch/ Hansen (2002). Die Gemeinschaft bleibt stets von der Bejahung durch die Mitglieder abhängig.

549 Zur Interpretation der Antworten der Befragten auf die Frage, ob die EU-Mitgliedschaft des eigenen Landes eine gute oder schlechte Sache sei, vgl. Niedermayer (1991).

550 Derzeit halten 48% der Bürger die EU-Mitgliedschaft für eine „gute Sache", während nur 13% sie explizit für eine „schlechte Sache" halten (Eurobarometer Report Nr. 55: 11). Die Unterstützungswerte stiegen bis 1991 auf ihr Allzeithoch von 72% (Frühjahr 1991) und fielen in den neunziger Jahren auf ihr Allzeittief von 46% im Frühjahr 1997. Stets war die Zahl der Unterstützer größer als die derjenigen, die die Mitgliedschaft negativ bewerteten.

551 Zur Unterscheidung zwischen utilitaristischer und affektiver Systemunterstützung vgl. Niedermayer (1991: 324, 333 ff). Gefühlsmäßig stehen die Bürger der EU überwiegend positiv gegenüber, während bei nüchterner Kosten/Nutzen-Abwägung Befürworter und Gegner fast gleich große Lager bilden (Niedermayer 1998: 429–431).

552 In Großbritannien war das Vertrauen in die Problemlösungsfähigkeit der Union mit 18% am niedrigsten, in den Niederlanden mit 50% am höchsten (Eurobarometer Report Nr. 55: 93). Mehrfachantworten waren möglich, eine Fülle weiterer Organisationen (auch NGOs) sowie „die Bürger selbst" standen zur Auswahl. Die EU führte insgesamt mit Abstand vor dem Nationalstaat.

553 Vgl. Böckenförde (1999: 77–89).

cherweise ursprünglich nicht absehen konnten, ein Interesse daran entwickeln, in die mühevollen politischen Kommunikationsprozesse miteinander einzutreten. Auf der Grundlage dieser Einsicht reden die EU-Bürger bereits heute über gemeinsame europäische Themen unter gleichen Relevanzgesichtspunkten.

Ein Bedarf an öffentlicher Kommunikation stellt sich immer dann ein, wenn Menschen durch die Folgen der Handlungen anderer betroffen sind. Ein geteilter Handlungsraum ist die Basis für öffentliche politische Kommunikation. Je dichter das Netz der Interaktionen zwischen den Menschen und Gruppen von Menschen in diesem Raum gewebt ist, desto mehr problematische Themen teilen die Gesellschaftsmitglieder und desto dringender wird die Regelung der auftauchenden Interessenkonflikte über die von einzelnen Gruppen erzeugten Folgen für andere Gruppen. Gesamteuropäisch können diese Kommunikationsprozesse dann werden, wenn die Konflikte als gesamteuropäische erfahren werden.[554]

Die Mitgliedstaaten gehören alle demselben politischen Raum an. Ob es um die Qualität von Nahrungsmitteln, die Sicherung von Grenzen oder die Kriminalitätsbekämpfung geht, keine territoriale Einheit kann sich wirksam gegen die Folgen von Entscheidungen der supranationalen Institutionen oder anderer Mitgliedstaaten in den vergemeinschafteten Politikfeldern immunisieren. Im europäischen Wirtschafts- und Rechtsraum ist die Interaktionsdichte in einer Vielzahl von Politikfeldern inzwischen so hoch, dass sich permanent solche Probleme aus Interaktionen oder deren Konsequenzen für Dritte ergeben. Einige davon werden zu politischen Themen gemacht.

Ausdruck findet die Interdependenz von Handlungsfolgen im Rahmen der Europäischen Union einerseits darin, dass spezifisch europäische Probleme (aus einem unermesslich großen Problemfundus) von institutionellen und zunehmend auch von zivilgesellschaftlichen Akteuren unterschiedlichster Ebenen zu Issues gemacht werden. Andererseits findet das zunehmende Bewusstsein kollektiver Interdependenz seinen Ausdruck darin, dass auch nationale, lokale und gruppenspezifische Anliegen zunehmend in einem europäischen Horizont verortet werden. Insofern ist es kein Zufall, dass einige europäische Konflikte schließlich zum Gegenstand *transnationaler* europäischer Debatten in den nationalen Medien werden, beziehungsweise dass die europäische Dimension einer Reihe lokaler und nationaler Problemlagen thematisiert wird. Dies gilt trotz des im Abschnitt 3.1 geschilderten Missverhältnisses zwischen dem fortgeschrittenen Stand der ökonomischen und rechtlichen Integration der Mitgliedstaaten der Europäischen Union und den äußerst begrenzten politischen Partizipationsmöglichkeiten der EU-Bürger.

Hier kann festgehalten werden: Weil es sehr viele regelungsbedürftige politi-

---

554 Vgl. hierzu Ernst (1998), der beschreibt, wie sich historisch eine gesamtschweizerische Öffentlichkeit herausbildete, weil die politischen Konflikte – also die Gegenstände der Kommunikation – sich aus ihren partikularen lokalen und regionalen Bezügen lösten und über Sprachgrenzen hinweg gesamtschweizerisch wurden (ebd.: 230). Zur Entstehung einer nationalen Öffentlichkeit in der Schweiz, Deutschland und den Niederlanden vgl. auch Neidhardt/Koopmans/Pfetsch (2000: 266–275).

sche Konflikte im europäischen Binnenmarkt und im europäischen Rechtsraum gibt und dies den gesellschaftlichen Akteuren bewusst wird, gibt es öffentliche politischer Kommunikation in Europa. Diese Kommunikation hat noch nicht das Integrationsniveau der nationalen Öffentlichkeiten und die Berechenbarkeit eingespielter politischer Systeme mit erprobten stützenden institutionellen Arrangements erreicht. Aber all diese Differenzen sind hier wie überall überhaupt nur vor dem Hintergrund gemeinsam geteilter Überzeugungen zu identifizieren.

Wie in jedem anderen modernen politischen Kontext gibt es in Europa nicht *ein* homogenes Publikum, sondern unzählige mehr oder weniger stabile, sich umstrukturierende, neu vernetzende oder auflösende Teilöffentlichkeiten.[555] Die Fiktion, eine moderne Öffentlichkeit bestünde aus Millionen von Menschen, die zur gleichen Zeit allesamt gleich (emotional) auf die gleichen Nachrichten reagierten, musste für nationale Öffentlichkeiten längst aufgegeben werden. Warum sollte man diese Fiktion für Europa wiederbeleben? Hier wie dort geht es sehr viel unspektakulärer zu: In einem Massenpublikum ohne Anschlusszwang findet politische Kommunikation gleicher Themen zur gleichen Zeit und unter gleichen Gesichtspunkten statt – aber es gibt ein äußerst pluralistisches Meinungsspektrum. Unsere politischen Diskurse, unsere Meinungen und unser Framing politischer Probleme in der Europäischen Union sind sozial situierte Perspektiven auf dieselben lebensweltlichen (und systemischen) Konflikte, in die wir und andere Europäer verwickelt sind. Dabei bleiben wir füreinander durchaus Fremde. In manchen Fragen stehen wir uns mit Unverständnis oder Missbilligung gegenüber, beobachten einander objektivierend. Aber sobald es um die Bereiche geht, in denen wir miteinander – so vermittelt dies auch geschehen mag – interagieren, kommunizieren wir in einer aufeinander ausgerichteten Teilnehmerperspektive miteinander und zwar über gemeinsame Gegenstände der Kommunikation, die sich aus unseren Interaktionen ergeben.

Die Europäische Union bildet bereits heute den institutionellen Rahmen und damit eine politische Opportunitätsstruktur, innerhalb derer Meinungen und Interessen über sprachliche Grenzen und lokale lebensweltliche Kontexte hinaus wahrnehmbar und vermittelbar sind und innerhalb dessen eine kommunikative Verdichtung nach innen bei gleichzeitiger Abgrenzung nach außen wahrscheinlich wird. Das ist der strukturelle Grund dafür, dass sich europäische Öffentlichkeiten bilden. Insofern gibt die Systemintegration durchaus Impulse für die kommunikative und soziale Integration.

(ad 2) *Assoziationen*. Das Vorhandensein gesellschaftlicher Problemlagen für sich genommen bewirkt freilich nicht automatisch, dass sich Menschen für bestimmte Themen interessieren und sich für deren Lösung einsetzten. Es muss Men-

---

555 Der Begriff „Teilöffentlichkeit" (*issue publics*) meint im Unterschied zu den mehr oder weniger stark organisierten (issue-spezifischen) Netzwerken (*issue networks*) diejenigen Mediennutzer aus dem anonymen Massenpublikum, die sich für das betreffende Thema besonders interessieren und darum Nachrichten dazu – im medialen Kommunikationsnetz ohne Anschlusszwang – mit höherer Wahrscheinlichkeit rezipieren.

schen geben, die besonders brennende Themen auswählen und versuchen, sie überhaupt zu gesellschaftlichen Themen zu machen. Habermas spricht hier von „einer voluntaristischen Leerstelle".[556] Menschen müssen dies aus eigenem Antrieb tun: Intellektuelle, die Zeitungsartikel verfassen und beispielsweise ein stärkeres Engagement der Europäischen Union für soziale Fragen und die Bekämpfung der Massenarbeitslosigkeit fordern. Gewerkschafter (und natürlich auch Unternehmerverbandspräsidenten), die sich zusammen finden und ihre Anliegen auf den verschiedenen Ebenen des europäischen Mehrebenensystems vertreten und dabei möglicherweise in der einen oder anderen Frage gemeinsame Strategien mit Partnern in den anderen Mitgliedstaaten entwickeln. Bauern, die mit ihren Traktoren die Brüsseler Innenstadt blockieren, wenn sie mit der gemeinsamen Agrarpolitik unzufrieden sind. Und es muss Leute geben, die vielleicht keiner Organisation angehören, doch hin und wieder an Demonstrationen im lokalen, nationalen oder europäischen Rahmen teilnehmen, um auf ihrer Ansicht nach vernachlässigte Themen oder ungerechte Zustände aufmerksam zu machen (vgl. Abb. 3).

Abbildung 3: Europäische politische Kommunikation im diskurstheoretisch-pragmatistischen Verständnis

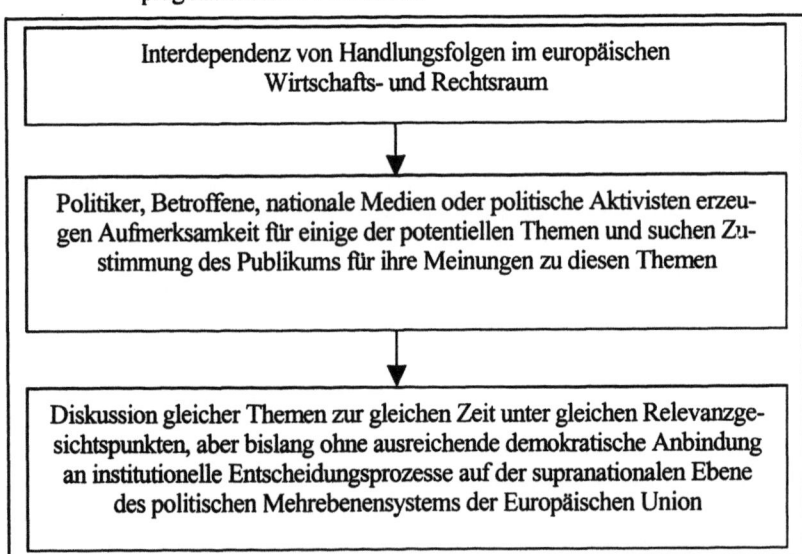

---

556 „Auch dann bleibt eine voluntaristische Leerstelle, die durch den politischen Willen handlungsfähiger Aktoren ausgefüllt werden müsste. Die überwiegend ablehnende oder wenigstens zögernde Bevölkerung kann für Europa nur gewonnen werden, wenn das Projekt aus der blassen Abstraktion von Verwaltungsmaßnahmen und Expertengesprächen herausgelöst, also politisiert wird." (Habermas 2001: 17)

All diese Aktivisten gibt es in der Europäischen Union, wenn vielleicht auch noch nicht in „ausreichendem" Maße. Wobei notorisch unklar ist, was als „ausreichend" gelten kann. Der Einfachheit halber sollte man davon ausgehen, dass es ausreicht, wenn diejenigen, die sich engagieren wollen, die Partizipationsrechte und institutionellen Gelegenheiten vorfinden, die sie brauchen, um sich – in unter Umständen langwierigen Konflikten – den Zugang zu den Medien und den Arenen politischer Konfliktaustragung zu erstreiten.

In der Europäischen Union finden sich offenbar in bezug auf eine große Vielfalt von politischen Problemen engagierte Menschen, die als Sprecher in der Öffentlichkeit auftreten, öffentliche Veranstaltungen organisieren und unter Nutzung der gegebenen politischen Gelegenheitsstruktur des europäischen Mehrebenensystems für ihre Belange eintreten. Sie brauchen dazu keine herausragenden charismatischen Führerpersönlichkeiten und sie warten nicht darauf, dass die EU-Kommission sie durch eine PR-Kampagne „gewinnt". Diese Individuen, Gruppen und Grüppchen, lokalen und nationalen Vereinigungen oder Verbände sowie die sich entwickelnden transnationalen Bewegungsnetzwerke nehmen sich ihren Raum und bestimmen die Personen, von denen sie sich vertreten lassen.

Angesichts der beschränkten politischen Partizipationsmöglichkeiten auf der europäischen Ebene ist es derzeit jedoch nicht verwunderlich, dass sich der größte Teil dieser Aktivitäten auf die nationale Ebene und das Lobbying in Brüssel konzentriert. Der Prozess der Herausbildung von Assoziationen und Organisationen, welche Bürger- oder Gruppeninteressen in bezug auf die neuen Problemlagen und politischen Opportunitätsstrukturen artikulieren und gemäß der gegebenen Partizipationsmöglichkeiten politisch forcieren, hat längst eingesetzt. Die Forschung über EU-Lobbying und transnationale Netzwerke zivilgesellschaftlicher Akteure hat längst eine Fülle von Fakten zusammengetragen.[557]

Allerdings wurden für die Union noch keine befriedigenden institutionellen Lösungen für die große Herausforderung gefunden, Kommunikation zwischen Expertenöffentlichkeiten und dem großen Publikum herzustellen und politikfeldübergreifende gesellschaftliche Koalitionen zu bilden – eine Leistung, die in eingespielten politischen Systemen die großen Parteien erbringen. Interessengruppen und soziale Bewegungen vertreten zunächst einmal sich selbst,[558] neo-

---

557 Exemplarisch zu Ausmaß, Formen und Einflusspotentialen von Lobbying auf der europäischen Ebene vgl. Andersen/Eliassen (1996); Eising/Kohler-Koch (1994); Kohler-Koch (1996); Lahusen/Jauß (2001); Majone (1994); die Beiträge in Mazey/Richardson (Eds.) (1993) sowie Wallace/Young (Eds.) (1997); Miller/Schlesinger (2000), die auch auf die Strukturierung öffentlicher Kommunikation durch Lobbyisten eingehen; van Schendelen (1993) und Streeck (1999). Zum informellen Einfluss transnationaler zivilgesellschaftlicher Netzwerke auf die Kommissionsbürokratie vgl. Eder/Hellmann/Trenz (1998); Abromeit/Schmidt (1998); Schmalz-Bruns (1999b), Soysal (2001) und Roose (2001).

558 Interessengruppen und Bewegungen vertreten zunächst ihre eigenen Belange. Es macht demokratietheoretisch und rechtlich keinen Unterschied, ob sie für Partikular- oder Kollektivgüter eintreten. Ohne breite Beteiligung der Bevölkerung über eine direktgewählte Legislative stellt die partizipatorische Bevorteilung schlagkräftig organisierter Interessengruppen eine Verzerrung der politischen Repräsentationsverhältnisse dar, die oligarchische Züge annehmen kann.

korporatistische Einflusskanäle können die politische Legitimität erzeugenden Mechanismen repräsentativer Demokratie nur ergänzen, nicht ersetzen. Das verfassungsrechtliche Fundament, auf dem die Bürger im europäischen Politikprozess partizipieren und ihre Institutionen weiterentwickeln können, muss erst noch gegossen werden. Erst dann kann die Zivilgesellschaft EU-Geschichte schreiben.

(ad 3) *Inkrementeller Reformismus.* Die Europäische Union entwickelte sich bisher dynamisch auf dem Wege inkrementeller Reformpolitik, die der systemischen Eigenlogik der wirtschaftlichen, rechtlichen und politischen Integration folgte. Bisher kam sie ohne große Visionen, ja sogar ohne einen abstrakten Idealzustand ihrer Finalität zu postulieren aus. Allerdings war dieser stetige problemlösungsbezogene, inkrementelle Wandel von politischen Maßnahmen und politischem System nicht durch den demokratischen Prozess geleitet. Um die experimentelle Politik der Europäischen Union zu legitimieren, müssten demokratische Mechanismen etabliert werden, die die breite Öffentlichkeit einbeziehen.

Die Europäisierung des Rechts führt zu einer neuen Opportunitätsstruktur für zivilgesellschaftliche Akteure. Der geteilte Rechtsraum wirft die Teilnehmer bei der Diskussion von Problemen und möglichen Lösungen stets aufeinander. Vor allem die großen Verbände und die Regionen haben auf europäischer Ebene ein aggressives Lobbying entfaltet. Wenn sie bestimmte Fragen in einer bestimmten Weise verregelt haben wollen oder gerade für die Beibehaltung des Status quo eintreten, wenn sie nationale Sonderwege gehen wollen oder wenn sie mit geplanten Regelungen nicht zufrieden sind – immer müssen sie die anderen dazu bringen einzusehen, dass ihr Vorschlag der beste sei oder zumindest ihre Interessen als legitim gelten können. Diese Kommunikationsprozesse finden aufgrund der geringen allgemeinen Partizipationsmöglichkeiten der Bürger zwar zunächst überwiegend unter involvierten Experten und Lobbyisten statt. Diese – obwohl klassischerweise eher lichtscheuen Vor- und Hinterzimmerakteure – mobilisieren über die Medien jedoch hin und wieder eine breitere Öffentlichkeit.[559] Nach demokratischen Maßstäben ist dieser Status quo unbefriedigend. Aber wir haben die Wahl, ob es bei dieser exklusiven und expertokratischen Politik bleibt oder ob institutionelle Formen erprobt und entwickelt werden, die eine Einbeziehung breiterer Teile der Bevölkerung erlauben.

(ad 4) *Gemeinschaftsbildung.* Weil es schlechterdings keine Gemeinschaft geben kann, die sich nicht selbst als solche versteht, ist es wichtig, dass sich die Betroffenen als einer Gemeinschaft zugehörig verstehen, in der es bestimmte gemeinsame Ziele gibt und die wiederum anerkennt, dass ihre Mitglieder diese Ziele teilen.[560] Über solche gemeinsame Ziele muss man sich öffentlich verständigen. Die

---

559 Vgl. die zitierten Fallstudien zur Mobilisierung einer breiteren Öffentlichkeit durch nationale und transnationale Aktivistennetzwerke im Abschnitt 4.3.

560 Vgl. Taylor (2002: 122). Der Dissens zwischen Kommunitaristen wie Taylor und der Diskurstheorie oder dem Pragmatismus besteht meines Erachtens nicht darin, dass man nicht Mitglied einer Gemeinschaft sein kann, ohne dies zu wissen, sondern in bezug auf die Frage, wie emphatisch die Identifikation mit der Gemeinschaft sein müsse.

EU-Bürger sind bereits heute „kein von der Geschichte bunt zusammengewürfelter Haufen, der so wenig einen inneren Zusammenhang aufweist wie die Passagierliste eines internationalen Fluges".[561] Sie sind immerhin davon überzeugt, dass sie eine Vielzahl der politischen Probleme, die alle oder einige von ihnen beschäftigen, eher im europäischen Rahmen lösen können als daheim im Nationalstaat. Ein Gemeinschaftssinn in einem emphatischen Sinne ist dagegen noch nicht verlässlich entwickelt.[562] Ob die Europäer bereits ein ausgeprägtes gemeinsames Selbstverständnis haben, und falls ja, wie tief es reicht und wie weit es auch entbehrungsreiche kollektive Projekte tragen würde, wissen wir nicht.

Nun sind die Aktivitäten europäischer und nationaler Institutionen zur Förderung einer europäischen Identität mittels Kultur- und Studentenaustausch, Partnerschaften, Events wie der europäischen Kulturhauptstadt etc. sehr wichtig und auch die Förderung des Stellenwertes der Europaidee sowie der Fremdsprachenausbildung in der Schulbildung sollte eine höhere Priorität genießen als sie es heute tun,[563] doch um ein gemeinsam geteiltes politisches Selbstverständnis der Europäer hervorzubringen, werden solche Maßnahmen nicht ausreichen.

Der Pragmatismus betont, dass es die kollektiv übernommene Verantwortung für angestrebte Problemlösungen ist, die gemeinsame Horizonte, Erfahrungen und Solidaritäten schafft. Nur wenn mit Blick auf eine gemeinsame Zukunft Lösungen für gemeinsame Probleme gesucht werden, kann ein starkes Interesse an den Folgen interdependenter Tätigkeiten für die Mitglieder einer Gesellschaft handlungsleitend werden. Im Rückblick sind es die in diesem Bestreben mit mehr oder weniger Weisheit gemeinsam durchgestandenen Konflikte und die gemeinsam vollzogenen historischen Lernprozesse, die eine kollektive Identität und eine politische Tradition generieren. Politische Traditionen werden nicht voraussetzungslos „erfunden", sondern speisen sich aus den von den Menschen durchlebten glücklichen und tragischen Momenten ihrer gemeinsamen Geschichte.

Im Bereich der Wirtschaft ist die Europäische Union bereits soweit integriert, dass sie eine „erlebbare Öffentlichkeit ermöglicht".[564] Diese Interdependenz bedroht in den Augen mancher Beobachter jedoch die *Kulturgemeinschaft* mit der Auflösung im Globalen und damit „das Inhaltliche am Öffentlichkeitsbegriff: seinen Bezug auf das ‚gemeinsame Erbe an geistigen Gütern'."[565] Ohne Verständigung über die von den Gesellschaftsmitgliedern gewollten politischen Formen des politischen Umgangs mit der ökonomisch-funktionalen Integration und den sich

561 So eine Formulierung von Taylor (ebd. 121) gegen das atomistische liberale Verständnis von politischen Gemeinschaften.
562 Im Winter 2000 antworteten 58% der EU-Bürger, sie fühlten sich stark oder sehr stark mit Europa verbunden. 38% fühlten sich nicht sehr oder gar nicht mit Europa verbunden. In Griechenland und Großbritannien waren es immerhin etwas mehr als 40% der Bürger, die sich mit Europa verbunden fühlen gegenüber 55% die dies kaum oder nicht tun (Eurobarometer 54: 12). Wie dem auch sei, die Nation, die eigene Stadt und die Region, liegen den Europäern mehr am Herzen (ebd. 11).
563 Dringend empfehlen dies z. B. Theiler (1998); Cedermann (2001); Cederman/Kraus (2002).
564 Vgl. Häberle (2000: 27–28).
565 Ebd.

aus ihr ergebenden Konfliktlagen, stößt die systemische Integration an Grenzen: Sie bewirkt vorerst eine Segmentierung der politischen Handlungs- und Entscheidungsgewalt, wobei die Sorge für das Gemeinwohl auf der Strecke bleibt, da sich die Europäische Union bislang zum Beispiel nicht um sozialen Ausgleich kümmern darf, während es der Nationalstaat nicht mehr so wie früher kann.[566]

Diese Interdependenz wirkt jedoch nur deshalb bedrohlich, weil die konstitutive gesellschaftliche Selbstverständigung darüber, ob und auf der Grundlage welcher Prinzipien und Grundwerte sich die EU-Bürger als politische Gemeinschaft begreifen wollen, noch aussteht. Einige Parameter eines möglichen europäischen kollektiven Selbstverständnisses zeichnen sich in der intellektuellen Diskussion und in den europäischen Institutionen zwar ab, die große Öffentlichkeit ist in solche Diskurse jedoch noch nicht genügend einbezogen – vielleicht, weil man solche Dinge nicht abstrakt, sondern anhand konkreter Konflikte austragen muss.[567]

„Europa lebt aus bestimmten inhaltlichen und prozessualen Grundwerten, die immer wieder – öffentlich – wiederholt, bestätigt und fortentwickelt werden müssen." (Häberle 2000: 28)

Kollektive Selbstverständigungsdiskurse finden nicht im luftleeren Raum statt. Sie entzünden sich an realen Problemen und sie werden nur dann historisch bedeutsam, wenn sie in Entscheidungen münden. Die realen politischen Probleme, in die die EU-Bürger miteinander verwickelt sind, liefern die Motive für Individuen und kollektive Akteure, an der politischen Kommunikation und an der europäischen Politik entsprechend der gegebenen politischen Gelegenheitsstruktur teilzunehmen. Einige dieser Konflikte haben eine starke normative Dimension, die grundsätzliche Fragen des „guten Lebens" aufwerfen, d. h. die Frage aufwerfen, wer wir sind, woher wir kommen und wohin wir gehen wollen.

Die EU-Bürger sind längst in die für eine demokratische Selbstregierungspraxis erforderlichen Kommunikationsprozesse eingetreten. Die Chancen einer Demokratisierung der Europäischen Union hängen nun allein von der Entscheidung ab, ob sie einen Schritt weitergehen wollen und sich wechselseitig die gleichen politischen Rechte zuerkennen wollen, damit die legitime Lösung von Konflikten, die im europäischen Handlungsraum entstehen, mittels repräsentativ-demokratischer Prozeduren und politischer Partizipation erreicht werden kann.

---

566 Vgl. Böckenförde (1999: 78–81).
567 Nationale Selbstverständigungsdiskurse scheinen solchen Mustern zu folgen: die deutsche nationale Identität wird nicht abstrakt als solche thematisiert, sondern beispielsweise anhand des Umgangs mit der Stasivergangenheit der Ostdeutschen oder anhand der Frage der Änderung des Staatsbürgerschaftsrechts. Sogar Themen wie das Versagen ethnisch allzu homogener Fußballmannschaften im internationalen Vergleich tragen zur Einbeziehung eines Massenpublikums in diese Selbstverständigungsdiskurse bei.

5.3 Eine europäische „progressive Ära"?

Drei große theoretische Debatten wurden in den vorangegangenen Kapiteln in Erinnerung gerufen und auf die Probleme angewendet, die sich unter politischen, demokratietheoretischen und sozialwissenschaftlichen Gesichtspunkten durch die europäische Integration ergeben. Im kritischen Durchgang durch die Literatur zum europäischen Demokratie- und Öffentlichkeitsdefizit wurde die These, die Bürger der Europäischen Union seien durchaus demokratiefähig, mit einer Reihe von Argumenten verteidigt, die ich im Folgenden noch einmal zusammenfassen möchte:

Wenn Fragen der Demokratie diskutiert werden, kommt man um das Thema Öffentlichkeit nicht herum. Um Probleme transnationaler öffentlicher politischer Laienkommunikation konzeptionalisieren zu können, wurden im zweiten Kapitel (Abschnitt 2.3) zunächst einige notwendige Korrekturen am normativen *Diskursbegriff der Öffentlichkeit* vorgenommen, die ein geöffnetes Öffentlichkeitsverständnis nach sich zogen, das man als *hermeneutisch-pragmatistisch* bezeichnen könnte. Ich synthetisierte Elemente des diskursiven und des agonalen Modells der Öffentlichkeit, entdramatisierte jedoch beide im Hinblick auf Verstehens- und Begründungsprobleme.[568]

Vom diskursiven Modell wurde die Einsicht übernommen, dass der öffentliche Raum durch *Verfahren* institutionalisiert werden muss, in denen potentiell alle von kollektiven politischen Entscheidungen Betroffenen bei der Normsetzung mitreden können. Allerdings wurde die Orientierung des diskursiven Modells auf argumentativ erzielten Konsens fallengelassen, sofern darunter verstanden wird, dass Akteure nur dann kommuniziert haben, wenn sie ihre vorgängigen Überzeugungen tatsächlich revidieren. Niemand muss seine vorgängigen Überzeugungen suspendieren, um eine andere Meinung zu verstehen. Verständigung muss nicht am Vorbild des Konsenses modelliert werden. Verstehen und Begründen basieren auf dem Austausch legitimerweise perspektivenabhängiger Sichtweisen auf gemeinsame Gegenstände der Kommunikation in der objektiven und der sozialen Welt. Ein solches Abrücken von einem wörtlich genommenen Verständnis öffentlicher Argumentation kommt dem agonistischen Modell der Öffentlichkeit weit entgegen.

Aber auch das agonistische Modell bedurfte hermeneutischer Korrekturen. Anders als einige postmoderne Vertreter des agonistischen Modells behaupten, rechtfertigen die antagonistische Inszenierungspraxis öffentlicher Auseinandersetzungen und die empirisch allzu häufig feststellbare Unwilligkeit vieler Diskussionsteilnehmer, sich überzeugen zu lassen, keine generelle Verstehensskepsis. Die

---

568 Ich möchte das legalistische Modell hier nicht noch einmal thematisieren, weil es das älteste Modell der Öffentlichkeit ist, auf dessen Fundamenten die anderen aufbauen, indem sie wesentliche Elemente inkorporieren und auf je eigene Weise weiterführen. Der Frage nach den sozialen und verstehenstheoretischen Voraussetzungen öffentlicher politischer Kommunikation widmet das liberale Modell wie bereits gezeigt kaum Aufmerksamkeit.

antagonistischen Sichtweisen der Akteure begründen keine Inkommensurabilität ihrer Sprachspiele. Divergente – im europäischen Fall beispielsweise nationale – Problemsichten auf gemeinsame Konfliktgegenstände oder durch partikulare Interessen und Traditionen geprägte Perspektiven auf den Einigungsprozess in seiner Gesamtheit stellen das Material und nicht etwa ein Hindernis europäischer Massenkommunikation dar. Die aus Heterogenität und Pluralismus erwachsenden Schwierigkeiten öffentlicher politischer Kommunikation sollte ein hermeneutisch-pragmatisches Modell der Öffentlichkeit gelassen zur Kenntnis nehmen.

Im *dritten Kapitel* wurde die Diskussion über das europäische Öffentlichkeitsdefizit genauer analysiert. Dabei fiel zunächst auf, dass sich die zentralen Einwände gegen die Möglichkeit einer europäischen Öffentlichkeit auf die Ebene der *öffentlichen politischen Kommunikation* bezogen, während die Schlussfolgerungen auf die *institutionelle Ebene*, nämlich die Frage der Demokratisierbarkeit des politischen Systems der Europäischen Union, zielten. Im europäischen Kontext ist es jedoch wichtig, die kommunikativen und die institutionellen Dimensionen von Öffentlichkeit analytisch voneinander zu unterscheiden, um mögliche Disparitäten zwischen dem Entwicklungsstand der einen und dem der anderen Dimension erfassen zu können. Ohne Sensibilität für solche Ungleichzeitigkeiten wird der wechselseitige Bedingungszusammenhang von Demokratie und Öffentlichkeit als Teufelskreis wahrgenommen, in den es keinen Einstieg gibt: ohne Demokratie keine Öffentlichkeit und ohne Öffentlichkeit keine Bürgergesellschaft, die die Demokratie in europäischen Angelegenheiten durchsetzt.

Worin bestanden die Einwände der Partikularisten des Nationalen? Zunächst wurde ein weitgehender liberaler Konsens bezüglich der Frage festgestellt, dass die Europäische Union, da sie teils direkt, teils vermittelt über die europäisches Recht umsetzenden Mitgliedstaaten Herrschaft über die EU-Bürger ausübt, einer demokratischen Verfassung und eines starken Parlamentes bedarf, um diese Herrschaftsausübung gemäß der in den europäischen Gesellschaften geltenden Standards demokratischer Politik zu legitimieren. Bezweifelt wurde jedoch, ob die *sozialen Voraussetzungen* für die Demokratie gegeben seien.

Angeleitet durch ein Verständnis öffentlicher politischer Kommunikation, das mit dem kommunitaristischen Assoziationsmodell korrespondiert, bezweifelten die Partikularisten des Nationalen, dass die EU-Bürger eine übergreifende, verständigungs- und handlungsfähige *Kommunikationsgemeinschaft* bilden können, die den Platz des Souveräns in einer europäischen Demokratie einnehmen könnte. Den Europäern fehle es an einer gemeinsam geteilten kollektiven Identität, einem solidaritätsbegründenden Wir-Gefühl. Es fehle eine spezifisch europäische Zivilgesellschaft mit europäischen Parteien und einem transnationalen Assoziationswesen. Die Europäer redeten „aneinander vorbei", indem sie in ihren nationalen Medien ausgehend von ihren zuallererst nationalen Perspektiven über europäische Policy-Maßnahmen und den Einigungsprozess insgesamt urteilen.

All dies ließe sich möglicherweise mittelfristig überwinden, wenn die Europäer gemeinsame Medien nutzen könnten und so über die gleichen Fakten und Probleme in einer europäischen Perspektive informiert wären. Da wir jedoch nicht sicher sein könnten, dass in nationalen Massenmedien die gleichen (europäischen) Bedeutungen kommuniziert werden, bräuchten wir gemeinsame Medien, um an der „gleichen" Kommunikation teilhaben zu können. Auf dieser Basis würde sich möglicherweise eine europäische Öffentlichkeit entwickeln und in deren Gefolge könnten sich eine transnationale Zivilgesellschaft und eine europäische Identität formieren, die ihre nationalen Äquivalente überwölben. Aber eine gemeinsame massenmediale Öffentlichkeit scheitere an der unüberwindlichen – und als kulturelles Gut in höchstem Maße schützenswerten – Sprachenvielfalt Europas.

Das Sprachenproblem gilt darum als die Wurzel des Öffentlichkeitsdefizits der Europäischen Union. Aber wir können diese Sprachenvielfalt weder ändern, noch wollen wir sie reduzieren, weil dies zutiefst die kulturellen Besonderheiten der Bürger verletzen würde und weil eine Umstellung der politischen Massenkommunikation auf eine *lingua franca* zum elitären *de facto* Ausschluss der meisten Normalbürger führen würde. Daraus wird geschlussfolgert, dass das Öffentlichkeitsdefizit strukturell bedingt ist und eine Demokratisierung der Gemeinschaft eine Pseudodemokratie produzieren würde. Das Demokratieprinzip könne folglich nicht vom Nationalstaat auf transnationale Kontexte ausgedehnt werden, weil sich die politische Kommunikationsgemeinschaft nicht über die Grenzen von Sprachgemeinschaften hinaus ausdehnen lasse. Somit erwiesen sich die Argumente, die um das Öffentlichkeitsdefizit der Europäischen Union und ihre Sprachenvielfalt kreisen, als die interessantesten und stärksten der Partikularisten des Nationalen.

Die Europaföderalisten hatten diesen Argumenten nicht viel entgegenzusetzen. Dass es in modernen Gesellschaften keine andere *normative Begründung* für politische Institutionen als die prozedurale Rationalität des *Rechtsstaats* und der *demokratischen Meinungs- und Willensbildungsprozesse* geben kann, hat Habermas auch in bezug auf die europäische Einigung überzeugend dargestellt.[569] Was er allerdings nicht überzeugend zeigen konnte, war, wie der „Kreisprozess", eines wechselseitigen Ingangsetzens von politischer Partizipation, politischer Kommunikation und politischer Identifikation der Bürger mit Europa im multisprachlichen Raum möglich sei. Sein Vorschlag, im Vorgriff auf den angestrebten Zustand mittels einer europäischen Verfassung öffentliche politische Kommunikation und demokratischen Prozess gleichzeitig anzuschieben – in der Hoffnung, dass alles gut geht – konnte die Befürchtungen der Skeptiker ganz und gar nicht mindern.

In dieser Arbeit wurden Argumente entwickelt, die sich auf den hermeneutischen Kern der partikularistischen Zweifel richten. Die von vielen Autoren postulierte Notwendigkeit einer gemeinsamen Sprache artikuliert ein zweistufiges hermeneutisches Problem: Können Menschen, die kompetente Sprecher verschiedener Sprachen sind, wechselseitig die wörtliche und intentionale Bedeutung ihrer Sprechakte *verstehen*, wenn sie aus unterschiedlichen „Welten" kommen? Und können sie darüber hinaus ihre Überzeugungen wechselseitig voreinander *recht-*

---

569   Vgl. Habermas (1996: 185–191).

fertigen, wenn sie die eigene Gemeinschaft hinter sich lassen, in der bestimmte Rechtfertigungsverfahren gelten? Auch dem weitverbreiteten Verdacht, nationale Medien – welche die Bürger in ihrer jeweiligen Muttersprache rezipieren können – würden zwar über europäische Themen berichten, dabei jedoch allein nationale Sichtweisen produzieren, was zu einer parallelen, aber nicht gemeinsamen Kommunikation führe, liegt die hermeneutische Frage zugrunde, ob wir, wenn wir unsere unterschiedlichen Überzeugungen, Wertmaßstäbe und Vorurteile[570] selbstbewusst vertreten, noch in der Lage sind, sie wechselseitig vor Angehörigen anderer Überzeugungsgemeinschaften zu rechtfertigen.

Mit Anleihen aus der modernen philosophischen Hermeneutik habe ich diese sehr berechtigten Zweifel im *vierten Kapitel* (Abschnitte 4.1 und 4.2) zunächst auf der theoretischen Ebene entkräftet. Im Anschluss an Hans-Georg Gadamer und Donald Davidson konnte gezeigt werden, dass Kommunikation nicht an kulturell oder sprachlich zu bestimmende „logische Räume des Begründens" gebunden ist. Es gibt nur einen einzigen „logischen Raum des Begründens" und der umfasst alle kompetenten Sprecher einer beliebigen Sprache. Ob wir in diesen Raum eintreten, hängt davon ab, ob wir gemeinsame Gegenstände der Kommunikation haben. Die Dissense, die bei dieser Kommunikation auftreten, resultieren aus den unterschiedlichen Perspektiven, die wir aufgrund unserer unterschiedlichen Positionierungen in der Welt haben. Diese unterschiedlichen Perspektiven konstituieren den Gegenstand unseres Gesprächs und sind somit keineswegs Indikatoren verweigerter oder scheiternder Kommunikation. Eine Kommunikationsgemeinschaft entsteht, sobald Sprecher sich miteinander über etwas in der Welt streiten – über wie fragmentierte mediale Formen dies auch immer vermittelt wird. Dabei müssen sie zwangsläufig eine performative Einstellung[571] übernehmen und Gründe mit Gegenargumenten beantworten.

Im Anschluss an einen diskurstheoretisch-pragmatistischen Öffentlichkeitsbegriff schlug ich vor, europäische politische Kommunikation als Kommunikation *gleicher (europapolitischer) Themen, zur gleichen Zeit* unter *gleichen Relevanzgesichtspunkten*[572] zu konzeptionalisieren und dann zu untersuchen, ob solche thematisch verschränkte Kommunikation in einer Vielzahl (u. a. nationaler) massenmedialer Arenen auch angesichts verschiedener Sprachen möglich ist. Eine solche Herangehensweise entdramatisiert die sprachlichen, identitären und medienorganisatorischen Schwierigkeiten transnationaler Kommunikation.

Das vorgeschlagene Modell muss dabei im Hinblick auf empirische Fragen keinesfalls zwischen radikalen Alternativen wählen. Weder muss es behaupten,

---

570 „Vorurteile" stellen hier nichts Verwerfliches dar. Ich verwende den Begriff im Sinne Gadamers (1990: 281–290), der ihn als Voraussetzung von Verstehens- und Verständigungsprozessen rehabilitierte.

571 Eine performative Einstellung, ist die Einstellung, die ein Gesprächsteilnehmer übernimmt, wenn er eine Überzeugung selbst vertritt. Sie ist von der neutralen Beobachterperspektive zu unterscheiden.

572 Vgl. Habermas (1996: 190).

dass es eine europäische Öffentlichkeit bereits im Vollsinne des Wortes gäbe, noch muss es sich bemühen, stattfindende europäische Kommunikationsprozesse zu leugnen oder gering zu schätzen. In der vorgeschlagenen Perspektive werden graduelle Unterschiede, Entwicklungsphasen und Übergänge sichtbar. Sie ist empirisch durchaus anschlussfähig und ergebnisoffen. Sie erlaubt es, erprobte *middle range* Theorien und Forschungsdesigns am Forschungsgegenstand europäischer politischer Kommunikation zu testen. „Gleiche Themen" wurden von mir als *Issues* und öffentliche *Agenden*, „gleiche Zeit" als *Issue-Attention-Cycles* und „gleiche Relevanzgesichtspunkte" als *Frames* operationalisiert.

Mit dieser aus der theoretischen Diskussion gewonnenen, etwas frustrationsresistenteren Brille gewappnet, stellte sich die im *vierten Kapitel* (Abschnitt 4.3) inspizierte empirische Datenlage zum Öffentlichkeitsdefizit der Europäischen Union in einem freundlicheren Licht dar. Die wenigen bislang vorliegenden Daten weisen durchaus auf eine thematische Verschränkung der mitgliedstaatlichen Öffentlichkeiten in bezug auf gemeinsame europäische Themen hin. Nicht immer stimmen dabei die vertretenen dominanten Meinungen überein. Aber diese oft als Beleg für misslingende oder verweigerte öffentliche politische Kommunikation in Europa herangezogenen Dissense, sind zu weiten Teilen ein Streit berechtigter unterschiedlicher Positionen über gemeinsame Themen – ein Streit, der sich um die Wichtigkeit von Themen, um die angemessenen Bewertungsmaßstäbe, um mögliche Lösungen und faire Kompromisse dreht und dabei in vielem der öffentlichen politischen Kommunikation Zuhause im nationalen Rahmen ähnelt.[573]

Es entsteht ein massenmedial vermitteltes Netz öffentlicher Kommunikationsakte, das – wie im Nationalstaat – nicht darauf angewiesen ist, dass jeder Teilnehmer die gleichen Medienangebote nutzt. Dies bietet Raum für eine multilinguale Öffentlichkeit, in der jeder Bürger in seiner vertrauten Muttersprache an der öffentlichen Debatte partizipiert. Wie im Nationalstaat nehmen die Bürger sicherlich mal mehr und mal weniger intensiv an der öffentlichen politischen Kommunikation teil, interessieren sich mal für das eine und dann wieder für ein anderes Thema. Das europäische Publikum ist dasselbe Publikum wie die nationalen, es ist fluide und pluralistisch, weil es sich immer wieder umgruppiert. Wenn das europäische Öffentlichkeit ist, dann ist sie bereits sehr lebendig.

Die EU-Bürger rezipieren Nachrichten zu Themen, die sie wichtig finden, über die Massenmedien, die sie ohnehin nutzen. Wie im nationalen Rahmen äußern sich Sprecher auch in bezug auf die im europäischen Kontext entstehenden Problemlagen parteiisch, also ausgehend von ihren vorgängigen Überzeugungen, die interessenbedingt oder wertrational motiviert sein können. Selbstverständlich

---

573 Über den engeren Bereich transnational etablierter „europäischer" Themen hinaus fielen auch die zentimeterweisen Horizontverschiebungen ins Blickfeld, die sich im Bewusstwerden der europäischen Dimension vieler regionaler, nationaler und internationaler Themen manifestieren. Ja, selbst die Grenzen zwischen nationaler und europäischer Kommunikation wurden problematisch, da politische Themen ja nicht notwendigerweise mit dem entsprechenden Label („regional", „national", „europäisch" oder einer sonstigen politischen Gemeinschaft zugehörig) markiert sind.

vertreten sie dabei ihre eigenen Interessen und Überzeugungen mit Engagement. Wenn Dissense als das Aufeinandertreffen perspektivenbedingter unterschiedlicher Positionen im Gespräch über gemeinsame Themen verstanden werden – und ich denke, dass sie sich nur so verstehen lassen –, lässt sich die Behauptung nicht aufrecht erhalten, hier werde chronisch „aneinander vorbei geredet".

Auf der empirischen Ebene gibt es im Bereich europäischer politischer Kommunikation eine Reihe von Problemen: Es gibt unterschiedliche Interessen und unterschiedliche Überzeugungen (epistemische Probleme), es gibt hermeneutische Probleme (Nichtverstehen) und es gibt technische Schwierigkeiten bei der Organisation massenmedialer Kommunikation über Sprachgrenzen hinweg. Aber dennoch tragen die jeweiligen Kontrahenten ihre Konflikte bereits in vielen Fällen in der medialen Öffentlichkeit aus.

Die zahlreichen Schwierigkeiten transnationaler öffentlicher Kommunikation lassen sich somit nicht zu einem grundsätzlichen Unterschied zur politischen Kommunikation in Nationalstaaten aufrechnen. Verstehens-, Kommunikations- und Organisationsprobleme beginnen bereits in der nationalen Öffentlichkeit. Alle modernen Gesellschaften stehen vor dem Problem, soziale und politische Integration ohne überzogene Homogenitätszumutungen an die Bürger herzustellen, welche sich durch nichts treffender als durch ihre Heterogenität bezüglich diverser religiöser, sozialer, politischer, ethnischer und geschlechtsspezifischer Interessen und Identitäten kennzeichnen lassen. Auch im Nationalstaat findet sich eine enorme Pluralität von Sprachspielen. Die epistemischen, hermeneutischen und organisatorischen Probleme fangen bereits Zuhause an. Sie sind nicht erst ein Problem transnationaler Kommunikation, sondern ein prinzipielles Charakteristikum moderner Gesellschaften und werden mit mehr oder weniger Erfolg gemeistert.

Wenn man die Ansicht vertritt, dass die Demokratie im Nationalstaat funktioniert, kann sie es – bei entsprechenden rechtlichen und institutionellen Rahmenbedingungen – auch in Europa. Es gibt keinen Grund dafür, für Europa strengere Homogenitätskriterien anzulegen als daheim. Der „Kreisprozess" öffentlicher Meinungsbildung kommt nicht erst durch die rechtliche Institutionalisierung staatsbürgerlicher Kommunikation in Gang. Der zunächst sehr berechtigte Einwand der Partikularisten des Nationalen gegen das voluntaristische Vertrauen in einen Automatismus von Verfassungsgebung und Öffentlichkeitsgenese, trifft ins Leere. Die EU-Bürger sind bereits in Kreisprozesse öffentlicher politischer Kommunikation eingetreten und zwar ohne eine gemeinsam geteilte kollektive Identität in einem emphatischen Sinne, ohne eine gemeinsame Sprache, ohne transnationale europäische Medien und auch ohne Verfassung.

Was ist der Grund dafür? Auch wenn politische Kommunikation zwischen allen sprach- und handlungsfähigen Subjekten theoretisch möglich ist, heißt dies ja nicht, dass sie auch tatsächlich stattfindet. Im *fünften Kapitel* wurde die Bedeutung des pragmatistischen Elements deutlich, das einem normativen Modell der Öffentlichkeit hinzuzufügen ist. Es betrifft die Grenzen der Kommunikationsgemeinschaft. Der hermeneutische Universalismus umfasst die *gesamte Menschheit*. Allerdings ergeben sich Gegenstände der Kommunikation nicht unterschiedslos zwischen allen Menschen, sondern im Zusammenhang mit Interaktionssituationen (auch wenn diese systemisch vermittelt sind). Kommunikationsteilnehmer setzen sich zueinander über Gegenstände der objektiven oder sozialen Welt kommunikativ in Beziehung.

Im Hinblick auf öffentliche politische Kommunikation sind das Konflikte in einem gemeinsamen Handlungsraum. Angewendet auf die Europäische Union sind dies jene europäischen Streitfragen, die sich im rechtlich und ökonomisch bereits stark integrierten europäischen Handlungsraum ergeben. Dieser ist systemisch im Bereich der Ökonomie, des Rechts und der Verwaltung bereits stark integriert und durch eine äußerst hohe Interaktionsdichte gekennzeichnet.[574] Er hat die nationalen Staatsgrenzen längst gesprengt. Der so entstandene Handlungsraum, in dem die Europäer friedlich und fair miteinander zurechtkommen müssen, ohne wirklich die Möglichkeit zu haben, sich dieser Interaktion zu entziehen, ist *kleiner als die gesamte Menschheit.*

In einem solchen Rechtsraum entstehen durch wechselseitige Interdependenz gemeinsamen Handlungsprobleme, die – von engagierten Bürgern und anderen Sprechern – zu Gegenständen politischer Kommunikation gemacht werden können. Die an die Hermeneutik und den amerikanischen Pragmatismus angelehnte Analyse des Öffentlichkeitsdefizits findet hier ihre handlungstheoretische Basis: Im rechtlich konstituierten gemeinsamen Handlungsraum, der im europäischen Fall zunächst durch die funktionalen und systemischen Integrationsmechanismen des Binnenmarktes entstand, hat das Handeln der einen Effekte auf andere. Dies führt in vielen Fällen zu Konflikten zwischen Individuen und Gruppen. Konflikte zwischen verschiedenen nationalen Interessen sind da nur eine (wenn auch sehr wichtige) unter unzähligen anderen möglichen Konfliktkonstellationen.

Da Gewalt als Mittel der Konfliktlösung im rechtlich verfassten Raum ausfällt, wird mehr oder weniger verständigungsorientiert kommuniziert. Da die Betroffenen und ihre Sympathisanten als politische Bürger ihrer Nationalstaaten vielfältige Rechte genießen, haben sie die Möglichkeit, entsprechend der gegebenen politischen Partizipationsmöglichkeiten und Gelegenheitsstrukturen Netzwerke, Bewegungen, Verbände oder Parteien zu bilden, deren Sprecher bei Bedarf aus Konflikten im europäischen Handlungsraum europäische Themen „machen". Wer also hinter den theoretischen Argumenten des zweiten und vierten Kapitels die verwegene These witterte, politische Öffentlichkeit gäbe es in unserer globalisierten Welt unterschiedslos überall, wurde im fünften Kapitel enttäuscht (oder aber beruhigt): Nur dort, wo ein gemeinsamer Handlungsraum ausreichend stark integriert und minimal rechtlich konstituiert ist, sind Sprecher immer wieder von Neuem motiviert, miteinander zu kommunizieren.

Ein um hermeneutisch-pragmatistische Überlegungen erweitertes Verständnis

---

574 Vgl. die zahlreichen Informationen zur Dynamik und zum faktischen Umfang der ökonomischen, rechtlichen und politischen Verflechtung von Handlungsräumen in der EU bei Bach (2000b: 22–28) und Gerhards (2000: 281–286). Vgl. Abschnitt 3.1.

der Öffentlichkeit kann öffentliche politische Kommunikation ohne überzogene Konsenserwartungen, aber auch ohne überzogene verstehensskeptische Zweifel konzeptionalisieren. Es findet sein *partikularistisches Korrektiv* in der handlungstheoretischen Rückbindung von Kommunikationsprozessen an Interaktionszusammenhänge und sichert damit den Welt- und Gegenstandsbezug öffentlicher politischer Kommunikation. Indem ein solches Modell das prozeduralistische Demokratieverständnis des Diskursmodells der Öffentlichkeit ohne Einschränkungen übernimmt, bleibt es aber auch normativ gehaltvoll und wird nicht institutionenblind. Ohne institutionellen Fokus verlieren normative Modelle der Öffentlichkeit leicht die Bodenhaftung und den kritischen Stachel. Vor dem Hintergrund eines der institutionellen Konstitutionsbedingungen demokratischer Öffentlichkeit gegenwärtigen Öffentlichkeitsmodells lässt sich das Demokratiedefizit der Europäischen Union scharf kritisieren. Die Funktionsfähigkeit demokratischer Öffentlichkeiten als „vierte Gewalt" kann erst dann erfüllt werden, wenn die öffentliche Deliberation nicht mehr vor ihrem liberalen Sinn, der Entscheidung, halt macht.[575] Ohne Anbindung öffentlicher Kommunikation an die institutionellen Entscheidungsprozesse werden in der Praxis europäischen Regierens permanent die Standards demokratischer Legitimation von Herrschaft verletzt. Normativ lässt sich dieser Zustand nicht rechtfertigen und der Sprachenvielfalt der Bürger lässt er sich nicht zurechnen.

Es ist also nicht so, dass europäische politische Kommunikation bei Null anfangen muss. Es gibt keinen Teufelskreis, in den man nur durch die heroische Stiftung einer starken europäischen Identität oder durch eine heroische Verfassungsgebung einsteigen könnte. Europäische politische Kommunikationsprozesse in der breiten nationalsprachlich verfassten Öffentlichkeit sind bereits angelaufen. Unser Horizont verschiebt sich bereits in Richtung Europa. Wir streiten uns bereits vermittelt über die Medien, die wir ohnehin in unseren Muttersprachen nutzen, über im europäischen Kontext entstehende politische Konflikte. Der für die demokratische Praxis notwendige Kommunikationskreislauf muss darum nicht erst verfassungsrechtlich angebahnt werden.[576] Aber die rechtliche Institutionalisierung staatsbürgerlicher Kommunikation durch eine europäische Verfassung kann den bereits angelaufenen europäischen Kommunikationsprozessen institutionelle Orientierung, Entscheidungsbezogenheit und Feedback-Mechanismen hinzufügen und damit tatsächlich eine induzierende Wirkung auf die Ausdifferenzierung und politische Strukturierung der europäischen Öffentlichkeit ausüben.

Abschließend soll im Ausblick skizziert werden, was dies für die Zukunft der Europäischen Union bedeuten könnte. Die ersten beiden eingangs genannten sozialen Voraussetzungen einer Konstitutionalisierung und Demokratisierung der Gemeinschaft sind gegeben: Die Unionsbürger sind *Rechtssubjekte* ihrer Nationalstaaten (1), die in einem durch eine hohe Interaktionsdichte ausgezeichneten sowie rechtlich integrierten Handlungsraum zusammen leben. Diesen demokratiege-

---

575 Dahrendorf (1965: 461).
576 So lautete die Formulierung von Habermas (1996: 191).

wohnten und mit vielfältigen Ressourcen wie Bildung und einem im internationalen Vergleich sehr hohen Lebensstandard ausgestatteten Rechtssubjekten ist es zudem möglich, an *öffentlicher politischer Kommunikation* zu gemeinsamen europapolitisch relevanten Themen teilzunehmen (2).

Europa ist durch eine besondere Konstellation gekennzeichnet und wir beobachten hier einen historisch vielleicht einzigartigen Prozess der Entstehung transnationaler Öffentlichkeiten. Aber wir gehen nicht mit leeren Händen in diese Transformation. Die Unionsbürger sind bereits Demokraten. Bei allen empirisch beobachtbaren Schwierigkeiten müssen sie nicht erst vom Wert des Pluralismus überzeugt werden. Sie sind es gewohnt, an anspruchsvollen politischen Kommunikationsprozessen teilzunehmen, sich ihre Meinung zu bilden und politisch zu partizipieren oder ihre Rechte vor Gericht einzuklagen. Eine demokratische politische Kultur kann man bei ihnen voraussetzen. Sie sind Staatsbürger, nicht Untertanen.

Die Europäische Union verdankt ihr Demokratiedefizit auch keiner etwaigen Unmöglichkeit über verschiedene Sprachen und Kulturen hinweg zu kommunizieren, sondern sie schuldet es einzig und allein der Unterentwicklung der demokratischen Prozeduren, die öffentliche Diskurse in bezug auf europäische Themen institutionalisieren und strukturieren. Diese dritte, *rechtlich-institutionelle Voraussetzung* demokratischer Herrschaft (3) ist in Europa nicht erfüllt. Der Union fehlt ein demokratischer Konstitutionsakt. Aber da die Unionsbürger – in Kants Terminologie – nicht im Naturzustand, sondern in einem Rechtszustand leben, der mit den Europäischen Verträgen zudem die Form eines – mehr oder weniger gerechten – Gesellschaftsvertrages angenommen hat, sind Hoffnungen auf die Demokratisierbarkeit der Gemeinschaft gerechtfertigt. In Europa stellt sich heute die Frage, ob dieser Gesellschaftsvertrag zur „Republik", also zur gerechten Ordnung, weiterentwickelt werden soll oder nicht. Diese dritte Voraussetzung entsteht nicht selbstläufig. Sie muss gemeinsam geschaffen werden. Die EU-Bürger müssen sich darüber klar werden, in bezug auf welche politischen Fragen[577] sie innerhalb Europas gemeinsam entscheiden wollen, und ob sie sich dabei wechselseitig als Gleiche mit gleichen politischen Mitspracherechten anerkennen wollen oder nicht. Sie müssen sich fragen, ob und in bezug auf welche Materien sie künftighin akzeptieren werden, dass andere mitentscheiden – andere, die vielleicht nicht Menschen „der gleichen Sorte" sind.[578] Ein solcher republikanischer „Gründungsakt" im Kantischen Sinne steht weiterhin aus.

Die europäische „Identität" in einem *schwachen Sinne*, die für einen solchen Konstitutionsakt erforderlich ist, besteht allein in der Anerkennung des gegenseiti-

---

577 In dieser Hinsicht ist die öffentliche Klärung der Kompetenzen lokaler, regionaler, nationaler und supranationaler politischer Institutionen im europäischen Mehrebenensystem nach dem *Subsidiaritätsprinzip* nicht allein ein Effizienzproblem, sondern konstitutiv für das künftige politische Selbstverständnis der Europäer.

578 Hierher gehört auch die Verständigung darüber, in bezug auf welche Politikbereiche gemeinsame Entscheidungen anerkannt werden und in bezug auf welche kleinere Gemeinschaften nur sich selbst verpflichtet sein möchten. Das Subsidiaritätsprinzip hat neben seiner organisatorischen Seite einen starken ethischen Aspekt.

gen Aufeinanderangewiesenseins bei der Austragung der zwischen den Beteiligten entstehenden Konflikte. Sie besteht in der Anerkennung wechselseitiger Interdependenz und dem Willen, entstehende Konflikte friedlich und im Rahmen gemeinsamer Prinzipien und Gesetze zu lösen.[579] In der Praxis dürfte das öffentliche Bewusstsein, dass viele Fragen aufgrund der Interdependenz im gemeinsamen Rechtsraum nur noch gemeinsam gelöst werden können – was nicht heißt, dass dies notwendigerweise leichter oder effizienter wäre –, wohl schon gang und gäbe sein. Was jedoch hinzu kommen müsste, ist die gemeinsame Entscheidung, einen Schritt weiter zu gehen und die für nach demokratischen Maßstäben *legitime* Lösung von Konflikten notwendigen liberalen Prozeduren und Partizipationsmöglichkeiten zu schaffen.

Eine europäische Identität der Zukunft im *starken Sinne* eines gemeinsam geteilten normativen Selbstverständnisses jedoch, kann nicht im Voraus bestimmt werden. Sie erwächst in heterogenen Gesellschaften aus den kollektiven Erfahrungen, den Wunden, die wir einander zufügen und den positiven Erfahrungen, die wir miteinander bei der politischen Austragung unserer Konflikte sowie bei der Errichtung gemeinsamer Institutionen machen. Eine reflexive zivile Tradition bildet sich über die diskursiv verarbeitete Geschichte von mehr oder weniger erfolgreichen Problemlösungen heraus.

Was heißt das für die Zukunft der Demokratie in Europa? Die Entscheidung, ob auch in der Europäischen Union Herrschaftsausübung demokratisch legitimiert werden soll oder nicht, ist eine politische Entscheidung, die wissenschaftliche Überlegungen den Bürgern nicht abnehmen können. Aber falls ein politisches Gemeinwesen angestrebt wird, ein demokratischer Konstitutionsakt in den Horizont des politisch Gewollten und Machbaren rückt, wird die Demokratie in Europa nicht an einer etwaigen Unfähigkeit ihrer kulturell und sprachlich heterogenen Bevölkerung zur politischen Kommunikation scheitern. Zumindest diese Befürchtung konnte diese Arbeit ausräumen.

Wir müssen nicht andere, „europäischere" Menschen werden, um in bezug auf die Konflikte, die im europäischen Handlungsraum entstehen, zu demokratischen Lösungen zu gelangen. Das europäische Öffentlichkeitsdefizit besteht – analog zur Situation in den USA zu Beginn des zwanzigsten Jahrhunderts – vor allem darin, dass sich die Bürger noch nicht als demokratisches politisches Gemeinwesen konstituiert haben und dass die den neuen Aufgaben gewachsenen institutionellen Arrangements zur Meinungs- und Willensbildung noch nicht erfunden und rechtlich in Geltung gesetzt wurden. Alles, was zur europäischen Demokratie fehlt, ist eine europäische „progressive Ära".

---

579 In den ältesten EU-Mitgliedstaaten ist dieses Bekenntnis bereits seit fünfzig Jahren Teil auch des nationalen Selbstverständnisses. Neue Mitgliedstaaten geben eine solche Willenserklärung im Zuge ihres Beitritts in Referenden ab. Dieser Wille ist keineswegs selbstverständlich und Beitrittsreferenden können durchaus scheitern. Vgl. auch Fußnote 548.

Literaturverzeichnis

Abromeit, H. (1997). Überlegungen zur Demokratisierung der Europäischen Union. In K.-D. Wolf (Ed.), *Projekt Europa im Übergang?* Baden-Baden: Nomos, 109-123.

Abromeit, H. (1998a). *Democracy in Europe. Legitimizing Politics in a Non-State Polity.* Oxford: Berghan Books.

Abromeit, H. (1998b). Ein Vorschlag zur Demokratisierung des europäischen Entscheidungssystems. *Politische Vierteljahresschrift, 39*, 80-90.

Abromeit, H., & Schmidt, T. (1998). Grenzprobleme der Demokratie: Konzeptionelle Überlegungen. In B. Kohler-Koch (Ed.), *Regieren in entgrenzten Räumen.* Opladen: Westdeutscher Verlag, 293-320.

Abschlußdokument der 4. Europäischen Ministerkonferenz über Massenmedienpolitik in Prag, 7./8.12.1994 (1995). Erklärung zu Medien in einer demokratischen Gesellschaft. *Rundfunk und Fernsehen: Forum der Medienwissenschaft und Medienpraxis, 43*, 62-70.

Ackerman, B. A. (1980). *Social Justice and the Liberal State.* New Haven, CT: Yale UP.

Ackerman, B. A. (1989). Why dialogue? *Journal of Philosophy, 86*, 5-22.

Albers, D. (Ed.) (1993). *Europäische Gemeinschaft und Gewerkschaften.* Bremen: Universität.

Alemann, U. von, & Heinze, R. G. (1981). Verbändepolitik und Verbändeforschung in der Bundesrepublik. In U. von Alemann & R. G. Heinze (Eds.), *Verbände und Staat. Vom Pluralismus zum Korporatismus* (2nd ed.). Opladen: Westdeutscher Verlag, 12-37.

Altvater, E., & Mahnkopf, B. (1993). *Gewerkschaften vor der europäischen Herausforderung. Tarifpolitik nach Mauer und Maastricht.* Münster: Westfälisches Dampfboot.

Andersen, S. S., & Eliassen, K. A. (1996). EU-Lobbying: Between representativity and effectivness. In S. S. Andersen & K. Eliassen (Eds.), *The European Union: How Democratic is it?* London: Sage, 41–55.

Andeweg, R. B. (1995). The reshaping of national party systems. *West European Politics, 18*, 58-78.

Arendt, H. (1981 [1958]). *Vita activa oder vom tätigen Leben.* München: Piper.

Arendt, H. (1986 [1963]). *Über die Revolution.* München: Piper.

Armstrong, K. A. (2002). Rediscovering civil society: The European Union and the White Paper on governance. *European Law Journal, 8*, 102-132.

Artope, A., & Zerdick, A. (1995). *Die Folgen der Media-Mergers in den USA. Die neue Ausgangssituation auf dem deutschen und europäischen Fernsehmarkt* (Manuskript). Berlin: MGM MediaGruppe München.

Bach, M. (1992). Eine leise Revolution durch Verwaltungsverfahren. Bürokratische Integrationsprozesse in der Europäischen Gemeinschaft. *Zeitschrift für Soziologie, 21*, 16-30.

Bach, M. (1993). Vom Zweckverband zum technokratischen Regime: Politische Legitimation und institutionelle Verselbständigung in der Europäischen Gemeinschaft. In H. A. Winkler & H. Kaelble (Eds.), *Nationalismus - Nationalitäten - Supranationalität.* Stuttgart: Klett-Cotta, 288-308.

Bach, M. (1995). Ist die europäische Einigung irreversibel? Integrationspolitik als Institutionenbildung in der Europäischen Union. In B. Nedelmann (Ed.), *Politische Institutionen im Wandel.* Opladen: Westdeutscher Verlag, 368-391.

Bach, M. (1998). *Die Bürokratisierung Europas. Verwaltungseliten, Experten und politische Legitimation in der EU.* Frankfurt: Campus.

Bach, M. (2000a). Die europäische Integration und die unerfüllten Versprechen der Demokratie. In H.-D. Klingemann & F. Neidhardt (Eds.), *Zur Zukunft der Demokratie. Herausforderungen im Zeitalter der Globalisierung. WZB-Jahrbuch 2000.* Berlin: Edition Sigma, 185-213.

Bach, M. (2000b). Die Europäisierung der nationalen Gesellschaft? Problemstellungen und Perspektiven einer Soziologie der europäischen Integration. In M. Bach (Ed.), *Die Europäisierung nationaler Gesellschaften.* Wiesbaden: Westdeutscher Verlag, 11-35.

Baudrillard, J. (1983a). *In the Shadow of the Silent Majorities, or, The End of the Social and Other Essays.* New York, NY: Semiotext(e), Foreign Agents Series.

Baudrillard, J. (1983b). The precession of simulacra. In ders., *Simulations.* New York, NY: Semiotext(e), Foreign Agents Series, 1-79.

Beierwaltes, A. (2000). *Demokratie und Medien. Der Begriff der Öffentlichkeit und seine Bedeutung für die Demokratie in Europa.* Baden-Baden: Nomos.

Beisheim, M., Dreher, S., Walter, G., Zangl, B., & Zürn, M. (1999). *Im Zeitalter der Globalisierung? Thesen und Daten zur gesellschaftlichen und politischen Denationalisierung.* Baden-Baden: Nomos.

Bender, P. (1997). *Europa als Gegenstand der politischen Kommunikation. Eine vergleichende Untersuchung der Informations- und Öffentlichkeitsarbeit von Europäischer Kommission, Europäischem Parlament und Regierungen ausgewählter EU-Mitgliedstaaten* (Dissertation). Freiburg i. Br.: Universität.

Benhabib, S. (1991). Modelle des öffentlichen Raums: Hannah Arendt, die liberale Tradition und Jürgen Habermas. *Soziale Welt, 42,* 147-165.

Benhabib, S. (1994). Democracy and difference: Reflections on the metapolitics of Lyotard and Derrida. *Journal of Political Philosophy, 2,* 1-23.

Berger, P. L. (Ed.) (1997). *Die Grenzen der Gemeinschaft. Konflikt und Vermittlung in pluralistischen Gesellschaften. Ein Bericht der Bertelsmann Stiftung an den Club of Rome.* Gütersloh: Verlag Bertelsmann Stiftung.

Blöbaum, B. (1999). Medienkooperationen in europäischen Grenzregionen und das Problem europäischer Öffentlichkeit. In K. Imhof, O. Jarren, R. Blum, & P. Schulz (Eds.), *Steuerungs- und Regelungsprobleme in der Informationsgesellschaft.* Opladen: Westdeutscher Verlag, 35-46.

Blondel, J., Sinnott, R., & Svensson, P. (1997). Representation and voter participation. *European Journal of Political Research, 32,* 243-272.

Blondel, J., Sinnott, R., & Svensson, P. (1998). *People and Parliament in the European Union: Participation, Democracy, and Legitimacy.* New York, NY: Oxford UP.

Blumler, J. G., & Hoffmann-Riem, W. (1992). New roles for public television in Western Europe: Challenges and prospects. *Journal of Communication, 42,* 20-35.

Bode, I. (1998). Ein französisches Wunder? Zur Infrastruktur von Arbeitslosenprotesten. *Forschungsjournal Neue Soziale Bewegungen, 11,* 17-24.

Böckenförde, E.-W. (1999). *Staat, Nation, Europa. Studien zur Staatslehre, Verfassungstheorie und Rechtsphilosophie*. Frankfurt: Suhrkamp.

Börzel, T. (1998). Organizing Babylon - On the different conceptions of policy networks. *Public Administration*, 76, 253-273.

Bogdandy, A. von (1999). Die Europäische Union als supranationale Föderation. *Integration*, 22, 95-112.

Bogdandy, A. von (2000). Information und Kommunikation in der Europäischen Union: Föderale Strukturen in supranationalem Umfeld. In W. Hoffmann-Riem & E. Schmidt-Aßmann (Eds.), *Verwaltungsrecht in der Informationsgesellschaft*. Baden-Baden: Nomos, 133-194.

Bornschier, V. (1999). Transnationale Akteure - Eine kritische Beurteilung ihrer Rolle in der Weltgesellschaft. In C. Honegger, S. Hradil & F. Traxler (Eds.), *Gesellschaft ohne Grenzen. Verhandlungen des Soziologentages. Teil 2*. Frankfurt: Campus, 374-386.

Bourdieu, P. (1998). *Gegenfeuer. Argumente im Dienst des Widerstandes gegen die neoliberale Invasion*. Konstanz: UVK.

Bourdieu, P. (2002). Plädoyer für eine europäische soziale Bewegung. *Forschungsjournal Neue Soziale Bewegungen*, 15, 8-15.

Bourdieu, P., Debons, C., & Hensche, D. (1997). *Perspektiven des Protests. Initiativen für einen europäischen Wohlfahrtsstaat*. Hamburg: VSA.

Brückner, U. (1993). Der Deutsche Bundestag im Europäischen Maßstab. Neue Anforderungen durch die Europäische Integration. In D. Herzog, H. Rebenstorf & B. Weßels (Eds.), *Parlament und Gesellschaft: Eine Funktionsanalyse der repräsentativen Demokratie*. Opladen: Westdeutscher Verlag, 218-247.

Brunmayr, H. (2000). Do we really need a European Information Policy? In B. Baerns & J. Raupp (Eds.), *Information und Kommunikation in Europa*. Berlin: Vistas, 20-24.

Buch, R., & Hansen, K. M. (2002). The Danes and Europe: From EC 1972 to Euro 2000 - Elections, referendums and attitudes. *Scandinavian Political Studies*, 25, 1-26.

Caporaso, J. A., Green Cowles, M., & Risse, T. (Eds.) (2000). *Europeanization and Domestic Change*. Ithaca, NY: Cornell UP.

Cederman, L.-E. (2001). Nationalism and bounded integration: What it would take to create a European demos. *European Journal of International Relations*, 7, 139-174.

Cederman, L.-E., & Kraus, P. A. (2002). *Transnational Communication and the European Demos* (Paper presented at the SSRC-sponsored workshop on „Cooperation and Conflict in a Connected World"). New York, NY.

Charle, C. (1999). Historischer Vergleich der Intellektuellen in Europa. Einige methodische Fragen und Forschungsvorschläge. In H. Kaelble & J. Schriewer (Eds.), *Diskurse und Entwicklungspfade. Der Gesellschaftsvergleich in den Geschichts- und Sozialwissenschaften*. Frankfurt: Campus, 377-400.

Commission of the European Communities (1984). *Television without Frontiers: Green Paper on the Establishment of the Common Market for Broadcasting, especially by Satelite and Cable* (COM 84, 300). Brussels.

Dahl, R. A. (1994). A democratic dilemma: System effectiveness versus citizen participation. *Political Science Quarterly*, 109, 23-34.

Dahrendorf, R. (1965). *Gesellschaft und Demokratie in Deutschland*. München: Piper.

Damm, S. M. (1999). Die europäischen politischen Parteien. Hoffnungsträger europäischer Öffentlichkeit zwischen nationalen Parteien und europäischen Fraktionsfamilien. *Zeitschrift für Parlamentsfragen, 30,* 395-423.

Dauses, M. A., & Fugmann, F. (1995). Die politisch-institutionelle Stellung des Europäischen Parlaments nach dem Maastricht-Vertrag. *Aus Politik und Zeitgeschichte, B 3-4,* 24-32.

Davidson, D. (1990). *Wahrheit und Interpretation*. Frankfurt: Suhrkamp.

Davidson, D. (1996 [1983, 1987]). Eine Kohärenztheorie der Wahrheit und Erkenntnis (mit Nachtrag). In T. Grundmann & K. Stüber (Eds.), *Philosophie der Skepsis*. Paderborn: Schöningh, 251-280.

Davidson, D. (1997). Seeing through language. In J. M. Preston (Ed.), *Thought and Language*. Cambridge, MA: Cambridge UP, 15-27.

de Moragas Spà, M., & Garitaonandía, C. (Eds.) (1995). *Decentralization in the Global Era. Television in Regions, Nationalities and Small Countries of the European Union*. Luton: University of Luton Press.

Deutsch, K. W. (1966). *Nationalism and Social Communication. An Inquiry into the Foundations of Nationality* (2nd ed.). Cambridge, MA: MIT Press.

Dewey, J. (1968). *Creative democracy - the task before us* (The Philosopher of the Common Man. Essays in Honor of John Dewey). New York, NY: Greenwood, 220-228.

Dewey, J. (1996 [1927]). *Die Öffentlichkeit und ihre Probleme*. Bodenheim: Philo.

Díaz Nosty, B. (1997). The European Union in the press. In Foundation for the Development of the Social Function of Communications (Fundesco) & Spanish Section of the Association of European Journalists (AEJ), *The European Union in the media 1996*. Madrid: Fundesco/AEJ Annual Report, 19-125.

Diekmannshenke, H. (1996). Alle reden von Europa. Schlagwortgebrauch und argumentative Strategie im Europawahlkampf 1994. In H. Diekmannshenke & J. Klein (Eds.), *Wörter in der Politik: Analysen zur Lexemverwendung in der politischen Kommunikation*. Opladen: Westdeutscher Verlag, 13-27.

Díez Medrano, J. (2001). Die Qualitätspresse und Europäische Integration. *Forschungsjournal Neue Soziale Bewegungen, 15,* 30-41.

Dill, R. W. (1991). Europa-TV - zu Tode geliebt. In W. Gellner (Ed.), *Europäisches Fernsehen - American Blend?* Berlin: Vistas, 135-141.

Downs, A. (1957). *An Economic Theory of Democracy*. New York, NY: Harper & Row.

Durkheim, E. (1988 [1893]). *Über soziale Arbeitsteilung. Studie über die Organisation höherer Gesellschaften* (2nd ed.). Frankfurt: Suhrkamp.

Durkheim, E. (1990 [1897]). *Der Selbstmord* (3rd ed.). Frankfurt: Suhrkamp.

Durkheim, E. (1999 [1890-1915]). *Physik der Sitten und des Rechts. Vorlesungen zur Soziologie der Moral*. Frankfurt: Suhrkamp.

Ebbinghaus, B., & Visser, J. (2001). *Trade unions in Western Europe since 1945*. London: Macmillan.

Eco, U. (1995). *Die Suche nach der vollkommenen Sprache* (3rd ed.). München: Beck.

Eder, K. (1998). Polemogene und irenogene Folgen interkultureller Kommunikation. Überlegungen zu einer Politik der Begegnung in Europa. In P. Dibie & C. Wulf (Eds.), *Vom Verstehen des Nichtverstehens. Ethnosoziologie interkultureller Begegnungen.* Frankfurt: Campus, 76-84.

Eder, K. (2000). Zur Transformation nationalstaatlicher Öffentlichkeit in Europa. Von der Sprachgemeinschaft zur issuespezifischen Kommunikationsgemeinschaft. *Berliner Journal für Soziologie, 10,* 167-184.

Eder, K. (2001). Chancenstrukturen für Bürgerbeteiligung und Protestmobilisierung in der EU. Überlegungen zu einigen Besonderheiten transnationaler Streitpolitik. In A. Klein, R. Koopmans & H. Geiling (Eds.), *Globalisierung, Partizipation, Protest.* Opladen: Leske + Budrich, 45-75.

Eder, K., Hellmann, K.-U., & Trenz, H.-J. (1998). Regieren in Europa jenseits öffentlicher Legitimation? Eine Untersuchung zur Rolle von politischer Öffentlichkeit in Europa. In B. Kohler-Koch (Ed.), *Regieren in entgrenzten Räumen.* Opladen: Westdeutscher Verlag, 321-344.

Eder, K., & Kantner, C. (2000). Transnationale Resonanzstrukturen in Europa. Eine Kritik der Rede vom Öffentlichkeitsdefizit. In M. Bach (Ed.), *Die Europäisierung nationaler Gesellschaften.* Wiesbaden: Westdeutscher Verlag, 306-331.

Eder, K., & Kantner, C. (2002). Interdiskursivität in der europäischen Öffentlichkeit. *Berliner Debatte Initial, 13,* 79-88.

Eder, K., Kantner, C., & Trenz, H.-J. (2000). *Transnationale Öffentlichkeit und die Strukturierung politischer Kommunikation in Europa* (DFG-Projektantrag). Berlin: Humboldt-Universität zu Berlin.

Eder, K., & Trenz, H.-J. (2001). The making of a European public sphere. The case of justice and home affairs. In B. Kohler-Koch (Ed.), *Linking EU and National Governance* (im Erscheinen). Oxford: Oxford UP.

Eising, R., & Kohler-Koch, B. (1994). Inflation und Zerfaserung: Trends der Interessenvermittlung in der Europäischen Gemeinschaft. In W. Streeck (Ed.), *Staat und Verbände.* Opladen: Westdeutscher Verlag, 175-206.

Encabo, M. N. (1995). The ethics of journalism and democracy. *European Journal of Communication, 10,* 513-526.

Engelmann, D., Knopf, H.-J., Roscher, K., & Risse, T. (1997). Identität und Europäische Union: Die Diskussion um den Euro in Großbritannien, Frankreich und Deutschland. In T. König, E. Rieger & H. Schmitt (Eds.), *Europäische Institutionenpolitik.* Frankfurt: Campus, 79-95.

Erbring, L. (Ed.) (1995). *Kommunikationsraum Europa.* Konstanz: Ölschläger.

Ernst, A. (1998). Vielsprachigkeit, Öffentlichkeit und politische Integration. Schweizerische Erfahrungen und europäische Perspektiven. *Schweizerische Zeitschrift für Politische Wissenschaft, 4,* 225-240.

Ernst, A. (1999). Europäische Öffentlichkeit: Historische Voraussetzungen und aktuelle Folgen eines unvollendeten Projekts. In K. Imhof, O. Jarren & R. Blum (Eds.), *Steuerungs- und Regelungsprobleme in der Informationsgesellschaft.* Opladen: Westdeutscher Verlag, 25-34.

Esser, F. (1998). *Die Kräfte hinter den Schlagzeilen. Englischer und deutscher Journalismus im Vergleich.* Freiburg: Alber.

Etzioni, A. (1995). *Die Entdeckung des Gemeinwesens. Ansprüche, Verantwortlichkeiten und das Programm des Kommunitarismus.* Stuttgart: Schaffer-Poeschel.

European Commission (1999). *European Public Opinion on the Single Currency. Special Edition (Europinion)*. Brussels: DG X/A2 - Public Opinion Analysis.

European Commission (2001). *Eurobarometer 54. Europeans and Languages. Executive Summary*. Brussels: European Commission DG Press.

European Commission (2001). *Eurobarometer 55*. Brussels: European Commission DG Press.

European Commission (2001). *Eurobarometer 56*. Brussels: European Commission DG Press.

Evans, R. (1989). Euro languages: The last frontiers of European television. *Television Business International, 10*, 68-76.

Falter, J. W., & Schumann, S. (1992). Politische Konflikte, Wählerverhalten und die Struktur des Parteienwettbewerbs. In O. W. Gabriel (Ed.), *Die EG-Staaten im Vergleich*. Opladen: Westdeutscher Verlag, 192-219.

Farda, C. (2000). *Europäische Medienpolitik. Eine Policy-Analyse der Fernseh- und der Antikonzentrationsrichtlinie*. Wiesbaden: Deutscher Universitäts-Verlag.

Fenner, C. (1981). Die Grenzen einer Europäisierung der Parteien. Europa kann man nicht wählen. *Politische Vierteljahresschrift, 22*, 26-44.

Fetscher, I. (1984). Wieviel Konsens gehört zur Demokratie? In B. Guggenberger & C. Offe (Eds.), *An den Grenzen der Mehrheitsdemokratie*. Opladen: Westdeutscher Verlag, 196-206.

Fetscher, I. (1993 [1968]). *Rousseaus politische Philosophie. Zur Geschichte des demokratischen Freiheitsbegriffs* (3rd ed.). Frankfurt: Suhrkamp.

Fischer, J. (2000). *Vom Staatenverbund zur Föderation - Gedanken über die Finalität der europäischen Integration* (Rede am 12. Mai 2000 in der Humboldt-Universität in Berlin). Berlin: Humboldt-Universität.

Forst, R. (1993). Kommunitarismus und Liberalismus - Stationen einer Debatte. In A. Honneth (Ed.), *Kommunitarismus. Eine Debatte über die moralischen Grundlagen moderner Gesellschaften*. Frankfurt: Campus, 181-212.

Foucault, M. (1989 [1961]). *Wahnsinn und Gesellschaft. Eine Geschichte das Wahns im Zeitalter der Vernunft* (8th ed.). Frankfurt: Suhrkamp.

Foucault, M. (1992 [1975]). *Überwachen und Strafen. Die Geburt des Gefängnisses* (10th ed.). Frankfurt: Suhrkamp.

Fraser, N. (1985a). Michel Foucault: A ‚young conservative'? *Ethics, 96*, 165-184.

Fraser, N. (1985b). What's critical about critical theory? The case of Habermas and gender. *New German Review, 35*, 97-131.

Fraser, N. (1992). Rethinking the public sphere. A contribution to the critique of actually existing democracy. In C. Calhoun (Ed.), *Habermas and the Public Sphere*. Cambridge, MA: The MIT Press, 1-32.

Fraser, N., & Gordon, L. (1994). Die Einforderung sozialer Bürgerrechte. Jenseits der Ideologie von Vertrag-kontra-Wohltätigkeit. In G. Frankenberg (Ed.), *Auf der Suche nach der gerechten Gesellschaft*. Frankfurt: Fischer, 185-203.

Frey, D. (1999). *Fernsehen und audiovisueller Pluralismus im Binnenmarkt der EG*. Baden-Baden: Nomos.

Fröhlich, R., & Holtz-Bacha, C. (1997). Journalistenausbildung in Europa. In G. G. Kopper (Ed.), *Europäische Öffentlichkeit: Entwicklung von Strukturen und Theorie*. Berlin: Vistas, 149-182.

Fuchs, D., Gerhards, J., & Roller, E. (1993). Wir und die anderen. Ethnozentrismus in den zwölf Ländern der Europäischen Gemeinschaft. *Kölner Zeitschrift für Soziologie und Sozialpsychologie, 45*, 238-253.

Gadamer, H.-G. (1990 [1960]). *Wahrheit und Methode. Grundzüge einer philosophischen Hermeneutik* (6th ed., Vol. 1, Gesammelte Werke). Tübingen: Mohr.

Gadamer, H.-G. (1993 [1959]). Vom Zirkel des Verstehens. In ders., *Hermeneutik II. Wahrheit und Methode. Ergänzungen* (2nd ed., Vol. 2, Gesammelte Werke). Tübingen: Mohr, 57-65.

Gaffney, J. (Ed.) (1996). *Political Parties and the European Union.* London: Routledge.

Gaskin, K., Smith, J. D., & Paulwitz, I. (1996). *Ein neues bürgerschaftliches Europa: Eine Untersuchung zur Verbreitung und Rolle von Volunteering in zehn Ländern.* Freiburg i. Br.: Lambertus.

Gellner, W. (1992). Massenmedien. In O. W. Gabriel & F. Brettschneider (Eds.), *Die EU-Staaten im Vergleich* (2nd ed.). Opladen: Westdeutscher Verlag, 279-304.

Gellner, W. (Ed.). (1991). *Europäisches Fernsehen - American Blend?.* Berlin: Vistas.

Gerhards, J. (1993). Westeuropäische Integration und die Schwierigkeiten der Entstehung einer europäischen Öffentlichkeit. *Zeitschrift für Soziologie, 22*, 96-110.

Gerhards, J. (2000). Europäisierung von Ökonomie und Politik und die Trägheit der Entstehung einer europäischen Öffentlichkeit. In M. Bach (Ed.), *Die Europäisierung nationaler Gesellschaften.* Wiesbaden: Westdeutscher Verlag, 277-305.

Gerhards, J. (2001). Eine gute Gesellschaft durch eine gute Öffentlichkeit? Vier Modellvorstellungen und einige empirische Unterschiede zwischen Deutschland und den USA. In J. Allmendinger (Ed.), *Gute Gesellschaft? Verhandlungen des 30. Kongresses der Deutschen Gesellschaft für Soziologie in Köln 2000.* Opladen: Leske + Budrich, 225-244.

Gerhards, J., & Neidhardt, F. (1991). Strukturen und Funktionen moderner Öffentlichkeit. Fragestellungen und Ansätze. In S. Müller-Doohm & K. Neumann-Braun (Eds.), *Öffentlichkeit, Kultur, Massenkommunikation: Beiträge zur Medien- und Kommunikationssoziologie.* Oldenburg: Bibliotheks- u. Informationssystem d. Univ. Oldenburg, 31-89.

Giesen, B. (1993). Intellektuelle, Politiker und Experten: Problem der Konstruktion einer europäischen Identität. In B. Schäfers (Ed.), *Lebensverhältnisse und Konflikte im neuen Europa. Verhandlungen des 26. Deutschen Soziologentages in Düsseldorf.* Frankfurt: Campus, 492-504.

Giesen, B. (1999). Europa als Konstruktion der Intellektuellen. In R. Viehoff & R. T. Segers (Eds.), *Kultur, Identität, Europa.* Frankfurt: Suhrkamp, 130-146.

Giesen, B. (2002). *Triumph and Trauma* (im Erscheinen). Chicago, IL: Chicago UP.

Giesen, B., & Risse, T. (2000). *When Europe Hits Home: Europeanization and National Public Discourses* (DFG-Projektantrag). Konstanz: Universität Konstanz.

Glotz, P. (1995). Integration und Eigensinn. Kommunikationsraum Europa - eine Chimäre?. In L. Erbring (Ed.), *Kommunikationsraum Europa.* Konstanz: Ölschläger, 17-26.

Golding, P. (1997). Sind Journalisten geboren oder gemacht? Die widersprüchliche Lehre und Strukturentwicklung im Mediensektor Großbritanniens. In G. G. Kopper (Ed.), *Europäische Öffentlichkeit: Entwicklung von Strukturen und Theorie.* Berlin: Vistas, 79-96.

Graber, D. A. (1993). Political communication: Scope, progress, promise. In A. W. Finifter (Ed.), *Political Science. The State of the Discipline II* (2nd ed.). Washington, DC: The American Political Science Association, 305-332.

Gräßle, I. (1995). *Der Europäische Fernseh-Kulturkanal ARTE. Deutsch-französische Medienpolitik zwischen europäischem Anspruch und nationaler Wirklichkeit.* Frankfurt: Campus.

Gramberger, M. R. (1997). *Die Öffentlichkeitsarbeit der Europäischen Kommission 1952-1996. PR zur Legitimation von Integration?.* Baden-Baden: Nomos.

Gramberger, M. R., & Lehmann, I. (1995). UN und EU: Machtlos im Kreuzfeuer der Kritik? Informationspolitik zweier internationaler Organisationen im Vergleich. *Publizistik, 40,* 186-204.

Grande, E. (1996). Demokratische Legitimation und europäische Integration. *Leviathan, 24,* 339-360.

Grande, E., & Risse, T. (2000). Bridging the gap: Conceptual challenges for the analysis of globalization processes in political science. *Zeitschrift für internationale Beziehungen, 7,* 235-266.

Greven, M. T. (1998). Mitgliedschaft, Grenzen und politischer Raum: Problemdimensionen der Demokratisierung der Europäischen Union. In B. Kohler-Koch (Ed.), *Regieren in entgrenzten Räumen.* Opladen: Westdeutscher Verlag, 249-270.

Grimm, D. (1993). Mit der Aufwertung des Europa-Parlaments ist es nicht getan. - Das Demokratiedefizit der EG hat strukturelle Ursachen. In T. Ellwein, D. Grimm, J. J. Hesse, & G. F. Schuppert (Eds.), *Jahrbuch zur Staats- und Verwaltungswissenschaft* (Vol. 6). Baden-Baden: Nomos, 13-18.

Grimm, D. (1995). *Braucht Europa eine Verfassung?.* München: Carl Friedrich von Siemens Stiftung.

Große Peclum, M.-L. (1990). Gibt es den europäischen Zuschauer? Fernsehnutzung in einem internationalisierten Programmangebot. *Zeitschrift für Kulturaustausch, 40,* 185-194.

Große Rüschkamp, S. (2000). Dezentrale Öffentlichkeitsarbeit der Europäischen Kommission: Deutschland und Frankreich im Vergleich. In B. Baerns & J. Raupp (Eds.), *Information und Kommunikation in Europa.* Berlin: Vistas, 173-188.

Grundmann, R., Smith, D., & Wright, S. (2000). National elites and transnational discourses in the Balkan war. A comparison between the French, German and British establishment press. *European Journal of Communication, 15,* 299-320.

Guggenberger, B., & Offe, C. (Eds.) (1984). *An den Grenzen der Mehrheitsdemokratie. Politik und Soziologie der Mehrheitsregel.* Opladen: Westdeutscher Verlag.

Gusy, C. (2000). Demokratiedefizite postnationaler Gemeinschaften unter Berücksichtigung der Europäischen Union. In H. Brunkhorst & M. Kettner (Eds.), *Globalisierung und Demokratie. Wirtschaft, Recht, Medien.* Frankfurt: Suhrkamp, 131-150.

Habermas, J. (1981). *Theorie des kommunikativen Handelns. 2 Bde.* Frankfurt: Suhrkamp.

Habermas, J. (1985). *Der philosophische Diskurs der Moderne. Zwölf Vorlesungen.* Frankfurt: Suhrkamp.

Habermas, J. (1990a [1962]). *Strukturwandel der Öffentlichkeit. Untersuchungen zu einer Kategorie der bürgerlichen Gesellschaft.* Frankfurt: Suhrkamp.

Habermas, J. (1990b). Vorwort zur Neuauflage 1990. In ders., *Strukturwandel der Öffentlichkeit*. Frankfurt: Suhrkamp, 11-50.

Habermas, J. (1992). *Faktizität und Geltung. Beiträge zur Diskurstheorie des Rechts und des demokratischen Rechtsstaats*. Frankfurt: Suhrkamp.

Habermas, J. (1996). *Die Einbeziehung des Anderen. Studien zur politischen Theorie*. Frankfurt: Suhrkamp.

Habermas, J. (1998). Die postnationale Konstellation und die Zukunft der Demokratie. In ders., *Die postnationale Konstellation. Politische Essays*. Frankfurt: Suhrkamp, 91-169.

Habermas, J. (2001). *Warum braucht Europa eine Verfassung? Nur als politisches Gemeinwesen kann der Kontinent seine in Gefahr geratene Kultur und Lebensform verteidigen* (Rede im Rahmen der achten „Hamburg Lecture" am 26. Juni 2001 (www.zeit.de/2001/27/Politik/200127_verfassung_lang.html)). Hamburg: Universität Hamburg.

Hachten, W. A., & Hachten, H. (1999). *The World News Prism: Changing Media of International Communications* (5th ed.). Ames: Iowa State UP.

Häberle, P. (1992). Verfassungrechtliche Fragen im Prozeß der europäischen Einigung. *Europäische Europäische Grundrechte-Zeitschrift, 19*, 429-437.

Häberle, P. (2000). *Gibt es eine europäische Öffentlichkeit?*. Berlin: de Gruyter.

Hasebrink, U. (1998a). Fenster zu den Nachbarn? Zur Nutzung fremdsprachiger Medien in Deutschland. In S. Quandt & W. Gast (Eds.), *Deutschland im Dialog der Kulturen. Medien, Images, Verständigung*. Konstanz: UVK, 251-269.

Hasebrink, U. (1998b). *Fernsehen und Hörfunk in Europa. Angebote und Nutzung* (Internationales Handbuch für Hörfunk und Fernsehen 98/99). Baden-Baden: Hans-Bredow-Institut, A106-A130.

Hasebrink, U., & Herzog, A. (2000). *Fernsehen und Hörfunk in Europa. Angebote und Nutzung* (Internationales Handbuch für Hörfunk und Fernsehen 2000/2001). Baden-Baden: Hans-Bredow-Institut, A111-A135.

Hauser, E. (1990). Aus der praktischen Arbeit eines Journalisten im Zentrum der EG. In Zentrum für Kunst und Medientechnologie Karlsruhe (Ed.), *Die Medien in Europa*. Karlsruhe: ZKM, 39-50.

Héritier, A. (1999). Elements of democratic legitimation in Europe: An alternative perspective. *Journal of European Public Policy, 6*, 269-282.

Hilf, W. (1990). Der Europäische Fernseh-Kulturkanal - Verhandlungsstand, kulturpolitischer Auftrag und Programmphilosophie. In Zentrum für Kunst und Medientechnologie Karlsruhe (Ed.), *Die Medien in Europa*. Karlsruhe: ZKM, 113-127.

Hilgartner, S., & Bosk, C. L. (1988). The rise and fall of social problems: A public arenas model. *American Journal of Sociology, 94*, 53-78.

Hille, J. (1999). Norwegen - weit entfernt von Europa. *Ästhetik und Kommunikation, 30*(107) 61-66.

Hille, J. (2002). Nationale Demokratie oder Europa? Die Integrationsdebatten in Norwegen und der Schweiz. *Berliner Debatte Initial, 13*, 36-44.

Hillenbrand, O. (1992). Medienpolitik. In W. Weidenfeld & W. Wessels (Eds.), *Europa von A-Z* (2nd ed.). Bonn: Bundeszentrale für Politische Bildung, 268-271.

Hix, S. (1998). Elections, parties and institutional design: A comparative perspective on European Union democracy. *West European Politics, 21*, 19-52.

Hix, S., & Lord, C. (1997). *Political Parties in the European Union*. Basingstoke: Macmillan.

Hodess, R. B. (1998). News coverage of European Politics: A Comparison of Change in Britain and Germany. In M. Jopp, A. Maurer & H. Schneider (Eds.), *Europapolitische Grundverständnisse im Wandel: Analysen und Konsequenzen für die politische Bildung*. Bonn: Europa Union Verlag, 449-472.

Höffe, O. (1996a). Eine Weltrepublik als Minimalstaat. Zur Theorie internationaler politischer Gerechtigkeit. In R. Merkel & R. Wittmann (Eds.), *„Zum ewigen Frieden". Grundlagen, Aktualität und Aussichten einer Idee von Immanuel Kant*. Frankfurt: Suhrkamp, 154-171.

Höffe, O. (1996b). *Vernunft und Recht. Bausteine zu einem interkulturellen Rechtsdiskurs*. Frankfurt: Suhrkamp.

Hondrich, K. O., & Koch-Arzberger, C. (1992). *Solidarität in der modernen Gesellschaft*. Frankfurt: Fischer.

Honneth, A. (1992). *Der Kampf um Anerkennung. Zur moralischen Grammatik sozialer Konflikte*. Frankfurt: Suhrkamp.

Hooghe, L. (1995). Subnational mobilisation in the European Union. *Westeuropean Politics, 3*, 175-198.

Horstmann, H. H. (2000). Defizite in der europapolitischen Kommunikation - Thesen. In B. Baerns & J. Raupp (Eds.), *Information und Kommunikation in Europa*. Berlin: Vistas, 17-19.

Hufen, F. (Ed.) (1989). *Das Medien-Monopoly. Fernsehmarkt Europa*. Mainz: Hase & Koehler.

Humphreys, P. J. (1996). *Mass Media and Media Policy in Western Europe*. Manchester: Manchester UP.

Huntington, S. P. (1991). Democracy's third wave. *Journal of Democracy, 2*, 12-34.

Husband, C. (Ed.) (1994). *A Richer Vision. The Development of Ethnic Minority Media in Western Democracies*. Luton: University of Luton Press.

Imig, D., & Tarrow, S. (1999). The Europeanization of movements? A new approach to transnational contention. In D. della Porta, H. Kriesi & D. Rucht (Eds.), *Social Movements in a Globalizing World*. London: Macmillan, 112-133.

Imig, D., & Tarrow, S. (2000). Political contention in a europeanising polity. *West European Politics, 23*, 73-93.

Ipsen, H.-P. (1972). *Europäisches Gemeinschaftsrecht*. Tübingen: Mohr.

Jachtenfuchs, M. (2002). Die Konstruktion Europas. *Verfassungsideen und institutionelle Entwicklung*. Baden-Baden: Nomos.

Jahn, D., Personen, P., Slaatta, T., & Åberg, L. (1998). The acteurs and the campaigns. In A. T. Jenssen, P. Personen & M. Gilljam (Eds.), *To Join or Not to Join. Three Nordic Referendums on Membership in the European Union*. Oslo: Scandinavian UP, 61-84.

Jankowski, N., Prehn, O., & Stappers, J. (Eds.) (1992). *The People's Voice. Local Radio and Television in Europe*. London: John Libbey.

Jasmut, G. (1995). *Die politischen Parteien und die europäische Integration. Der Beitrag der Parteien zur demokratischen Willensbildung in europäischen Angelegenheiten*. Frankfurt: P. Lang.

Joerges, C. (2000). Transnationale „deliberative Demokratie" oder „deliberativer Supranationalismus"? Anmerkungen zur Konzeptualisierung legitimen Regierens jenseits des Nationalstaats bei Rainer Schmalz-Bruns. *Zeitschrift für Internationale Beziehungen, 7,* 145-161.

Joerges, C. (2001). *„Deliberative Supranationalism'* - *A Defense* (European Integration online Papers (EIoP) (http://eiop.or.at/eiop/texte/2001-008a.htm)).

Joerges, C., & Neyer, J. (1997a). From intergovernmental bargaining to deliberative political processes: The constitutionalisation of comitology. *European Law Journal, 3,* 273-299.

Joerges, C., & Neyer, J. (1997b). Transforming strategic interaction into deliberative problem-solving. European comitology in the foodstuffs sector. *Journal of European Public Policy, 4,* 609-625.

Joerges, C., & Neyer, J. (1998). Von intergouvernementalem Bargaining zur deliberativen Politik. Gründe und Chancen für eine Konstitutionalisierung der europäischen Komitologie. In B. Kohler-Koch & J. Edler (Eds.), *Regieren in entgrenzten Räumen.* Opladen: Westdeutscher Verlag, 207-233.

Jopp, M. (1998). Nationale Interessen und europapolitische Grundverständnisse im Wandel - Zur Einordnung und Interpretation der empirischen Ergebnisse. In M. Jopp, A. Maurer & H. Schneider (Eds.), *Europapolitische Grundverständnisse im Wandel: Analysen und Konsequenzen für die politische Bildung.* Bonn: Europa Union Verlag, 149-209.

Jospin, L. (2001). Europa schaffen, ohne Frankreich abzuschaffen, ist mein Kredo. *Frankfurter Rundschau vom 5. Juni 2001.*

Junghanns, W.-D. (1998a). *Henry Maske als Symbol deutscher Einheit. Boxtechnik und Machttechnik im Übergang zur Berliner Republik* (unveröffentlichtes Manuskript).

Junghanns, W.-D. (1998b). *Öffentlichkeiten und ihre Probleme. Die Dewey-Lippmann-Kontroverse im Kontext des Massenzuschauersportes der zwanziger Jahre* (unveröffentlichtes Manuskript).

Kädtler, J., Hertle, H.-H., & Pirker, T. (1992). *Europäische Integration und gewerkschaftlicher Einfluß. Aussichten einer Chemiepartnerschaft unter den Bedingungen transnationaler Industriepolitik in der Europäischen Gemeinschaft.* Berlin: Zentralinstitut für Sozialwissenschaftliche Forschung.

Kaelble, H. (1987). *Auf dem Weg zu einer europäischen Gesellschaft. Eine Sozialgeschichte Westeuropas 1880-1980.* München: Beck.

Kaelble, H. (1999). Die europäische Öffentlichkeit in der zweiten Hälfte des 20. Jahrhunderts. Eine Skizze. In M. Grüttner, R. Hachtmann, & H. G. Haupt (Eds.), *Geschichte und Emanzipation. Festschrift für Reinhard Rürup.* Frankfurt: Campus, 651-678.

Kaelble, H. (2001). *Europäer über Europa. Die Entstehung des europäischen Selbstverständnisses im 19. und 20. Jahrhundert.* Frankfurt: Campus.

Kant, I. (1984 [1795]). *Zum Ewigen Frieden. Ein philosophischer Entwurf.* Stuttgart: Reclam.

Kantner, C. (1995). Blockierte Potentiale. Meinungsbildungsprozesse in der DDR der achtziger Jahre. In G.-J. Glaeßner (Ed.), *German Monitor. Germany After Unification.* Amsterdam: Rodopi, 39-65.

Kantner, C. (1997). Deweys pragmatistischer Begriff der Öffentlichkeit und seine Renaissance in aktuellen Debatten. *Berliner Debatte Initial, 8,* 119-129.

Kantner, C. (2002). Öffentliche politische Kommunikation in der Europäischen Union. Eine hermeneutisch-pragmatistische Perspektive. In A. Klein & R. Koopmans (Eds.), *Bürgerschaft, Öffentlichkeit und Demokratie in Europa* (im Erscheinen). Opladen: Leske + Budrich.

Katz, R. S., & Wessels, B. (Eds.) (1999). *The European Parliament, the National Parliaments, and European Integration.* Oxford: Oxford UP.

Kettner, M. (1998). John Deweys demokratische Experimentiergemeinschaft. In H. Brunkhorst (Ed.), *Demokratischer Experimentalismus. Politik in der komplexen Gesellschaft.* Frankfurt: Suhrkamp, 44-66.

Kettner, M., & Schneider, M.-L. (2000). Öffentlichkeit und entgrenzter politischer Handlungsraum: Der Traum von der „Weltöffentlichkeit" und die Lehren des europäischen Publizitätsproblems. In H. Brunkhorst & M. Kettner (Eds.), *Globalisierung und Demokratie.* Frankfurt: Suhrkamp, 369-411.

Kielmansegg, P. Graf (1996). Integration und Demokratie. In M. Jachtenfuchs & B. Kohler-Koch (Eds.), *Europäische Integration.* Opladen: Leske + Budrich, 47-71.

Kleger, H., Karolewski, I. P., & Munke, M. (2001). *Europäische Verfassung. Zum Stand der europäischen Demokratie im Zuge der Osterweiterung* (Vol. 3, Region - Nation - Europa). Münster: Literatur Verlag.

Klein, A., Koopmans, R., & Geiling, H. (Eds.) (2001). *Globalisierung, Partizipation, Protest.* Opladen: Leske + Budrich.

Kleinsteuber, H. J. (Ed.) (1990). *EG-Medienpolitik. Fernsehen in Europa zwischen Kultur und Kommerz.* Berlin: Vistas.

Kleinsteuber, H. J. (1991). EG-Integration zwischen Wirtschaft und Kultur. Das Beispiel Medienpolitik. In W. Zapf (Ed.), *Die Modernisierung moderner Gesellschaften: Verhandlungen des 25. Deutschen Soziologentages in Frankfurt am Main 1990.* Frankfurt: Campus, 337-348.

Kleinsteuber, H. J. (1994). Kommunikationsraum Europa - Europa als ein Raum verdichteter Kommunikation. In M. Haller & P. Schachner-Blazizek (Eds.), *Europa wohin? Wirtschaftliche Integration, soziale Gerechtigkeit und Demokratie.* Graz: Leykam, 337-350.

Kleinsteuber, H. J. (1995). Faktoren der Konstitution von Kommunikationsräumen: Konzeptionelle Gedanken am Beispiel Europa. In L. Erbring (Ed.), *Kommunikationsraum Europa.* Konstanz: Ölschläger, 41-50.

Kleinsteuber, H. J., & Rosenbach, M. (1998). Digitales Fernsehen in Europa. Eine Bestandsaufnahme. *Rundfunk und Fernsehen: Zeitschrift für Medien- und Kommunikationswissenschaft, 46,* 24-57.

Kleinsteuber, H. J., & Rossmann, T. (1994). *Europa als Kommunikationsraum: Akteure, Strukturen und Konfliktpotentiale der europäischen Medienpolitik.* Opladen: Leske + Budrich.

Kleinsteuber, H. J., & Thomaß, B. (1994). Europäische Perspektiven der Medienpolitik. In O. Jarren (Ed.), *Medienwandel - Gesellschaftswandel? 10 Jahre dualer Rundfunk in Deutschland. Eine Bilanz.* Berlin: Vistas, 51-58.

Klier, P. (1990). *Im Dreieck von Demokratie, Öffentlichkeit und Massenmedien.* Berlin: Duncker & Humblot.

Klotz, R. (1999). Auf dem Weg zu einem europäischen Multimediarecht. Gesetzgebung und Wettbewerbsaufsicht durch die Europäische Union. *Zeitschrift für Urheber- und Medienrecht: Film und Recht, 43,* 443-455.

Knutsen, O. (1998). Europeans move towards the center: A comparative longitudinal study of Left-Right self-placement in Western Europe. *International Journal of Public Opinion and Research, 10,* 292-316.

Koch, U. E. (1995). Michel und Marianne nach dem Fall der Berliner Mauer. Wechselseitige Wahrnehmung in den Medien. *Frankreich-Jahrbuch: Politik, Wirtschaft, Gesellschaft, Geschichte, Kultur, 8,* 81-96.

Koch, U. E., & Schröter, D. (1993). Lücken und Klischees. Frankreich-Berichterstattung in deutschen Printmedien: Ein Seminarbericht/Des lacunes et des cliches. La couverture de la France par la presse ecrite allemande: Une rapport de seminaire. In U. E. Koch, D. Schröter, & P. Albert (Eds.), *Deutsch-französische Medienbilder. Journalisten und Forscher im Gespräch/Images mediatiques franco-allemandes. Un dialogue entre journalistes et chercheurs.* München: R. Fischer, 227-235.

Koch, U. E., Schröter, D., & Albert, P. (Eds.) (1993). *Deutsch-französische Medienbilder. Journalisten und Forscher im Gespräch. Images mediatiques franco-allemandes. Un dialogue entre journalistes et chercheurs.* München: R. Fischer.

Kocka, J. (1995). Die Ambivalenz des Nationalstaats. Zur Zukunft einer europäischen Staatsform. In M. Delgado & M. Lutz-Bachmann (Eds.), *Herausforderung Europa. Wege zu einer europäischen Identität.* München: Beck, 28-50.

Kocks, K. (2000). PR als völkerverbindendes Kulturprinzip? Eine argumentative Abkühlung. In B. Baerns & J. Raupp (Eds.), *Information und Kommunikation in Europa.* Berlin: Vistas, 346-354.

König, T. (1997). *Europa auf dem Weg zum Mehrheitssystem. Gründe und Konsequenzen nationaler und parlamentarischer Integration.* Opladen: Westdeutscher Verlag.

Kofler, G. (1983). *Das Europäische Parlament und die öffentliche Meinung. Politische Kommunikation als demokratischer Auftrag.* Wien: Böhlau.

Kohl, J. (1982). Zur langfristigen Entwicklung der politischen Partizipation in Westeuropa. In P. Steinbach (Ed.), *Probleme politischer Partizipation im Modernisierungsprozeß.* Stuttgart: Klett-Cotta, 473-503.

Kohler-Koch, B. (1996). Die Gestaltungsmacht organisierter Interessen. In M. Jachtenfuchs & B. Kohler-Koch (Eds.), *Europäische Integration.* Opladen: Leske + Budrich, 193-222.

Kohler-Koch, B., Flecker, J., Knodt, M., & Schulten, T. (1999). Das zivilgesellschaftliche Szenario. In U. Steger (Ed.), *Globalisierung gestalten. Szenarien für Markt, Politik und Gesellschaft.* Berlin: Springer, 85-115.

Kommission der Europäischen Gemeinschaften (2001a). *Europäisches Regieren. Ein Weißbuch* (KOM(2001) 428 vom 25.7.2001 endgültig). Brüssel.

Kommission der Europäischen Gemeinschaften (2001b). *Mitteilung der Kommission an den Rat, das europäische Parlament, den Wirtschafts- und Sozialausschuß sowie den Ausschuß der Regionen betreffend eines neuen Rahmens für die Zusammenarbeit bei Massenmedien im Bereich der Informations- und Kommunikationspolitik der Europäischen Union* (KOM(2001) 354 vom 27.6.2001 endgültig). Brüssel.

Kommission der Europäischen Gemeinschaften (2001c). *Report of Working Group on Broadening and Enriching the Public Debate on European Matters* (White Paper on European Governance: Work area no. 1 (June 2001)). Brüssel: Group 1a.

Konrad, W. (1990). Kulturelle Sprachraumprogramme als Beitrag zur europäischen Medienvielfalt. In Zentrum für Kunst und Medientechnologie Karlsruhe (Ed.), *Die Medien in Europa*. Karlsruhe: ZKM, 171-192.

Koopmans, R. (2000). *The Transformation of Political Mobilisation and Communication in European Public Spheres* (Framework Program EUROPUB.COM). Brussels: European Commission.

Kopper, G. G. (1997). Europäische Öffentlichkeit - Ansätze für ein internationales Langzeitprojekt. In G. G. Kopper (Ed.), *Europäische Öffentlichkeit: Entwicklung von Strukturen und Theorie*. Berlin: Vistas, 9-16.

Kraus, P. A. (1998). Kultureller Pluralismus und politische Integration: Die Sprachenfrage in der Europäischen Union. *Österreichische Zeitschrift für Politikwissenschaft, 27*, 443-458.

Kraus, P. A. (2000). Von Westfalen nach Kosmopolis? Die Problematik kultureller Identität in der europäischen Politik. *Berliner Journal für Soziologie, 10*, 203-218.

Kriesi, H. (2001a). *Die Rolle der Öffentlichkeit im politischen Entscheidungsprozeß. Ein konzeptioneller Rahmen für ein international vergleichendes Forschungsprojekt* (Discussion Paper P 01-701). Berlin: Wissenschaftszentrum für Sozialforschung.

Kriesi, H. (2001b). Nationaler politischer Wandel in einer sich denationalisierenden Welt. In A. Klein, R. Koopmans & H. Geiling (Eds.), *Globalisierung - Partizipation - Protest*. Opladen: Leske + Budrich, 23-44.

Kriesi, H., Koopmans, R., Duyvendak, J. W., & Giugni, M. G. (1992). New social movements and political opportunities in Western Europe. *European Journal of Political Research, 22*, 219-244.

Kunelius, R., & Sparks, C. (2001). Problems with a European public sphere - An introduction. *Javnost - The Public, 8*, 5-20.

Kurp, M. (1996). Globalisierung versus Lokalisierung. Zur Rückbesinnung auf den kommunikativen Nahraum im internationalen Vergleich. In M. Meckel & M. Kriener (Eds.), *Internationale Kommunikation: Eine Einführung*. Opladen: Westdeutscher Verlag, 213-227.

Kymlicka, W., & Norman, W. (1994). Return of the citizen: A survey of recent work on citizenship theory. *Ethics, 104*, 352-381.

Lahusen, C., & Jauß, C. (2001). *Lobbying als Beruf. Interessengruppen in der Europäischen Union*. Baden-Baden: Nomos.

Laitila, T. (1995). Journalistic codes of ethics in Europe. *European Journal of Communication, 10*, 527-544.

Lange, B.-P. (2000). Programmqualität in europäischer Perspektive. In Landesanstalt für Rundfunk Nordrhein-Westfalen (Ed.), *Die Mühen der Ebene: Programmqualität als Anspruch und Aufgabe. Festschrift für Norbert Schneider zum sechzigsten Geburtstag*. Opladen: Leske + Budrich, 125-129.

Lasch, C. (1991). *The True and Only Heaven. Progress and Its Critics*. New York, NY: Norton.

Law, M., Middleton, D., & Palmer, J. (2000). The press reporting of European economic and monetary union in four European countries: A comparative analysis. In B. Baerns & J. Raupp (Eds.), *Information und Kommunikation in Europa*. Berlin: Vistas, 88-100.

Lemke, C. (1999). Europa als politischer Raum. Konzeptionelle Überlegungen zur aktiven Bürgerschaft und zur Demokratie in der Europäischen Union. *Kritische Justiz, 32*, 1-14.

Lepsius, M. R. (1990). Nationalstaat oder Nationalitätenstaat als Modell für die Weiterentwicklung der Europäischen Gemeinschaft. In R. Wildenmann (Ed.), *Staatswerdung Europas? Optionen für eine europäische Union.* Baden-Baden: Nomos, 19-40.

Lepsius, M. R. (1991). Die Europäische Gemeinschaft: Rationalitätskriterien der Regimebildung. In W. Zapf (Ed.), *Die Modernisierung moderner Gesellschaften. Verhandlungen des 25. Soziologentages in Frankfurt/Main 1990.* Frankfurt: Campus, 309-317.

Lepsius, M. R. (1993). Die Europäische Gemeinschaft und die Zukunft des Nationalstaates. In M. R. Lepsius (Ed.), *Demokratie in Deutschland. Soziologisch-historische Konstellationsanalysen.* Göttingen: Vandenhoeck & Ruprecht, 249-264.

Lepsius, M. R. (1999). Die Europäische Union. Ökonomisch-politische Integration und kulturelle Pluralität. In R. Viehoff & R. T. Segers (Eds.), *Kultur, Identität, Europa. Über die Schwierigkeiten und Möglichkeiten einer Konstruktion.* Frankfurt: Suhrkamp, 201-222.

Lepsius, M. R. (2000). Die Europäische Union als rechtlich konstruierte Verhaltensstrukturierung. In H. Dreier (Ed.), *Rechtssoziologie am Ende des 20. Jahrhunderts.* Tübingen: Mohr, 289-305.

Leptien, F. (2000). *Der europäische Gerichtshof im Visier der deutschen Printmedien.* Marburg: Tectum.

Liebert, U. (1999). Gender politics in the European Union: The return of the public. *European Societies, 1,* 197-239.

Liebert, U., Sifft, S., & Sunnus, M. (2000). *Europeanization and the Gendering of National Public Discourses: Great Britain and Sweden in Comparative Perspective* (unpublished manuscript).

Lindberg, L. W. & Scheingold, S. A. (1970). *Europe's Would-Be Polity. Patterns of Change in the European Community.* Englewood Cliffs, NJ: Prentice Hall.

Lipgens, W. (Ed.) (1986). *45 Jahre Ringen um die Europäische Verfassung. Dokumente 1939-1984. Von den Schriften der Widerstandsbewegung bis zum Vertragsentwurf des Europäischen Parlaments.* Bonn: Europa Union Verlag.

Lippmann, W. (1922). *Public Opinion.* New York, NY: Harcourt Brace.

Lippmann, W. (1927 [1925]). *The Phantom Public. A Sequel to „Public Opinion".* New York, NY: Macmillan.

Lipset, S. M. (1960). *Political Man. The Social Bases of Politics.* London: Mercury Books.

Lipset, S. M. (1993). Reflections on capitalism, socialism and democracy. *Journal of Democracy, 4,* 43-55.

Locke, J. (1992 [1690]). *Zwei Abhandlungen über die Regierung* (5th ed.). Frankfurt: Suhrkamp.

Lockwood, D. (1969 [1964]). Soziale Integration und Systemintegration. In W. Zapf (Ed.), *Theorien des sozialen Wandels.* Köln: Kiepenheuer & Witsch, 124-137.

Löffler, K. (2000). Europapolitische Kommunikation - das unmögliche Puzzle: Aus der Praxis der Euro-Kampagne. In B. Baerns & J. Raupp (Eds.), *Information und Kommunikation in Europa.* Berlin: Vistas, 32-35.

Longchamp, C. (1993). Den Pelz waschen ohne ihn naß zu machen. Eine sozialwissenschaftliche Analyse der Entscheidung der Schweiz über den Beitritt zum Europäischen Wirtschaftsraum. In H. Rus (Ed.), *Europa-Kampagnen. Dynamik öffentlicher Meinungsbildung in Dänemark, Frankreich und der Schweiz.* Wien:
Signum, 9-57.

Loth, W. (Ed.) (2001). *Das europäische Projekt zu Beginn des 21. Jahrhunderts.*
Opladen: Leske + Budrich.

Ludes, P. (2000). Die Notwendigkeit einer Europäischen Informationsunion. In T.
Düllo, A. Meteling, A. Suhr & C. Winter (Eds.), *Kursbuch Kulturwissenschaft.*
Münster: Literatur Verlag, 45-59.

Lübbe, H. (1994). *Abschied vom Superstaat: Die Vereinigten Staaten von Europa
wird es nicht geben.* Berlin: Siedler Verlag.

Luhmann, N. (1971). Öffentliche Meinung. In ders., *Politische Planung. Aufsätze zur
Soziologie von Politik und Verwaltung.* Opladen: Westdeutscher Verlag, 9-34.

Luhmann, N. (1985). Einige Probleme mit „reflexivem Recht". *Zeitschrift für Rechtssoziologie, 6,* 1-18.

Luhmann, N. (1993 [1969]). *Legitimation durch Verfahren* (3rd ed.). Frankfurt:
Suhrkamp.

Lyotard, J.-F. (1986 [1979]). *Das postmoderne Wissen. Ein Bericht.* Graz: Böhlau.

MacHale, V. E., & Skowronski, S. (Eds.) (1983). *Political parties of Europe.* West-
port, CT: Greenwood.

Machill, M. (1997a). Background to french language policy and its impact on the media. *European Journal of Communication, 12,* 479-509.

Machill, M. (1997b). *Frankreich Quotenreich. Nationale Medienpolitik und europäische Kommunikationspolitik im Kontext nationaler Identität.* Berlin: Vistas.

Machill, M. (1997c). *Journalistische Kulturen. Rahmenbedingungen im internationalen Vergleich.* Wiesbaden: Westdeutscher Verlag.

Machill, M. (1997d). Mehrdimensionalität eines europäischen Journalistenlabors.
Medienindustrielle Entwicklung in Europa und Spektren transnationaler Journa-
lismusforschung am Fallbeispiel des ersten europäischen Nachrichtenkanals Euronews. In G. G. Kopper (Ed.), *Europäische Öffentlichkeit: Entwicklung von
Strukturen und Theorie.* Berlin: Vistas, 183-208.

MacIntyre, A. (1987 [1981]). *Der Verlust der Tugend. Zur moralischen Krise der
Gegenwart.* Frankfurt: Campus.

MacIntyre, A. (1993). Ist Patriotismus eine Tugend? In A. Honneth (Ed.), *Kommunitarismus. Eine Debatte über die moralischen Grundlagen moderner Gesellschaften.* Frankfurt: Campus, 84-102.

Maguire, J., Poulton, E., & Possamai, C. (1999). The war of the words? Identity politics in Anglo-German press coverage of EURO 96. *European Journal of Communication, 14,* 61-89.

Majone, G. (1994). *Independence vs. accountability? Non-majoritarian institutions
and democratic government in Europe* (EUI Working Paper SPS No. 94/3).
Florence: European University Institute.

Mancini, G. F. (1998). Europe. The case for statehood. *European Law Journal, 4,* 29-
42.

Mandt, H. (Ed.) (1994). *Die Zukunft der Bürgergesellschaft in Europa.* Baden-Baden:
Nomos.

Mandt, H. (1997). Bürgernähe und Transparenz im politischen System der Europäischen Union. *Zeitschrift für Politik, 44*, 1-20.

Marks, G., & McAdam, D. (1996). Social movements and the changing structure of political opportunity in the European Union. *West European Politics, 19*, 249-278.

Marks, G., Nielsen, F., Ray, L. & Salk, J. (1996). Competencies, cracks and conflicts: Regional mobilization in the European Union. In G. Marks, F. W. Scharpf, P. C. Schmitter & W. Streeck (Eds.), *Governance in the European Union*. London: Sage, 40-63.

Marshall, T. H. (1981). Staatsbürgerrechte und soziale Klassen. In ders., *Bürgerrechte und soziale Klassen. Zur Soziologie des Wohlfahrtsstaats*. Frankfurt: Campus, 33-94.

Maurer, A. (2002). Europäisches Parlament. In: W. Weidenfeld & W. Wessels (Eds.), *Europa von A bis Z*. Bonn: Bundeszentrale für politische Bildung, 192-201.

Maurer, A., Wessels, W., & Mittag, J. (2000). *Europeanisation in and of the EU system: Trends, Offers and Constraints* (Paper for the DFG-workshop „Linking EU and National Governance" (1-3 June 2000)). Mannheim.

Mazey, S., & Richardson, J. (Eds.) (1993). *Lobbying in the European Community*. Oxford: Oxford UP.

Mead, G. H. (1973 [1934]). *Geist, Identität und Gesellschaft*. Frankfurt: Suhrkamp.

Mead, G. H. (1987 [1927]). Die objektive Realität der Perspektiven. In ders., *Gesammelte Aufsätze* (Vol. 2). Frankfurt: Suhrkamp, 211-224.

Meckel, M. (1994). *Fernsehen ohne Grenzen? Europas Fernsehen zwischen Integration und Segmentierung*. Opladen: Westdeutscher Verlag.

Melich, A. (2000). Monitoring European public opinion through the Eurobarometer. In B. Baerns & J. Raupp (Eds.), *Information und Kommunikation in Europa*. Berlin: Vistas, 138-146.

Meyer, C. O. (1999). Political legitimacy and the invisibility of politics: Exploring the European Union's communication deficit. *Journal of Common Market Studies, 37*, 617-639.

Meyer, C. O. (2000). Towards a European public sphere? Transnational investigative journalism and the European Commission's resignation. In B. Baerns & J. Raupp (Eds.), *Information und Kommunikation in Europa*. Berlin: Vistas, 107-127.

Meyer, C. O. (2001). Europäische Öffentlichkeit als Watchdog - Transnationaler Journalismus und der Rücktritt der EU-Kommission. *Forschungsjournal Neue Soziale Bewegungen, 15*, 42-51.

Michael, J. (1990). Regulating communications media: From the discretion of sound chaps to the argument of lawyers. In M. Ferguson (Ed.), *Public Communications*. London: Sage, 135-151.

Michelman, F. I. (1988). Political truth and the rule of law. *Tel Aviv University Studies in Law, 8*, 281-292.

Michelman, F. I. (1989). Conceptions of democracy in American constitutional argument: Voting rights. *Florida Law Review, 41*, 443-490.

Miller, D., & Schlesinger, P. (2000). Lobbying and public relations in Europe. In B. Baerns & J. Raupp (Eds.), *Information und Kommunikation in Europa*. Berlin: Vistas, 331-340.

Misch, A. (1996). Legitimation durch Parlamentarisierung? In W. Weidenfeld (Ed.), *Demokratie am Wendepunkt. Die demokratische Frage als Projekt des 21. Jahrhunderts.* Berlin: Siedler, 969-995.

Moltmann, B. (1998). Gesamt-Europa denken: Deutungsmuster in der politischen Essayistik. In M. Jopp, A. Maurer & H. Schneider (Eds.), *Europapolitische Grundverständnisse im Wandel: Analysen und Konsequenzen für die politische Bildung.* Bonn: Europa Union Verlag, 473-495.

Montesquieu, C. de Secondat (1992 [1748]). *Vom Geist der Gesetze. 2 Bde.* (2nd ed.). Tübingen: Mohr.

Moravcsik, A. (1993). Preferences and power in the European Community. A liberal intergovernmentalist approach. *Journal of Common Market Studies, 31,* 473-524.

Moravcsik, A. (1997). Warum die Europäische Union die Exekutive stärkt: Innenpolitik und internationale Kooperation. In K. D. Wolf (Ed.), *Projekt Europa im Übergang.* Baden-Baden: Nomos, 211-269.

Morgan, D. (1995). British media and European Union news. The Brussels news beat and its problems. *European Journal of Communication, 10,* 321-343.

Morgan, D. (1999). *The European Parliament, Mass Media and the Search for Power and Influence.* Aldershot: Ashgate.

Münkler, H. (1995). Die politische Idee Europa. In M. Delgado & M. Lutz-Bachmann (Eds.), *Herausforderung Europa - Wege zu einer europäischen Identität.* München: Beck, 9-27.

Münkler, H. (1996a). Einleitung: Was sind vorpolitische Grundlagen politischer Ordnung? In ders. (Ed.), *Bürgerreligion und Bürgertugend. Debatten über die vorpolitischen Grundlagen politischer Ordnung.* Baden-Baden: Nomos, 7-11.

Münkler, H. (1996b). *Reich, Nation, Europa. Modelle politischer Ordnung.* Weinheim: Athenäum.

Nanz, P. (2000). In-between nations: Ambivalence and the making of European identity. In B. Stråth (Ed.), *Europe and the Other, Europe as the Other.* Bruxelles: Peter Lang, 279-309.

Nanz, P. (2001). *The Multiple Voices of Europe: Toward a Dialogical Concept to the Public Sphere* (Paper vorbereitet für die Workshoptagung „Bürgerschaft, Öffentlichkeit und Demokratie in Europa", 6.-7. Juli 2001). Berlin: Wissenschaftszentrum Berlin für Sozialforschung.

Naßmacher, H. (1992). Parteiorganisation, Parteiprogramme und Strukturen innerparteilicher Willensbildung. In O. W. Gabriel (Ed.), *Die EG-Staaten im Vergleich: Strukturen, Prozesse, Politikinhalte.* Opladen: Westdeutscher Verlag, 220-255.

Neidhardt, F. (1994). Öffentlichkeit, öffentliche Meinung, soziale Bewegungen. In F. Neidhardt (Ed.), *Öffentlichkeit, öffentliche Meinung, soziale Bewegungen.* Opladen: Westdeutscher Verlag, 7-41.

Neidhardt, F., Koopmans, R., & Pfetsch, B. (2000). Konstitutionsbedingungen politischer Öffentlichkeit: Der Fall Europa. In H.-D. Klingemann & F. Neidhardt (Eds.), *Zur Zukunft der Demokratie. Herausforderungen im Zeitalter der Globalisierung. WZB-Jahrbuch 2000.* Berlin: Edition Sigma, 263-293.

Neumann, W. R. (1986). *The Paradox of Mass Politics: Knowledge and Opinion in the American electorate.* Cambridge, MA: Harvard UP.

Neumann, W. R., Just, M. R., & Crigler, A. N. (1992). *Common Knowledge. News and the American Electorate.* Chicago, IL: University of Chicago Press.

Neveu, E. (1999). Politics on french television: Towards a renewal of political journalism and debate frames? *European Journal of Communication, 14*, 379-409.

Neyer, J. (1999a). Legitimes Recht oberhalb des demokratischen Rechtsstaats? Supranationalität als Herausforderung für die Politikwissenschaft. *Politische Vierteljahresschrift*, 40, 390-414.

Neyer, J. (1999b). Weder subversiv noch demokratisch? Bedingungen und Möglichkeiten gleichzeitig effektiven und legitimen Regierens in der Europäischen Gemeinschaft. In M. T. Greven & R. Schmalz-Bruns (Eds.), *Politische Theorie - heute. Ansätze und Perspektiven.* Baden-Baden: Nomos, 363-383.

Neyer, J. (2000a). Justifying comitology: The promise of deliberation. In K. Neunreither & A. Wiener (Eds.), *European Integration After Amsterdam. Institutional Dynamics and Prospects for Democracy.* Oxford: Oxford UP, 112-128.

Neyer, J. (2000b). *The Regulation of Risks and the Power of the People: Lessons from the BSE Crisis* (European Integration online Papers (EIOP)). http://eiop.or.at/eiop/texte/2000-006a.htm.

Niedermayer, O. (1983). *Europäische Parteien? Zur grenzüberschreitenden Interaktion politischer Parteien im Rahmen der Europäischen Gemeinschaft.* Frankfurt: Campus.

Niedermayer, O. (1991). Bevölkerungsorientierungen gegenüber dem politischen System der Europäischen Gemeinschaft. In R. Wildenmann (Ed.), *Staatswerdung Europas? Optionen für eine Europäische Union.* Baden-Baden: Nomos, 321-353.

Niedermayer, O. (1998). Die Entwicklung der öffentlichen Meinung zu Europa. In M. Jopp, A. Maurer & H. Schneider (Eds.), *Europapolitische Grundverständnisse im Wandel: Analysen und Konsequenzen für die politische Bildung.* Bonn: Europa Union Verlag, 419-448.

Niedermayer, O., & Schmitt, H. (Eds.) (1994). *Wahlen und Europäische Einigung.* Opladen: Westdeutscher Verlag.

Niess, F. (2001). *Die europäische Idee - aus dem Geist des Widerstands.* Frankfurt: Suhrkamp.

Noelle-Neumann, E. (1993). Europa in der öffentlichen Meinung. In W. Glatzer (Ed.), *Einstellungen und Lebensbedingungen in Europa.* Frankfurt: Campus, 11-44.

Noelle-Neumann, E. (1995). Europa hinter einem Schleier: Schlechte Information, wenig Wissen, widersprüchliche Einstellungen. *Frankfurter Allgemeine Zeitung vom 27.9.1995*, 11.

Noelle-Neumann, E. (1999). Europa - kein Thema. Die Deutschen haben sich auf Resignation eingestellt. *Frankfurter Allgemeine Zeitung vom 10.5.1999*, 5.

Noelle-Neumann, E., & Petersen, T. (2000). Die öffentliche Meinung. In W. Weidenfeld & W. Wessels (Eds.), *Jahrbuch der Europäischen Integration 1999/ 2000.* Bonn: Europa Union Verlag, 295-300.

Noelle-Neumann, E., & Petersen, T. (2001). Die öffentliche Meinung. In W. Weidenfeld & W. Wessels (Eds.), *Jahrbuch der Europäischen Integration 2000/ 2001.* Bonn: Europa Union Verlag, 303-308.

Nothnagel, D. (1998). Institutionelle Aspekte interkultureller Kommunikation. Ein Vergleich britischer, deutscher, französischer und italienischer Kommunikationsstile. In C. Giordano, R. Colombo Dougoud, E.-N. Kappus (Ed.), *Interkulturelle Kommunikation im Nationalstaat.* Münster: Waxmann, 75-86.

Offe, C. (1996). Bewährungsproben. Über einige Beweislasten bei der Verteidigung der liberalen Demokratie. In W. Weidenfeld (Ed.), *Die Demokratie am Wendepunkt. Die demokratische Frage als Projekt des 21. Jahrhunderts*. Berlin: Siedler, 144-157.

Offe, C. (1998). Demokratie und Wohlfahrtsstaat: Eine europäische Regimeform unter dem Streß der europäischen Integration. In W. Streeck (Ed.), *Internationale Wirtschaft. Nationale Demokratie. Herausforderungen für die Demokratietheorie*. Frankfurt: Campus, 99-136.

Oudenhove, G. van (1965). *The Political Parties in the European Parliament. The First Ten Years (September 1952 - September 1962)*. Leyden: Sijthoff.

Page, B. I., & Shapiro, R. Y. (1992). *The Rational Public. Fifty Years of Trends in Americans' Policy Preferences*. Chicago, IL: The University of Chicago Press.

Pahl, M.-O. (1999). *Agenda 2000, institutionelle Reformen und Erweiterung der Europäischen Union von Berlin über Köln nach Helsinki* (WHI-Paper, 1/99). Berlin: Humboldt Universität Berlin.

Paraschos, E. E., & Paraschos, M. E. (1997). *Media Law and Regulation in the European Union: National, Transnational and U.S. Perspectives*. Ames: Iowa State UP.

Parsons, T. (1970 [1964]). Evolutionäre Universalien in der Gesellschaft. In W. Zapf (Ed.), *Theorien des sozialen Wandels* (2nd ed.). Köln: Kiepenheuer & Witsch, 55-74.

Paulweber, M. (2000). Europäische Telekommunikationspolitik an der Schwelle zum 21. Jahrhundert: Liberalisierung und Wettbewerb versus Harmonisierung und Reregulierung als Beitrag zum Bedarf für eine europäische Regulierungsinstanz sowie zum Verhältnis zwischen mitgliedstaatlicher Regulierung von liberalisierten Telekommunikationsmärkten und den Art. 81 ff EGV. *Zeitschrift für Urheber- und Medienrecht: Film und Recht, 44*, 11-36.

Peirce, C. S. (1991 [1876]). Die Festlegung einer Überzeugung. In ders., *Schriften zum Pragmatismus und Pragmatizismus*. Frankfurt: Suhrkamp, 149-181.

Pérez-Díaz, V. M. (1998). The public sphere and a European civil society. In J. C. Alexander (Ed.), *Real Civil Societies. Dilemmas of Institutionalization*. London: Sage, 211-238.

Pernice, I. (1999). *Welche Institutionen für welches Europa? Vorschläge zur Reform der Europäischen Union im Jahr 2000* (WHI-Paper, 2/99). Berlin: Humboldt Universität Berlin.

Peters, B. (1994). Der Sinn von Öffentlichkeit. In F. Neidhardt (Ed.), *Öffentlichkeit, öffentliche Meinung, soziale Bewegungen*. Opladen: Westdeutscher Verlag, 42-76.

Peters, B. (1998). Nationale und transnationale Öffentlichkeiten - eine Problemskizze. In C. Honegger & S. Hradil & F. Traxler (Eds.), *Grenzenlose Gesellschaft? Verhandlungen des 29. Kongresses der Deutschen Gesellschaft für Soziologie* (Vol. 1). Opladen: Leske + Budrich, 661-674.

Pfetsch, B. (1994). Themenkarrieren und politische Kommunikation. Zum Verhältnis von Politik und Medien bei der Entstehung der politischen Agenda. *Aus Politik und Zeitgeschichte, 39*, 11-20.

Pfetsch, F. R. (1997). *Die Europäische Union: Geschichte, Institutionen, Prozesse*. München: Fink.

Platzer, H.-W. (1991). *Gewerkschaftspolitik ohne Grenzen? Die transnationale Zusammenarbeit der Gewerkschaften im Europa der 90er.* Bonn: Dietz.

Putnam, R. D. (with R. Leonardi and R. Y. Nanetti) (1993). *Making Democracy Work. Civic Traditions in Modern Italy.* Princeton, NJ: Princeton UP.

Putnam, R. D. (2000). *Bowling Alone: The Collapse and Revival of American Community.* New York, NY: Simon & Schuster.

Quine, W. Van O. (1980 [1960]). *Wort und Gegenstand.* Stuttgart: Philipp Reclam Jun.

Rauer, V., Rivet, S., & van de Steeg, M. (2002). *Empirical Inquiry to the European Public Sphere. First Findings about the Haider Case in Belgium, France, Germany and Italy* (Paper prepared for the IDNET Workshop „Europeanization and the Public Sphere", Feb. 20-21, 2002). Florence: European University Institute.

Reif, K. (1991). Organisatorische Randbedingungen und Probleme empirischer Sozialforschung aus europäischer Perspektive. Das EUROBAROMETER der EG-Kommission. In H. Sahner (Ed.), *Sozialforschung im vereinten Deutschland und in Europa.* München: Oldenbourg, 43-53.

Reif, K. (1993). Ein Ende des „Permissive Consensus"? Zum Wandel europapolitischer Einstellungen in der öffentlichen Meinung der EG-Mitgliedstaaten. In R. Hrbek (Ed.), *Der Vertrag von Maastricht in der wissenschaftlichen Kontroverse.* Baden-Baden: Nomos, 23-41.

Reif, K., & Schmitt, H. (1980). Nine second-order national elections: A conceptual framework for the analysis of European elections results. *European Journal of Political Research, 8,* 3-44.

Richter, E. (1997). Die europäische Zivilgesellschaft. In K. D. Wolf (Ed.), *Projekt Europa im Übergang.* Baden-Baden: Nomos, 37-62.

Richter, E. (1999). *Das republikanische Europa. Aspekte einer nachholenden Zivilisierung.* Opladen: Leske + Budrich.

Rieger, E. (1995). Politik supranationaler Integration. Die Europäische Gemeinschaft in institutionentheoretischer Perspektive. In B. Nedelmann (Ed.), *Politische Institutionen im Wandel.* Opladen: Westdeutscher Verlag, 349-367.

Risse, T. (2002). Zur Debatte um die (Nicht-) Existenz einer europäischen Öffentlichkeit. Was wir wissen, und wie es zu interpretieren ist. *Berliner Debatte Initial, 13,* 15-23.

Rometsch, D. (1999). Die Europäische Kommission. In W. Weidenfeld & W. Wessels (Eds.), *Jahrbuch der Europäischen Integration 1998/99.* Bonn: Europa Union Verlag, 71-78.

Roose, J. (2001). Die Basis und das ferne Brüssel - Umweltorganisationen und politische Arbeit auf europäischer Ebene. *Forschungsjournal Neue Soziale Bewegungen, 15,* 70-77.

Rorty, R. (1979). *Philosophy and the Mirror of Nature.* Princeton, NJ: Princeton UP.

Rorty, R. (1988). *Solidarität oder Objektivität? Drei philosophische Essays.* Stuttgart: Reclam.

Rorty, R. (1989). *Kontingenz, Ironie und Solidarität.* Frankfurt: Suhrkamp.

Rorty, R. (1990). Pragmatismus, Davidson und der Wahrheitsbegriff. In E. Picardi & J. Schulte (Eds.), *Die Wahrheit der Interpretation. Beiträge zur Philosophie Donald Davidsons.* Frankfurt: Suhrkamp, 55-96.

Rorty, R. (1997). Die Herrschaft der Brüderlichkeit. Plädoyer für eine Gesellschaft, die nicht auf Rechten, sondern auf Uneigennützigkeit beruht. *Leviathan, 25,* 1-8.

Rorty, R. (2001). Erwiderung auf Udo Tietz. In T. Schäfer, U. Tietz & R. Zill (Eds.), *Hinter den Spiegeln. Beiträge zur Philosophie Richard Rortys*. Frankfurt: Suhrkamp, 107-112.

Rucht, D. (1994). Öffentlichkeit als Mobilisierungsfaktor für soziale Bewegungen. In F. Neidhardt (Ed.), *Öffentlichkeit, öffentliche Meinung, soziale Bewegungen*. Opladen: Westdeutscher Verlag, 337-358.

Rucht, D. (1995). ‚Think globally, act locally'? Needs, forms and problems of cross-national cooperation among environmental groups. In J. D. Liefferink, P. D. Lowe & A. P. J. Mol (Eds.), *European Integration and Environmental Policy*. New York, NY: John Wiley & Sons, 75-95.

Rucht, D. (2000). Zur Europäisierung politischer Mobilisierung. *Berliner Journal für Soziologie, 10*, 185-202.

Rucht, D. (2001). Transnationaler politischer Protest im historischen Längsschnitt. In A. Klein, R. Koopmans & H. Geiling (Eds.), *Globalisierung - Partizipation - Protest*. Opladen: Leske + Budrich, 77-96.

Rüggeberg, J. (1998). ARTE. Das etwas andere Programm auf der europäischen Fernsehbühne. *Bertelsmann-Briefe, 139*, 19-21.

Ruppertz-Rausch, S., & Schmidt, T. (2002). Auf der Suche nach transnational-sektoralen Referenzgruppen als sozialer Basis europäischer Öffentlichkeit. *Berliner Debatte Initial, 13*, 45-56.

Ruß-Mohl, S. (1994). *Der I-Faktor. Qualitätssicherung im amerikanischen Journalismus - Modell für Europa?*. Osnabrück: Edition Interfrom.

Ruß-Mohl, S. (2000). Grenzen des europäischen Journalismus. In B. Baerns & J. Raupp (Eds.), *Information und Kommunikation in Europa*. Berlin: Vistas, 128-137.

Rust, H. (Ed.) (1993). *Europa-Kampagnen. Dynamik öffentlicher Meinungsbildung in Dänemark, Frankreich und der Schweiz*. Wien: Signum.

Sandel, M. (1989 [1982]). *Liberalism and the Limits of Justice*. Cambridge, MA: Cambridge UP.

Sandel, M. (1993). Die verfahrensrechtliche Republik und das ungebundene Selbst. In A. Honneth (Ed.), *Kommunitarismus. Eine Debatte über die moralischen Grundlagen moderner Gesellschaften*. Frankfurt: Campus, 18-35.

Sandholtz, W. (1998). The emergence of a supranational telecommunications regime. In W. Sandholtz & A. Stone Sweet (Eds.), *European Integration and Supranational Governance*. Oxford: Oxford UP, 134-163.

Sarcinelli, U., & Hermann, M. C. (1998). Europa in der Perzeption junger Menschen - Bedingungen und Konsequenzen für Politikvermittlung und politische Bildungsarbeit. In M. Jopp, A. Maurer & H. Schneider (Eds.), *Europapolitische Grundverständnisse im Wandel*. Bonn: Europa Union Verlag, 499-518.

Saxer, U. (1996). Zur Rationalität von Politik, Medien und Public Relations: Schlußfolgerungen aus einer schweizerischen Fallstudie. *Rundfunk und Fernsehen, 44*, 531-538.

Saxer, U. (1997). PR-Kampagnen, Medienöffentlichkeit und politischer Entscheidungsprozeß. Eine Fallstudie zur schweizerischen Abstimmung über den EWR. In U. Röttger (Ed.), *PR-Kampagnen: Über die Inszenierung von Öffentlichkeit*. Opladen: Westdeutscher Verlag, 73-98.

Saxer, U. (2000). Interlinguistizität - Eine schweizerische Perspektive. In B. Baerns & J. Raupp (Eds.), *Information und Kommunikation in Europa*. Berlin: Vistas, 147-151.

Schäffner, C. (1996). Europapolitische Metaphorik in England und Deutschland. In J. Klein & H. Diekmannshenke (Eds.), *Sprachstrategien und Dialogblockaden: Linguistische und politikwissenschaftliche Studien zur politischen Kommunikation*. Berlin: de Gruyter, 151-163.

Scharpf, F. W. (1992). Versuch über die Demokratie in Verhandlungssystemen. In R. Czada & M. G. Schmidt (Eds.), *Verhandlungsdemokratie, Interessenvermittlung, Regierbarkeit. Festschrift für Gerhard Lehmbruch*. Opladen: Westdeutscher Verlag, 25-50.

Scharpf, F. W. (1997). Economic integration, democracy, and the welfare state. *Journal of European Public Policy, 4*, 18-36.

Scharpf, F. W. (1998). Jenseits der Regime-Debatte: Ökonomische Integration, Demokratie und Wohlfahrtsstaat in Europa. In S. Lessenich & I. Ostner (Eds.), *Welten des Wohlfahrtskapitalismus. Der Sozialstaat in vergleichender Perspektive*. Frankfurt: Campus, 321-349.

Scharpf, F. W. (1999a). Demokratieprobleme in der europäischen Mehrebenenpolitik. In W. Merkel & A. Busch (Eds.), *Demokratie in Ost und West. Für Klaus von Beyme*. Frankfurt: Suhrkamp, 672-694.

Scharpf, F. W. (1999b). *Regieren in Europa. Effektiv und demokratisch?*. Frankfurt: Campus.

Schlesinger, P. R. (1995). *Europeanisation and the Media: National Identity and the Public Sphere* (Working Paper No. 7). Oslo: The Norwegian Research Council.

Schlesinger, P. R. (1997). From cultural defence to political culture: Media, politics and collective identity in the European Union. *Media, Culture & Society, 19*, 369-392.

Schlesinger, P. R. (1999). Changing spaces of political communication: The case of the European Union. *Political Communication, 16*, 263-279.

Schlesinger, P. R., & Kevin, D. (2000). Can the European Union become a sphere of publics? In E. O. Eriksen & J. E. Fossum (Eds.), *Democracy in the European Union. Integration Through Deliberation*. London: Routledge, 206-229.

Schmale, W. (1997). *Scheitert Europa an seinem Mythendefizit?*. Bochum: Dr. Winkler.

Schmalz-Bruns, R. (1995a). *Reflexive Demokratie. Die demokratische Transformation moderner Politik*. Baden-Baden: Nomos.

Schmalz-Bruns, R. (1995b). Zum Begriff politischer Öffentlichkeit. In R. Schmalz-Bruns (Ed.), *Reflexive Demokratie. Die partizipatorische Transformation moderner Politik*. Baden-Baden: Nomos, 90-102.

Schmalz-Bruns, R. (1997). Bürgergesellschaftliche Politik - ein Modell der Demokratisierung der europäischen Union? In K. D. Wolf (Ed.), *Projekt Europa im Übergang?* Baden-Baden: Nomos, 63-90.

Schmalz-Bruns, R. (1998). Grenzerfahrungen und Grenzüberschreitungen. Demokratie im integrierten Europa. In B. Kohler-Koch (Ed.), *Regieren in entgrenzten Räumen*. Opladen: Westdeutscher Verlag, 369-380.

Schmalz-Bruns, R. (1999a). Deliberativer Supranationalismus. Demokratisches Regieren jenseits des Nationalstaats. *Zeitschrift für Internationale Beziehungen, 6*, 185-242.

Schmalz-Bruns, R. (1999b). *Demokratisierung der Europäischen Union - oder: Europäisierung der Demokratie? Das Projekt Europa in herrschaftskritischer Perspektive* (Paper vorgetragen auf der Tagung des DVPW-Arbeitskreises „Europäische Integration" zu „Macht und Herrschaft in der EU", 30.9.-1.10.1999 in Bremen).

Schmidt, M. G. (1997). *Demokratietheorien. Eine Einführung* (2nd ed.). Opladen: Leske + Budrich.

Schmitt, H., & Hofrichter, J. (1992). One or two ideological dimensions? On the relationship of new politics and left-right-orientations in Western Europe. In H. Klages, H.-J. Hippler & W. Herbert (Eds.), *Werte und Wandel. Ergebnisse und Methoden einer Forschungstradition*. Frankfurt: Campus, 187-207.

Schmitt, H., & Scheuer, A. (1996). Region - Nation - Europa. Drei Ebenen politischer Steuerung und Gestaltung in der Wahrnehmung der Bürger. In T. König, E. Rieger & H. Schmitt (Eds.), *Das Europäische Mehrebenensystem*. Frankfurt: Campus, 160-179.

Schmitt, H., & Thomassen, J. J. A. (1999). Partisan structures in the European Parliament. In R. Katz & B. Weßels (Eds.), *The European Parliament, the National Parliaments, and European Integration*. Oxford: Oxford UP, 129-148.

Schmitt, H., & Thomassen, J. J. A. (Eds.) (1999). *Political Representation and Legitimacy in the European Union*. Oxford: Oxford UP.

Schmitter, P. C. (1981). Interessenvermittlung und Regierbarkeit. In U. von Alemann & R. G. Heinze (Eds.), *Verbände und Staat. Vom Pluralismus zum Korporatismus* (2nd ed.). Opladen: Westdeutscher Verlag, 92-114.

Schmitter, P. C. (1993). *Representation and the Future Euro-Polity* (Discussion Paper, No. 23). Oxford: Centre for European Studies.

Schmitz, P. L., & Geserick, R. (1996). *Die Anderen in Europa. Nationale Selbst- und Fremdbilder im Europäischen Integrationsprozeß*. Bonn: Europa Union Verlag.

Schmitz-Rixen, J. (1996). *Aufgaben und Probleme bei der Vermittlung von Europa: Die Kampagne der Bundesregierung für die Europäische Union. Vermittlungs- und Akzeptanzprobleme in der Schule*. Köln: Omnia Verlag.

Schmuck, O. (1999). Das Europäische Parlament. In W. Weidenfeld & W. Wessels (Eds.), *Jahrbuch der Europäischen Integration 1998/99*. Bonn: Europa Union Verlag, 79-86.

Schönbach, K. (1998). Politische Kommunikation - publizistik- und kommunikationswissenschaftliche Perspektiven. In O. Jarren, U. Sarcinelli, & U. Saxer (Eds.), *Politische Kommunikation in der demokratischen Gesellschaft*. Opladen: Westdeutscher Verlag, 114-137.

Schöndube, C. (1989). Massenmedien - kein gemeinsamer Markt? In Bundeszentrale für politische Bildung (Ed.), *Völker und Nationen im Spiegel der Medien*. Bonn: Bundeszentrale für politische Bildung, 127-135.

Schöndube, C. (1990). Europa in den Medien. In Zentrum für Kunst und Medientechnologie Karlsruhe (Ed.), *Die Medien in Europa*. Karlsruhe: ZKM, 15-37.

Schumpeter, J. A. (1993 [1942]). *Kapitalismus, Sozialismus und Demokratie* (7th ed.). Tübingen: Francke.

Schuppert, G. F. (2001). Europäische Zivilgesellschaft - Phantom oder Zukunftsprojekt. *Forschungsjournal Neue Soziale Bewegungen, 15*, 5-13.

Schwarze, J., & Berg, K. (Eds.) (1985). *Fernsehen ohne Grenzen. Die Errichtung des Gemeinsamen Marktes für den Rundfunk, insbesondere über Satellit und Kabel. Beiträge zu einem medien-rechtlichen Kolloquium des Instituts für Integrationsforschung der Stiftung Europa-Kolleg Hamburg am 7./8. Dezember 1984*. Baden-Baden: Nomos.

Schwarzkopf, D. (1992). Arte - Der deutsch-französische Kulturkanal und seine Perspektive als europäisches Programm. *Media Perspektiven, 5*, 290-298.

Schwenken, H. (2001). „No border, no nation, stop deportation!" - Protestmobilisierung gegen das europäische Grenzregime. *Forschungsjournal Neue Soziale Bewegungen, 15*, 61-69.

Sellars, W. (1991 [1963]). *Science, Perception and Reality*. Atascadero, CA: Ridgeview.

Sennett, R. (1983 [1977]). *Verfall und Ende des öffentlichen Lebens. Die Tyrannei der Intimität*. Frankfurt: Fischer.

Sepstrup, P. (1990). *Transnationalization of Television in Western Europe*. London: John Libbey.

Siebenhaar, H.-P. (1994). Europäisches Fernsehen. Mehrsprachiges, grenzüberschreitendes Fernsehen als Instrument des Einigungsprozesses? *Rundfunk und Fernsehen, 42*, 49-59.

Sievert, H. (1998). *Europäischer Journalismus. Theorie und Empirie aktueller Medienkommunikation in der Europäischen Union*. Wiesbaden: Westdeutscher Verlag.

Sloterdijk, P. (1995). *Im selben Boot. Versuch über die Hyperpolitik*. Frankfurt: Suhrkamp.

Smith, J. (2001). Politische Auseinandersetzung unter Bedingungen der Globalisierung. Die Mittlerrolle transnationaler Organisationen für soziale Bewegungen. In A. Klein, R. Koopmans & H. Geiling (Eds.), *Globalisierung - Partizipation - Protest*. Opladen: Leske + Budrich, 97-118.

Sniderman, P. M. (1993). The new look in public opinion research. In A. W. Finifter (Ed.), *Political Science. The State of the Discipline II* (2nd ed.). Washington, DC: The American Political Science Association, 219-245.

Soysal, Y. (2001). Changing boundaries of participation in European public spheres: Reflections on citizenship and civil society. In K. Eder & B. Giesen (Eds.), *European Citizenship. National Legacies and Postnational Projects*. Oxford: Oxford UP, 159-179.

Spaemann, R. (2001). Europa - Rechtsordnung oder Wertegemeinschaft? *Neue Zürcher Zeitung v. 20.01.2001*, 92.

Späth, L. (1990). Medien in Europa. In Zentrum für Kunst und Medientechnologie Karlsruhe (Ed.), *Die Medien in Europa*. Karlsruhe: ZKM, 129-143.

Stirnberg, U. (1998). Globale Giganten. Die Rolle der Agenturen am Beispiel Reuters TV und APTV. In K. Kamps & M. Meckel (Eds.), *Fernsehnachrichten. Prozesse, Strukturen, Funktionen*. Opladen: Westdeutscher Verlag, 147-166.

Streeck, W. (1996). *Gewerkschaften zwischen Nationalstaat und Europäischer Union* (MPIfG Working Paper 96/1). Köln: Max-Planck-Institut für Gesellschaftsforschung.

Streeck, W. (1998a). Einleitung: Internationale Wirtschaft, nationale Demokratie. In W. Streeck (Ed.), *Internationale Wirtschaft, nationale Demokratie. Herausforderungen für die Demokratietheorie*. Frankfurt: Campus, 11-58.

Streeck, W. (1998b). *The internalisation of industrial relations in Europe: Prospects and problems* (MPIfG Discussion Paper 98/2). Köln: Max-Planck-Institut für Gesellschaftsforschung.

Streeck, W. (1998c). Vom Binnenmarkt zum Bundesstaat? Überlegungen zur politischen Ökonomie der europäischen Sozialpolitik. In S. Leibfried & P. Pierson (Eds.), *Standort Europa. Sozialpolitik zwischen Nationalstaat und europäischer Integration.* Frankfurt: Campus, 369-422.

Streeck, W. (1999). *Korporatismus in Deutschland. Zwischen Nationalstaat und Europäischer Union.* Frankfurt: Campus.

Tarrow, S. (1995). The europeanisation of conflict: Reflections from a social movement perspective. *West European Politics, 18,* 223-251.

Tarrow, S. (2000). Mad cows and social activists. In S. Pharr & R. Putnam (Eds.), *Disaffected democracies: What's troubling the trilateral countries?* Princeton, NJ: Princeton UP, 270-289.

Taylor, C. (1991). Europa und die Civil Society. In K. Michalski (Ed.), *Castelgandolfo-Gespräche 1989.* Stuttgart: Klett-Cotta, 52-81.

Taylor, C. (1993). Aneinander vorbei: Die Debatte zwischen Liberalismus und Kommunitarismus. In A. Honneth (Ed.), *Kommunitarismus, eine Debatte über die moralischen Grundlagen moderner Gesellschaften.* Frankfurt: Suhrkamp, 103-130.

Taylor, C. (1993). Der Begriff der ‚bürgerlichen Gesellschaft' im politischen Denken des Westens. In M. Brumlik & H. Brunkhorst (Eds.), *Gemeinschaft und Gerechtigkeit.* Frankfurt: Fischer, 117-148.

Taylor, C. (1993). Die Politik der Anerkennung. In ders., *Multikulturalismus und die Politik der Anerkennung.* Frankfurt: Fischer, 13-78.

Taylor, C. (2002). *Wieviel Gemeinschaft braucht die Demokratie? Aufsätze zur politischen Philosophie.* Frankfurt: Suhrkamp.

Theiler, T. (1998). The European Union and the ‚European dimension' in schools: Theory and evidence. *Journal of European Integration, 21,* 307-341.

Thomassen, J. J. A., & Schmitt, H. (1999a). In conclusion: Political representation and legitimacy in the European Union. In H. Schmitt & J. J. A. Thomassen (Eds.), *Political Representation and Legitimacy in the European Union.* Oxford: Oxford UP, 255-267.

Thomassen, J. J. A., & Schmitt, H. (1999b). Partisan structures in the European Parliament. In R. S. Katz & B. Weßels (Eds.), *The European Parliament, the National Parliaments, and European Integration.* Oxford: Oxford UP, 129-148.

Thomson, J. E. (1995). State sovereignty in international relations. Bridging the gap between theory and empirical research. *International Studies Quarterly, 39,* 213-233.

Tietz, U. (1999). *Hans-Georg Gadamer zur Einführung.* Hamburg: Junius.

Tietz, U. (2001a). Das principle of charity und die ethnozentristische Unterbestimmung der hermeneutischen Vernunft. In T. Schäfer, U. Tietz & R. Zill (Eds.), *Hinter den Spiegeln. Beiträge zur Philosophie Richard Rortys.* Frankfurt: Suhrkamp, 77-106.

Tietz, U. (2001b). Verstehen versus Mißverstehen. Re- und Dekonstruktion des hermeneutischen Negativismus. *Dialektik: Zeitschrift für Kulturphilosophie, 2/2001,* 45-59.

Tietz, U. (2002a). *Die Grenzen des „Wir". Eine Theorie der Gemeinschaft.* Frankfurt: Suhrkamp.

Tietz, U. (2002b). Gemeinsinn, Gemeinwohl und die Grenzen des „Wir". In H. Münkler & H. Bluhm (Eds.), *Gemeinwohl und Gemeinsinn* (Vol. 4, Zwischen Normativität und Faktizität). Berlin: Akademie Verlag, 37-70.

Tobler, S. (2001). *Bedingungen und Formen transnationaler Öffentlichkeiten. Ein konflikttheoretisches Kommunikationsmodell zur Beurteilung internationaler Politikprozesse am Beispiel des Kommunikationsereignisses „Schädlicher Steuerwettbewerb im EU- und OECD-Raum"* (unveröffentlichte Lizentiatsarbeit). Zürich: Forschungsbereich Öffentlichkeit und Gesellschaft (fög) des Soziologischen Instituts der Universität Zürich.

Tobler, S. (2002). Transnationale Kommunikationsverdichtungen im Streit um die internationale Steuerpolitik. *Berliner Debatte Initial, 13,* 67-78.

Tocqueville, A. de (1985 [1835, 1840]). *Über die Demokratie in Amerika.* Stuttgart: Reclam.

Töller, A. E. (1995). *Europapolitik im Bundestag. Eine empirische Untersuchung zur europapolitischen Willensbildung im EG-Ausschuß des 12. Deutschen Bundestages.* Frankfurt: Lang.

Tönnies, F. (1935 [1887]). *Gemeinschaft und Gesellschaft. Grundbegriffe der reinen Soziologie.* Frankfurt: Haschtmann [Antiquariat].

Tönnies, F. (1981 [1922]). *Kritik der öffentlichen Meinung.* Aalen: Scientia Verlag.

Tonnemacher, J. (1995). Ökonomische Determinanten eines „Kommunikationsraumes Europa" am Beispiel Fernsehen. In L. Erbring (Ed.), *Kommunikationsraum Europa.* Konstanz: Ölschläger, 51-55.

Trebitsch, M. (1998). Die Intellektuellen und die Europaidee im 20. Jahrhundert. In L. Albertin, et al. (Ed.), *Frankreich-Jahrbuch 1998. Politik, Wirtschaft, Gesellschaft, Geschichte, Kultur.* Opladen: Leske + Budrich, 121-132.

Trenz, H.-J. (1999a). Anti-Rassismus Kampagnen und Protestmobilisierung in Europa. *Forschungsjournal Neue Soziale Bewegungen, 12,* 78-84.

Trenz, H.-J. (1999b). *Mobilising Collective Identities. The Public Discourse of Immigration in Germany and Portugal* (unveröffentlichte Promotionsschrift). Florenz: European University Institute.

Trenz, H.-J. (2000). Korruption und politischer Skandal in der EU. Auf dem Weg zu einer europäischen politischen Öffentlichkeit? In M. Bach (Ed.), *Die Europäisierung nationaler Gesellschaften.* Opladen: Westdeutscher Verlag, 332-359.

Trenz, H.-J. (2001a). *Die Selbstdarstellung des politischen Europas: Zur Neugestaltung der Informations- und Kommunikationspolitik der EU* (unveröffentlichtes Manuskript). Berlin: Humboldt-Universität.

Trenz, H.-J. (2001b). ‚Lokal Denken - Global Handeln'. Zur Mobilisierungslogik von Migranteninteressen in Europa. In A. Klein, R. Koopmans & H. Geiling (Eds.), *Globalisierung - Partizipation - Protest.* Opladen: Leske + Budrich, 177-203.

Trenz, H.-J. (2001c). Protestmobilisierung in Netzwerken. Revitalisierung oder Selbstblockade zivilgesellschaftlicher Protestformen in der EU? *Forschungsjournal Neue Soziale Bewegungen, 14,* 87-98.

Trenz, H.-J. (2002a). Ein Rauschen geht durch den Blätterwald. EU-Präsident Prodi und die Entstehung einer europäischen Publizistik. *Berliner Debatte Initial, 13,* 24-35.

Trenz, H.-J. (2002b). *Zur Konstitution politischer Öffentlichkeit in der Europäischen Union. Zivilgesellschaftliche Subpolitik oder schaupolitische Inszenierung?* Baden-Baden: Nomos.

Trenz, H.-J., & Eder, K. (2000). *Regieren in Europa jenseits öffentlicher Legitimation? Eine Untersuchung zur Rolle von Öffentlichkeit in Europa. Und: Von der Herausbildung europäischer Elitenöffentlichkeit zur Europäisierung nationaler Öffentlichkeit. Bedingungen und Wirkungen einer Expansion von Öffentlichkeit in Europa* (DFG-Abschlußbericht, Projektnummer Ed 25/10-1 und Ed 25/11-1). Berlin: Humboldt-Universität, Institut für Sozialwissenschaften.

Tumber, H. (1995). Marketing Maastricht: The EU and news management. *Media, Culture and Society, 17*, 511-519.

van de Steeg, M. (2000). An analysis of the Dutch and Spanish newspaper debates on EU enlargement with Central and Eastern European countries: Suggestions for a transnational public sphere. In B. Baerns & J. Raupp (Eds.), *Information und Kommunikation in Europa*. Berlin: Vistas, 61-87.

van de Steeg, M. (2001). *Aspects of a Transnational European Public Sphere* (Paper vorbereitet für die Workshoptagung „Bürgerschaft, Öffentlichkeit und Demokratie in Europa", 6.-7. Juli 2001). Berlin: Wissenschaftszentrum Berlin für Sozialforschung.

van de Steeg, M. (2002). Eine europäische Öffentlichkeit? Die Diskussion um die Osterweiterung der EU. *Berliner Debatte Initial, 13*, 57-66.

van Deth, J. W. (1996). Politisches Interesse und Apathie in Europa. In T. König, E. Rieger & H. Schmitt (Eds.), *Das Europäische Mehrebenensystem*. Frankfurt: Campus, 382-402.

van Deth, J. W., & Elff, M. (2000). *Political Involvement and Apathy in Europe 1973-1998* (MZES Working Papers, Nr. 33). Mannheim.

van Deth, J. W., & Elff, M. (2001). *Politicisation and Political Interest in Europe: A Multi-Level Approach* (MZES Working Papers, Nr. 36). Mannheim.

van Schendelen, M. P. (1993). Die wachsende Bedeutung des europäischen Lobbying. *Zeitschrift für Parlamentsfragen, 24*, 64-72.

Villa, D. R. (1992). Postmodernism and the public sphere. *American Political Science Review, 86*, 712-721.

Visser, J., & Ebbinghaus, B. (1992). Making the most of diversity? European integration and transnational organization of labor. In J. Greenwood, J. Grote & K. Ronit (Eds.), *Organized interests and the european community*. London: Sage, 206-238.

Vobruba, G. (1999). Währungsunion, Sozialpolitik und das Problem einer umverteilungsfesten europäischen Identität. *Leviathan, 27*, 78-94.

Wallace, H. (1996). Integration von Verschiedenheit. In T. König, E. Rieger & H. Schmitt (Eds.), *Das Europäische Mehrebenensystem*. Frankfurt: Campus, 29-45.

Wallace, H., & Young, A. R. (Eds.) (1997). *Participation and Policy-Making in the European Union*. Oxford: Clarendon.

Walzer, M. (1991). *Zweifel und Einmischung: Gesellschaftskritik im 20. Jahrhundert*. Frankfurt: Fischer.

Walzer, M. (1992a [1983]). *Sphären der Gerechtigkeit: Ein Plädoyer für Pluralität und Gleichheit*. Frankfurt: Campus.

Walzer, M. (1992b). Vereinigte Staaten von Europa? In ders., *Zivile Gesellschaft und amerikanische Demokratie*. Berlin: Rotbuch, 237-240.

Walzer, M. (1993a). Die kommunitaristische Kritik am Liberalismus. In A. Honneth (Ed.), *Kommunitarismus. Eine Debatte über die moralischen Grundlagen moderner Gesellschaften*. Frankfurt: Campus, 157-180.

Walzer, M. (1993b). *Kritik und Gemeinsinn. Drei Wege der Gesellschaftskritik*. Frankfurt: Fischer.

Weber, M. (1980 [1922]). *Wirtschaft und Gesellschaft. Grundriß der Verstehenden Soziologie* (5th ed.). Tübingen: Mohr.

Weidenfeld, W. (Ed.) (1991). *Wie Europa verfaßt sein soll - Materialien zur politischen Union*. Gütersloh: Bertelsmann Stiftung.

Weiler, J. H. H. (1995). Does Europe need a constitution? Reflections on demos, telos and the German Maastricht decision. *European Law Journal, 1*, 219-258.

Weiler, J. H. H. (1998). Europe. The case against the case for statehood. *European Law Journal, 4*, 43-62.

Weischenberg, S., & Sievert, H. (1998). Deutsche und französische Journalisten(forschung). Problem und Potentiale international-komparativer Studien in der Publizistik- und Kommunikationswissenschaft. Ein empirisches Fallbeispiel. *Publizistik: Vierteljahreshefte für Kommunikationsforschung, 43*, 395-410.

Weßels, B. (1999). European Parliament and interest groups. In R. S. Katz & B. Wessels (Eds.), *The European Parliament, the National Parliaments, and European Integration*. Oxford: Oxford UP, 105-128.

Weßels, B. (2000). Politische Repräsentation und politische Integration in der EU: Ist die Quadratur des Kreises möglich? In J. van Deth & T. König (Eds.), *Europäische Politikwissenschaft: Ein Blick in die Werkstatt*. Frankfurt: Campus, 337-373.

Weßels, B., & Schmitt, H. (2000). Europawahlen, Europäisches Parlament und nationalstaatliche Demokratie. Formen und Folgen der Demokratisierung der Europäischen Union. In H.-D. Klingemann & F. Neidhardt (Eds.), *Zur Zukunft der Demokratie. Herausforderungen im Zeitalter der Globalisierung. WZB-Jahrbuch 2000*. Berlin: Edition Sigma, 295-319.

Wessels, W. (1997). An ever closer fusion? A dynamic macropolitical view on integration processes. *Journal of Common Market Studies, 35*, 267-299.

Wessels, W. (2002). Europäisches Parlament. In: W. Weidenfeld & W. Wessels (Eds.), *Europa von A bis Z*. Bonn: Bundeszentrale für politische Bildung, 109-118.

Wessels, W., Maurer, A., & Mittag, J. (Eds.) (2000). *Fifteen into One? The European Union and its Member States*. Manchester: Manchester UP.

Westbrook, R. B. (1991). *John Dewey and American Democracy*. Ithaca: Cornell UP.

Wildenmann, R. (1991). Einleitung. In R. Wildenmann (Ed.), *Staatswerdung Europas? Optionen für eine Europäische Union*. Baden-Baden: Nomos, 7-18.

Wilke, J. (1990). Regionalisierung und Internationalisierung des Mediensystems. *Aus Politik und Zeitgeschichte, B 26/90*, 3-19.

Wilke, J. (1999). Strategien und Grenzen der Internationalisierung von Massenmedien. In K. Imhof, O. Jarren, R. Blum, & P. Schulz (Eds.), *Steuerungs- und Regelungsprobleme in der Informationsgesellschaft*. Opladen: Westdeutscher Verlag, 47-60.

Wolf, K. D. (1997). Intergouvernementale Kooperation und staatliche Autonomie. In T. König, E. Rieger & H. Schmitt (Eds.), *Europäische Institutionenpolitik*. Frankfurt: Campus, 66-78.

Wolf, K. D. (1998). Die neue Staatsräson als Demokratieproblem in der Weltgesellschaft. In M. T. Greven & R. Schmalz-Bruns (Eds.), *Politische Theorie heute.* Baden-Baden: Nomos, 303-330.

Wolf, K. D. (2000). *Die Neue Staatsräson - Zwischenstaatliche Kooperation als Demokratieproblem in der Weltgesellschaft.* Baden-Baden: Nomos.

Young, I. M. (1989). Polity and group difference: A critique of the ideal of universal citizenship. *Ethics, 99*, 250-274.

Zimmer, J. (1990). Die EG-Richtlinie und die Europaratskonvention zum grenzüberschreitenden Fernsehen im Vergleich - Eine Dokumentation der Vertragstexte. *Zeitschrift für Kulturaustausch, 40*, 216-239.

Zimmer, J. (1996). Nachrichten im Wettbewerb. Fernsehnachrichtenkanäle für nationale und übernationale Märkte. In M. Meckel & M. Kriener (Eds.), *Internationale Kommunikation. Eine Einführung.* Opladen: Westdeutscher Verlag, 167-181.

Zürn, M. (1996). Über den Staat und die Demokratie im europäischen Mehrebenensystem. *Politische Vierteljahresschrift, 37*, 27-55.

Zürn, M. (1998). *Regieren jenseits des Nationalstaates. Globalisierung und Denationalisierung als Chance.* Frankfurt: Suhrkamp.

Zuleeg, M., Huber, P. M., & Grewe, C. (1999). Demokratie ohne Volk oder Demokratie der Völker? - Zur Demokratiefähigkeit der Europäischen Union. In J. Drexl, K. F. Kreuzer, D. H. Scheuing, & U. Sieber (Eds.), *Europäische Demokratie.* Baden-Baden: Nomos, 11-70.

Aus dem Programm Psychologie

Ulrich Gebhard

Kind und Natur
Die Bedeutung der Natur
für die psychische Entwicklung
2. Aufl. 2001. 345 S. Br.
EUR 38,00
ISBN 3-531-32529-9

Angesichts der globalen ökologischen Krise kann nicht mehr in Frage gestellt werden, dass der Mensch als Teil der Natur im materiellen, biologisch-ökologischen Sinn an den Zustand der Natur gebunden ist. In diesem Band geht es um die psychische Seite dieses grundlegenden ökologischen Zusammenhangs und wie er sich auf die Entwicklung von Kindern auswirkt. Von zentraler Wichtigkeit ist die Frage, welche Bedeutung „Natur" im Leben und Erleben von Kindern bis etwa zur Pubertät hat.

Heinz Henseler

Narzisstische Krisen
Zur Psychodynamik des Selbstmords
4., akt. Aufl. 2000. 208 S. mit 13 Tab.
wv studium, Bd. 58. Br. EUR 17,50
ISBN 3-531-23058-1

Ohne die Aggressionsproblematik zu bagatellisieren, wird die klinische Relevanz der sorgsam entwickelten

Modellvorstellungen an 50 Patienten, die einen Selbstmordversuch unternommen hatten, geprüft und belegt. Aus der Untersuchung ergeben sich vielfältige Konsequenzen für den Umgang mit Selbstmordgefährdeten, die Beurteilung der Suizidgefahr, die Psychotherapie narzisstisch gestörter Patienten und die Psychohygiene des Selbstwertgefühls.

Aike Hessel, Michael Geyer,
Elmar Brähler (Hrsg.)

**Gewinne und Verluste
sozialen Wandels**
Globalisierung und deutsche Wiedervereinigung aus psychosozialer Sicht
1999. 256 S. mit 63 Abb. und 47 Tab.
Psychosoziale Medizin und Gesundheitswissenschaften, Bd. 1.
Br. EUR 28,00
ISBN 3-531-13325-X

Diese Sammlung beschäftigt sich mit den infolge zunehmender Globalisierung und Internationalisierung ablaufenden epochalen gesellschaftlichen Veränderungen.

Erhältlich im Buchhandel oder beim Verlag.
Änderungen vorbehalten. Stand: Januar 2004.

www.vs-verlag.de

VS VERLAG FÜR SOZIALWISSENSCHAFTEN

Abraham-Lincoln-Straße 46
65189 Wiesbaden
Tel. 0611.7878-285
Fax 0611.7878-400